IT-Risikomanagement

von
Holger Seibold

Oldenbourg Verlag München Wien

Holger Seibold
Der Autor ist als Sparkassenbetriebswirt und Dipl. Betriebswirt (FH) mit Fachrichtung
Wirtschaftsinformatik langjährig bei einem großen Kreditinstitut in Deutschland tätig. Als
stv. Direktor verantwortete er bereits die Themen Geschäftsprozess- und Workflowmana-
gement, Dokumentenmanagement, Office-Solutions sowie aufbauorganisatorische Fragestellungen und leitete erfolgreich zahlreiche Projekte. Seit 2 Jahren konzipiert und implementiert er den Auf- und Ausbau des IT-Risiko- und IT-Krisenmanagements.

Geschützte/registrierte Namen sind im Buch nicht besonders kenntlich gemacht. Es wird
darauf hingewiesen, dass die verwendeten Soft-, Hardware- und Verfahrensbezeichnung-
en sowie Hersteller- und Markennamen in der Regel von den jeweiligen Firmen waren-
zeichen-, marken- und/oder patentrechtlich geschützt sind. Das Fehlen eines Hinweises
auf den Schutz darf nicht dahingehend interpretiert werden, dass es sich um ungeschützte
Namen handelt.

Bildnachweis Umschlag:
©2005 bavaria yachtbau GmbH

Bibliografische Information Der Deutschen Bibliothek

Die Deutsche Bibliothek verzeichnet diese Publikation in der Deutschen
Nationalbibliografie; detaillierte bibliografische Daten sind im Internet
über <http://dnb.ddb.de> abrufbar.

© 2006 Oldenbourg Wissenschaftsverlag GmbH
Rosenheimer Straße 145, D-81671 München
Telefon: (089) 45051-0
oldenbourg.de

Lektorat: Stephanie Schumacher-Gebler
Herstellung: Anna Grosser
Umschlagkonzeption: Kraxenberger Kommunikationshaus, München
Gedruckt auf säure- und chlorfreiem Papier
Gesamtherstellung: Grafik + Druck, München

ISBN   3-486-58009-4
ISBN 978-3-486-58009-9

Inhaltsverzeichnis

Vorwort

Die Informationstechnologie hat für viele Unternehmen eine zentrale Bedeutung. Geschäftsprozesse können bei einem Ausfall der Informationstechnologie nicht mehr oder zumindest nur mit einer wesentlich geringeren Effizienz ausgeführt werden. Durch die Relevanz der Informationstechnologie, die künftig in allen Branchen noch weiter zunehmen wird, rücken deren Risiken und vor allem deren Beherrschbarkeit in das zentrale Betrachtungsfeld von Unternehmensentscheidern.

IT-Risikomanagement hat viele Facetten und greift in alle Themengebiete der Informationstechnologie ein: von der Entwicklung über die – aus technischer und fachlicher Sicht – Integration bis hin zum Infrastruktur- und Anwendungsbetrieb. Bei der Betrachtung von IT-Risikomanagement wird das Themengebiet häufig auf dedizierte Teilaspekte reduziert. Dies können die Verfügbarkeit von Anwendungen, die IT-Sicherheit im Sinne von Vertraulichkeitsrisiken, Projektrisiken oder Entwicklungsrisiken und die dadurch bedingte Softwarequalität sein. In diesem Buch wird das IT-Risikomanagement als in die einzelnen Themengebiete der Informationstechnologie und dessen Management eingebunden betrachtet. Zugleich wird es von den bereits etablierten IT-Disziplinen abgegrenzt. Zudem kann das IT-Risikomanagement in ein bestehendes Risikomanagement eines Unternehmens, welches ein explizites Management von Betriebsrisiken praktiziert, den sogenannten operationellen Risiken, integriert werden.

Das Buch stellt ein auf wissenschaftlichen Prinzipien beruhendes Praxiswerk dar. Es bietet keine Vorgehensweise in Form von Checklisten und expliziten Handlungsempfehlungen zur Einführung eines IT-Risikomanagements in ein Unternehmen an, sondern zeigt vielmehr die Inhalte und das Procedere im Rahmen eines IT-Risikomanagements auf. Dieses wurde im Bankenumfeld erarbeitet, ist desgleichen aber auch mit der Informationstechnologie anderer Unternehmen kompatibel.

Für die Unterstützung bei der Erstellung des Buches möchte ich allen Beteiligten des Oldenbourg-Wissenschaftsverlags danken. Ebenso gilt der Dank meinen Kollegen, die mir mit einer Vielzahl von Diskussionen bei der Ausarbeitung des Buches inhaltlich weitergeholfen haben. Einen besonderen Dank möchte ich an meinen Kollegen Steffen Aichholz aussprechen, der seine Erfahrung als konzernweit Verantwortlicher für operationelle Risiken mit mir geteilt hat und an Sören Hinrichsen, der seine langjährige Organisations- und IT-Erfahrung in die Qualitätssicherung des Manuskriptes eingebracht hat. Ebenso danke ich ferner meinem Freund Bernd Foschiatti, der als Verantwortlicher für IT und Controlling in einem mittelständischen Unternehmen der Investitionsgüterindustrie den Blick über den Banken-

Tellerrand sicherstellte. Herzlichen Dank an meine Freunde und Familie, insbesondere an meine Frau Doreen und Tochter Asina, die mich in schwierigen Zeiten des Schreibens stets motiviert haben.

Ich wünsche allen Lesern eine kurzweilige Lektüre und würde mich freuen, wenn Ihnen das Buch möglichst viele Anregungen für Ihre eigene Arbeit geben kann. Sollten Sie Anmerkungen zum Buch haben, so können Sie mir diese gerne per Mail unter

Holger.Seibold@IT-Risikomanagement.com

zukommen lassen.

Urbach, 2006   Holger Seibold

Einleitung

„Risiko ist die Bugwelle des Erfolgs." – Carl Amery (deutscher Schriftsteller) –

... aber auch die Höhe der Bugwelle muss angemessen sein, damit das Schiff des Erfolgs nicht untergeht. Dies könnte der nachgelagerte Satz zu der sicherlich richtigen Aussage von Carl Amery sein.

Das Thema Risikomanagement gewinnt in den letzten Jahren immer stärker an Bedeutung. Während in Produktionsbetrieben bereits seit langem mit Risiken/Wahrscheinlichkeiten, auch im Sinne einer quantitativen Analyse, gearbeitet wird, hat sich die detaillierte Risiko-analyse im Finanz- und Dienstleistungsbereich fast ausschließlich im Versicherungsgeschäft abgespielt. Durch immer höhere Komplexität von Finanzprodukten, insbesondere im deriva-tiven Bereich, wurden Risikopotenziale aufgebaut, deren Nichtbeachtung Anfang der 1990er Jahre zu spektakulären Unternehmenskrisen führte und u.a. der Auslöser für die Asienkrise mit den in Folge aufgetretenen Bankenzusammenbrüchen war.

Dies war mit einer der Gründe, die Diskussion über unternehmerische Risiken zu intensivie-ren. In den angelsächsischen Ländern wurden, beispielsweise in den USA mit dem Report des Committee of Sponsoring Organizations of the Treadway Commission (COSO Report) und in Großbritannien durch das Cadbury Committee, Leitlinien für die Unternehmensüber-wachung eingeführt. In Deutschland wurden solche Leitlinien durch das *Gesetz zur Kontrolle und Transparenz im Unternehmensbereich (KonTraG)* umgesetzt und Vorstände verpflichtet, geeignete Maßnahmen, insbesondere ein geeignetes Überwachungssystem, zum Fortbestand der Gesellschaft zu treffen. Kapitalgesellschaften haben durch §§ 289 Abs. 1, 315 Abs. 1 HGB in ihren Lageberichten auf die Risiken der künftigen Entwicklungen einzugehen und sind durch § 91 (2) AktG verpflichtet, über Risikovorsorgemaßnahmen den Fortbestand des Unternehmens zu sichern.[1] In den USA fordert der *Sarbanes Oxley Act* ein adäquates Risiko-managementsystem. Diesem Gesetz unterliegen ebenso Firmen außerhalb der USA, sofern sie Teil eines in den USA gelisteten Konzerns sind. Für Kreditinstitute und Wertpapierab-wickler gelten darüber hinaus § 25a Abs. 1 KWG bzw. § 33 Abs. 2 WpHG, die ebenfalls ein Risikomanagementsystem und den adäquaten Ausbau des internen Kontrollsystems vor-schreiben. Bei der Betrachtung der Entwicklung von gesetzlichen Anforderungen erkennt man, dass bei neueren Regelungen immer stärker die Implementierung eines Risikomanage-mentprozesses mit Frühwarnsystemen gefordert wird. Es findet ein Wandel vom reaktiven

---

1   Vgl. KPMG, 1998, S. 4.

zum proaktiven Risikomanagement statt.[2] Diese Entwicklung liegt bei den heutigen wirtschaftlichen Rahmenbedingungen im ursprünglichen Interesse jedes Unternehmens. Risikomanagement wird zu einer tragenden Säule einer wertorientierten Unternehmensführung.

Über das KonTraG wurde zudem das Aufgabenspektrum von Wirtschaftsprüfern erweitert. War zuvor die Prüfung der buchhalterischen Vollständig- und Richtigkeit die Hauptaufgabe, so wurde diese um die Prüfung des einzurichtenden Risikomanagementssystems (siehe § 317 Abs. 4 HGB), der Beurteilung der künftigen Geschäftsentwicklung (siehe § 321 Abs. 4 HGB) und deren potenziellen Risiken (siehe § 317 Abs. 2 HGB) erweitert. Die im Unternehmens- bzw. Konzernlagebericht enthaltenen Informationen über Risiken fließen, über die jährlich stattfindenden Bonitätsbeurteilungen der Kreditinstitute gemäß § 18 Abs. 1 KWG, in die Kreditentscheidungsfindung ein.[3]

Durch Basel II wird weitergehend die qualifizierte Risikobetrachtung in das Kreditgewerbe eingeführt. Begonnen hat diese Risikobetrachtung bei den klassischen Bankrisiken wie Adressenausfall-, Liquiditäts- und Marktpreisrisiken. Ergänzt wird diese Risikosicht durch die Einführung der Risikokategorie „operationelle Risiken". Diese Risikokategorie soll die betrieblichen Risiken des täglichen Geschäftsablaufs darstellen. Durch die Einführung der Baseler-Konventionen werden die Kreditinstitute gezwungen, sich mit ihren betrieblichen Risiken auseinanderzusetzen und diese professionell zu managen. Diesen Anspruch werden sie eher mittel- als langfristig an die Kreditnehmer, die sich nicht unmittelbar den gesetzlichen Anforderungen wie dem KonTraG unterwerfen müssen, stellen.

Obwohl Anzahl und Risikopotenzial von operationellen Risiken wesentlich von den getätigten Geschäftsarten und dem Geschäftsvolumen abhängen, wird jede Bank verpflichtet, ein professionelles Risikomanagement für die Risikokategorie der operationellen Risiken einzurichten. Lediglich die Ausgestaltung selbst kann dann den jeweiligen institutsspezifischen Gegebenheiten angepasst werden.[4]

In die Risikokategorie der operationellen Risiken fallen u.a. die Risiken, die sich aus dem Einsatz der Informationstechnologie ergeben. Die Informationstechnologie hat in großen Teilen der Wirtschaft einen hohen und weiter anwachsenden Stellenwert[5]. Der Ausfall oder eine Fehlfunktion dieser Ressource stellt ein großes Risikopotenzial dar. Zwar werden in Unternehmen von der IT-Abteilung immer gewisse Sicherheitsvorkehrungen wie Sicherungskopien, Zutrittsberechtigungen oder gar Backup-Installationen von IT-Systemen getroffen, diese stellen aber häufig kein einheitliches Gesamtbild im Sinne eines integrierten Risikomanagements dar. Was unter IT-Risiken zu verstehen ist, wie sie identifiziert und kategorisiert werden können und wie diese Erkenntnisse in die bereits vorhandenen Themengebiete eines professionellen IT-Betriebs integriert und gemanagt werden können, erläutert dieses

---

2   Vgl. Romeike, 2003a, S. 65–68.

3   Vgl. Keitsch, 2000, S. 14–15.

4   Vgl. Basel Committee, 2003, S. 1.

5   IT-Risiken werden auch bei Industrieunternehmen ernst genommen und separat ausgewiesen, selbst bei konzentrierten Zusammenfassungen. Vgl. BMW, 2004, S. 57.

Buch. Auch wenn sich die Beispiele hierbei überwiegend auf Kreditinstitute beziehen, kann und soll die Quintessenz auf andere Anwendungsbeispiele der elektronischen Informationsverarbeitung übertragen werden.

Bei einem umfassenden IT-Risikomanagement werden allerdings nicht nur operationelle Risiken betrachtet, sondern auch Geschäfts- und Strategierisiken, z.B. im Rahmen von Architekturentscheidungen, bewertet. Ebenso umfasst ein ganzheitliches IT-Risikomanagement das Management von rasanten, katastrophalen Risiken durch ein Business Continuity Programm (BCP) und einem Desaster Recovery Programm (DRP), sprich einem professionellen IT-Krisenmanagement.

Abb. 1 gibt eine Übersicht über die Kernthemen des IT-Risikomanagements. Die Zusammenhänge werden in den einzelnen Kapiteln des Buches hergestellt und die sich dahinterverbergenden Details erläutert. Die Grafik soll Ihnen beim Lesen des Buches als Orientierung dienen.

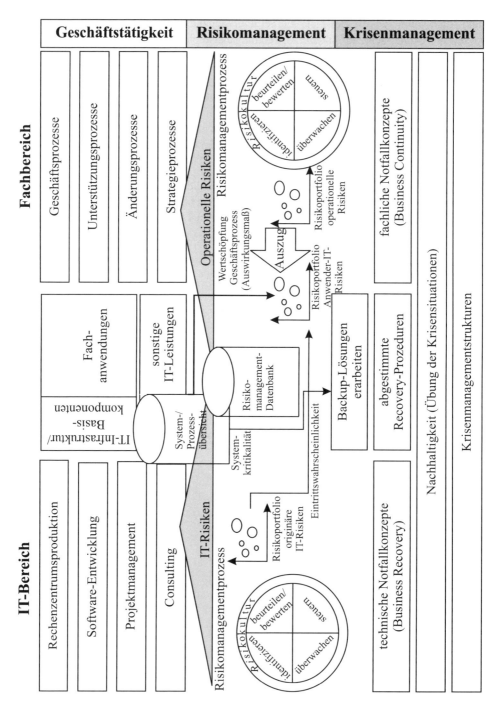

Abb. 1   Übersicht IT-Risikomanagement

1 Definition von IT-Risikomanagement

„Nichts geschieht ohne Risiko, aber ohne Risiko geschieht auch nichts."
– Walter Scheel (deutscher Bundespräsident, von 1974 bis 1979) –

In den nachfolgenden Kapiteln werden die Grundlagen für eine einheitliche Verständigung geschaffen. Gerade bei einem neuen Thema wie dem Management von betrieblichen Risiken und hier im Speziellen, die aus der Informationstechnologie entstehenden Risiken, ist es wichtig, einen einheitlichen Sprachgebrauch herbeizuführen. In der **Abb. 1.1** ist die Eingliederung des IT-Risikomanagements in die Unternehmenssicht sowie dessen grobe Aufteilung grafisch dargestellt.

Informationstechnologie (IT) wird häufig mit Synonymen wie Informations- und Kommunikationstechnologie, (elektronische) Datenverarbeitung oder gar Wissensmanagement belegt. Dies legt die Vermutung nahe, dass Daten, Informationen und Wissen das Gleiche sind, was jedoch nicht der Fall ist. Daten sind eine mit Syntax versehene Zeichenkette. Sobald diese Daten in einen inhaltlichen Kontext aufgenommen werden, handelt es sich um eine Information. Die Möglichkeit der Nutzung der Informationen, z.B. durch deren Kombination, stellt Wissen dar.[6] Das Buch zeigt das Risikomanagement für die Verarbeitung von Informationen im Rahmen einer elektronischen Datenverarbeitung auf. Zusätzlich werden weitere Leistungen, die von IT-Bereichen erbracht werden, in das IT-Risikomanagement integriert. Das IT-Risikomanagement verwendet für sich selbst ebenfalls Informationstechnologie und Techniken des Wissensmanagements. Der Begriff „IT" wird nachfolgend für die umfänglichen, technischen und organisatorischen Regelungen zur Verarbeitung und zum Transport von Informationen im Unternehmen verstanden. Sofern sich betriebswirtschaftlich oder risikopolitische Aussagen auf die IT beziehen bzw. beschränken, wird dies mit der Ergänzung „IT-" kenntlich gemacht.

---

6   Vgl. Krcmar, 2003, S. 14–15.

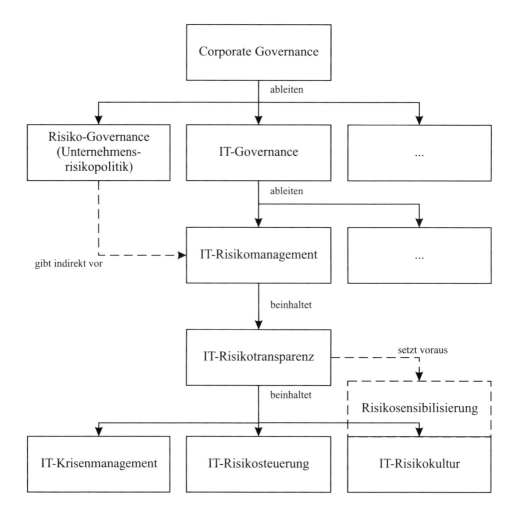

Abb. 1.1   Aufbau IT-Risikomanagement

Wichtigste Aufgabe der IT innerhalb eines Unternehmens ist es, die unternehmenseigenen Ziele optimal zu unterstützen. Die Übereinstimmung der IT-Strategie mit der Unternehmens-strategie und deren Ziele wird als IT-Governance bezeichnet. Die Kombination aus techno-logischem und fachlichem Wissen mit strategischer Ausrichtung bildet vielfach das Funda-ment für die Erarbeitung von Wettbewerbsvorteilen.[7] Aus dieser IT-Governance müssen die Handlungen der IT bezüglich des IT-Risikomanagements abgeleitet werden. Das IT-Risiko-management muss sich über diese IT-Governance mit der Risikostrategie des Gesamtunter-

---

7   Vgl. Wild, 2003, S. 23.

nehmens abstimmen. Als Basis für ein effektives IT-Risikomanagement bedarf es einer IT-Risikotransparenz. Um diese Transparenz zu schaffen, wird eine Grundsensibilisierung der Mitarbeiter bezüglich des Risikomanagements benötigt. Im 2. Kapitel wird die Vorgehensweise zum Erreichen der IT-Risikotransparenz aufgezeigt. Die erforderliche Grundsensibilisierung bis hin zu einer Risikokultur wird beschrieben. Die Risikosteuerung ist anschließend Inhalt des 3. Kapitels. Es wird auf die Inhalte, Methoden und Vorgehensweisen zur effektiven Steuerung des Risikoportfolios eingegangen. Das 4. Kapitel widmet sich dem IT-Krisenmanagement.

Im Folgenden wird auf bereits bestehende Definitionen/Kategorisierungen zurückgegriffen und diese bei Bedarf an die Besonderheiten des Themengebietes angepasst. Sollten in der Literatur verschiedene Definitionen vorhanden sein, so wird die am weitesten verbreitete bzw. die im Zusammenhang mit dem Thema IT-Risikomanagement am sinnvollsten einsetzbare verwendet.

1.1 Grundlegende Definitionen

In diesem Buch wird vielfach die Sprache von Anwendungen, Systemen und Plattformen sein. Unter einer *Anwendung* wird eine abgeschlossene Softwareeinheit verstanden und stellt, wenn kein Zusatz wie „systemnah" verwendet wird, im Regelfall eine fachliche Anwendungslogik dar. Ebenso kann darunter das zur Verfügung stellen von Daten verstanden werden, wie zum Beispiel der unternehmensweite Kundenstamm. *Systeme* entstehen anwendungsübergreifend. Die beinhalteten Anwendungen kommunizieren über verschiedene Schnittstellen miteinander. Man unterscheidet zwischen Schnittstellen fachlicher Anwendungen untereinander und Schnittstellen von fachlichen Anwendungen mit Basisdiensten/Infrastrukturkomponenten, sogenannten Systemvoraussetzungen. Unter *Plattformen* wird die jeweilige Infrastruktur für das Betreiben der Anwendungen verstanden. Dieser Begriff beinhaltet die Hardware und systemnahe Software. Typische Plattformen sind der Host oder die C/S-Umgebungen, wobei Plattformen auch heterogen gestaltet sein können.

Die nachfolgenden Begrifflichkeiten werden im Zusammenhang mit dem Risikomanagement verwendet. Der unterschiedliche Gebrauch führt immer wieder zu Fehlkommunikation und Irritationen. Im Zusammenhang mit dem IT-Risikomanagement werden folgende Definitionen in diesem Buch verwendet.

1.1.1 Risiko

Risiko wird im Sprachgebrauch in unterschiedlichster Weise verwendet. In der Fachliteratur wird der Begriff Risikomanagement im Detail häufig unterschiedlich definiert. Dabei ist der kleinste gemeinsame Nenner, dass durch ein Ereignis mit einer bestimmten Wahrscheinlichkeit Verluste eintreten.[8] Die für das Buch geltende Definition ist daran angelehnt.

Risiko ist die Möglichkeit (Wahrscheinlichkeit) einer Abweichung des tatsächlichen Ergebnisses vom erwarteten Ergebnis. Diese Abweichung kann positiv oder negativ sein. Bei negativen Abweichungen besteht die Gefahr, dass unerwünschte Ergebnisse eintreten (Verluste) oder die Gefahr, dass erwünschte Ergebnisse nicht eintreten (verpasste Chancen). Positive Risiken (Chancen) drücken sich durch ein Eintreten unerwartet positiver Ergebnisse aus. Das Risikopotenzial/-volumen ergibt sich aus dem Abweichungsdelta und dessen Eintrittswahrscheinlichkeit.

Das Risiko ist eine spezielle Form der Unsicherheit, die grundsätzlich eine nicht vorhandene Sicherheit bezüglich einer Angelegenheit ausdrückt. Das Risiko kann gegenüber der Unsicherheit aus Erfahrungsgründen eingeschätzt werden und Gegenmaßnahmen können geplant werden.[9]

Qualität ist die relative Differenz zwischen einem geplanten und dem tatsächlichen Ergebnis. Es beinhaltet gegenüber dem Risiko nicht die Wahrscheinlichkeit des Eintritts. Das Risiko beinhaltet die absolute Differenz zwischen einem geplanten und dem tatsächlichen Ergebnis und berücksichtigt dabei zusätzlich die Eintrittswahrscheinlichkeit.[10] Bei der Betrachtung von Risiko wird zwischen Risikoursachen (diese werden in den Risikoszenarien beschrieben), Risikoereignissen (welche letztlich die Schadensfälle darstellen) und Risikoauswirkung (welche das Schadensmaß wiedergeben) unterschieden. Die Komplexität des Risikomanagements von operationellen Risiken, zu denen auch die IT-Risiken gehören, entsteht dadurch, dass verschiedene Risikoursachen für ein Risikoereignis verantwortlich sein können. Zudem kann eine Risikoursache eine Vielzahl von Risikoereignissen gleichzeitig anstoßen. Die Risikoereignisse können wiederum die unterschiedlichsten Auswirkungen haben und bei gleichzeitig eingetretenen Risikoereignissen sind die Ursachen und/oder Auswirkungen untereinander nicht unbedingt voneinander abgrenzbar.

In **Abb. 1.2** wird dargestellt, wie sich aus 2 Risikoursachen unterschiedliche Auswirkungen ergeben können. Das Beispiel zeigt an einem kleinen Ausschnitt die rasch steigende Komplexität bei einer größeren Anzahl von Ursachen, Ereignissen und möglichen Auswirkungen. Das erste Risikoereignis „Fehladministration der Anwendung Risikomanagement" wird nur durch die Risikoursache „menschlicher Fehler aus Konzentrationsmangel" bewirkt und hat direkt zur Folge, dass die Anwendung ausfällt. Das zweite und dritte Risikoereignis beruht ebenfalls auf einem „menschlichen Fehler aus Konzentrationsmangel" und zusätzlich auf der Tatsache, dass die Administrationsprozesse nicht den aktuellen Anforderungen des Prozessdesigns von Administrationsprozessen entsprechen. Sie haben beide die gleichen Risikoursachen. Lediglich die Objekte, auf die diese Ursachen treffen, sind unterschiedlich und haben

---

8   Vgl. Wallmüller, 2002, S. 165–167.

9   Vgl. Weber/Liekweg, 2000, S. 279.

10   Vgl. auch Meier, 2004, S. 20–21.

andere Auswirkungen. Bei einem Administrationsfehler in der Anwendung „Risiko-quantifizierung" fällt nur diese Anwendung aus. Findet das gleiche Ereignis im relevanten Datenbanksystem statt, so fallen die Anwendungen „Risikomanagement" und „Risikoquantifizierung" aus.

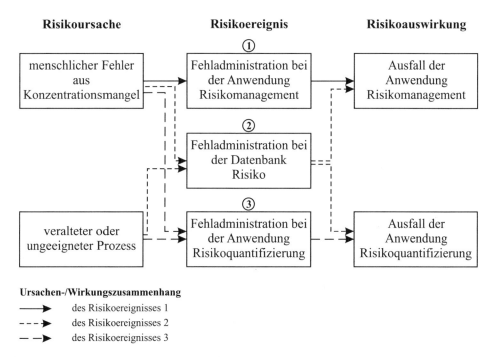

Abb. 1.2   Zusammenhang Risikoursache/-ereignis/-wirkung

1.1.2   Operationelle Risiken

Operationelle Risiken sind Risiken aus dem Geschäftsablauf heraus, sie werden auch operationale Risiken genannt. Sie stellen die ursprünglichste Form von Geschäftsrisiken dar. Unabhängig davon, welche Geschäfte betrieben werden, können Risiken wie fehlerhaftes Verhalten, Unkenntnis, Betrug, Naturkatastrophen, etc. zum Tragen kommen. Seit die Menschheit Geschäfte abwickelt, wird bewusst oder unbewusst, erfolgreich oder weniger erfolgreich mit diesen Risiken umgegangen.

Basel definiert operationelle Risiken als die Gefahr von direkten oder indirekten Verlusten, die infolge der Unangemessenheit oder des Versagens von internen Prozessen, Menschen, Systemen oder durch externe Einflüsse auftreten. Ausgeschlossen werden explizit strategische Risiken und Reputationsrisiken. Basel II gibt zugleich die individuelle Freiheit, operationelle Risiken innerhalb der einzelnen Institute unterschiedlich definieren zu können. Eine elementare Anforderung besteht darin, dass jedes Institut für sich die gesamte Spanne möglicher, operationeller Risiken berücksichtigt und ein unternehmensweites Verständnis für die Definition vorliegt.[11]

Andere Ansätze beziehen strategische Risiken in die operationellen Risiken mit ein. Die *Group of 30* ist eine Vereinigung von hochrangigen Vertretern aus der Privatwirtschaft, dem öffentlichen Sektor und der Wissenschaft, die wirtschaftliche Situationen analysiert und Handlungsempfehlungen daraus ableitet. In ihrer Definition erscheint neben den bereits oben erwähnten Risikoursachen Prozesse, Mensch und Systeme ausdrücklich noch der Managementfehler als eigene Kategorie.[12]

Während Basel II Schadensfälle nur über realisierte Verluste definiert, wird in diesem Buch ein Schadensfall ebenso bei einer nicht geplanten, positiven Auswirkung unterstellt. Einen der großen Vorteile beim Betreiben eines Risikomanagements stellt der Lerneffekt für die Beteiligten dar. Dieser Lerneffekt kann ebenso aus Ereignissen abgeleitet werden, die sich letztlich „unerwartet" doch noch ergebnisneutral oder sogar gewinnbringend dargestellt haben. Die ausschlaggebende Eigenschaft eines eingetretenen Risikos ist, dass dessen Auswirkung nicht geplant war.

Eine Abgrenzung der operationellen Risiken gegenüber weiteren Geschäftsrisiken, beispielsweise im Kreditgewerbe die Adressausfall-, Marktpreis- und Liquiditätsrisiken, ist im Zusammenhang mit dem IT-Risikomanagement von geringer Bedeutung. Es kann davon ausgegangen werden, dass sämtliche IT-Risiken unter die Rubrik der operationellen Risiken fallen. Zwar können im IT-Betrieb Lieferanten ausfallen, das Adressausfallrisiko bezieht sich allerdings lediglich auf das Forderungsrisiko. Dies dürfte im IT-Bereich, mit Ausnahmen von Anzahlungen, von untergeordneter Bedeutung sein. Für den IT-Bereich ist der Ausfall eines Lieferanten eher mit einhergehenden Änderungen von unterstützen Technologien von Bedeutung. Ebenso können sich die Einkaufspreise für bezogene Leistungen ändern, es bestehen aber keine Marktpreisrisiken im Sinne von Handelsrisiken. Liquiditätsrisiken sind nur dann für die IT relevant, wenn diese als eigenständige Unternehmung auftritt. In diesem Fall sind jedoch grundsätzlich alle Risiken, die ein Unternehmen treffen können, zu berücksichtigen. Zusammenfassend kann gesagt werden, dass originäre IT-Risiken direkt als eine Ausprägung der operationellen Risiken einzustufen sind.

---

11 Vgl. Basel Committee, 2003, S. 2.

12 Vgl. Brink, 2001, S. 1–3.

1.1.3   IT-Risiko

Unter IT-Risiko versteht man die Unfähigkeit, anforderungsgerechte IT-Leistungen effektiv[13] und effizient[14] erbringen zu können. IT-Leistungen sind dabei der Betrieb und die Entwicklung von Systemlösungen, das Projektmanagement sowie – aus der Enabler-Funktion heraus – das Management dieser Leistungen und die Beratung der Fachbereiche für deren Geschäftstätigkeit. Sie sind Teil der operationellen Risiken.[15]

Bei der Betrachtung von IT-Risiken, die zum Teil nicht selbst den Schadensfall aus Unternehmenssicht darstellen, sondern vielmehr als Risikoursache für die eigentlichen Geschäftsabläufe zu verstehen sind, sind die strategischen Risiken in einen integrierten Risikomanagementansatz mit aufzunehmen. Die strategischen Entscheidungen sind bei immer kürzeren Entscheidungszyklen wesentlich für die Sicherheit, Stabilität, Skalierbarkeit und der damit einhergehenden Wirtschaftlichkeitsbetrachtung von IT-Lösungen. Es wird zwischen originären IT-Risiken und Anwender-IT-Risiken unterschieden.

1.1.4   Risikomanagement

Beim Risikomanagement wird zwischen strategischem und operativem Risikomanagement unterschieden. Das strategische Risikomanagement beinhaltet die Grundsätze zur Behandlung von Risiken, die Risikokultur sowie die Methodik.

Das operative Risikomanagement setzt sich – als Ausprägung des allgemeinen Managementprozesses – als Regelprozess aus den Komponenten
- identifizieren (und klassifizieren)[16],
- beurteilen (analysieren und bewerten),
- steuern (Maßnahmen festlegen und durchführen) und
- überwachen der Risiken

zusammen.[17] Diese vier Schritte gelten grundsätzlich für das Management des Risikoportfolios, wobei die Ausprägung der einzelnen Komponenten bei den unterschiedlichen Risikoarten differieren kann. Die regelmäßige, systematische Erhebung bzw. Überarbeitung des vorhandenen Risikoportfolios wird, in Anlehnung an die betriebswirtschaftlichen Bestandsermittlungen, als Risikoinventur bezeichnet. Den Rahmen für das Risikomanagement bietet eine individuell definierte Risikostrategie, die, abhängig von den Risikoarten und den Risikopotenzialen, die situative Anwendung von generischen Risikostrategien (siehe 1.3) festlegt.

---

13 Effektivität beantwortet die Frage „Tun wir die richtigen Dinge?". Hierzu gibt es abweichende Definitionen. Nach ISO 9000:2000 ist Effektivität z.B. „das Ausmaß, in dem geplante Tätigkeiten verwirklicht und geplante Ergebnisse erreicht werden."

14 Effizienz beantwortet die Frage „Tun wir die Dinge richtig?". Definition nach ISO 9000:2000: „Effizienz ist das Verhältnis zwischen dem erzielten Ergebnis und den eingesetzten Mitteln."

15 Vgl. Balduin/Junginger/Krcmar, 2002, S. 3.

16 Die Anmerkungen in Klammern sind die jeweiligen Ausprägungen für den Risikomanagementprozess.

17 Vgl. Pausenberger, 2000, S. 269–274 sowie Basel Committee, 2003, Principle 4, 5 und 6.

Neben dem Management des bestehenden Risikoportfolios ist es ebenso wichtig, die Entwicklung dieses Portfolios in den Entscheidungsprozess des Unternehmens mit einzubinden. Insbesondere bei Entscheidungen grundsätzlicher Art werden die Auswirkungen auf die Gesamtrisikosituation prognostiziert und in die Entscheidungsfindung mit einbezogen, z.B. Entscheidungen über neue Inhalte der Geschäftspolitik.[18] Bei der Beurteilung der Wahrscheinlichkeit kann zwischen a priori Wahrscheinlichkeiten, bei denen im Voraus die Eintrittswahrscheinlichkeit bekannt ist (z.B. bei einem Münzwurf), und a posteriori Wahrscheinlichkeiten, bei denen das Ereignis bereits eingetreten ist und dieser Eintritt hinsichtlich zukünftiger Aussagekraft untersucht wird, unterschieden werden. Beim IT-Risikomanagement sind a priori Wahrscheinlichkeiten von geringerer Bedeutung.

Sobald ein Risiko eingetreten ist, tritt zur möglichen Schadensreduzierung ein Schadensmanagementprozess in Kraft. Dieser basiert ebenfalls auf dem allgemeinen Managementprozess. Bei Risiken mit einem hohen Auswirkungsmaß und zumeist rasantem Schadensverlauf werden diese Schadensreduzierungsmaßnahmen in Form eines Krisenmanagements (siehe Kapitel 1) geplant und durchgeführt.

1.1.5   Risikoszenario

Unter einem Risikoszenario versteht man das ganzheitliche Aufzeigen von möglichen Schadensabläufen anhand von generischen Beispielen. Beim Eintritt reduziert oder verhindert es eine oder mehrere IT-/Unternehmensleistungen. Durch die Operationalisierung werden die Risikoszenarien auf die einzelnen Leistungen konkretisiert. Risikoszenarien können auf einer oder mehreren Risikoursachen beruhen. Zu den Szenarien werden die Eintrittswahrscheinlichkeit und die Auswirkungen sowie mögliche Risiko- bzw. Schadensreduzierungsmaßnahmen aufgezeigt.[19] Durch die Konkretisierung des Gefährdungspotenzials kann eine höhere Sensibilisierung der Mitarbeiter bzw. der Verantwortlichen erreicht werden. Zugleich kann das Risikopotenzial leichter geschätzt und überwacht werden.

Durch die hohe Komplexität der Risikostruktur von Unternehmen entsteht bei einer umfänglichen Betrachtung der Risikolandschaft schnell eine unüberschaubare Anzahl von Risikoszenarien. Ihre Granularität muss eine praxisbezogene Beurteilung der einzelnen Szenarien ermöglichen und muss über das Risikoportfolio hinweg in einer einheitlichen Detaillierungstiefe erfolgen. Ihre Anzahl muss überschaubar sein und dabei das gesamte Gefährdungspotenzial abbilden. Bei der Formulierung von allgemeingültigen Szenarien wird von generischen Risikoszenarien gesprochen. Die Gesamtheit aller Risikoszenarien bildet das Risikoinventar des Unternehmens. Durch Detailvarianten in Form von operationalisierten Risikoszenarien wird eine Hierarchie aufgebaut.

---

18 Vgl. auch Basel Committee, 2003, S. 3–9.

19 Vgl. Wallmüller, 2002, S.165–167.

1.1.6   Risikopotenzial

Das Risikopotenzial eines Szenarios setzt sich aus den Komponenten Eintrittswahrscheinlichkeit und Schadenshöhe (Auswirkungsmaß) zusammen. Das Produkt dieser Komponenten stellt das Risikopotenzial dar, es wird auch Risikovolumen genannt. Es bezieht sich immer auf einen definierten Zeitraum. Das Risikopotenzial eines Szenarios wird gerne in einer Risikomatrix dargestellt.

Das Gesamtrisikopotenzial setzt sich aus dem durchschnittlichen Risikopotenzial über die Laufzeit, multipliziert mit der voraussichtlichen Existenzdauer des Risikos, zusammen. Bei langfristigen Risiken ohne definiertes Risikoende ist zur Berechnung immer ein Zeitraum der Betrachtung anzugeben. Ferner kann das Risikopotenzial bei IT-Risiken zwischen einem direkten und einem indirekten Risikopotenzial unterschieden werden. Das direkte Risikopotenzial ergibt sich aus den potenziellen Schäden, die direkt in der IT anfallen (originäre IT-Risiken). Das indirekte Risikopotenzial ergibt sich aus den Risiken der tangierten Geschäftsabläufe (Anwender-IT-Risiken). Während bei fachlichen Anwendungssystemen größtenteils noch eine direkte Zuordnung auf Geschäftsprozesse möglich ist, sind Auswirkungen durch Ausfälle von IT-Infrastruktur zumeist nur unter unverhältnismäßig hohem Aufwand bzw. der Verwendung von Prämissen auf Geschäftsabläufe zuordenbar.

1.1.7   Gefahr

Gefahr wird umgangssprachlich mit im Detail verschiedenartigen Definitionen belegt. Grundsätzlich drückt der Begriff die Möglichkeit aus, dass etwas nicht Kalkuliertes (in der Regel Negatives) passiert. Im Vergleich zu Risiko ist dieser Begriff allgemeiner. Er beinhaltet nicht die Eintrittswahrscheinlichkeit. Das Auswirkungsmaß kann zusätzlich unbekannt sein.

1.1.8   Schaden

Ein eingetretenes Ereignis, das eine Abweichung vom geplanten Ziel darstellt (schlagend gewordenes Risiko), bezeichnet man als Schaden. Diese Abweichung kann im positiven oder im negativen Bereich liegen. Der Schaden drückt dabei die absolute Differenz aus. Zumeist werden nur die negativen Abweichungen bewusst wahrgenommen. Bei positiven Auswirkungen muss berücksichtigt werden, dass bei Planungen als Ziel oft ein Mindestmaß angesetzt wird und eine positive Abweichung nicht eine Außerplanmäßigkeit darstellen muss. In diesen Fällen empfiehlt es sich, bei den Planungen bereits einen Zielkorridor, unter Verwendung eines Mindestziels, zu definieren. Abweichungen können so objektiver ermittelt werden.

Die Schadenshöhe setzt sich aus dem bezifferbaren und nicht direkt bezifferbaren Schaden zusammen. Der bezifferbare Schaden kann direkt mit Aufwänden versehen werden. Er unterscheidet sich weiter durch den unmittelbaren Schaden, zum Beispiel Schadensersatzansprüche und den mittelbaren Schaden, wie zusätzliche Aufwendungen für die Schadensbehebung oder anderweitige Folgeschäden. Die nicht direkt bezifferbaren Schäden sind Reputationsschäden und Opportunitätskosten, wie zum Beispiel entgangene Geschäfte.

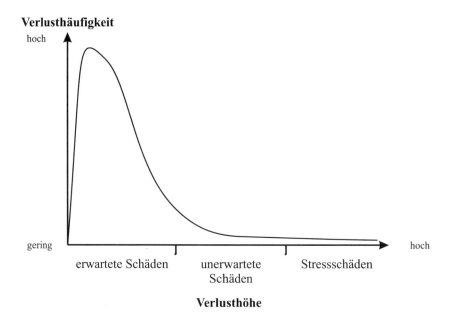

Abb. 1.3   Schadenseinteilung nach Häufigkeit

Schäden werden zudem anhand der Verlusthöhe kategorisiert. Dabei haben erwartete Schäden kleinere Schadenshöhen, kommen jedoch häufiger vor. Die unerwarteten Schäden sind
seltener, haben dafür größtenteils ein höheres Schadensmaß. Sogenannte Stressschäden haben extreme Schadensmaße, kommen aber sehr selten vor. Oftmals werden diesen Kategorien in der Literatur Schadensstrategien zugeordnet. Hier wird davon ausgegangen, dass
erwartete Schäden im Verkaufspreis von Produkten als Kosten berücksichtigt werden. Die
unerwarteten Schäden werden über eine Eigenkapitalhinterlegung gedeckt und die Stressschäden werden versichert. Diesem pauschalierten Ansatz kann nicht einfach zugestimmt
werden. Viele erwartete Schäden werden ebenfalls versichert. Beispiele hierfür sind KFZ-
Versicherungen oder im IT-Bereich erweiterte Garantien für Hardwareschäden. Versicherungen stehen grundsätzlich für alle Schadensklassen zur Verfügung. Die Ausnahmen von
Versicherbarkeit zeigen sich erfahrungsgemäß bei den Stressschäden. So können in bestimmten Gebieten definierte Naturkatastrophen nicht versichert werden. Ebenso können gewisse
Katastrophen wie beispielsweise Krieg oder atomare Zwischenfälle nicht oder nur unzurei-
chend versichert werden. Aus diesem Grund wird in der **Abb. 1.3** auf eine Zuordnung dieser
Schadensstrategien bewusst verzichtet.

1.1.9   IT-Notfall/Krisenfall

Die komplette oder teilweise Nichtverfügbarkeit von IT-Systemen ist ein Systemausfall.
Kann dieser Systemausfall nicht in einer angemessenen Zeit, mit den gewöhnlichen IT-

Prozessen in den normalen Betriebszustand zurückgeführt werden, liegt ein Notfall vor. Die Zuständigkeiten, Prozesse und Voraussetzungen zur Behebung eines solchen, sind im Notfallplan dokumentiert. Für alle kritischen IT-Systeme muss ein Notfallplan vorliegen. Hat der Notfall weitreichende Folgen auf die Geschäftsprozesse und überschreitet er eine zuvor definierte Grenze, so dass der Ausfall der Systeme z.B. existenzgefährdend für das Unternehmen werden kann, ist ein IT-Krisenfall eingetreten.

1.2   Kategorisierung von Risiken

Die Kategorisierung von betrieblichen Risiken kann anhand unterschiedlicher Kriterien erfolgen. Es entsteht eine mehrdimensionale Betrachtungsweise von Risiken. Die gängigen Unterscheidungskategorien werden nachfolgend erläutert, deren Ausprägungen beschrieben und ein Bezug zum IT-Risikomanagement hergestellt.[20] Dabei handelt es sich nicht um eine abschließende Aufstellung aller Risikokategorien. Vielmehr soll die grundsätzliche Problematik der Mehrfachkategorisierung von Risiken veranschaulicht, Methoden zu Beherrschbarkeit dieser Mehrdimensionalität (siehe 3.1.3) aufgezeigt und über die Definition der gängigsten Kriterien eine bessere Handhabung und Kommunikation der Risikoklassifizierung erreicht werden.

Durch die Kategorisierung von Risiken wird das Zusammenfassen von gleichartigen Risiken und somit die Beherrschbarkeit dieser Risiken mittels gemeinsamer oder ähnlicher Risikoindikatoren und Risikoreduzierungsmaßnahmen ermöglicht. Bei der Kategorisierung ist von besonderer Bedeutung, dass die Definition der einzelnen Kategorien möglichst exakt erfolgt. Dadurch kann eine dezentrale Risikozuordnung qualitativ hochwertig sichergestellt werden. Dies ist unternehmensintern und unternehmensübergreifend wichtig. Beispielhafte Sachverhalte hierfür sind die Bildung von Datenkonsortien für den Austausch von Schadensfällen, das Benchmarking von Risikoportfolien oder die Anwendung allgemeiner Kategorisierungskataloge zur Veröffentlichung statistischer Sachverhalte.

1.2.1   Ursachen-/Wirkungsprinzip

Durch die Betrachtung der Lebenszyklen von Risiken können Unterscheidungskriterien hergeleitet werden. Besteht ein Risiko für ein Unternehmen, so ist damit noch nicht zwingend eine Beeinträchtigung der Geschäfte einhergehend. Erst mit dem Eintritt eines bestimmten Ereignisses bzw. einer Ereigniskombination wird aus dem latent vorhandenen Risiko ein Schadensfall mit letztlich direkten oder indirekten Auswirkungen auf den wirtschaftlichen Erfolg des Unternehmens.

---

20   Vgl. auch Romeike, 2003c, S. 167–173.

Risikoursachen

Risiken können hinsichtlich ihrer Ursachen unterschieden werden. Diese können wiederum nach unterschiedlichen Merkmalen gruppiert werden. Wir verwenden eine aus Basel II abgeleitete Kategorisierung, die sich grundsätzlich für betriebliche Risiken eignet. Weitergehende Aspekte des IT-Risikomanagements können ebenfalls abgebildet werden.[21] Ein Vergleich mit den Kategorien des Gefährdungskataloges des IT-Grundschutzhandbuchs vom Bundesamt für Sicherheit in der Informationstechnik verdeutlicht, dass sich diese Einteilung in 5 Gefährdungskategorien für IT-Komponenten auch für IT-Risiken bewährt. Zu den Basel-Kategorien sind nur geringfügige Abweichungen zu vermerken. Die Kategorie Mensch wird dabei mit zwei Kriterien – Fehlhandlungen und vorsätzliche Handlungen – aufgeführt. Die Kategorie Prozesse/Projekte wird auf organisatorische Mängel reduziert. Externe Einflüsse werden als höhere Gewalt und Technik als technologisches Versagen bezeichnet.

Die einzelnen Kategorien können weiter untergliedert werden. Der Verband öffentlicher Banken (VÖB), Frankfurt, hat beispielsweise eine weitergehende Untergliederung für seine angeschlossenen Banken erarbeitet. Diese wird in **Tab. 1.1** mit ihren ersten zwei Kategorisierungsebenen aufgeführt. Mittels dieser Untergliederung wird eine Definition der expliziten Inhalte der einzelnen Kategorien erreicht.

Um eine höhere Trennschärfe zwischen Risikoursache und Risikotreiber (siehe 2.5.2) zu gewährleisten, wird in den nachfolgenden Kategorisierungen eine weitergehende Abgrenzung hierzu vorgenommen.

Mensch.
„Am Ende sind alle Probleme der Wirtschaft Personalprobleme."
– Alfred Herrhausen (ehemaliger Vorstandssprecher der Deutschen Bank) –

In einer weitergehenden Betrachtung kann dieser Aussage zugestimmt werden. Teile der externen Einflüsse ausgenommen, hinsichtlich derer der Mensch mangels direkter Einwirkungsmöglichkeiten nur Vorsorgemaßnahmen treffen kann, sind die anderen Risikofaktoren direkt beeinflussbar bzw. von ihm verursacht. So sind sowohl die Prozesse selbst als auch die Technik Resultate menschlichen Handelns. Fehler oder Unzulänglichkeiten daraus sind letztlich dem Menschen zuordenbar. Selbst das nicht Durchführen eines Risikomanagements und das daraus resultierende höhere Risikopotenzial ist eine Entscheidung der beteiligten Mitarbeiter.

Bei der Kategorisierung von Risiken gemäß deren Ursachen wird allerdings von einer primären Ursachenzuordnung ausgegangen. So fallen in die Kategorie Mensch nur die Risiken, die direkt zugeordnet werden können, wie menschliches Versagen oder kriminelle Handlungen.

---

21 Vgl. Basel Committee, 2004, S. 137.

Tab. 1.1   Risikokategorien nach VÖB[22]

Untergliederungsebene	Risikokategorien			
Primärebene	Mensch	Technologie	Prozesse und Projektmanagement	Externe Einflüsse
Sekundärebene	Gesetzeswidrige Handlungen (Interner)	Systemsicherheit	Management-, Kontroll- und Prozessschwächen	Gesetzeswidrige Handlungen (Externer)
	Verkaufsprakti-ken/Vertrieb	Software	Projektmanagement	Politisch
	Unautorisierte Handlungen	Hardware		Verkäufer und Lieferanten
	Humanvermögen	Haustechnik, Gebäude, Anlagen		Outsourcing
	Transaktionen			Infrastrukturlösungen
				Öffentliche Aktivitäten
				Naturkatastrophen
				Sonstige Katastrophen

Risikotreiber für Ursachen im menschlichen Bereich stellen Faktoren wie Ausbildungsstand und Motivation dar. Schlecht ausgebildete und dadurch überforderte Mitarbeiter werden häufiger Fehler begehen, ebenso Mitarbeiter mit einer geringen Motivation. Es kann ganze Risikotreiberbündel geben, die letztlich die eigentlichen Risikoursachen – in diesem Fall beispielsweise menschliches Versagen – beeinflussen.

Technologie. Eine der großen Rubriken für die Fachbereiche sind in dieser Kategorie die Risiken aus der Informationstechnologie, welche durch fehlerhafte Verarbeitung oder mangelnde Verfügbarkeit entstehen können. Darüber hinaus gibt es weitere, technische Abhängigkeiten, beispielsweise sämtliche infrastrukurelle Komponenten wie die Strom- und Wasserversorgung.

In dieser Kategorie sind für das IT-Risikomanagement im Besonderen die technischen Leistungen von Drittbietern wie Hardware und die oben erwähnte Infrastruktur zu nennen. Zusammenfassend ist anzumerken, dass die technischen Risiken im IT-Umfeld ein geringeres Ausmaß als erwartet darstellen. Demgegenüber haben technikabhängige Fachbereiche mit unter ein enormes Risikopotenzial in Form von Anwender-IT-Risiken.

---

22 VÖB, 2001, S. 128.

Typische Risikotreiber in diesem Bereich sind Kosteneinsparungen bei der Wartung oder eine hohe Systemkomplexität.

Prozesse & Projektmanagement. Im Bereich Prozesse liegt ein großes Potenzial für Risikoursachen. In dieser Kategorie sind alle Arten von sogenannten Prozessschwächen enthalten. Beispiele hierfür sind unzureichend ausgeprägte Kontrollmechanismen, unvollständig definierte oder implementierte Prozesse oder mangelnde bzw. inkonsistente Rollendefinitionen.

Projekte werden gesondert in dieser Rubrik mit aufgeführt, da diese ebenfalls einen Prozess darstellen, der für viele Unternehmen von besonderer Bedeutung ist. Projekte sind zumeist einmalige oder wiederholende Vorhaben mit individuellen Anpassungen. Das Risikopotenzial ist somit tendenziell groß.

Als typische Risikotreiber im Umfeld der Prozessrisiken können Prozesskomplexität, Unternehmenskultur – insbesondere Fehlerkultur – oder Automatisierungsgrad angeführt werden.

Externe Einflüsse. Unter externen Einflüssen werden gerne zuerst Katastrophen angeführt. Angefangen bei Naturkatastrophen wie Überschwemmung oder Erdbeben, über Sabotageakte wie Feuer bis hin zu terroristischen Anschlägen. Das realistisch viel größere Risikopotenzial liegt in weniger spektakulären Umständen. Hierunter fallen Risikoursachen wie Betrug, Fehlverhalten von externen Personen oder rechtliche Gegebenheiten wie der Gesetzesgebung und deren Auslegung.

Für das IT-Risikomanagement ist diese Ursachenkategorie von großer Bedeutung. Neben den katastrophalen Risiken, die letztlich im IT-Krisenmanagement münden, sind vor allem die Entwicklung der Technologien und der Marktverhältnisse auf dem IT-Markt zu beachten. Annähernd bei jeder technologischen Neuentwicklung oder einer wesentlichen Weiterentwicklung versuchen die Hersteller über architektonische Alleinstellungsmerkmale und der daraus oft resultierenden Proprietät ihrer Systeme, Marktmacht zu erlangen bzw. diese auszubauen. Die Entscheidung für eine Technologie oder einem Technologiederivat, dass sich letztlich am Markt nicht durchsetzen kann, ist ein großer Risikofaktor. Im Umfeld der IT-Sicherheit stellt die IT-Kriminalität mit Schlagwörtern wie Hackern, Viren und Phishing ein großes Risikopotenzial dar.

Exemplarische Risikotreiber von externen Einflüssen sind die Marktmacht von Anbietern, Zeitintervalle von technologischen Innovationszyklen, Kriminalitätsentwicklungen und das politische Umfeld.

Auswirkungsart
Nachdem ein Risiko über das Schadensereignis schlagend geworden ist, ergeben sich unterschiedliche Auswirkungen. Risiken können hinsichtlich ihrer potenziellen Auswirkungen unterschieden werden.

Monetäre Risiken/Effizienzrisiken. Die monetären Risiken schlagen sich direkt in der Gewinn- und Verlustrechnung des Unternehmens nieder. Dies kann durch entgangenen Gewinn oder vorhandenen bzw. erhöhten Verlust stattfinden. Vielfach werden ursprünglich qualitative Risiken (verringerte Leistung) über ad-hoc Maßnahmen in monetäre Risiken umgewandelt, z.B. durch zusätzliche Qualitätsmaßnahmen.

Qualitative Risiken. Bei den Qualitativen Risiken drückt sich der Schaden in einer verringerten Leistung aus. Dies kann in einem geringeren quantitativen oder qualitativen Umfang bestehen.

Im IT-Risikomanagement sind diese Risiken, z.B. die geringere Verfügbarkeit von Systemen für die Kunden/Fachbereiche, zu identifizieren. Ebenso haben Projekte, in deren Zeitverlauf der Projektumfang angepasst wird, zumeist ein großes Potenzial für diese Risikokategorie.

Image-Risiken. Schwierig zu quantifizieren sind sogenannte Image- oder Reputationsrisiken. Die Auswirkungen dieser Risiken führen zu einer geänderten öffentlichen Meinung gegenüber dem Unternehmen. Als öffentliche Meinung wird das von der Allgemeinheit oder von einzelnen Interessengruppen empfundene Gesamtbild des Unternehmens bzw. von Unternehmensteilen verstanden.

Die Auswirkungen von Image-Risiken sind schwer auf ein einzelnes Vorkommnis zurückzuführen. Sie können meistens nur qualitativ oder indirekt quantitativ über Kundenbefragungen gemessen werden.

Hohes Potenzial für Image-Risiken beim IT-Risikomanagement bilden die Systemverfügbarkeit sowie insbesondere bei Finanzdienstleistern die IT-Sicherheit/der Datenschutz.

Schadensereignisse
Zur Vollständigkeit seien im Zusammenhang mit dem Ursachen-/Wirkungsprinzip die auslösenden Ereignisse genannt. Die Schadensereignisse sind instanzierte Risikoursachen. Beispielsweise tritt die Risikoursache menschliches Fehlverhalten in einem konkreten Fall, z.B. einer Fehlentscheidung aufgrund mangelnden Faktenwissens, als Schadensereignis auf. Die Schadensereignisse sind im Regelfall so heterogen, dass diese nur in speziellen Fällen für eine Kategorisierung verwendet werden können. Schadensereignisse werden oftmals den Klassen der Schadensursachen zugeordnet. Daneben existieren ebenso Einteilungen, die auf Schadensereignissen beruhen, diese werden jedoch gerne mit Risikoursachen vermischt.

1.2.2   Zeiträume

Risiken können nach ihren zeitlichen Dimensionen unterschieden werden. Es gibt mehrere Sichten, aus denen sich zeitliche Dimensionen ableiten lassen. Ein Risiko kann aus unterschiedlichen Perspektiven verschiedenen Zeitkategorien zugeordnet werden.

Existenzzeitraum
Ein Unterscheidungsmerkmal von Risiken liegt im zeitlichen Horizont, in dem die Risiken existent sind. Diese Betrachtungsweise ist bezüglich der Einleitung von Risikoreduzie-

rungsmaßnahmen von großer Bedeutung. Je länger mit der Existenz eines Risikoszenarios gerechnet werden muss, desto sinnvoller erweisen sich bei gleicher Eintrittswahrscheinlichkeit und erwarteter Schadenshöhe die Einleitung von entsprechenden Gegenmaßnahmen. Ebenso muss beachtet werden, ob mögliche Risikoreduzierungsmaßnahmen in der Geltungsdauer des Risikoszenarios nachhaltig greifen können.

Die Klassifizierung der Risiken nach kurz-, mittel- und langfristigen Risiken kann nach Zeiträumen oder entsprechend nachfolgender Definitionen erfolgen. Bei der Einteilung nach festen Zeiträumen ist eine Restlaufzeitbetrachtung sinnvoll. Die Einteilung der Zeiträume kann dabei frei erfolgen, üblicherweise werden betriebswirtschaftliche Regelzeiträume (z.B. bis 1 Jahr, 1–4 Jahre und länger als 4 Jahre) angesetzt. Die Einordnung gemäß der Definitionen stellt die Charakteristik der Risiken stärker heraus.

kurzfristige Risiken. Kurzfristige Risiken sind typische temporäre Risiken. Sie beziehen sich zumeist auf einmalige Situationen, die sich oftmals erst kurzfristig ergeben und schwierig vorauszusehen sind. Sie werden überwiegend durch Improvisation gemanagt. Das Risikopotenzial ist über das Bestehen des Risikos mit hoher Wahrscheinlichkeit beständig. Beispiele hierfür sind:
- Projektrisiken bei Kleinprojekten
- Risiken in Ausnahmesituationen (z.B. nach Auslösung eines Notfallplanes)

mittelfristige Risiken. Mittelfristige Risiken sind Risiken, deren Ende durchaus beschrieben bzw. erwartet werden kann. Das erwartete Ende liegt jedoch nicht in naher Zukunft. Das Risikopotenzial ist über den Risikolebenszyklus mit gewisser Wahrscheinlichkeit variabel. Beispiele hierfür sind:
- Risiken aus dem Betrieb eines konkreten Anwendungssystems heraus
- Projektrisiken bei Großprojekten

langfristige Risiken. Bei langfristigen Risiken ist ein Wegfall des Risikos nicht zu erwarten. Das Risikopotenzial ist über den Risikolebenszyklus mit hoher Wahrscheinlichkeit variabel. Beispiele hierfür sind:
- Risiko eines Terroranschlags
- Risiko des Betrugs

Entscheidungswirkung
Risiken entstehen aufgrund von unternehmerischen Entscheidungen bzw. das Risikopotenzial wird davon maßgeblich beeinflusst. Der Einflusszeitraum einer Entscheidung kann als Kategorisierungsinstrument verwendet werden.

Strategie-/Geschäftsrisiken. Strategische Entscheidungen wirken mittel- bis langfristig. Sie betreffen vielfach mehrere Risikoszenarien oder gar große Teile eines Risikoportfolios. Strategische Entscheidungen sind abstrakt und werden letztlich über verschiedene Entscheidungen im operativen Bereich umgesetzt. Basierend auf dem Grundsatz, dass die IT-Strategie der Geschäfts- oder Unternehmensstrategie folgt, entsteht die Gefahr, geschäftspolitische

Entscheidungen ohne ausreichende Berücksichtigung der daraus entstehenden Risiken im IT-Umfeld zu treffen.

Erwähnenswert im Bereich IT-Risikomanagement sind Entscheidungen im Bereich Produkt- und Architekturauswahl. Diese Entscheidungen prägen das Risikoportfolio von IT-Bereichen/Unternehmen ganz wesentlich und unterliegen dabei einem großen externen Einfluss (siehe 3.3.1).

Operative Risiken. Operative Entscheidungen wirken kurz- bis mittelfristig. Sie betreffen vorwiegend einen konkreten Einzelfall. Die Zuordnung von Entscheidung und Wirkung kann in diesen Fällen unkompliziert erfolgen. Probleme hierbei können sich, wie oben erwähnt, bei übergeordneten strategischen Entscheidungen ergeben. Zum Teil wird der Begriff operative Risiken für den Sachverhalt der operationellen Risiken verwendet, im Nachfolgenden wird die vorherige Definition angewendet.

1.2.3   Risikoeigenschaften

Risiken können anhand ihrer Eigenschaften unterschieden werden. Die maßgeblichen, allgemeinen Eigenschaften werden nachfolgend aufgeführt.

Eintrittswahrscheinlichkeit

Die Eintrittswahrscheinlichkeit gibt die voraussichtliche Häufigkeit eines Eintretens des Risikos an. Es gibt keine allgemeingültige Einteilung der Häufigkeiten. Diese Einordnung kann je Unternehmen differieren und an die jeweilige Risikosituation angepasst werden. Eine mögliche Einteilung ist in **Tab. 1.2** aufgeführt.

Tab. 1.2   Exemplarische Risikoklassen nach Eintrittswahrscheinlichkeit

Risikoklasse	Bezeichnung	Definition der Eintrittswahrscheinlichkeit
extrem seltenes Risiko	a	mindestens einmal in 30 Jahren
sehr seltenes Risiko	b	mindestens einmal in 10 Jahren
seltenes Risiko	c	mindestens einmal in 3 Jahren
häufiges Risiko	d	mindestens einmal jährlich
sehr häufiges Risiko	e	mindestens einmal monatlich
extrem häufiges Risiko	f	mindestens einmal wöchentlich oder mehr

Die Anzahl der Kategorien ist ebenfalls frei wählbar. Eine Anzahl von 5–8 Kategorien bildet einen guten Kompromiss zwischen Genauigkeit und Übersichtlichkeit.

Erwartetes Auswirkungsmaß

Beim zu erwartenden Auswirkungsmaß gibt es ebenfalls keine allgemeinverbindliche Einteilungsskala. Wichtiger als bei der Eintrittswahrscheinlichkeit ist hier eine unternehmensspezifische Klassifizierung. Die sogenannte Risikotragfähigkeit, d.h. der maximal vom Unternehmen tragbare Schaden, muss ermittelt werden. Dies findet vorwiegend in Anlehnung an das vorhandene Eigenkapital statt. Die Größe eines möglichen Schadensvolumens kann für einen Großkonzern noch einen Bagatellebetrag darstellen und ein klein-/mittelständisches Unternehmen (KMU) bereits in die Insolvenz bringen. Grundsätzlich ist anzumerken, dass die höchste Kategorie bei einem krisenauslösenden Betrag justiert sein sollte. Eine exemplarische Einordnung wird in **Tab. 1.3** vorgestellt.

Tab. 1.3   Exemplarische Risikoklassen nach Auswirkungsmaß

Risikoklasse	Bezeichnung	Definition des Auswirkungsmaß
sehr geringes Risiko	A	$\leq 1 T\text{€}$
geringes Risiko	B	$> 1\ T\text{€}$ und $\leq 10\ T\text{€}$
mittleres Risiko	C	$> 10\ T\text{€}$ und $\leq 100\ T\text{€}$
großes Risiko	D	$> 100\ T\text{€}$ und ≤ 1 Mio. €
sehr großes Risiko	E	> 1 Mio. € und ≤ 10 Mio. €
katastrophales Risiko	F	> 10 Mio. €

Die Charakterisierungen der einzelnen Risikoklassen sollen möglichst plastisch die Relevanz des Schadensvolumens darstellen. Mittels dieser Kennzeichen ist es grundsätzlich ohne große Berechnungsalgorithmen möglich, zuerst nicht bezifferbare Schäden wie Image-Risiken einzuordnen. Eine logarithmische Einteilung bzw. eine an eine logarithmische Einteilung angelehnte Klassendefinition, d.h. eine steigende Klassenbreite bei höheren Klassen, erleichtert die Zuordnung der Szenarien in die einzelnen Kategorien. Je höher das voraussichtliche Schadenspotenzial ist, desto schwieriger ist nämlich eine exakte Vorhersage.

Die Einteilung eines Risikos in die Auswirkungsmaßkategorien erfolgt durch die Betrachtung eines einzelnen Schadensfalls. Für die Quantifizierung kann sowohl der Worst-Case-Ansatz als auch das mittlere, zu erwartende Schadensmaß oder eine Klassifizierung in beiden Ausprägungen verwendet werden. Als Worst-Case-Schadensfall wird der größte unter normalen Umständen zu erwartende Schadensfall verstanden. Es wird empfohlen beide Werte zu ermitteln.

Risikopotenzial

Das Risikopotenzial ist das Produkt aus Auswirkungsmaß und Eintrittswahrscheinlichkeit. Sollten für ein Risiko beide Werte mit einer genauen Zahl beziffert sein, so kann das Risikopotenzial direkt errechnet werden. Wurden die Risiken in ihren Ausprägungen *Auswirkungsmaß* und *Eintrittswahrscheinlichkeit* nicht mit einem Wert belegt, sondern das Risikoszenario lediglich einer Klasse zugeordnet, muss über definierte Regeln eine Berechnung des Risikopotenzials auf Klassenbasis erfolgen. Die gängige Art der Berechnung ist die Berechnung aus Mittelwerten der einzelnen Klassen. Die offenen Klassen müssen mit einer Maximal-/Minimal-Prämisse versehen werden.

So würde in unseren oben aufgeführten Beispielen die Kategorie mit dem höchsten Risikopotenzial, bei maximal täglich eintretenden Risiken und einem Maximalbetrag von € 50 Mio., ein Risikopotenzial von € 4.680 Mio. pro Jahr darstellen (siehe **Gl. 1.1**). Diese Kategorie (kritisches Schadensausmaß das wöchentlich auftritt) muss hoffentlich nicht mit einem Szenario hinterlegt werden.

$$\left(\frac{1\text{mal/Woche} + 5\text{mal/Woche}}{2} \cdot 52\right) \cdot \frac{10\text{Mio.€} + 50\text{Mio.€}}{2} = 4.680\text{Mio.€}$$

Gl. 1.1   Mittleres Risikovolumen p.a. (per annum) der größten Schadensbeispielklasse

Eine öfter benutzte Kategorie dürfte ein häufiges, mittleres Risiko darstellen. Diese Risikokategorie hat, wie in **Gl. 1.2** dargestellt, in den zuvor definierten Klassengrößen ein mittleres Risikopotenzial pro Szenario von € 330.000 p.a.

$$\left(\frac{1\text{mal/Jahr} + 11\text{mal/Jahr}}{2} \cdot 1\right) \cdot \frac{10.001€ + 100.000€}{2} = 330.000€$$

Gl. 1.2   Mittleres Risikovolumen p.a. der Klasse häufige, mittlere Risiken

Wird die oben aufgeführte Anzahl von Kategorien an Eintrittswahrscheinlichkeiten und Auswirkungsmaß unterstellt, so ergeben sich 36 Risikopotenzialkategorien. Diese Anzahl ist für die Risikokategorisierung unübersichtlich und sollte erneut gruppiert/geclustert werden. Dies kann zum Beispiel im Rahmen der Definition einer Risikostrategie erfolgen (siehe 3.1.4).

Schadensverlauf
Tritt ein Schadensereignis auf und leitet einen Schadensfall ein, so ist der Schadensverlauf bei den einzelnen Risiken, selbst bei gleicher Gesamtschadenshöhe, unterschiedlich. Zwei extreme Verläufe sind in der **Abb. 1.4** dargestellt.

Schleichende(r) Schadensverlauf/Risiken. Bei schleichenden Risiken entwickelt sich der aufgelaufene Gesamtschadensbetrag langsam. Bei diesen Risiken kann nach dem Eintritt des Schadensereignisses ein nennenswerter Einfluss auf den Schadensverlauf genommen werden. Beispiele für schleichende Risiken sind in Projekten zu finden. So kann ein zu großer Einsatz von Externen das Projektergebnis gefährden, da die spezifische Unternehmenssituation bei der zu erarbeitenden Lösung nicht ausreichend berücksichtigt wird. Sobald dieses Problem erkannt wird, können Externe durch interne Mitarbeiter ersetzt und so der Schadensverlauf beeinflusst werden.

Rasante(r) Schadensverlauf/Risiken. Schadensereignisse mit Katastrophencharakter sind oft Risiken, bei denen der Hauptteil der Schadenssumme beim Eintritt des Schadensereignisses entsteht. Typische rasante Risiken sind terroristische Anschläge oder Stromausfälle.

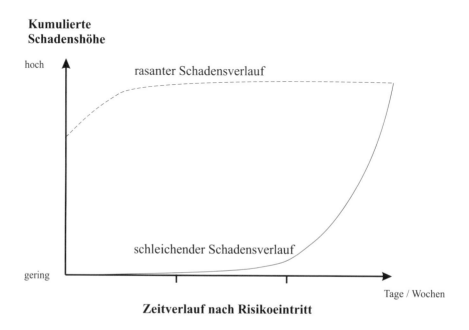

Abb. 1.4   Schadensverläufe für Risikokategorisierung

Entdeckungs-Wahrscheinlichkeit

Die sogenannte Risiko-Prioritäts-Ziffer drückt die Entdeckungs-Wahrscheinlichkeit des Risikos in ihrem zeitlichen Verlauf aus. Je frühzeitiger ein Risiko erkannt wird, desto geringer ist das zu erwartende Schadensausmaß. Daher kann es bei einer Risikobetrachtung von Bedeutung sein, den voraussichtlichen Entdeckungszeitpunkt zu identifizieren und diesen bei der Priorisierung mit zu berücksichtigen.[23] Eine mögliche Einteilung ist:

---

23   Vgl. Dreger, 2000, S. 112–113.

- Risiko/Schaden wird bei der Entstehung erkannt.
- Risiko/Schaden wird bei den nachgelagerten Arbeitsschritten erkannt.
- Risiko/Schaden wird bei einer End-Kontrolle erkannt.
- Risiko/Schaden wird erst durch den End-Anwender erkannt.

Eine solche Einschätzung des Entdeckungszeitpunktes ist, insbesondere bei der Betrachtung von Projektrisiken, von Belang. Bei Projekten ist durch die zeitliche Befristung v.a. die Zeitkomponente von hoher Bedeutung. Eine späte Risikoentdeckung hat große Folgen für die Erreichung bzw. Nichterreichung der Projektziele.

Risikotransparenz
Die Klassifizierung der Risiken bezüglich Risikotransparenz kann grundsätzlich erst in der Nachschau erfolgen. Der Sinn dieser Einteilung liegt in der Qualitätssicherung des eigenen Risikomanagements. Die Anzahl der versteckten, vor allem aber der unbekannten Risiken muss auf ein Minimum reduziert werden. Hierzu müssen in Reviews die Instrumente des Risikomanagements auf deren Wirksamkeit hin überprüft werden.

Unerkannte Risiken. Unerkannte Risiken treffen ein Unternehmen unvorbereitet. Sie wurden bei der Erhebung des Risikoportfolios nicht identifiziert und somit nicht gemanagt. Das Risiko, ein Risiko nicht erkannt zu haben, wird als *Riscrisc* bezeichnet.

Versteckte Risiken. Versteckte Risiken wurden bei der Risikoanalyse nicht oder nicht im gesamten Umfang als eigenständige Risiken identifiziert bzw. deren Risikopotenzial deutlich fehleingeschätzt. Deshalb wurden keine konkreten oder in der Wirkung nicht ausreichende, adäquate Risikoreduzierungsmaßnahmen abgeleitet. Diese Risiken sind zumeist Teile anderer Risikoszenarien.

Erkannte Risiken. Erkannte Risiken sind Risiken, die bei der Risikoinventur vollständig erfasst, bewertet und anschließend ihrer Bedeutung angemessen gemanagt wurden. Diese Risiken sind aus Risikomanagementsicht unproblematisch, da sie beeinflusst werden können. Das Restrisiko nach Steuerung dieser Risiken wird bewusst akzeptiert.

Risikoaktualität
Im Zeitverlauf verschieben sich vorhandene Umwelteinflüsse hinsichtlich einzelner Risiken. Daraus resultieren kurzfristige Schwankungen der Eintrittswahrscheinlichkeiten, ohne dass diese Einflüsse unter Umständen eine grundsätzliche Neueinschätzung der betroffenen Risikoszenarien rechtfertigen würden.

Latente Risiken. Bei den bisherigen Betrachtungen wurde immer von latenten Risiken ausgegangen. Die Risiken wurden so bewertet, dass diese grundsätzlich eintreten können, es aber aktuell keinen konkreten Anlass gibt, dass dies unmittelbar bevorsteht. Dies ist die typische Betrachtungsweise von Risiken. Sie wird nachfolgend immer unterstellt, andernfalls wird es ausdrücklich aufgeführt.

Akute Risiken. Im Gegensatz hierzu stehen die akuten Risiken. Bei diesen Risiken gibt es eine sachliche Begründung, weshalb deren Entritt, in einem überschaubaren Zeitraum, mit einer erhöhten Wahrscheinlichkeit anzunehmen ist. Die Einschätzung der Eintrittswahrscheinlichkeit an und für sich muss davon nicht betroffen sein. Beispiele hierfür können sein:

Bei einer kritischen Anwendung, die von 3 Mitarbeitern in der Produktion betrieben wird, fallen kurzfristig zwei Mitarbeiter dauerhaft oder zumindest langfristig aus. Das Risikoszenario einer nicht ausreichenden Anwendungsbetreuung ist akut geworden. Die insgesamt geschätzte Eintrittswahrscheinlichkeit dieses Szenarios von 4-mal jährlich bleibt davon unberührt.

Es gehen Anschlagsdrohungen ein. Das Risikoszenario für terroristische Angriffe wird akut. Dies kann aber durchaus, der in 30 Jahren einmal erwartete, Terroranschlag sein.

1.2.4   Spezielle Kategorisierung von IT-Risiken

Beim Betreiben von Informationstechnologie gibt es weitere Aspekte, die zur Bildung von Risikokategorien speziell im IT-Bereich herangezogen werden können. Diese Kategorisierungen sind insbesondere dann relevant, wenn die Leistungserstellung der IT im eigenen Unternehmen stattfindet.

IT-Wertschöpfungstiefe
Bei der Betrachtung von operationellen Risiken nach Basel II wird Technologie als eine Risikoursache genannt. Gerade im Bereich Technologie haben die Informationssysteme für die meisten Unternehmen eine große Bedeutung. Basel II unternimmt die Bewertung aus Fachbereichssicht. Ein Fachbereich beurteilt das Risiko bezüglich der nicht verfügbaren bzw. nicht im benötigten Umfang verfügbaren IT-Unterstützung. Die IT wird als Dienstleister verstanden. Diese besondere Situation der jeweiligen IT-Wertschöpfungstiefe kann zur Kategorisierung von IT-Risiken verwendet werden.

Die IT selbst ist ein Teil der Unternehmung und hat ein eigenes Risikopotenzial, das von ihr zu managen ist. Wir unterscheiden daher die IT-Risiken nach Ihrer Wertschöpfungstiefe.

Anwender-IT-Risiken. Anwender-IT-Risiken sind Risiken der IT-Leistungsempfänger und werden zum Teil als *Business Impact* bezeichnet. Diese IT-Risiken wirken sich in der mangelnden Leistungserstellung des eigentlichen Geschäftszwecks des Unternehmens aus. Sie stellen die Risiken dar, die einzelne Fachbereiche eines Unternehmens aus der nicht im erwarteten Umfang zur Verfügung gestellten IT-Leistung haben.

Dies kann an einem Outsourcing-Beispiel verdeutlicht werden. Hat ein Unternehmen seine IT komplett outgesourct, so fallen innerhalb des Unternehmens nur noch Anwender-IT-Risiken an. Sofern das Unternehmen Aussagen zur Verfügbarkeit oder Sicherheit der benötigten Anwendungen und deren künftigen Entwicklung benötigt, muss dies über eine Anfrage an den Outsourcing-Partner erfolgen.

Originäre IT-Risiken. Originäre IT-Risiken stellen die Risiken in der IT selbst dar. Sie entstehen bei der Zulieferung in den IT-Bereich oder in dessen eigener Verantwortung. Im Falle des obigen Outsourcing-Beispiels würden dies die Risiken sein, die beim Outsourcing-Partner bestehen. Insbesondere Unternehmen mit einer eigenen IT-Wertschöpfung müssen diese Einteilung bei der Analyse und dem Management der Risiken berücksichtigen.

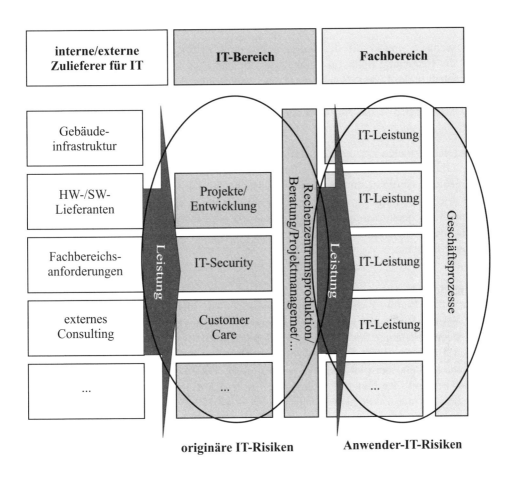

Abb. 1.5 Abgrenzung originäre IT-Risiken zu Anwender-IT-Risiken

In **Abb. 1.5** wird diese Wertschöpfungskette dargestellt. Dabei sind die Leistungen Dritter und die interne Leistungserstellung der IT als originäre IT-Risiken ausgewiesen. Die erstellte Leistung der IT ist das Gefährdungspotenzial für den Fachbereich und bildet zusammen mit fachbereichseigenen IT-Risiken (z.B. für eigenerstellte IT-Lösungen im Office-Umfeld) die gesamten IT-Risiken. Anwender-IT-Risiken und originäre IT-Risiken können einen unterschiedlichen Schadenseintritt/Schadensverlauf nehmen.

Der Fachbereich benötigt für den laufenden Geschäftsbetrieb eine Anwendung, die auf einem Server läuft.

Im ersten Szenario fällt der Server wegen eines Hardwaredefektes aus. Findet dies während der Geschäftszeiten statt, so tritt ein Schaden bei der IT (Reparatur des Servers) und im Fachbereich (Verluste aus offenen Positionen) auf. Findet der Vorfall außerhalb der Geschäftszeiten statt, so tritt zwar immer noch der Schaden in der IT auf, der Fachbereich kann den Ausfall jedoch noch nicht einmal feststellen.

Im zweiten Szenario fällt der Server wegen einer Fehlbedienung des Administrators aus, die Bedienung findet im Rahmen der üblichen Administrationsarbeiten statt. Dadurch tritt in der IT kein Schaden auf. Die Anwendung fällt „versehentlich" aus, kann aber kurzfristig wieder gestartet werden. Außerhalb der Geschäftszeiten hat dies für den Fachbereich keine Auswirkung, während der Geschäftszeiten tritt ein Schaden auf.

Aus diesen Beispielen ist zu sehen, dass die eigentliche Schadensursache bei originären IT-Risiken (Hardwaredefekt oder Fehlbedienung) die Schadenshöhe des IT-Bereichs verändert. Demgegenüber ist die eigentliche Schadensursache für den Fachbereich irrelevant. Für diesen ist wichtig, ob die Anwendung innerhalb seiner Geschäftszeiten ausfällt bzw. seine Wertschöpfung beeinträchtigt (Produktivitätswert) wird. Eine Kopplung dieser zwei unterschiedlichen Sichten kann über vereinbarte Vertragsstrafen bei SLA's oder Outsourcing-Verträge erfolgen.

IT-Aufgabengebiete

Innerhalb der IT gibt es verschiedene Aufgabengebiete. Diese können zur Kategorisierung von IT-Risiken verwendet werden. Die unternehmensspezifischen Kategorien sind von den angebotenen Leistungen des jeweiligen IT-Bereichs abhängig. Nachfolgend werden die typischerweise in einem IT-Bereich vorhandenen Aufgabengebiete erläutert. Ein weiteres Aufgabengebiet könnte beispielsweise Consulting sein. Bei IT-Bereichen ist oft ebenfalls die betriebswirtschaftliche Funktion Organisation angesiedelt. In diesem Fall müsste eine Kategorisierung um diese Aufgabengebiete ergänzt werden, z.B. für die Geschäftsprozessoptimierung.

Projektrisiken. Die Organisationsform der Projekte wird bei der Erstellung und Änderung von Komponenten zur Leistungserstellung innerhalb der IT vielfach eingesetzt. Diese Änderungen stellen einmalige Eingriffe mit hohem Auswirkungsmaß dar. Die Projektrisiken sind für die Betrachtung von IT-Risiken von großer Bedeutung. Die Einschätzung der Projektrisiken bezieht sich nicht auf die Risiken, die sich aus dem Ergebnis des Projektes ergeben. Vielmehr bezieht sich das Risiko darauf, dass die Vorgaben des Projektes hinsichtlich Ressourcenverbrauch, Zeitrahmen und inhaltlichen Projektzielen nicht wie geplant erreicht werden. In vielen Unternehmen gibt es eine solch hohe Anzahl von Projekten, dass ein Multiprojektmanagement eingeführt wird. Ein solches Multiprojektmanagement verhindert bzw. reduziert Ziel- und Aufgabenüberschneidungen sowie Ressourcenkonflikte zwischen den einzelnen Projekten. Eine besondere Form des Multiprojektmanagements stellt das Programmmanagement dar. Es bündelt Projekte, die ein einheitliches Unternehmensziel oder eine Unternehmensfunktion unterstützen.[24]

Anwendungsentwicklungsrisiken. Bei der Erstellung oder Überarbeitung von IT-Lösungen gibt es ein weites Spektrum unterschiedlicher IT-Risiken. Diese Risiken sind in der Konzeptionsphase als auch später in der Realisierungs- und Testphase bis hin zur Einführung der erarbeiteten Lösungen zu finden. Die Anwendungsentwicklungsrisiken betrachten das Risikopotenzial, das sich aus der einzusetzenden Anwendung ergibt. Selbst erst später in der Produktion auftretende Software-Fehler sind ebenfalls den Anwendungsentwicklungsrisiken zuzuordnen.

Betriebsrisiken. Betriebsrisiken stellen das Risikopotenzial aus dem laufenden Betrieb der IT-Lösungen dar. Typische Risiken sind beispielsweise, dass Anwendungen nicht zur Verfügung stehen, die IT-Sicherheit nicht eingehalten wird oder sich anderweitige Fehler aus der Administration der Anwendungen ergeben.

IT-Leistungserstellung

Die Leistungserstellung der IT basiert bei der zur Verfügungstellung von IT-Systemen auf drei bzw. vier Qualitätsmerkmalen.[25] Diese Merkmale können zur Kategorisierung von IT-Risiken verwendet werden.

Verfügbarkeitsrisiken. Diese Ausprägung wird bei der Betrachtung von IT-Risiken größtenteils implizit unterstellt. Es sind IT-Risiken, deren Auswirkungen sich auf die Leistungserstellung in Form von mangelnder Verfügbarkeit, sprich dem Ausfall von IT-Systemen, niederschlägt.

Integritätsrisiken. Unter Integritätsrisiken werden alle Risiken zusammengefasst, die zu in sich widersprüchlichen oder interpretierbaren bzw. zu nicht richtigen Ergebnissen führen. Sie können sich auf Daten und/oder Funktionen beziehen.

Vertraulichkeitsrisiken. Vertraulichkeitsrisiken stellen die Gefahr dar, dass Daten von anderen als den berechtigten Nutzern einseh- oder gar änderbar sind. Die Identifikation beinhaltet die Sicherstellung, dass es sich um eine eindeutig zuordenbare Person handelt. Dies wird üblicherweise durch Benutzerkennung und Passwort oder alternative Methoden sichergestellt. Die Authentifizierung stellt die Überprüfung dieser Daten dar. Die Autorisierung prüft Rechte auf Daten und Funktionen und sichert diese gegenüber einem ungerechtfertigten Gebrauch, z.B. über ein Benutzerberechtigungssystem. Über eine Protokollierung wird die sogenannte Verbindlichkeit oder Revisionssicherheit hergestellt.[26] In Systemen mit juristischen und/oder vertraulichen Datenbeständen muss jede Transaktion zweifelsfrei einem User zugeordnet werden können. Im Sprachgebrauch werden diese gerne als Sicherheitsrisiken

---

24 Vgl. auch Kütz, 2003b, S. 9.

25 Vgl. auch BSI, 1992, Kapitel 1 sowie BaFin MaRisk, 2005, AT 7.2.

26 Vgl. auch GoBS, 1995, Tz 2.

bezeichnet. Die IT-Security umfasst jedoch sämtliche in diesem Kapitel aufgeführten Risiken der Leistungserstellung.

Authentizitätsrisiken. Die Authentizitätsrisiken werden zumeist als Teil der Vertraulichkeitsrisiken gesehen. Aufgrund ihrer Bedeutung werden sie hier gesondert ausgewiesen. Sie sind bei Datenübertragungen über Systeme Dritter, beispielsweise über das Internet, von besonderer Bedeutung. Durch die Authentizität weist eine übertragene Information nach, dass sie von dem berechtigten Partner stammt.

1.3 Generische Risikostrategien

Wie wird mit Risiken umgegangen? Welche Strategien gibt es hierfür? Wie kann das Gesamtrisikopotenzial verringert werden? Für diese Fragen gibt es grundlegende Strategien, die nachfolgend erklärt werden.

1.3.1 Risikovermeidung

Die einfachste und zugleich effektivste Strategie zur Reduzierung von Risiken ist die Risikovermeidung. Wird kein Risiko eingegangen, existiert keine Gefahr einen Schaden zu erleiden. Allerdings können ohne Risiken keine Geschäftserfolge verzeichnet werden. Somit kann diese Strategie nicht generell angewendet werden, sondern bezieht sich im realen Geschäftsleben vielmehr auf Einzelrisiken. Ein Beispiel aus dem Bankenbereich ist der Betrieb von Internet-Banking. Sofern ein Institut diesen Vertriebsweg anbieten möchte, nimmt es automatisch das Risiko auf sich, dass sein Auftritt über das Internet missbraucht, man spricht von „gehackt", wird. Vertrauliche Kundendaten können an die Öffentlichkeit gelangen bzw. sogar Banktransaktionen zu Lasten der Kunden ausgeführt werden. Es obliegt jedoch immer der Entscheidung des jeweiligen Instituts, ob dieser Service angeboten wird. Kann ein Institut aufgrund seines Kundenstamms diesen Vertriebsweg ausschließen, so kann durch diesen Verzicht die Strategie der Risikovermeidung umgesetzt werden. Sollten maßgebliche Gründe für die Einführung von Internet-Banking sprechen, so müssen diese Potenziale größer sein als das Risiko nach Ausführung der nachfolgend genannten und angewendeten Risikostrategien.

Eine besondere Form der Risikovermeidung ist die Risikobegrenzung. Hierbei werden Risiken einer Risikoart oder eines Risikosachverhaltes nur bis zu einem bestimmten Volumen eingegangen. Bis zu dieser Volumensgrenze wird das Risiko toleriert und ggf. mit den nachfolgenden Risikostrategien belegt. Ab einem bestimmten Umfang werden weitergehende Risiken dieser Risikoart vermieden.

1.3.2   Risikoreduzierung

Bei der Risikoreduzierung werden Maßnahmen durchgeführt, die das Risiko vermindern können. Die Maßnahmen wirken sich auf die Eintrittswahrscheinlichkeit oder das Auswirkungsmaß des Risikos aus. Beim Beispiel des Internet-Bankings wäre dies der Einsatz von technischen Sicherungsmaßnahmen, wie z.B. von sicheren Internetverbindungen (mit Verschlüsselung) oder dem Einsatz einer Firewall inklusive der intensiven Schulung der Mitarbeiter für die Bedienung der Firewall. Durch die Risikoreduzierung kann ein Risiko nicht gänzlich ausgeschlossen werden. Die auf das Auswirkungsmaß ausgerichteten Risikoreduzierungsmaßnahmen können bezüglich des zeitlichen Einsatzes unterschieden werden. Maßnahmen, die erst nach Schadenseintritt zur Geltung kommen, werden im Speziellen als Schadensreduzierungsmaßnahmen bezeichnet. In der Literatur wird zwischen aktiven (ursachenbezogenen) und passiven (wirkungsbezogenen) Risikoreduzierungsmaßnahmen unterschieden. Aktive Maßnahmen beeinflussen direkt Eintrittswahrscheinlichkeit und/oder Auswirkungsmaß eines Risikos und fallen unter die grundlegende Strategie der Risikoreduzierung. Passive Maßnahmen vermindern im Nachhinein die Risikoauswirkungen und sind der grundlegenden Strategie der Risikoübertragung zuzuordnen.[27]

1.3.3   Risikodiversifikation/-konzentration

Die Risikodiversifikation wird zum Teil unter der Risikostrategie Risikoreduzierung subsummiert. Bei einer genauen Betrachtung kann, muss es sich aber nicht um eine Reduzierung des Risikovolumens handeln. Die Risikodiversifikation stellt eine Umschichtung von Schadenshöhe in Eintrittswahrscheinlichkeit dar. Die Risikodiversifikation ist eine gängige Risikostrategie bei Finanzanlagen. Sie kann überdies bei operationellen Risiken bzw. konkret bei IT-Risiken angewendet werden.

> Arbeitsplätze werden auf 2 Standorte aufgeteilt. Die Wahrscheinlichkeit, dass einer der beiden Standorte ausfällt, verdoppelt sich gegenüber einem Standort. Bei Ausfall eines Standortes ist jedoch nur ein Teil der Arbeitsplätze betroffen und die Schadenshöhe wird dadurch verringert.

Die Risikodiversifikation ist dabei durch die Aufteilung gegeben, ein Backup mit höheren Kapazitäten wird nicht verwendet. Dies würde eine Risikoreduzierungsmaßnahme darstellen. Demgegenüber entspricht eine Umschichtung in Form von Erhöhung der Schadenshöhe bei sinkender Eintrittswahrscheinlichkeit einer Risikokonzentration. Theoretisch kann über eine Risikokonzentration eine Optimierung der Risikosituation erreicht werden. Diese hat allerdings als eigenständige Strategie in der Praxis eine untergeordnete Bedeutung. Risikokonzentrationsaspekte ergeben sich bei Wirtschaftlichkeitsbetrachtungen, wie z.B. der Rückbildung von Risikodiversifikationsmaßnahmen oder bci der Alternativenauswahl von Risikoreduzierungsmaßnahmen.

---

27 Vgl. Romeike, 2003b, S. 160.

1.3.4   Risikoübertragung

Die Risikoübertragung verlagert das Risiko zumindest in Teilen auf einen anderen Partner. Die bekannteste und gebräuchlichste Variante ist der Abschluss von Versicherungen. So können Vermögensgegenstände gegen deren Verlust versichert werden. Hierdurch wird zwar das Risiko nicht reduziert, da Eintrittswahrscheinlichkeit und Auswirkungsmaß gleich bleiben, durch die Übertragung des Risikos auf einen Dritten erleidet aber das Unternehmen selber keinen Verlust oder zumindest keinen so umfangreichen Verlust (Risikoübertragung als Risikoreduzierungsmaßnahme). Die Risikoübertragung findet nicht nur mittels Versicherungen statt, auf andere Geschäftspartner können ebenfalls Risiken übertragen werden. Als Beispiele sind die Erstellung von Vermögensgegenständen auf Werkvertragsbasis mit Festpreisvereinbarungen, Projektabwicklungen mit Generalunternehmervertrag oder erweiterte Garantievereinbarungen zu nennen.

Die Risikoübertragung hat allerdings dort ihre Grenzen, wo sich Risiken nicht auf finanzielle Risiken begrenzen lassen. Sobald das Risiko das Unternehmen in seinen direkten Geschäftsgebieten trifft, ist eine Risikoübertragung im engeren Sinne nicht mehr möglich. Als Beispiel soll nochmals das Internet-Banking dienen. So könnte der Betrieb der Firewall an eine externe Firma mit Vereinbarung einer Konventionalstrafe übertragen werden. Das eigentliche Geschäftsrisiko aus dem Betrieb von Internet-Banking, der Vertrauensverlust der Kunden, kann nicht übertragen werden.

1.3.5   Risikotransformation

Unter der Risikotransformation wird die Verlagerung von Risiken von einer Kategorie in eine andere verstanden. Eine solche findet beispielsweise bei einer Risikoübertragung mit verbleibendem Restrisiko statt. In der Regel werden aus übertragenen Risiken, wie z.B. einem versicherten Vermögensverlust, ein rechtliches bzw. ein Adressausfallrisiko. Risikotransformationen sind oftmals ebenso bei Risikoreduzierungsmaßnahmen festzustellen. Dabei werden Maßnahmen ergriffen, die das primäre Risiko reduzieren. Die Reduzierungsmaßnahmen können selbst neue Risiken, zumeist in geringerem Ausmaß, erschaffen. Es findet nicht nur eine Risikoreduktion, sondern zusätzlich eine Umschichtung der Risikoarten statt. Risikotransformationen ergeben sich zum Teil zwischen den Hauptrisikokategorien Adressenausfallrisiko, Marktpreisrisiko, Liquiditätsrisiko und operationellem Risiko.[28]

Diese Strategie kann im internen Risikoportfolio ebenfalls angewendet werden. Hat ein Unternehmen in einer speziellen Risikokategorie einen Vorteil, z.B. eine gute Unternehmens-/Risikokultur, kann es über Risikotransformation eine Reduzierung des Gesamtrisikos erreichen. Die Einhaltung des Virenschutzes kann beispielsweise durch eine starke, technische Reglementierung sichergestellt werden. Es gibt wiederum Unternehmen, die durch eine geringere technische Reglementierung und einer höheren Eigenverantwortung ihre Interessen

---

28 Vgl. Röckle, 2002, S. 21 und 22.

besser gewahrt sehen (Verlagerung von einem technischen hin zu einem menschlichen Risiko).

1.3.6 Risikoakzeptanz

Die letzte der Strategien ist, das Risiko zu akzeptieren. Der Nutzen, für den das Risiko eingegangen wird, muss höher als das Risikopotenzial sein und zugleich müssen die noch vorhandenen alternativen Risikostrategien wie Risikoreduzierung, -transformation und -übertragung nicht möglich bzw. wirtschaftlich nicht sinnvoll erscheinen. Wichtig ist die bewusste Risikoakzeptanz. Denn letztlich wird unwillkürlich jedes Risiko, das nicht über die vorherigen Strategien ausgeschlossen oder vermindert wurde, voll übernommen. Die Risikoakzeptanz setzt voraus, dass dieses Risiko in seiner Größe richtig eingeschätzt und bewusst akzeptiert wird. Eine solche Risikoakzeptanz sollte bei Entscheidungen klar herausgestellt und dokumentiert werden.

1.4 Themenabgrenzung

In diesem Buch wird davon ausgegangen, dass der IT-Bereich im eigenen Unternehmen angesiedelt ist. Gleichzeitig wird dieser als eigenes Unternehmen im Unternehmen betrachtet, das die Vorleistungen für die Fachbereiche des Unternehmens erstellt. Es muss sich den strategischen Ausrichtungen des Gesamtunternehmens anpassen und durch seine Leistungserstellung eine möglichst hohe Wertschöpfung des Unternehmens sicherstellen. Die Überlegungen können auf eigenständige IT-Serviceanbieter übertragen werden. Die Marktanalyse bzw. die Ermittlung von Kundenbedürfnissen müssen in diesem Fall als Abstimmungen mit den Fachbereichen betrachtet werden.

Durch den in diesem Buch dargestellten, integrierten Ansatz des IT-Risikomanagements besteht die Gefahr, dass die Abgrenzung des Themengebietes an Klarheit verliert. Aus diesem Grund wird eine ergänzende Themen-/Aufgabenabgrenzung des IT-Risikomanagements mit gängigen Unternehmensfunktionen/Begrifflichkeiten durchgeführt.

1.4.1 IT-Security

Die Rolle der IT-Security zeigt in einer ersten Betrachtung große Überschneidungen mit dem IT-Risikomanagement auf. Dies trifft insofern zu, als dass die Ziele der IT-Security vollständig im IT-Risikomanagement enthalten sind. Allerdings unterscheidet sich das IT-Security Management zum Risikomanagement in den folgenden Punkten:
- Abstraktionslevel,
- Wirtschaftlichkeitsbetrachtung und
- Umfang des Untersuchungsbereichs.

Die IT-Security beinhaltet Sicherungsmaßnahmen bis auf Systemebene hinunter. Teil der Sicherungsfunktionen selbst ist Technik, die sich nicht mehr mit fachlicher Logik befasst, sondern rein technische Protokolle und Datenströme überwacht (Firewallsysteme, Intrusion Detection Systeme). IT-Security beschäftigt sich mit deren Konfiguration und Auswirkungen, sofern einzelne Berechtigungen vergeben werden. Demgegenüber hat das IT-Risikomanagement ein höheres **Abstraktionslevel** und betrachtet die einzelnen Sicherheitskomponenten im Gesamten. Es interessiert sich für das dadurch gesunkene Gesamtrisikopotenzial bzw. für das noch bestehende Restrisikopotenzial. Das Gleiche gilt für Maßnahmen, die im organisatorischen oder architektonischen Umfeld liegen.

Die IT-Security konzentriert sich auf die **Wirtschaftlichkeit** nur insofern, als dass die von ihr geforderten Sicherheitsmaßnahmen auf deren Wirtschaftlichkeit hin überprüft werden. Es wird untersucht, ob sich der geforderte Einsatz eines Firewallsystems durch die daraus gewonnene Risikoreduzierung rechtfertigt. Liegen jedoch veraltete Systeme vor, die voll funktionsfähig sind und die geforderte Sicherheit bieten, aber nicht mehr wirtschaftlich sind, so ist dies nicht Gegenstand von IT-Security-Betrachtungen. IT-Risikomanagement hat seinen Fokus zudem auf der Gesamtwirtschaftlichkeit der IT.

Dieser Wirtschaftlichkeitsaspekt ist bereits ein Teil der letzten Abgrenzungseigenschaft, dem **Untersuchungsbereich**. Die IT-Security bezieht sich auf den Betrieb von Systemen. Die Entwicklung von Systemen ist nur insofern von Interesse, als diese im Produktionseinsatz den unternehmensspezifischen IT-Sicherheitsbestimmungen entsprechen muss. Das IT-Risikomanagement betrachtet den gesamten Leistungsumfang der IT. Zusätzlich zum Systembetrieb sind auch weitere Leistungsbereiche der IT, beispielsweise Anwendungsentwicklung oder Organisationsberatung, Gegenstand des IT-Risikomanagements. Ferner werden beispielsweise Projektrisiken mitbetrachtet. Wurde das System mit den geplanten Ressourcen in der geplanten Zeit im geplanten Funktionsumfang voll realisiert? Welche Risiken bestehen, die dies verhindern können? Das entstandene System muss später nicht nur den Sicherheitsanforderungen der IT-Security genügen, vielmehr muss es den Anforderungen des Fachbereichs entsprechen.

Das IT-Risikomanagement stellt eine Verbindung zwischen den Fachbereichen und dem technikorientierten IT-Security Management dar. Die von den Fachbereichen erhobenen Anwender-IT-Risiken können über die operationalisierten IT-Risikoszenarien auf die einzelnen Systeme übertragen werden. Dadurch wird die Schutzbedürftigkeit der einzelnen Systeme aus Fachbereichssicht erhoben. Basierend auf dieser Schutzbedürftigkeit kann das IT-Security Management geeignete Maßnahmen ableiten.

1.4.2   Service Level Management

Das Service Level Management (SLM) vereinbart und überwacht permanente Leistungen, welche die IT ihren Abnehmern zur Verfügung stellt. Häufig wird das Service Level Management auf die Bereitstellung von Fachanwendungen bzw. der dafür erforderlichen Infrastruktur reduziert. Die Vereinbarungen zwischen IT und den einzelnen Fachbereichen werden Service Level Agreements (SLA) genannt. Bei der Erarbeitung der SLA's werden wirtschaftliche und technische Aspekte berücksichtigt. In diesen sind implizit Risikobetrachtungen mitinbegriffen.

Die Wirtschaftlichkeitsbetrachtung wird vorrangig von den jeweiligen Fachbereichen durchgeführt. Dieser muss die einzelnen Regelungen in einem SLA und deren Preise dahingehend prüfen, ob deren fachlicher Mehrwert die verursachten Kosten rechtfertigt. Ein Kriterium für die Höhe der Absicherung eines Services können die Auswirkungen bei einem nicht qualitätsgerechten Leistungsumfangs des IT-Bereichs sein. Diese Auswirkungen stellen den Maßstab zur Beurteilung der Rentabilität des SLA's dar. So werden weniger wichtige Anwendungen mit schlechteren Service-Leistungen versehen als kritische Anwendungen. Der IT-Bereich muss prüfen, welche Qualitäten von Services technisch geboten werden können. Die daraus resultierenden Kosten müssen transparent aufgezeigt werden.

Der IT-Bereich muss bei der Vereinbarung von SLA's darauf achten, dass die darin enthaltenen Qualitätszusagen erbracht werden können. Diese Qualitätszusagen können durch vorhandene originäre IT-Risiken unterminiert werden. Insofern können Kosten, die in einem SLA berücksichtigt werden, z.B. Kosten für Risikoreduzierungsmaßnahmen sein. Diese Betrachtung stellt eine enge Verzahnung von Service Level Management und IT-Risikomanagement dar. In einem SLA werden zudem viele Aspekte integriert, die keine Risikobetrachtungen im engeren Sinne darstellen. Primär geht es um die Transparenz der IT-Kosten für den jeweiligen Fachbereich. Angebotene Leistungen werden bepreist und in ihrer Qualität definiert.

Die Abgrenzung des SLM zum IT-Risikomanagement liegt unter anderem im Betrachtungsumfang. Das SLM wird für permanente Leistungen angewendet, während das IT-Risikomanagement die Risiken bei Permanent- und Einzelleistungen mitberücksichtigt. Ferner werden die Tätigkeiten des SLM hauptsächlich in einem höheren Detaillierungsgrad durchgeführt. Die SLA's werden auf Anwendungsebene oder Plattformebene abgeschlossen. Das IT-Risikomanagement kommt erst über die Operationalisierung der IT-Risikoszenarien auf diese Ebene. Das IT-Risikomanagement unterstützt das SLM in der Kommunikation mit dem Fachbereich und kann bei den SLA's zu einer Qualitätsverbesserung beitragen, z.B. durch die Vernetzung mit dem IT-Krisenmanagement. Die SLA's bieten wiederum eine gute Kommunikationsgrundlage bezüglich Anwender-IT-Risiken mit dem Fachbereich.

1.4.3   Qualitätsmanagement

Risiko ist Qualität mit hinterlegter Wahrscheinlichkeit. Dieser Satz eignet sich gut, um die Abgrenzung zwischen Qualitäts- und IT-Risikomanagement zu veranschaulichen und basiert auf den vorherigen Definitionen.[29] Das Qualitätsmanagement verwendet in seiner Methodik zwar ebenfalls Häufigkeitsverteilungen und somit implizit Wahrscheinlichkeiten, die Zielsetzung ist jedoch eine immer gleichmäßige Ist-Leistungserstellung. Das Qualitätsmanagement findet innerhalb der einzelnen, leistungserzeugenden Prozesse statt. Ein im Prozess imple-

---

29 Vgl. auch Meier, 2004, S. 20 und 21.

mentiertes Qualitätsmanagement aufgrund von Stichproben widerspricht dieser Definition nicht. Die Verwendung von Stichproben ist letztlich ebenfalls eine prozessimmanente Qualitätskontrolle, die nur nicht bei allen Prozessinstanzen durchgeführt wird. Das Qualitätsmanagement stellt, ähnlich dem IT-Security Management, eine operative Unterstützung des IT-Risikomanagements im Sinne der Erarbeitung von Risikoreduzierungsmaßnahmen dar.

In der Praxis werden Risiken mit (sehr) hoher Eintrittswahrscheinlichkeit oft dem Qualitätsmanagement zugeordnet, während Risiken mit geringerer Eintrittswahrscheinlichkeit über das Risikomanagement abgewickelt werden.[30] Dies könnte für die Praxis so interpretiert werden, dass erwartete Schäden dem Qualitätsmanagement, unerwartete Schäden und Stressschäden dem Risikomanagement zugeordnet werden können. Diese Einteilung ist allerdings nicht zulässig, vielmehr müssen beide Disziplinen alle Schadensmöglichkeiten im Fokus behalten, wenn auch mit einer unterschiedlichen Intensität. Das IT-Risikomanagement muss für sich ebenfalls einem Qualitätsmanagement unterliegen. Dies wird in den nachfolgenden Kapiteln berücksichtigt.

1.4.4   IT-/Projektcontrolling

Der Begriff Controlling bedeutet steuern/lenken, bezieht sich auf das Gesamtunternehmen und stellt eine Unterstützungsfunktion für das Management dar. Controlling steuert ein System, ist selbst aber nicht systemgestaltend. Dadurch grenzt es sich von weiteren Managementfunktionen wie Personalführung, Organisation und Informationsversorgung ab. Controlling ist dabei als Stabsbereich angesiedelt, der die Inhalte für die Steuerungsentscheidungen aufarbeitet. Die Entscheidungen selbst müssen im zuständigen Management getroffen werden.[31]

Durch den zunehmend stärker werdenden Einfluss von Risiken auf den langfristigen Erfolg von Unternehmen, müssen deren Auswirkungen in den Steuerungsprozess des Gesamtunternehmens miteingebunden werden. Die Steuerungsinformationen stammen aus dem Risikomanagement. Der allgemeine Controllingprozess setzt sich aus Zielplanung, Durchführung/Umsetzung, Messung/Kontrolle und Analyse mit anschließender Rückkopplung als Regelkreislauf zusammen. Er bedient sich der allgemeinen Abweichungsanalyse. Der IT-Risikomanagementprozess ist an diesen Prozess angelehnt, da er einen spezialisierten Controllingprozess darstellt.

IT-Controlling ist ein spezialisiertes Teilthema des Unternehmenscontrollings. Es kann im Unternehmenscontrolling oder aufgrund der hohen Spezialisierung und der damit erforderlichen Kenntnisse als eine Teilfunktion im IT-Bereich mit intensiven Schnittstellen zum Unternehmenscontrolling angesiedelt sein. IT-Controlling beschäftigt sich mit dem Controlling der Informationssysteme bzw. mit der von der IT zu erbringenden Leistung. Es ist nicht zu verwechseln mit der IT-Unterstützung des Controllingbereichs. IT-Risikomanagement hat

---

30 Vgl. Schmid, 2003, S. 67.

31 Vgl. Gernert/Ahrend, 2002, S. 6–10.

Schnittstellen zum IT-Controlling, da dieses Daten für das IT-Risikomanagement liefert und umgekehrt. Das IT-Controlling stellt die Transparenz und Wirtschaftlichkeit der Informationsverarbeitung sicher. Transparenz stellt ein gutes Fundament für das IT-Risikomanagement dar. Das Ziel der Wirtschaftlichkeit wird dabei vom IT-Risikomanagement unterstützt. IT-Controlling beschäftigt sich auch mit Risiken, bezieht sich jedoch in Abhängigkeit zum Unternehmenscontrolling und analog dem Service Level Management stärker auf die Anwender-IT-Risiken. Im Fokus der Betrachtung ist das Risiko, dass eine bestimmte Leistung vom IT-Bereich nicht erstellt werden kann. IT-Risikomanagement befasst sich mit originären IT-Risiken, die letztlich die Basis für die Anwender-IT-Risiken stellen. Beim IT-Controlling wird in der Praxis immer noch stark auf die buchhalterische Ausprägung des Controllings, ergänzt um wenige Leistungsdaten, geachtet. Beim IT-Risikomanagement ist die Orientierung primär inhaltlich. Die Ergebnisse in der Buchhaltung stellen nur die Ergebnisse von durchgeführten oder eventuell nicht durchgeführten Maßnahmen des IT-Risikomanagements dar.

Projektcontrolling ist ebenfalls ein Teil des Controllings. Da in vielen Unternehmen ein großer Anteil der Projekte innerhalb oder zumindest unter der Beteiligung des IT-Bereichs stattfindet, werden diese gerne dem IT-Controlling zugeordnet. Projektcontrolling muss inhaltlich erfolgen und die Risikosituation des jeweiligen Projektes umfänglich abdecken. Projektrisikomanagement darf dabei dem Projektcontrolling nicht gleichgesetzt werden. Der wesentliche Unterschied ist, dass Projektcontrolling einen Abgleich von Ist-Daten zu den ehemals geplanten Soll-Zahlen vornimmt und somit eine Retrospektive darstellt. Proaktives Risikomanagement beschäftigt sich hauptsächlich mit künftigen Ereignissen.[32] Die aggregierte Risikosituation der IT-Projekte stellt jedoch nur einen Teil des IT-Risikoportfolios dar.

1.4.5   Management operationeller Risiken im Unternehmen

Das Vorhandensein eines explizit operationellen Risikomanagements ist, neben Branchen mit einem hohen Sicherheitsbedarf wie der Luft- und Raumfahrttechnik oder der (Atom-) Energiewirtschaft, aktuell vorwiegend bei Banken zu finden. Das operationelle Risikomanagement schließt dabei nach Basel II Geschäftsrisiken und strategische Risiken aus[33]. Letztere sind jedoch ein wesentlicher Inhalt des IT-Risikomanagements. Das IT-Risikomanagement im Sinne von originären IT-Risiken wird ausschließlich über operationelle Risiken gebildet. Insofern kann festgestellt werden, dass die IT-Risiken eine Teilmenge der operationellen Risiken darstellen. Die Abgrenzung ergibt sich daraus, dass sich das operationelle Risikomanagement von Nicht-IT-Unternehmen auf das Gesamtunternehmen und dabei hauptsächlich auf die primären Geschäftsprozesse und die darin enthaltenen Anwender-IT-Risiken bezieht. Sofern die IT nicht ausgelagert ist, müssen in dem Portfolio zusätzlich explizit die originären IT-Risiken aufgeführt werden, die über das IT-Risikomanagement identifiziert und gemanagt werden.

---

32 Vgl. Gaulke, 2004, S. 10.

33 Andere Definitionen schließen solche Risikoarten beim operationellen Risikomanagment mit ein.

Die aufbauorganisatorische Implementierung des Risikomanagements für operationelle Risiken findet in der Praxis zumeist über eine zentrale Stelle, dem Risiko-Controlling, und dem dezentralen Risikomanagement in den einzelnen Unternehmensbereichen statt. IT-Risikomanagement stellt eine solche dezentrale Stelle dar, die über die IT-Leistungen zahlreiche Verflechtungen zu den anderen Unternehmensbereichen hat. Während das Risiko-Controlling die zentralen Vorgaben erstellt, die grundsätzliche Risikopolitik des Unternehmens aufbereitet, die übergreifenden Informationswege definiert, ein zentrales Reporting aufbaut und die zentrale Datensammelstelle darstellt, werden in den Unternehmensbereichen die eigentlichen Risiken gemanagt. Dazu werden individuelle Risikomanagementprozesse implementiert und dezentrale Risikostrategien in Abstimmung mit der Unternehmensrisikostrategie definiert und umgesetzt.[34]

1.4.6   Interne Revision

Die interne Revision achtet bei ihren Prüfungen auf Risiken, die sich aus den abzuwickelnden Geschäften und den vorhandenen aufbau- und ablauforganisatorischen Strukturen sowie den eingesetzten Sachmitteln ergeben. Sie übernimmt allerdings keine eigenständige Rolle im Risikomanagement bzw. im IT-Risikomanagement. Vielmehr bildet das Risikomanagement selbst einen von der internen Revision zu prüfenden Sachverhalt.

Es gibt sinnvolle Ansatzpunkte einer Zusammenarbeit zwischen Risikomanagement und interner Revision. So kann die Revision aufgrund dokumentierter Risikopotenziale leichter einen angestrebten, risikoorientierten Prüfungsansatz verfolgen. Zudem kann sie bei besonders hohen Risiken häufiger und spezieller prüfen. Zugleich können risikorelevante Prüfungsfeststellungen vom Risikomanagement als Risikoreduzierungsmaßnahmen aufgenommen und deren Umsetzung priorisiert beauftragt werden. Das IT-Risikomanagement kann auf Prüfungsfeststellungen aus dem Gesamtunternehmen heraus zugreifen und die IT-Leistungen unter Prüfungsgesichtspunkten optimieren. Die sich aus dem Einsatz der IT ergebenden Risikopotenziale können für eine Überprüfung der identifizierten Risikoszenarien bei Anwender-IT-Risiken und bei originären IT-Risiken weiterverwendet werden. Aus den Prüfungstätigkeiten der internen Revision heraus erfolgt eine Qualitätssicherung des IT-Risikomanagements. Besondere Bedeutung kommt dieser Qualitätssicherung im IT-Krisenmanagement zu. Für das IT-Krisenmanagement muss die Wirkungsweise der Beziehung von IT und Geschäftsprozess analysiert und für das Gesamtunternehmen bewertet werden. Bei der Einführung eines solchen Krisenmanagements sollte die Revision als Teammitglied mit einbezogen sein.[35]

---

34 Vgl. Aichholz/Küderli/Schmidt, 2005, S. 298–300.

35 Vgl. Reimann, 2002, S. 65–68.

1.4.7   Geschäftsrisiko und Ineffizienz

Beide Themen sind Grauzonen bezüglich der Zuordnung zum IT-Risikomanagement. Unter
dem Geschäftsrisiko wird das allgemeine Risiko verstanden, dass aufgrund der Geschäftstätigkeit getragen wird. Unter dieses Risiko fällt ein großer Teil der Managemententscheidun-
gen. Das heißt, wenn sich eine Geschäftsstrategie im Nachhinein „nur als zweitbeste Wahl"
herausstellt, so ist dies noch nicht unmittelbar ein schlagend gewordenes Risiko im Sinne des
IT-Risikomanagements. Vielmehr muss hinterfragt werden, ob diese Entscheidung zum
damaligen Entscheidungszeitpunkt richtig gefällt wurde. Anhaltspunkte hierfür sind:
- Waren genügend Informationen für eine Entscheidung vorhanden (Informationsstand des
  Entscheiders)?
- Waren alle zum Entscheidungszeitpunkt zur Verfügung stehenden Informationen vorhan-
  den?
- Waren alle der Entscheidung zugrundeliegenden Informationen korrekt?
- War der Entscheider formal und fachlich legitimiert?

Betrachtet man die von der Boston Consulting Group identifizierten, häufigen Problemfelder
für Ineffizienzen in IT-Bereichen, so sind diese wiederum nicht dem Geschäftsrisiko zuzuordnen. Zu nennen sind hier beispielsweise: [36]
- Intransparenz der IT.
- Unstimmigkeiten zwischen Unternehmens- und IT-Strategie; häufig sind IT-Entwick-
  lungen technikgesteuert und nicht geschäftsgesteuert.
- Geringe Durchsetzungsfähigkeit der CIO-Position; eine einheitliche IT-Strategie kann
  nicht ausgerollt werden.

Hier liegen eindeutig Fehlverhalten bzw. nicht korrekte Strukturen und Prozesse vor. Ineffizienzen aus diesen Gründen müssen im IT-Risikomanagement mitberücksichtigt werden.
Das Erscheinen solcher Risiken bei Risikoinventuren auf Managementebene zeugt von einer
hohen Risiko- bzw. Fehlerkultur, da diese Risiken andernfalls leicht mit Scheinargumenten
zu verschleiern sind. Ineffizienzen, die auf suboptimalen, organisatorischen Regelungen bzw.
technischen Realisierungen beruhen, fallen demgegenüber in den Bereich des Qualitätsmanagements.

---

36 BCG, 2001, S. 2–3.

1.5   Exemplarische Schadensfälle

„Wer noch nie einen Fehler gemacht hat, hat sich noch nie an etwas Neuem versucht." – Albert Einstein (deutscher Physiker) –

Nachfolgend werden real eingetretene Schadensfälle im Bereich der IT-Risiken aufgeführt.[37] Dies soll den Einstieg in das Themengebiet erleichtern und mögliche Auswirkungen von IT-Risiken plastisch darstellen. Die einzelnen Schadensfälle werden kurz analysiert und relevanten, bisher aufgeführten Kategorien zugeordnet. Es ist dabei wichtig, sich bewusst zu sein, dass die Vielzahl der täglichen Risiken einen bei Weitem weniger spektakulären Verlauf nehmen. Damit die Bedeutung der IT-Risiken in Unternehmen eine adäquate Berücksichtigung findet, ist es erlaubt, auf bei anderen Unternehmen real eingetroffene Schadensfälle von bedeutendem Ausmaß zu referenzieren.

1.5.1   IT-Katastrophe bei der Danske Bank

Die Danske Bank ist zum Zeitpunkt des Ereignisses die größte dänische Bank. Im März 2003 kommt es bei ihr zum bis dahin größten IT-Ausfall in der dänischen Geschichte. Am 10. März 2003 kommen Mitarbeiter von IBM, um einen defekten Elektronikbaustein aus dem IBM Disk System Ramac Virtual Array (RVA) im Rechenzentrum Ejby auszubauen (DmData). In dem RVA ist die IBM DB2 Datenbanksoftware gespeichert. Als es bei dem Austausch zu einem Stromausfall kommt, welcher auch das Disk-System betrifft, tritt eine Serie von Softwarefehlern auf, die dazu führen dass

- beim Batch-Lauf die Daten unvollständig bleiben,
- der Recovery-Prozess nicht gestartet werden kann,
- ein simultaner Lauf der Recovery-Prozeduren nicht möglich ist und
- die Recovery-Prozeduren nicht alle Datenfelder füllen.

Sukzessive kann die Danske Bank die Operationen wieder aufnehmen. Am Morgen des 14. März sind die Daten durch die Recovery-Prozeduren wieder hergestellt. Daraufhin werden über das Wochenende Batch-Läufe angestoßen, so dass am Morgen des 17. März alle Daten von der betroffenen Disk auf ein anderes System transferiert sind. Erst am 17. März ist die Danske Bank in der Lage, die mit Gegenparteien aufgelaufenen Transaktionen abzuwickeln; damit laufen endgültig alle Operationen wieder normal.

Die Softwarefehler betrafen v.a. das Rechenzentrum Ejby, so dass die Devisensysteme, die Wertpapiersysteme und der Zahlungsverkehr nicht verfügbar waren. Das Rechenzentrum Braband war nur teilweise betroffen, so dass die dort laufenden Kassen

---

37   Die Schadensfälle sind der BII-Schadensdatenbank entnommen und wurden dem Autor von der Dr. Kalhoff, Business Information and Instruments e.K. (www.kalhoff-bii.de), zur Verfügung gestellt.

und Selbstbedienungsautomaten-Operationen weiter laufen konnten. Die Tochter-unternehmen Realkredit Danmark und Danica Pension waren geringfügiger betroffen. Konkurrenzbanken berichten, dass sie betroffenen Danske-Kunden u.a. beim Zah-lungsverkehr (z.B. Auszahlung von Löhnen an Mitarbeiter) geholfen haben.

Die Danske Bank macht IBM für den Vorfall verantwortlich. Außerdem erklärt sie, dass auch bei vollständig gespiegelten Daten ein solcher Vorfall nicht zu verhindern gewesen wäre. IBM hingegen erwiedert, dass die aufgetretenen Softwarefehler seit 1997 im System vorhanden gewesen seien, IBM allerdings bis dahin unbekannt wa-ren. Patches für diese Fehler gab es somit nicht. Den besorgten dänischen Konkurren-ten Nordea, Nykredit und Danish Payment Systems, welche ebenfalls die IBM-DB2 Umgebung nutzen, erläutert IBM auf Anfrage, dass bei diesen ein solcher Vorfall nicht möglich sei, da bei ihnen die Daten vollständig gespiegelt vorlägen. In den Me-dien wird darauf hingewiesen, dass die Danske Bank im Gegensatz zur Konkurrenz aus Kostengründen eine 100 Mio. DKK schwere IT-Investition verschoben habe, welche Auswirkungen auf die Backups und den Notfall gehabt hätte.

Die Danske Bank gibt öffentlich bekannt, diverse Maßnahmen einzuleiten, u.a. sollen Investitionen in zwei Rechenzentren erfolgen, um zukünftig gegen solch komplexe Softwarefehler gewappnet zu sein. Gegen das Hardwareversagen werde weiter an dem bereits im Herbst 2002 begonnenen Projekt GDPS (Geographically Dispersed Parallel System) gearbeitet. Zudem beabsichtige die Bank, in Zukunft alle Daten kon-sequent zu spiegeln.

Dieser Schadensfall entspricht den typischen Erwartungen eines IT-Risikos. Ganze IT-Systeme sind für längere Zeit nicht verfügbar und die Geschäftätigkeit ist dadurch stark eingeschränkt. Ferner kann nicht eine Risikoursache allein für den Schadensfall benannt werden. Es ist zum einen ein Qualitätsproblem (Technik) in der DB2-Umgebung erkennbar, welches vermutlich mit Nutzung einer Backup-Lösung nicht zum tragen kommt. Zum ande-ren treffen externe Risiken in Form eines Stromausfalls ein, die wohl nicht ausreichend durch eine Notstromversorgung und/oder eines weiteren Backup-Rechenzentrums abgesi-chert waren. Die vorhandene Systemkomplexität verhindert zudem den Überblick über die Gesamtheit der Folgen.

Die schlagend gewordenen Risiken verursachten monetäre Schäden und Imageschäden. Es handelte sich um langfristige, operationelle Risiken mit einer geringen Eintrittswahrschein-lichkeit jedoch hohem Auswirkungsmaß und einem rasanten Schadensverlauf. Der reale Schaden wurde erst bei nachgelagerten Arbeitsschritten erkannt. Es trafen latente, versteckte Risiken ein, d.h. der Investitionsbedarf war bekannt, das Risiko wurde aber vermutlich nicht richtig eingeschätzt. Für die speziellen Eigenschaften von IT-Risiken ist anzumerken, dass es sich um rein originäre IT-Risiken in Form von Betriebsrisiken mit hohem Ausmaß auf die Anwender-IT-Risiken in Form von Verfügbarkeitsrisiken handelte.

1.5.2   Gepäcktransportsystem-Desaster am Denver International Airport

Im September 1989 erfolgt die Grundsteinlegung für den Neubau des Denver International Airport (DIA). Das automatische Gepäcktransportsystem wird zusammen mit dem Unternehmen Boeing Airport Equipment Automatic Systems (BAE) geplant. Die Kosten für das komplette System werden auf 193 Mio. US Dollar geschätzt.

Das Hauptziel bei der Planung ist, die Geschwindigkeit des vollautomatischen Gepäcktransportsystems zu nutzen, um die Bodenzeiten der Flugzeuge zu verkürzen und die großen Entfernungen auf dem Flughafen zu überbrücken. Das Ausmaß des Systems mit mehreren zehntausend Komponenten (Rechner, Kabel, Sensoren, ferngesteuerte Wagen etc.) erreicht eine Komplexität, die zu massiven Problemen bei der Projektplanung und der Technik führt.

So ist unter anderem der gesamte Projektzeitrahmen zu eng gefasst, zu wenig Zeit für Testläufe eingeplant und die Angestellten werden nur unzureichend geschult. In den unterirdischen Tunneln sind die Kurven zu eng, so dass die Transportwagen entgleisen. Die schlechte Druckqualität der Barcodes führt durch eine schlechte Erkennungsrate zu einer Fehlerquote von 70 %. Überdies erweist sich die Kapazität des Datennetzwerkes als zu gering für die zu übertragende Datenmenge. Schließlich hat die Kombination verschiedener Programmiersprachen fehlerhafte Konvertierungen von Datentypen zur Folge. Von allen Komponenten des Systems wird optimistisch erwartet, dass sie bis an ihre Leistungsgrenzen zuverlässig funktionieren.

Die meisten Fehler werden per „Trial & Error" beseitigt. Ein Testlauf vor Medienvertretern im März 1994 zeigt dennoch Fehler im ganzen System: Taschen werden zerstört, Koffer fliegen wie Popcorn durch die Luft, Wagen entgleisen, Schienen werden bei Zusammenstößen verbogen und an Kreuzungen kommt es zu Massenkarambolagen.

Als Folge der Komplexität und der auftretenden Probleme wird das automatische Gepäcktransportsystem schließlich nur im Terminal B realisiert. Die Terminals A und C erhalten das ursprünglich als Backup-System gedachte, traditionelle Gepäcktransportsystem. Darüber hinaus wird die Eröffnung des DIA viermal verlegt. Aus dem ursprünglich geplanten Eröffnungstermin, dem 31.10.1993, wird letztlich der 28.02.1995.

Die Gesamtkosten belaufen sich am Ende auf 311 Mio. US Dollar. Die 16 Monate Verspätung bis zur Projektfertigstellung kosten monatlich 33,3 Mio. US Dollar. Um die Verluste wettzumachen, verlangt der DIA von allen Fluglinien eine Gebühr von 20 US Dollar pro Passagier, was den DIA 1995 zum teuersten Flughafen in den vereinigten Staaten macht.

Dieser Schadensfall verdeutlicht Projektrisiken. Alle drei Dimensionen des magischen Projektdreiecks wurden verletzt. Zusammenfassend ist zu sagen, dass das Projekt nach dem geplanten Fertigstellungstermin mit Mehrkosten und reduziertem Funktionsumfang realisiert wurde. Es ist ein Mix an Risikoursachen vorhanden. Bei einer Priorisierung muss an erster Stelle das Projektmanagement genannt werden, da dieses Projekt über einen langen Zeitraum und mit einem großen Umfang betrieben wurde. Die nachfolgenden Risikoursachen sind schwer zu beurteilen, aber der Mensch in Form von Projektmitarbeitern und Auftraggebern dürfte eine hohe Bedeutung gehabt haben.

Die schlagend gewordenen Risiken verursachten monetäre Schäden und Imageschäden. Es handelte sich um mittelfristige, operationelle Risiken mit einem schleichenden Schadensverlauf, da die Auswirkungen im Verlauf des Projektes peu à peu zum Vorschein kamen. Die Einschätzung der Eintrittswahrscheinlichkeit und des Auswirkungsmaßes muss aus Projektsicht erfolgen und dürften jeweils im hohen Bereich gelegen haben, sofern eine Risikoeinschätzung im Projekt getätigt wurde. Der reale Schaden hätte während des Projektverlaufs erkannt werden müssen. Letztlich handelte es sich aber um ein Risiko/Schaden bei einer Endkontrolle, da ansonsten die Pressevorführung nicht stattgefunden hätte. Eine finale Einschätzung, ob die Risiken bekannt waren, kann nicht erfolgen, es muss aber von latenten, versteckten Risiken ausgegangen werden. Für die speziellen Eigenschaften von IT-Risiken ist anzumerken, dass es sich nicht um rein originäre IT-Risiken dreht, da in dem Projekt eine Vielzahl von Gewerken beteiligt waren und der Schaden auch durch dortige Versäumnisse zustande kam. Es handelte sich in diesem Fall um Projekt- bzw. Anwendungsentwicklungsrisiken.

1.5.3   Unterschlagungen bei Charter plc.

Das in London ansässige, international tätige Unternehmen Charter plc. ist im produzierenden Gewerbe/Maschinenbau tätig. Nachdem im Unternehmen unautorisierte Zahlungen in Millionenhöhe auffallen, gesteht ausgerechnet der mit der Überprüfung der Zahlen beauftragte Mitarbeiter von Charter, Gelder in Millionenhöhe unterschlagen zu haben. Charter zeigt den Mann im September 2004 wegen der Unterschlagung von über neun Mio. britischen Pfund (GBP) an.

Der im Finanzbereich tätige Mann gesteht, zwischen Februar 1999 und Juni 2004 insgesamt 9.237.321 GBP durch 102 unautorisierte Zahlungsanweisungen unterschlagen zu haben. Durch Nutzung der Passwörter von Kollegen meldete er sich in ihrem Namen am Computersystem von Charter an und autorisierte jeweils Anweisungen, durch die das Geld auf ein ihm gehörendes Konto bei einer am Finanzmarkt tätigen Wettfirma gelenkt wurde. Die Höhe der Anweisungen soll zwischen 1.800 GBP und 250.000 GBP geschwankt haben.

Nach Angaben von Charter war in Anbetracht eines Jahresumsatzes des Unternehmens von über 800 Millionen GBP die „geringe" Höhe dieser Zahlungen der Grund, dass die Unterschlagung über so viele Jahre nicht aufgefallen war. Das Geld verspielte der Mann bei Finanzwetten am Aktienmarkt. Er wird im Januar 2005 zu einer Freiheitsstrafe von fünf Jahren verurteilt. Charter verlangt von seiner Versicherungsgesellschaft die Erstattung des Schadens – nach Medieninformationen deckt die Police 5 Mio. GBP ab.

Dieser Schadensfall ist nur zu Teilen ein originäres IT-Risiko. Die Unterschlagung hat sich nicht innerhalb des IT-Bereichs abgespielt. Allerdings wurden die IT-Sicherheitsbestimmungen von einigen Mitarbeitern wesentlich verletzt. Es war eine zu geringe Risikosensibilisierung bezüglich IT-Security vorhanden. Die Risikoursache liegt primär im Bereich Mensch und erst nachgelagert bei den Prozessen. Die Risikoursache Mensch hat zwei unterschiedliche Schwerpunkte: der letztlich verurteilte Mitarbeiter hat bewusst Gelder unterschlagen, weitere Mitarbeiter haben vermutlich Anweisungen des Arbeitgebers, nämlich die ausschließlich persönliche Verwendung von eingeräumten Rechten, verletzt.

Die schlagend gewordenen Risiken verursachten primär monetäre Schäden. Es kamen langfristige, operationelle Risiken mit einer vermutlich mittleren Eintrittswahrscheinlichkeit und Auswirkungsmaß zum Tragen. Der Schadensverlauf war schleichend. Über die Jahre hinweg wurden unentdeckt Schadensfälle produziert. Der reale Schaden wurde erst durch eine nachgelagerte Prüfung erkannt. Es handelt sich vermutlich um latente, erkannte Risiken, da sowohl die Nichteinhaltung von IT-Security-Anweisungen als auch ein möglicher Betrug von Internen in jedem Unternehmen als Risiko grundsätzlich bekannt sein sollten. Die aus dieser Kenntnis heraus veranlassten Risikoreduzierungsmaßnahmen, z.B. in Form von internen Kontrollen, waren nicht streng genug. Für die speziellen Eigenschaften von IT-Risiken ist anzumerken, dass es sich primär um Anwender-IT-Risiken mit einem geringen Anteil originärer IT-Risiken und bei deren Anteil um Betriebsrisiken in Form von Authentifizierungsrisiken handelte. Eine Risikoübertragung in Form einer Versicherung hat stattgefunden.

1.5.4   Keylogger-Attacke auf die Sumitomo Mitsui Bank

Im März 2005 wird die Londoner Niederlassung der japanischen Sumitomo Mitsui Bank Ziel einer Hackerattacke mit Hilfe von Keyloggern. Darunter versteht man Spionage-Software, mit der Passwörter und Zugangsdaten für eine spätere Attacke ausspioniert werden können.

Bereits im Oktober 2004 bemerkt die Bank, dass Hacker Zugang zum Sicherheitssystem der Bank haben, kann jedoch keine weiteren verwertbaren Spuren finden. Am 16.03.2005 kommt es zu einem Angriff, bei dem 220 Mio. GBP von Konten der Bank auf 10 andere Banken transferiert werden sollen. Der Transfer wird unterbunden; die Bank gibt bekannt, es sei kein finanzieller Schaden entstanden. Einige Tage später wird ein 32-jähriger Israeli als Teil der Hackerbande festgenommen, als er 13,9 Mio. GBP von der Sumitomo Mitsui Bank auf sein Konto transferieren will.

Bei den eingeleiteten Untersuchungen stellt man fest, dass eventuell Mitarbeiter des Reinigungspersonals unbemerkt Keylogger an der Rückseite von Computern in der Bank befestigt hatten. Die Videobänder, die zur Überwachung des Reinigungspersonals aufgezeichnet wurden, sind gelöscht.

Ist dies überhaupt ein Schadensfall? Im engeren Sinne nicht, allerdings müssen solche Vorgänge in einer Schadensfalldatenbank oder einem entsprechenden Wissensmanagement- bzw. Erfahrungstool dokumentiert werden. Konkret ist kein monetärer Schaden entstanden und auch das Image der Bank dürfte keinen Schaden erlitten, sondern im Gegenteil eher einen positiven Nutzen gezogen haben. Die Vorgänge spiegeln eine typisch aufgeführte Gefahr bei elektronischen Transaktionen wider. Die Risikoursache liegt primär bei externen Einflüssen durch Kriminelle außerhalb des Unternehmens, unterstützt durch interne Menschen, da das Reinigungspersonal wahrscheinlich ebenfalls in das Vorgehen involviert war.

Es handelt sich hier um langfristige, operationelle Risiken mit einer vermutlich mittleren Eintrittswahrscheinlichkeit und hohem Auswirkungsmaß. Ein möglicher Schadensverlauf wäre rasant verlaufen. Der reale Schaden wäre bei nachgelagerten Arbeitsschritten erkannt worden. Man spricht hier von bekannten Risiken, da eine Bank mit Online-Zugang mit solchen Manipulationsversuchen rechnen muss. Dieses Beispiel ist hervorragend geeignet für die Unterscheidung von latenten und akuten Risiken. Die Bedrohung ist im Allgemeinen immer die Gleiche. Nachdem die Bank im Oktober 2004 jedoch bemerkte, dass Hacker Zugriff auf ihre IT-Systeme hatten, war die Bedrohung akut. Durch diese Erfahrung war es der Bank möglich, weitere Risikoreduzierungsmaßnahmen zu veranlassen bzw. bestehende zu intensivieren und einen eigentlichen Schadensfall abzuwenden. Für die speziellen Eigenschaften von IT-Risiken ist anzumerken, dass es sich um originäre IT-Risiken in Form von Vertraulichkeitsrisiken handelte.

2 IT-Risikotransparenz

„Lerne, die Situation, in der Du Dich befindest, insgesamt zu betrachten."
– Miyamoto Musashi (japanischer Samurai) –

Die IT-Risikotransparenz stellt die grundlegende Voraussetzung für ein erfolgreiches IT-Risikomanagement dar. Nur Sachverhalte, die einem in der Tiefe bekannt sind, können bewusst gesteuert werden. Die IT-Risikotransparenz ist weitreichender als das reine Wissen über die Existenz von einzelnen Risiken. Es muss bekannt sein, warum das Unternehmen die einzelnen Risiken eingeht bzw. eingehen muss. Ferner müssen die Abhängigkeiten der einzelnen Risiken untereinander sowie die beeinflussenden Umweltvariablen analysiert werden.

Die Durchführung bzw. Einhaltung der in diesem Kapitel aufgeführten Punkte stellt eine hohe IT-Risikotransparenz sicher.

2.1 Kulturelle Voraussetzungen

Risiken, und insbesondere bereits schlagend gewordene Risiken, sind kritische Sachverhalte, aus denen gerne Schuldzuweisungen resultieren. Damit ein professionelles Management solcher Angelegenheiten stattfinden kann, muss ein offenes, wertungsneutrales Kommunizieren dieser Themen im Unternehmen möglich sein. Ob dies im jeweiligen Unternehmen möglich ist, ist eine Frage der vorhandenen, besser gesagt der gelebten Organisationskultur.

Jedes Unternehmen ist durch seine örtliche Existenz bereits in eine Kultur eingebettet und schafft durch seine eigenen Werte und Verhaltensweisen wiederum eine Kultur bzw. kann die jeweils gesellschaftlich vorhandene Kultur beeinflussen. Diese Unternehmenskultur ist nicht einfach nur existent, sondern übt weitergehende Funktionen in einem Unternehmen aus:[38]

- **Integrationsfunktion**: Durch gleichartige Wertevorstellungen können Konfliktsituationen vermieden bzw. einfacher gemanagt werden.
- **Koordinationsfunktion**: Gemeinsame Werte und Normen wirken koordinierend. Menschen verhalten sich gleichartig. Diese Funktion kann ein Substitut für strukturelle und personelle Führung darstellen.
- **Motivationsfunktion**: Gemeinsame Ziele und Werte wirken motivationsfördernd nach innen und handlungslegitimierend nach außen.

---

38 Vgl. Stähle, 1996, S. 486, mit Verweis auf weitergehende Autoren.

- **Identifikationsfunktion**: Kultur stiftet für das Individuum die Möglichkeit, sich mit einer Organisation zu identifizieren. Es entsteht ein Wir-Gefühl, welches das Selbstbewusstsein der Mitarbeiter stärkt.
- **Signalfunktion**: Durch die Signalfunktion wird im Innern die Kooperationsfähigkeit des Unternehmens gestärkt und nach außen stellt sie Kommunikationsmöglichkeiten dar.
- **Adaptionsfunktion**: Gleichartige Werte und Normen vereinfachen Kooperationsbedingungen abzugleichen bzw. Differenzen zu managen. Dies kann z.B. auf Neueinstellungen von Mitarbeitern übertragen werden.

Insbesondere die Integrations-, Koordinations-, Motivations- und Identifikationsfunktion stellen für das IT-Risikomanagement tragende Säulen im Rahmen der Unternehmenskultur dar. IT-Risikomanagement kann ohne eine entsprechende Unternehmenskultur nur mäßig funktionieren und wird in diesen Fällen sicher mehr ein theoretisches Gebilde verkörpern, als einen wirklichen Mehrwert für das Unternehmen zu schaffen.

Sollten Änderungen in der Unternehmenskultur notwendig sein, so ist es von großer Bedeutung, dass diese klar kommuniziert werden und über einen Top-Down-Ansatz in das Unternehmen hinein gelebt werden. Die Mitarbeiter werden sich erst an die neuen Verhaltensmuster halten, wenn sie darauf vertrauen können, dass sie durch ihr Verhalten keine Sanktionen zu befürchten haben. Mitarbeiter, die ein wertkonformes Verhalten zeigen, müssen sicher sein, dass dieses Verhalten angemessen gewürdigt wird. Schulungsmaßnahmen können direkt neue Unternehmenswerte vermitteln, bestehende Vorgaben sollten aber zumindest den neuen Inhalten nicht widersprechen. Letztlich bewirkt eine geänderte Unternehmenskultur aufgrund der Adaptionsfunktion bei Neueinstellungen eine höhere kulturelle Übereinstimmung zwischen neuen Mitarbeitern und den Unternehmenswerten.[39]

Im Rahmen des Risikomanagements ist besonders bei größeren Konzernen eine intensive Beschäftigung mit der Unternehmenskultur geboten. Hier bilden sich durch fachliche, hierarchische und/oder örtliche Grenzen sogenannte Unternehmens-Subkulturen. Die Existenz solcher Subkulturen zu kennen, ist wichtig. Diese können durch Änderungen in der Unternehmenskultur im Rahmen von Risikomanagement nicht aufgelöst werden, die IT-Risikomanagementaspekte müssen aber die vorhandenen Subkulturen durchdringen. Unter Umständen sind unterschiedliche Methodiken und Vorgehensweisen nötig, um eine gewünschte Risikokultur in den diversen Subkulturen zu implementieren.

2.1.1   Risikokultur

„An irgendeinem Punkt muss man den Sprung ins Ungewisse wagen. Erstens, weil selbst die richtige Entscheidung falsch ist, wenn sie zu spät erfolgt. Zweitens, weil es in den meisten Fällen so etwas wie eine Gewissheit gar nicht gibt."
– Lee Iacocca (amerikanischer Topmanager) –

---

39   Vgl. auch Stähle, 1996, S. 880 und S. 886–887.

Die Risikokultur ist bewusst oder unbewusst, gewollt oder ungewollt Teil einer jeden Unternehmenskultur. Aus diesem Grund ist es empfehlenswert, risikopolitische Grundsätze von Vornherein in ein Leitbild eines jeden Unternehmens mitaufzunehmen. Diese risikopolitischen Grundsätze sollen den Mitarbeitern ein Gefühl dafür geben, wie groß die Risikobereitschaft des Unternehmens ist und welche Verhaltensmuster von den Mitarbeitern erwartet werden. Das Unternehmensverhalten bezüglich der Risikobereitschaft und der Intensität der Kontrolle von Risiken bildet den jeweiligen Risikomanagement-Stil des Unternehmens. Die **Abb. 2.1** stellt eine grundsätzliche Einteilung von Risikomanagement-Stilen dar.

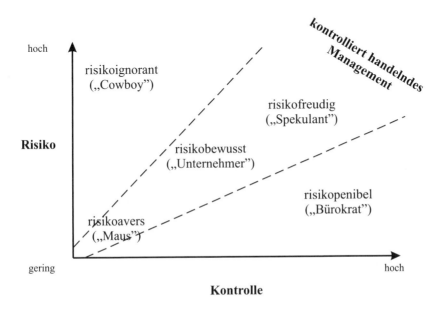

Abb. 2.1   Risikomanagement-Stile[40]

Um eine Risikokultur in einem Unternehmen aufzubauen, ist es in vielen Fällen zuerst erforderlich, das Thema Risiko, und hier im Speziellen das Thema operationelle Risiken, zu kommunizieren. Neben der Definition der Risikoart muss die Bedeutung dieser Risiken für das Unternehmen und vor allem die Wichtigkeit der Mithilfe jedes einzelnen Mitarbeiters zum Beherrschen dieser Risikoart dargestellt werden. Unternehmen mit mangelndem Risikobewusstsein setzen sich unnötig Gefahren aus. Sie übersehen zudem Chancen, die sich aus risikobehafteten Situationen ergeben können. Die Sensibilisierung der Mitarbeiter kann durch geeignete Informations- oder Schulungsveranstaltungen sichergestellt werden. Dieses wird durch ein aktives Einbinden in die einzelnen Prozessschritte des Risikomanagements hinein weiter gestärkt. Das breite Einbeziehen der Belegschaft bietet sich insbesondere bei

---

40   Vgl. auch KPMG, 1998, S. 10.

der Identifizierung von IT-Risiken und bei der grundsätzlichen Formulierung von Risikore-duzierungsmaßnahmen an. Jeder Mitarbeiter weiß selbst mit am Besten, welche Risiken bei den täglichen Arbeiten an seinem Arbeitsplatz eintreten können und wie diese zu minimieren sind. Wird diese proaktive Mitarbeit gefördert und der Mitarbeiter erfährt Veränderun-gen/Verbesserungen der Risikosituation im persönlichen Arbeitsumfeld, ist dies ein optima-ler Nährboden für die Entstehung einer stabilen, profunden Risikokultur. Eine solche Risiko-kultur zeichnet sich dadurch aus, dass sie nicht verordnet, sondern gelebt wird.

Zusätzlich zur fachlichen Sensibilisierung der Mitarbeiter müssen diese für das Themenge-biet motiviert werden. Ein Risikomanagement sichert eine geringere Häufigkeit von eintre-tenden Schäden bzw. ein reduziertes Auswirkungsmaß, sofern die Risiken schlagend werden. Dies ermöglicht den Mitarbeitern ein effizienteres Arbeiten und eine daraus resultierende höhere Arbeitszufriedenheit. Zum Teil schwierig zu argumentierende Investitionen können mit Hilfe eines Risikomanagements auf eine neue Kalkulationsbasis gestellt und umfänglich betrachtet werden. Dies kann für den Mitarbeiter zu spürbaren Verbesserungen am Arbeits-platz oder in den Arbeitsprozessen führen. Aufgrund der im Durchschnitt geringeren Schä-den bzw. besseren Produkterstellung kann ein höherer Gewinn erzielt werden. Dies sichert Arbeitsplätze und kann sich unter Umständen in einer leistungsorientierten Vergütung aus-wirken. Durch das Melden von Risiken und eventueller Nennung von Risikoreduzierungs-maßnahmen kann sich der einzelne Mitarbeiter im dennoch auftretenden Schadensfall auf seine erfolgte Mitarbeit berufen.

Ein wichtiger Aspekt bei der Etablierung einer adäquaten Risikokultur ist die durchgängige Berücksichtigung von Risikotreibern. So können intensive Bemühungen zur Etablierung einer restriktiven Risikostrategie durch andere, versteckte Maßnahmen behindert werden. Bei beispielsweise sehr ambitionierten Zielvorgaben, die nur über das Eingehen von großen Risiken erreicht werden können, beinhaltet diese Vorgehensweise versteckt Werte zur Risi-kokultur des Unternehmens. Die Mitarbeiter ziehen ihre Schlussfolgerungen nicht nur aus den konkreten Formulierungen zum Handhaben von Risiken, vielmehr fließen in das Ge-samtbild des Mitarbeiters alle risikobeschreibenden Fakten ein. Nachfolgende Punkte stellen weitere Einflussfaktoren dar, die eine Risikokultur von Unternehmen maßgeblich beeinflus-sen können:[41]

- Unternehmensphilosophie und Führungsstil der Unternehmensleitung;
- Integrität, Wertegerüst sowie fachliche Kompetenz und Fähigkeiten der Mitarbeiter;
- Einsatz und Entwicklung des Personals;
- Fähigkeit, flexibel auf Umfeldänderungen zu reagieren;
- Horizontal und vertikal funktionierende Kommunikation.

Zuletzt stellt sich noch die Frage, wie eine vorhandene oder geänderte Risikokultur gemessen werden kann? Wie bei sämtlichen kulturellen Sachverhalten taucht das Problem auf, eine solche Größe objektiv zu quantifizieren. Einige Unternehmen führen in regelmäßigen Zeitab-ständen Mitarbeiterbefragungen durch. Sofern dies erfolgt, können Fragen zu Risiken, zur

---

41 Vgl. KPMG, 1998, S. 10.

Risikosensitivität der Mitarbeiter oder konkret zum IT-Risikomanagement mitaufgeführt werden. Alle anderen Messmöglichkeiten sind indirekt und lassen nur grobe Schlussfolgerungen auf die vorherrschende Risikokultur zu. So kann die Entwicklung der gemeldeten Schadensfälle oder noch interessanter, die Meldung von „Beinah-Schäden", z.B. im Rahmen des Wissensmanagements, Aufschluss über die Entwicklung der Risikokultur geben. Eine Risikokultur ist erfolgreich implementiert, wenn das Risikomanagement als Daueraufgabe eines jeden Mitarbeiters anerkannt ist.

2.1.2 Fehlerkultur

„Wer einen Fehler begangen hat und ihn nicht korrigiert, begeht einen weiteren Fehler."
– Konfuzius (chinesischer Philosoph) –

Ein anderer Teilaspekt der Unternehmenskultur ist die Fehlerkultur. Sie nimmt eine herausragende Stellung als Basis zur Implementierung einer Risikokultur ein. Ein Umfeld, in dem eigene Fehler eingeräumt und die daraus resultierenden Lerneffekte im Team erörtert und genutzt werden können, fördert die Risikokultur in nennenswertem Umfang. Die Mitarbeiter müssen wissen, dass erfolgte Fehler in vertretbarem Umfang akzeptiert werden. Das Eingestehen von Fehlern nutzt dem Gesamtunternehmen insofern, als dass Gegenmaßnahmen ergriffen werden können oder zumindest ein Lerneffekt realisiert werden kann.

Eine offene Fehlerkultur ist für die Beherrschung von Risiken im langfristig strategischen Umfeld von großer Bedeutung. Durch ein regelmäßiges, selbstkritisches Hinterfragen von Entscheidungen, können strategische Fehlentscheidungen frühzeitig erkannt und ihnen gegengesteuert werden. Dabei muss nicht unbedingt ein persönliches Verschulden vorliegen. Vielmehr können sich beispielsweise Umweltbedingungen anders als erwartet entwickeln und daher die vormalige Entscheidungssituation maßgeblich verändern. Wichtig ist in solchen Situationen, dass die betroffenen Mitarbeiter aufgrund der vorherrschenden Fehlerkultur nicht in ein Aussitzen der Situation hinein gedrängt werden. Da strategische Entscheidungen zumeist in höheren Hierarchiestufen gefällt werden, unterstützt gerade eine offene Fehlerkultur bei strategischen Entscheidungen den gewünschten Top-Down-Ansatz.

2.1.3 Wissensmanagement

„Keiner weiß soviel wie wir alle zusammen." – Inschrift einer dänischen Rathaustür –

Wissensmanagement kann als eine Technik zur Identifikation von IT-Risiken eingesetzt werden. In diesem Buch wird es unter kulturellen Voraussetzungen aufgeführt, da die reine Technik, wie Wissen kategorisiert und situationsbedingt den richtigen Mitarbeitern zur Verfügung gestellt werden kann, als reines Handwerkszeug zu betrachten ist. Der überaus größere Aspekt liegt im kulturellen Grundverständnis, das eigene Wissen mit Anderen zu teilen. Das Teilen und Weitergeben von Wissen bedeutet in einem ersten Schritt für den Informierenden, dass er von seinem eigenen „Marktwert" etwas abgibt, da nun sein persönliches Wissen von anderen Kollegen ebenfalls genutzt werden kann. Langfristig wird dieser Effekt durch die erhöhte Leistungsfähigkeit und Kreativität aller Mitarbeiter, auch die des Teilenden, überkompensiert. Zusätzlich erfährt der Teilende bei Kollegen Anerkennung für sein fachliches Know-how und seine Teamarbeit. Da für das Wissensmanagement der Input von fundamentaler Bedeutung ist und dieser primär durch die eigenen Mitarbeiter erstellt werden kann, ist die Einbindung des Wissensmanagements in die Unternehmenskultur wichtig. Wissensmanagement stellt dabei sicher, dass [42]

- alle relevanten Wissensquellen zum Einsatz kommen,
- eine Wissenskultur entsteht, zum Beispiel durch den Aufbau von Wissensgemeinschaften („Communities"),
- der Wissenstransfer und die Bildung von neuem Wissen erfolgt,
- kein Wissensverlust auftritt und
- gleichzeitig die Mitarbeiter vor einer Informationsflut geschützt werden.

Beim Wissensmanagement wird zwischen explizitem Wissen, welches in Dokumenten oder anderen Informationsobjekten vorliegt, und implizitem Wissen, welches den Erfahrungsschatz des einzelnen Mitarbeiters wiederspiegelt, unterschieden. Wissenstransfer kann über sämtliche Kombinationen von explizitem und implizitem Wissen erfolgen. Es werden vier grundlegende Übertragungswege unterschieden:[43]

- **Sozialisation** (implizites Wissen zu implizitem Wissen): Durch den direkten Wissenstransfer von Mensch zu Mensch findet der effizienteste Wissenstransfer statt. Räumliche und zeitliche Trennung kann heutzutage zum Teil mittels moderner Informationsmedien überbrückt werden.
- **Externalisierung** (implizites Wissen zu explizitem Wissen): Darunter versteht man die Dokumentation des Wissens einer Person. Dieser Vorgang ist zeitaufwendig und unter Umständen letztlich nicht optimal zielgruppengerecht, besonders wenn zum Zeitpunkt der Dokumentation die endgültige Zielgruppe noch nicht feststeht.
- **Internalisierung** (explizites Wissen zu implizitem Wissen): Dokumentiertes Wissen wird von einer Person wieder aufgenommen und in die eigenen Erfahrungswerte mit einsortiert. Es findet ein Lernprozess statt. Bei diesem Vorgang kann neues Wissen entstehen.
- **Kombination** (explizites Wissen zu explizitem Wissen): Dokumentiertes Wissen wird neu kombiniert. Dadurch kann neues Wissen generiert werden. Diese Form der Wissensgenerierung wird häufig technisch unterstützt und spiegelt sich in Begrifflichkeiten wie Data Mining und Database Marketing wider.

Ein gut funktionierendes Wissensmanagement kann das IT-Risikomanagement nachhaltig unterstützen. Insbesondere bei Risiken, die stark von sich wandelnden Umweltbedingungen abhängen oder die sich aus einem Innovationsfortschritt ableiten, ist eine Analyse auf einer breiten, gesicherten Wissensgrundlage von großer Bedeutung. Durch die hohe Geschwindigkeit des Wandels verbleibt den Betroffenen wenig Zeit, aus der Situation zu lernen und dar-

---

42 Vgl. auch Krüger, 2004, S. 15, 33 und 34.

43 Vgl. Krüger, 2004, S. 30–32.

aus Aktionen folgen zu lassen. Sie müssen in die Lage versetzt werden, die in der Gruppe gewonnenen Erkenntnisse bei Bedarf auf künftige, aktuell noch nicht bekannte Situationen kurzfristig übertragen zu können. Diese Bedeutung kommt insbesondere bei Projektrisiken zum Tragen, da sich Projekte oft mit komplexen, einmaligen und/oder innovativen Themen für das Unternehmen beschäftigen. Im Projektgeschäft bergen die persönlichen Erfahrungen einen großen Wissensschatz, daher bieten sich neben dem Aufbau einer Datenbank für Projektrisiken/IT-Risiken vor allem das Arbeiten in Communities und Expertenverzeichnissen an. Der für die Lösung eines Problems vorhandene Informationsstand und die ihn beeinflussenden Faktoren sind in **Abb. 2.2** grafisch dargestellt.

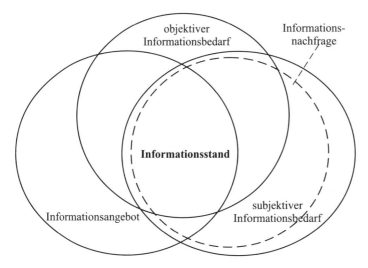

Abb. 2.2   Informationsstand eines Entscheiders[44]

Wissensmanagement versucht, einen möglichst hohen Informationsstand für den Einzelnen sicherzustellen. Der Informationsstand ist die Schnittmenge aus dem subjektiven Informationsbedarf (reduziert auf die nachgefragte Informationsmenge), dem objektiven Informationsbedarf und dem Informationsangebot. Durch die Vergrößerung des Informationsstands eines jeden Einzelnen können bessere Lösungen erarbeitet werden. Wissensmanagement unterstützt diese Optimierung, indem durch den gemeinschaftlichen Wissensstand die Informationsnachfrage aufgrund der enthaltenen Erfahrungen besser dem objektiven und subjektiven Informationsbedarf angepasst werden kann. Der Entscheider kann aus bisherigen Erfahrungen lernen und weiß zielgenauer, was er für die Entscheidung oder den Lösungsentwurf wissen muss. Durch das Bilden eines Wissenspools im Unternehmen erhöht sich das Informationsangebot und führt über eine Zunahme von relevanten Informationen zu einer größeren Schnittmenge des Informationsstands.

---

44 Vgl. Picot/Reichwald, 1991, S. 276.

Die bisherigen Ausführungen beziehen sich überwiegend auf das Management von Fakten-wissen. Für das Risikomanagement ist „weiches Wissen" ebenfalls von hoher Bedeutung. Weiches Wissen bildet sich u.a. über kognitive und emotional geprägte Wissensinhalte. Sie sind zu einem großen Anteil in den aufgeführten, kulturellen Themengebieten wie der Unter-nehmens-, Fehler- oder Risikokultur enthalten. Weiches Wissen ist für Projektarbeiten wich-tig und ein erheblicher Anteil des aus Projektarbeiten gewonnenen Wissens ist dieser Kate-gorie zuzuordnen. Es ist über technisch/quantitativ ausgerichtete Methoden nur schwerlich zu erfassen. Für diese Art von Wissen bieten sich narrative Methoden an. Der Begriff narra-tiv leitet sich aus dem lateinischen „narrare" ab und bedeutet erzählend. Narrative Methoden können über unterschiedliche Grundelemente verfügen. Wichtige Elemente dabei sind:[45]

- **Erzählungen**: Direkte Erfahrungen oder Erfahrungen, von denen der Erzähler Kenntnis erhalten hat.
- **Fiktive Geschichten**: Sind an der Realität angelehnte, aber nicht mit ihr übereinstim-mende Geschichten.
- **Märchen**: Sind frei erfundene Geschichten, bei denen beispielsweise selbst Naturgesetze außer Kraft gesetzt werden können.
- **Analogien**: Bei Analogien werden zwei Sachverhalte miteinander in Beziehung gesetzt und über Gemeinsamkeiten Rückschlüsse abgeleitet.
- **Metaphern**: Zwei Sachverhalte werden miteinander verglichen, ein Sachverhalt wird dabei seiner sinnbildlichen Bedeutung nach übertragen.
- **Bilder**: Schwer in Worte zu fassende Sachverhalte können in Bildern dargestellt werden. Eine aktuelle Form von Bilderzählungen stellen z.B. Comics dar.

Der Einsatz solcher narrativer Methoden wird unter dem Begriff „Story Telling" als eine Management-Methode bei lernenden Organisationen diskutiert. Im Risikomanagement gibt es zahlreiche Ansatzpunkte wie z.B. Projekterfahrungen oder Erfahrungen aus Krisen-/Not-fallsituationen bzw. aus externen Schadensfällen, die auf das Unternehmen übertragen und in Form von Geschichten weitergegeben werden können. Für dieses Story Telling gibt es unter-schiedliche Vorgehensweisen. Exemplarisch werden die Phasen des Vorgehens nach Kleiner & Roth aufgeführt. Durch die Darstellung der Vorgehensweise kann ein umfassenderes Ver-ständnis für die Methodik hergestellt werden:[46]

- **Planung**: Es wird ein Kernteam für die Entwicklung einer Story gebildet. Dieses Team sollte sich aus internen Mitarbeitern, die direkt an der zu erzählenden Geschichte oder dem Inhalt der Geschichte beteiligt waren, und Mitarbeitern, die über narrative Metho-denkompetenz und der benötigten Neutralität verfügen, zusammensetzen. Ein Thema für die Geschichte muss gefunden werden, das sich für die Erarbeitung der daraus ableitba-ren Verbesserungen gut eignet. Die Themenschwerpunkte sollten soweit möglich bereits fixiert werden.
- **Interviews**: Die Mitarbeiter, die an dem ausgewählten Thema mitgearbeitet haben oder mit diesem Thema konfrontiert waren, werden interviewt. Diese Interviews finden in der

---

45 Vgl. Reinmann-Rothmeier/Erlach et al., 2003a und Reinmann-Rothmeier/Erlach et al., 2003b.

46 Vgl. Reinmann-Rothmeier et al., 2003a.

Regel halbstandardisiert statt. Durch die vorformulierten Fragestellungen wird auf die vereinbarten Themenschwerpunkte eingegangen. Weitergehende Informationen werden ebenfalls aufgenommen.

- **Auswertung**: Die erhaltenen Informationen werden thematisch geordnet, Schwerpunkte/Kernaussagen werden extrahiert und Widersprüchlichkeiten aufgezeigt.
- **Validieren**: Die in der Geschichte verarbeiteten Informationen werden den interviewten Mitarbeitern zurückgespielt. Durch die Freigabe der Informationen wird garantiert, dass sich der Einzelne richtig interpretiert sieht.
- **Erstellen**: Es werden Kurzgeschichten erarbeitet. Nach der jeweiligen Kurzgeschichte findet eine zweigeteilte Kommentierung statt. In der rechten Spalte werden ausgewählte Zitate der Beteiligten aufgeführt. In der linken Spalte findet eine Kommentierung der Erzählenden statt. Dies kann über tiefgehende, provokante Fragestellungen, weiterführende Erläuterungen oder anderweitige, zum reflektieren geeignete Stilelemente erfolgen.
- **Verbreiten**: Ein wichtiger Schritt ist die bewusste Verbreitung des Erfahrungsdokuments. Es soll nicht nur einfach existieren, sondern die Basis für Diskussionen im Unternehmen bilden.

Beim Story Telling ist es wichtig, dass eine komprimierte Geschichte, in der die Mitarbeiter die für sich wichtigen Erfahrungen und Erkenntnisse wiederfinden, entsteht. Diese dient einem erweiterten Kollegenkreis als Basis, um Lerneffekte aus diesen Erfahrungen zu sammeln. Während beim „Lessons learned"-Ansatz wenige Personen ihre Erkenntnisse/Erfahrungen in konkreten Formulierungen zur Verfügung stellen, werden die zu erzählenden Geschichten von einer Vielzahl von Mitarbeitern gestaltet. Die dokumentierten Erfahrungen sind generischer gehalten und regen zu Reflexionen an. Gegenüber anderen Methoden können die nachfolgenden Vorteile des Story Tellings wie folgt aufgeführt werden:[47]

- Es werden nicht alle Fakten, sondern nur die Quintessenz aus einem Sachverhalt weitergegeben.
- Die Informationsweitergabe findet über spannend gestaltbare Geschichten statt.
- Durch die Entfremdung wird der Leser angeregt, die Geschichte auf die einzelne Situation zu übertragen. Der Lerneffekt wird durch Reflexion und nicht durch bloßes Kopieren von Faktenwissen erreicht.
- Über die Informationssammlung wird der Fokus der Geschichte auf die, für die Mitarbeiter interessanten Sachverhalte gelenkt.
- Die Erstellung der Geschichten bewirkt bei den Beteiligten bereits einen Reflexionseffekt.
- Die Kommunikation über Sachverhalte wird durch die Geschichten gefördert.

---

47   Vgl. auch Kleiner/Roth, 1997.

2.2   Identifizierung von IT-Risiken

Bei der Identifizierung von operationellen Risiken wird zwischen Top-Down- und Bottom-up-Ansätzen unterschieden. Diese Unterscheidung wird hauptsächlich für die Quantifizierung von operationellen Risiken verwendet, kann jedoch ebenso auf die allgemeine Identifizierung von IT-Risiken angewendet werden.

Bei den Top-Down-Ansätzen werden allgemeine Daten, die in der Buchhaltung üblicherweise bereits enthalten sind oder branchenweit bekannt sind, auf Gesamtunternehmensebene auf potenzielle Risiken bzw. Risikopotenziale untersucht. Der Fokus liegt dabei auf den Risikoauswirkungen. Diese sind für ein qualifiziertes IT-Risikomanagement nur als grobe Indikation für Risikopotenziale verwendbar.

Die Bottom-up-Ansätze gehen von einer detaillierten Risikoanalyse aus. Diese findet zumindest auf Szenarioebene statt. Die Risiken werden anschließend zu einer Gesamtsicht kumuliert. Der Fokus von Bottom-up-Ansätzen liegt auf den Risikoursachen.[48] Die Methoden für die Identifizierung von IT-Risiken sind, mit Ausnahme von Teilen des Benchmarkings, alles Bottom-up-Ansätze.

Aus den später noch zu behandelnden Bewertungsmethoden (siehe 2.4) können sich ebenfalls Erkenntnisse über vorhandene Risiken ergeben. Die Bewertungsmethoden dienen dabei, ausgenommen der separat aufgeführten Systemanalyse, ausschließlich einer Qualitätssicherung des ermittelten Risikoportfolios.

2.2.1   Self-Assessment

Die Selbsteinschätzung (Self-Assessment) stellt die Einschätzung der Risiken mit im Unternehmen vorhandenen Expertenwissens dar. Das Self-Assessment ist ein weit verbreitetes Instrument, um sich einen Überblick über das eigene Risikoportfolio zu verschaffen. Der große Vorteil der Selbsteinschätzung ist, dass interne Experten besser als andere die Risiken kennen und diese einzuschätzen wissen. Nachteile können durch Betriebsblindheit oder einer für das Risikomanagement ungeeigneten Unternehmenskultur entstehen. Dies hat eine unvollständige bzw. unrichtige Selbsteinschätzung zur Folge. Die Selbsteinschätzung wird mit Experten des IT-Bereichs durchgeführt. Zusätzliche Einschätzungen können von den Fachbereichen, insbesondere bei IT-nahen Key-Usern und IT-Beauftragten, eingeholt werden. Diese Fachbereichseinschätzungen können zur Qualitätssicherung verwendet werden.

Bei Self-Assessments werden sämtliche, für das IT-Risikomanagement relevante Belange erhoben. Risikoszenarien werden inklusive der Eintrittswahrscheinlichkeit und dem Auswirkungsmaß beschrieben. Zu den Risikoszenarien können Risikoreduzierungsmaßnahmen benannt und grob bewertet werden. Abhängigkeiten zwischen den Risikoszenarien werden analysiert. Risikoindikatoren werden abgefragt, diskutiert und detailliert dargestellt. Die

---

48   Vgl. Röckle, 2002, S. 37–46 sowie Romeike, 2003b, S. 158–159.

Selbsteinschätzung kann in unterschiedlichen Formen, welche untereinander kombinierbar sind, durchgeführt werden.

Einzelinterviews

Bei Einzelinterviews werden die benötigten Informationen von einzelnen Mitarbeitern abgefragt. Diese Befragungen können schriftlich, empfehlenswerter Weise jedoch persönlich durchgeführt werden. Die Interviews erfolgen in unstandardisierter, teil- oder vollstandardisierter Form. Sie können für eine Erstbefragung, für die Qualitätssicherung oder einer regelmäßigen Aktualisierung verwendet werden.

Bei den Einzelinterviews wird zwischen Managementinterviews und Experteninterviews unterschieden. Während bei Managementinterviews der Fokus bezüglich der Erhebung von IT-Risiken auf die Breite der Risikoszenarien gerichtet sein dürfte, werden Ergebnisse von Experteninterviews mehr in die thematischen Tiefe gehen und sind somit, z.B. für Risikoreduzierungsmaßnahmen oder bei Spezialthemen, von Interesse. Für eine Erstbestückung eines Risikoportfolios eignet sich eine breite Risikoerhebung besser, da hier schnell das gesamte Risikospektrum abgebildet werden kann und eine Kategorisierung der Risikoszenarien vereinfacht wird. Über weitere Experteninterviews wird diese Sicht vervollständigt und bei Bedarf eine Risikoszenariohierarchie mit Detailszenarien aufgebaut.

Workshops

Eine häufig angewendete Form von Self-Assessments stellen Workshops dar.[49] Der Vorteil von Workshops liegt in der höheren Anzahl der Beteiligten. Weitergehende Kreativitätstechniken können zum Identifizieren von Risikoszenarien und anderen Sachverhalten angewendet werden. Die höhere Anzahl Beteiligter ermöglicht ein ausgewogenes Verhältnis von Experten einzelner Themenschwerpunkte untereinander. So können Risikosachverhalte interdisziplinär, sich gegenseitig befruchtend, erörtert und diskutiert werden. Workshops sind, insbesondere bei einer initialen Bestückung des Risikoportfolios, zu empfehlen und können zur Qualitätssicherung oder Aktualisierung eingesetzt werden.

Bei der Besetzung der Workshops ist darauf zu achten, dass die benannten Mitarbeiter über die notwendigen Tiefenkenntnisse ihres Fachgebietes und über darüber hinausgehendes Fachwissen verfügen. Nur so können die Schnittstellenthemen umfassend berücksichtigt werden. In diesen Schnittstellenthemen befinden sich oft große Potenziale von Risiken und Risikoreduzierungsmaßnahmen.

Die Anzahl der Workshopteilnehmer sollte zwischen 4 und maximal 10 Personen liegen. Bei mehr als 10 Personen besteht die Gefahr, dass in den kreativen Teilen der Workshops schnell die Übersicht verloren geht und ein effizientes Arbeiten nicht mehr möglich ist. Die Gruppenteilnehmer geraten in Einzeldiskussionen.

---

49 Vgl. auch Junginger/Krcmar, 2004, S. 18–19.

Befragungen
Befragungen unterscheiden sich von den Interviews durch die geringere Individualität. Viele Mitarbeiter werden über (teil-) standardisierte Formulare befragt. Diese Befragungen erfolgen aufgrund des Umfangs nicht mündlich, sondern in schriftlicher oder elektronischer Form. Den großen Vorteil von Befragungen bildet der breite Erfahrungsschatz, der bei den Mitarbeitern abgegriffen werden kann. Nachteile ergeben sich aus der (teil-) standardisierten Form, die weniger Spielraum für Kreativität lässt. Ferner werden Detailrisikoszenarien bei Unternehmen oft vertraulich behandelt. Bei einer großen Anzahl an Befragten ist es problematisch, diese Vertraulichkeit zuverlässig zu gewährleisten. Befragungen eignen sich gut, um bereits definierte Sachverhalte qualitätssichern oder bewerten zu lassen.

Vor Durchführung einer großen Befragung sollte eine Pilotbefragung stattfinden. Mit dieser wird die Verständlichkeit der gestellten Fragen überprüft und es wird getestet, ob die rückgemeldeten Antworten sinnvoll weiterverarbeitet werden können.

Betriebliches Vorschlagswesen
Unternehmen verfügen häufig über ein betriebliches Vorschlagswesen, dass oft bereits seit vielen Jahren ein etabliertes Instrument im Rahmen des Qualitätsmanagements darstellt. Mitarbeiter können Verbesserungsvorschläge zum Betrieb im Allgemeinen oder zu ihrem Arbeitsplatz im Speziellen einreichen. Eine zentrale Einheit ermöglicht eine objektive Bewertung der eingereichten Anregungen. Sofern eine Empfehlung angenommen wird, erhält der einreichende Mitarbeiter eine Erfolgsbeteiligung; die Umsetzung des Verbesserungsvorschlags wird von der zentralen Einheit überwacht.

Das Instrument des betrieblichen Vorschlagswesens kann für die Risikoidentifizierung und die Gewinnung von detaillierten Risikoreduzierungsmaßnahmen verwendet werden. Die eingehenden Verbesserungsvorschläge können zur Qualitätssicherung des bestehenden Risikoportfolios eingesetzt werden. Der Vorteil für das IT-Risikomanagement besteht darin, dass ein bekannter, bewährter Prozess mit Anreizsystem zur Erhebung genutzt werden kann. Durch eine Etablierung des Risikomanagements im betrieblichen Vorschlagswesen kann ein großer Beitrag zur Einführung und Pflege einer Risikokultur stattfinden. Vorteil für das betriebliche Vorschlagswesen ist eine Verbreiterung des Einsatzgebietes. Als Verbesserungsvorschläge werden meist konkrete Änderungen von Prozessen, Arbeitsmitteln oder Verfahrensregelungen eingereicht. Es handelt sich um echte Optimierungen im täglichen Arbeitsgeschehen. Bei Verwendung des betrieblichen Vorschlagswesens für das Risikomanagement werden Mitarbeiter zusätzlich sensibilisiert, Verbesserungen, die sich nur unter bestimmten Umständen (Risikoeintritt/Vermeidung des Risikoeintritts) bewähren, mittels dieses Verfahrens zu nennen.

Um das betriebliche Vorschlagswesen für das IT-Risikomanagement nutzen zu können, müssen die Mitarbeiter entsprechend informiert und sensibilisiert werden. Beim betrieblichen Vorschlagswesen führen viele Unternehmen Aktionen zu speziellen Themen (z.B. betrieblicher Umweltschutz) durch. Eine solche Aktionsvorgehensweise bietet sich zur Etablierung einer Risikobetrachtung im betrieblichen Vorschlagswesen an.

2.2.2   Prozessanalysen

Die Prozesse eines Unternehmens sind das Grundgerüst der Wertschöpfung. Durch die systematische Prüfung aller Prozesse eines Unternehmens wird eine vollständige Abdeckung aller relevanten Bereiche sichergestellt. Bei einem Neudesign von Prozessen ist bereits in der Konzeption die Beurteilung der daraus entstehenden Risiken mitzuberücksichtigen. Ein unternehmensweites Prozessmanagement ist eine gute Grundlage für das IT-Risikomanagement. Es kann die Qualität dessen deutlich steigern bzw. die Aufwände für die Einführung senken.

Mittels des Prozessmanagements können Risiken in und um die Prozesse identifiziert werden. Durch die Zuordnung der Anwender-IT-Risiken zu den fachlichen Prozessen wird eine ganzheitliche Sicht der Risiken herbeigeführt. Die Bewertung der einzelnen Geschäftsprozesse hinsichtlich ihrer Bedeutung für das Unternehmen bildet die Basis für das IT-Krisenmanagement. Erfolgt ein Prozessmanagement bzw. eine Prozessoptimierung, müssen die Geschäftsprozesse bereits unter Risikogesichtspunkten gestaltet werden.

Prozessoptimierung
Angelehnt an die Systemanalyse kann bei der Prozessoptimierung zwischen der intraprozessualen, interprozessualen und extraprozessualen Analyse unterschieden werden. Alle Prozessanalysen haben zum Ziel, das sogenannte Prozessvolumen zu reduzieren. Das Prozessvolumen stellt die durch die Prozessdurchführung verbrauchten Ressourcen, die Zeitdauer und die enthaltene Fehlerquote dar (siehe **Abb. 2.3**). Die Fehlerquote bildet u.a. die Verbindung zum IT-Risikomanagement, da diese letztlich die schlagend gewordenen Risiken darstellt. Die Ziele der Prozessoptimierung und des Risikomanagements überdecken sich in weiten Teilen.

Die intraprozessuale Analyse überprüft den Prozess selbst auf Verbesserungspotenzial. Es ist die typische Art der Prozessoptimierung. Das Prozessvolumen verringert sich durch geringere Fehlerquoten (schlagend gewordene Risiken), kürzere Durchlaufzeiten und/oder geringere Ressourcenverbräuche. Bereits durch die allgemein bekannte Prozessoptimierung werden Risiken minimiert. Folgende Sachverhalte werden typischerweise analysiert:[50]
- Erfolgen Mehrfachverarbeitungen, z.B. über Rückkopplungen?
- Können Aufgaben parallel bearbeitet werden?
- Können Funktionen automatisiert werden?
- Sofern ein Prozess unter bestimmten Voraussetzungen abgebrochen wird, sollte die Prüfung dieser Abbruch-Voraussetzungen so früh wie möglich erfolgen.
- Sind alle Funktionen im Prozess erforderlich?
- Kann die Anzahl der Prozessbeteiligten reduziert werden?
- Kann die Anzahl von Medienbrüchen reduziert werden?

---

50 Vgl. auch Brabänder/Exeler et al., 2003, S. 338–341.

- Werden gleiche Daten mehrfach erfasst. Könnten diese Daten nicht über technische Schnittstellen unter den Systemen ausgetauscht werden?
- Erbringt der Prozess bzw. der einzelne Prozessschritt das gewünschte Ergebnis für den Leistungsempfänger?

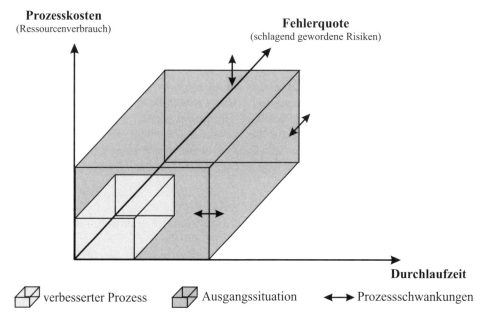

Abb. 2.3 Prozessvolumen[51]

Bei der interprozessualen Analyse werden die Abhängigkeiten der einzelnen Geschäftsprozesse untereinander analysiert. Hauptschwerpunkt sind ablauflogische und ressourcenmässige Interaktionen sowie die Definition von Schnittstellen. Diese Optimierung kann ebenfalls mithilfe des Prozessvolumens veranschaulicht werden. Wird das Prozessvolumen nicht als das Volumen des einzelnen Prozesses, sondern als das Volumen aller Geschäftsprozesse eines Unternehmens betrachtet, so treffen die Aussagen zur intraprozessualen Prozessoptimierung, ergänzt um die Schnittstellenproblematik und der Ressourcenoptimierung, ebenfalls auf das Prozessvolumen zu.

Die extraprozessuale Analyse beschäftigt sich mit den auf die Prozesse einwirkenden Umweltbedingungen. Es wird nicht der Prozess analysiert, sondern die Strukturen und Bedingungen, in denen der Prozess abläuft. Die Input-Faktoren der Prozesse werden betrachtet und die Prozesse hinsichtlich ihrer Fehlerresistenz analysiert. Fällt ein Prozess aufgrund externer Einflüsse für eine bestimmte Zeit aus, so erhöht sich die durchschnittliche Durchlaufzeit und das Prozessvolumen steigt. Wird versucht, die Durchlaufzeiten nicht wesentlich zu erhöhen,

---

51 Vgl. Scholz/Vrohlings, 1994, S. 59.

so kann dies nur über einen erhöhten Ressourceneinsatz (Prozesskosten) erfolgen. Dies hat wiederum negative Auswirkungen auf das Prozessvolumen. Eine rein mengenmäßige Erhöhung der Ressourcenbelastung führt zu erhöhten Fehlerquoten. Die Verbesserung des Prozessvolumens stellt eine Brücke zum IT-Risikomanagement her.

Die nachfolgenden Aspekte sind aus Sicht des IT-Risikomanagements bei einer Prozessoptimierung von besonderer Bedeutung:[52]

- Ist die Systemunterstützung für die einzelnen Funktionen in richtiger Qualität/Quantität vorhanden?
- Existieren Ressourcen-Engpässe im Prozessverlauf?
- Welche Wechselwirkung hat der Prozess bei einem Ausfall auf andere Prozesse?
- Können aus dem Prozess Frühwarnsignale für weitere Risiken abgeleitet werden?
- Sind genügend Kontrollschritte im Prozess implementiert? Sind diese an der richtigen Stelle?
- Sind zu viele Kontrollschritte implementiert (dies kann nicht nur effizienzschwächende Effekte haben, sondern ein fälschlicherweise blindes Verlassen auf Mitarbeiter bewirken)?

Identifizierte Risiken können in den einzelnen Prozessen bzw. den darin enthaltenen gefährdeten Prozessschritten vermerkt werden. Die identifizierten Risiken werden gesammelt und konsolidiert. Sie stellen bei einer Risikoinventur eine gute Datenbasis zur Bildung von Risikoszenarien dar.

Prozessreife

Ein bei der Prozessoptimierung oft unterschätzter Aspekt ist die Berücksichtigung der Prozessreife. Viele Projekte zur Prozessoptimierung erreichen nicht das gewünschte Verbesserungsvolumen, weil die identifizierten Prozessverbesserungen zwar in Konzepten beschrieben werden, die Prozesse aber anschließend nicht so gelebt werden. Die Macht der Beständigkeit obsiegt über die Innovation. Häufig unterscheiden sich die gelebten von den offiziell in Gebrauch befindlichen Prozessen. Zudem muss beim Prozessdesign berücksichtigt werden, dass der Prozesserfolg messbar und überwachbar ist. Möglichkeiten einer Prozesssteuerung müssen implementiert werden. Das anzustrebende Ziel ist ein aus sich selbst steuerbarer Prozess, der sich gut in die jeweils aktuelle Prozesslandschaft integriert. Eine Einteilung von möglichen Prozessreifen ist in **Tab. 2.1** aufgelistet:

---

52 Vgl. auch Brabänder/Exeler et al., 2003, S. 338–341.

Tab. 2.1 Prozess-Reifegrad nach dem Capability Maturity Model (CMM)[53]

Level	Bezeichnung	Beschreibung
0	Chaotischer Prozess	Ein geordneter Prozessverlauf ist grundsätzlich nicht definiert. Zuständigkeiten, Prozessinput und -output ergeben sich willkürlich.
1	Initialer Prozess	Einzelne Prozesselemente sind vorhanden. Die Gesamtheit der Aktivitäten werden nicht geplant ausgeführt oder sind nicht nachvollziehbar.
2	Definierter Prozess	Der Prozess ist definiert. Zuständigkeiten sind verteilt, Prozessinput und -output sind den Beteiligten bekannt. Zeiten und Mengen können bei Planungen berücksichtigt werden.
3	Standardisierter Prozess	Es gibt eine offizielle Prozessdefinition, auf deren Basis der Prozess gemanagt werden kann. In den Prozess können sich geübte Dritte durch eine Dokumentation einarbeiten. Damit ist die Basis für eine kontinuierliche Prozessverbesserung gelegt. Komplexe Zusammenhänge im Prozess wie weitreichende, technische Unterstützungsmöglichkeiten können aufgezeigt werden.
4	Vorhersagbarer Prozess	Es bestehen quantitative Qualitätsziele für den Prozess; Prozessleistungsmessungen werden durchgeführt. Es erfolgt eine kontinuierliche Sammlung von Prozessdaten; eine kontinuierliche Verbesserung ist angestrebt.
5	Optimierter Prozess	Der Prozess liegt in höchster Qualität vor. Es findet eine Prozessoptimierung zur Erreichung aktueller und künftiger Unternehmensziele statt. Der Prozess wird hinsichtlich des Zusammenspiels mit anderen Geschäftsprozessen gemanagt.

Mit steigendem Prozesslevel nimmt das im Prozess enthaltene Risiko ab und die Produktivität und Qualität zu. Es ist nicht nur der Prozess mit seinen Strukturen zu betrachten, sondern vielmehr, wie der Prozess in den Strukturen des Unternehmens verankert ist. Aus unreifen Prozessen können sich eklatante Risiken ergeben. Änderungen von Prozessen bei Neugestaltungsprozessen werden durch eine ungenügende Prozessreife erschwert und beeinträchtigen Projekte bei deren Zielerreichung.

Die Prozessreife rückt bei aufsichtsrechtlichen Regelungen als Risikotreiber immer stärker in den Mittelpunkt.[54] Das dritte Level der Prozessreife (s.o.) stellt den Einstiegspunkt für jene Prozesse dar, die aufsichtsrechtlichen Regelungen unterliegen. Die wohl höchsten Anforderungen werden aktuell aus dem sogenannten Sarbanes Oxley Act gezogen. Er gilt für alle in den USA gelisteten Unternehmen inklusive deren weltweiten, zu konsolidierenden Tochtergesellschaften. Neben der üblichen, vollständigen Dokumentation der Prozesse und der enthaltenen, internen Kontrollen,[55] muss die Einhaltung der Kontrollmechanismen von Wirt-

---

53 Abgeleitet von ITServiceCMM, 2004, S. 19–28.

54 Vgl. auch BaFin MaRisk, 2005, AT 5.

55 Vgl. auch GoBS, 1995, Tz 4.

schaftsprüfern überwacht und attestiert werden.[56] Es ist davon auszugehen, dass in anderen Wirtschaftsräumen mittelfristig mit ähnlich strengen Auflagen zu rechnen ist.

2.2.3   IT-Systemanalyse

Bei der Verwendung der Systemanalyse zur Ermittlung von Risikoszenarien werden ein oder mehrere sensible, möglichst umfassende Systeme ausgewählt und diese auf ihre vorhandenen Risiken hin überprüft. Die erkannten Risiken werden generalisiert und in allgemeingültige Risikoszenarien überführt. Die Vorgehensweise zur Durchführung von Risikoanalysen auf Einzelsystemebene wird bei den Bewertungstechniken (siehe 2.4.4 und 2.4.5) ausführlich erklärt.

Die Systemanalyse kann analog zu den anderen Bewertungstechniken als Qualitätssicherung gewertet werden. Wird eine repräsentative Auswahl von Systemen analysiert, so kann zumindest für die IT-Betriebsrisiken eine initiale Erhebung des Risikoportfolios stattfinden.

2.2.4   Schadensfälle analysieren

„Fehler sind ein Bestandteil des Lebens; man kann sie nicht vermeiden. Man kann nur hoffen, dass sie einem nicht zu teuer kommen und dass man denselben Fehler nicht zweimal macht." – Lee Iacocca (amerikanischer Topmanager) –

Schadensfälle sind in der Vergangenheit schlagend gewordene Risiken und stellen somit bereits bezahlte Erfahrungen dar. Die vorhandenen Schadensfälle können zur Identifizierung von Risiken genutzt werden. Für eine initiale Erstellung des Risikoportfolios sind jene Schadensfälle jedoch nur bedingt geeignet. Es kann nämlich nicht davon ausgegangen werden, dass alle Risiken bereits einmal schlagend geworden sind. Dies trifft speziell für seltene Risiken zu. Diese Betrachtungsweise, mit Ausnahme der Berücksichtigung von externen Schadensfällen, eignet sich somit nicht zur Identifizierung von Risiken, die sich aus neuen Sachverhalten ergeben, z.B. der Aufnahme von neuen Geschäftsarten oder Technologien, da sie grundsätzlich nur eine Nachschau auf die bisherigen Erfahrungen darstellt.

Schadensfälle können aber dazu verwendet werden, ein bestehendes Risikoportfolio zu qualitätssichern. Die Schadensfälle werden analysiert, bestehenden Risikoszenarien zugeordnet und die Vollständigkeit des Risikoportfolios überprüft. Zudem kann durch den Vergleich der eingetretenen Schadenshöhen das geschätzte Auswirkungsmaß verifiziert werden. Plausibilisierungen zu dem durchschnittlich erwarteten Auswirkungsmaß können erfahrungsgemäß besser qualitätsgesichert werden, als wenn das Risikoportfolio nur für die Worst-Case-Szenarien eingeschätzt wird. In diesem Fall muss bei jeder Schadensfallanalyse noch eruiert werden, wie nah der jeweilige Schadensfall an einem Worst-Case-Szenario lag.

---

56   Vgl. Sarbanes/Oxley, 2002, Section 404.

Das in Basel II geforderte, qualitative Management von operationellen Risiken bei Kreditinstituten verlangt eine Dokumentation von Schadensfällen und geeignete Gegenmaßnahmen.
Zudem werden die Schadensfallbeträge zur Berechnung des zu hinterlegenden Eigenkapitals
im sogenannten AMA-Ansatz benötigt, d.h. in einer durch die jeweilige Aufsicht genehmig-
ten, institutsspezifischen Eigenkapitalberechnung. Die Dokumentation von Schadensfällen
ist eine grundlegende Tätigkeit des Managements operationeller Risiken und steht einer
Vielzahl von Instituten kurzfristig zur Verfügung.

Interne Schadensfälle der Fachbereiche

Damit die internen Schadensfälle der Fachbereiche zum Abgleich mit dem IT-Risikomanagement verwendet werden können, muss bei der Dokumentation der Schadensfälle ein Bezug
zur IT hergestellt werden. Bei jedem Schadensfall muss abgefragt werden, ob dieser aus
einem Ausfall oder einer Fehlfunktion des IT-Systems resultiert. All jene Schadensfälle
stellen schlagend gewordene Anwender-IT-Risiken dar. Sie sind dem IT-Risikomanagement
zeitnah mitzuteilen. Von diesem wird eine weitergehende Ursachenforschung betrieben.
Mittels dieser können originäre IT-Risiken identifiziert werden. Jede Ausfallursache muss
letztlich mindestens einem IT-Risikoszenario zugeordnet werden können.

Hinsichtlich der Plausibilisierung der Schadenshöhen muss zwischen der Schadenshöhe, die
im Fachbereich und der Schadenshöhe, die im IT-Bereich entstanden ist, unterschieden werden. Risikoszenarien, die auf Anwender-IT-Risiken beruhen, sind im Risikoportfolio des
Fachbereichs enthalten. Seitens der IT muss geprüft werden, ob der Ausfall oder die Fehlfunktion zusätzlich Schäden im Bereich der originären IT-Risiken verursacht hat. Wenn dies
der Fall ist, kann die Höhe des Schadens dem jeweiligen originären IT-Risiko zugeordnet
werden. Über die Schadensfallsammlung sollte eine Verknüpfung der originären IT-Schäden
zu den Fachbereichsschäden stattfinden können. Mittel- bis langfristig wird dadurch eine
Datenbasis geschaffen, welche die Abhängigkeiten der Anwender-IT-Risiken zu den originären IT-Risiken aufzeigt.

Interne Schadensfälle der IT

Die internen Schadensfälle der IT können direkt zur Identifizierung von originären IT-
Risiken verwendet werden. Soweit sich die IT innerhalb des Unternehmens befindet, ergeben
sich die Protokollierungspflichten/-notwendigkeiten – zumindest bei Banken – aus den oben
beschriebenen aufsichtsrechtlichen/gesetzlichen Erfordernissen. Bei einer ausgelagerten IT
wird die Protokollierung im Regelfall über den Outsourcing-Vertrag sichergestellt.

Durch die zuvor abgehandelten Schadensmeldungen der Fachbereiche sind nicht alle Schadensfälle der IT abgedeckt. Es können durchaus Schadensfälle auftreten, z.B. der Ausfall
eines komplett redundant ausgelegten Servers, durch die der Fachbereich wegen der hohen
Absicherung der Verfügbarkeit in keinster Weise beeinträchtigt wird. Es besteht ein Unterschied zwischen den Schadensfällen der IT und denen der Fachbereiche. Die Definition von
Schadensfällen ist individuell geregelt. Für alle möglichen Schadensereignisse muss eine
Definition existieren, ab wann ein Schadensfall vorliegt.

Es gibt eindeutige Schadensfälle wie nicht erreichte Projektziele, aber auch Grenzsituationen, wie beispielsweise geringwertige Defekte an der Computerperipherie oder bezüglich der Verfügbarkeit von Systemen. Sofern sich eine Nicht-Verfügbarkeit außerhalb der Vereinbarungen eines Service Level Agreements bewegt, ist zweifelsfrei ein Schadensfall gegeben. Häufig wird bei einer Nicht-Verfügbarkeit innerhalb der Toleranzgrenzen eines SLA's darauf verwiesen, dass dies einen gewöhnlichen Ablauf darstellt. Die würde bedeuten, dass alle Schadensfälle, die im erwarteten Schadensbereich liegen (expected losses) und somit bereits in der Preiskalkulation berücksichtigt werden, keine Schadensfälle sind; dem ist nicht so. Insofern müssen IT-seitig alle Unregelmäßigkeiten, d.h. beispielsweise alle Zustände der Nicht-Verfügbarkeit, im Verfügbarkeitsfenster eines SLA's – mit Ausnahme von geplanten Wartungsarbeiten – als Schadensfall angesehen werden. Ähnlich wie bei den Fachbereichen kann auf eine Dokumentation der Bagatelle-Schäden, welche individuell zu definieren sind, verzichtet werden. Vom Grundsatz sind diese aber als Schadensfälle anzusehen. Für die Definition von Schadensfällen ist es wichtig, dass möglichst umfangreich Erkenntnisse zur Verbesserung der Risikosituation gewonnen werden können.

Ein möglicher Ansatzpunkt zur Schadensfallsdefinition bezüglich der Verfügbarkeit von Systemen bildet ein zumeist vorhandener Eskalationsprozess. In vielen Unternehmen sind im Benutzerservice Anweisungen hinterlegt, wer ab welcher Ausfalldauer über den Systemausfall zu informieren ist. Hier ist bereits eine Auswahl der relevanten Systeme getroffen worden und die Art der relevanten Vorkommnisse wurde definiert. Diese Verfahrensweisen haben sich in der Praxis bewährt und können gut für das IT-Risikomanagement verwendet werden. In diesen „Anleitungs-Katalog" dürfen nicht nur hochkritische, existenzgefährdende Anwendungen gemäß der Definition des IT-Krisenmanagements (siehe 4.2.1) aufgenommen werden, vielmehr muss eine breite Anzahl von Anwendungen die Basis hierfür stellen. Grund dieser Forderung ist, dass bereits der Ausfall von weniger bedeutenden Anwendungen für das einzelne Unternehmen bei einem Ausfall wertschöpfungsbeeinträchtigend ist. Ferner sind die kritischen Anwendungen aufgrund ihrer Bedeutung besser abgesichert und spiegeln nicht unbedingt die Risikoarten wieder, die eine Vielzahl weniger kritischer Systeme gegebenenfalls besitzt.

Eine Besonderheit bezüglich der Schadensfälle befindet sich bei den IT-Projektrisiken. Selten kann ein Projekt von Anfang bis Ende anhand des ursprünglichen Auftrags abgewickelt werden. Einige neuere, sogenannte inkrementelle Verfahren sehen keine finale Beauftragung mehr vor. Wie kann bei einem Change Request oder einer eingeplanten Detaillierungsschätzung anhand einer inkrementellen Vorgehensweise zwischen einer inhaltlichen Anpassung und einem schlagend gewordenen Risiko unterschieden werden? Dies ist nur mit Durchführung eines inhaltlichen Projektcontrollings möglich. In vielen Unternehmen findet das Projektcontrolling lediglich über die Auslastung der einzelnen Ressourcenbudgets wie Investitionen, Aufwände, interne und externe Personalkosten oder verbrauchte Rechnerkapazitäten statt. Ob der inhaltliche Projektfortschritt dem geplanten Projektfortschritt entspricht, obliegt zumeist allein dem Reporting des Projektleiters. Ein inhaltliches Controlling von einer zentralen Stelle aus sicherzustellen, ist schwierig zu gestalten und in der Regel mit hohen Aufwänden verbunden. Sollte ein solches Controlling in einem Unternehmen vorhanden sein oder eingeführt werden, so kann diese Unterscheidung durch das jeweilige Projektcontrolling herausgearbeitet werden. Sofern dieses Instrument nicht zur Verfügung steht, sollen die nachfolgenden Alternativen aufzeigen, wie ohne größeren Aufwand solch qualitätssichernde Maßnahmen implementiert werden können.

Am einfachsten kann eine Trennung bei einer finalen Beauftragung analog zur klassischen Projektvorgehensweise vorgenommen werden. Bei diesem Vorgehen gibt es ebenfalls Unwägbarkeiten, die bei Projektbeginn noch nicht absehbar sind. Offene Punkte, die bekannt sind, müssen im Projektauftrag benannt und auf spätere Change Requests[57] muss verwiesen werden. Danach werden Anzahl und Inhaltspunkte der noch erforderlichen Change Requests definiert und auf diese Weise vom Auftraggeber mitgetragen. Alle Change Requests, die zusätzlich entstehen, können grundsätzlich als eine Abweichung vom Plan interpretiert werden und als potenzieller „Schadensfall" angesehen werden. Wichtig ist, die Definition von einem schlagend gewordenen Risiko kontinuierlich zu kommunizieren. Ein Schaden muss nicht im umgangssprachlichen Sinne entstanden sein. Es reicht schon aus, wenn es aufgrund von Änderungen externer Einflüsse, Entscheidungen von Menschen, Problemen bei Technologien oder geänderten Verfahrensweisen zu einem anderen Resultat als geplant kommt.

Schwieriger gestaltet sich die Identifikation von schlagend gewordenen Risiken bei einer inkrementellen Vorgehensweise. Grundsätzlich kann das Verfahren der Change Requests genutzt werden, es wird aber weniger effizient sein, da bereits die Vorgehensweise häufigere Detaillierungen bedingt. Ob sich diese Detaillierungen noch im Umfang des ursprünglichen Plans befinden, können neben der Projektleitung am besten noch die fachlichen Entscheider nachvollziehen. In inkrementellen Projektteams sind, wie vielfach auch bei konventionellen IT-Projekten, sogenannte Reviewteams für die Abnahmen der Projektergebnisse zuständig. Diese können die neuen Schätzungen und Vorgehensweisen am ehesten auf deren Inhalte hin prüfen. Auf diese Weise können Interessengemeinschaften mit der Projektleitung entstehen. Dies kann zwar eine objektive Beurteilung erschweren, die Vorgehensweise stellt trotzdem eine in ihren Aufwänden angemessene inhaltliche Kontrolle sicher.

Änderungen in nur einer Projektdimension (Zeit, Kosten, Leistung) sowie Änderungen von mehreren Dimensionen in die gleiche, logische Richtung, beispielsweise mehr Zeit und mehr Kosten oder mehr Zeit und weniger Leistung, stellen eine Indikation für schlagend gewordene Risiken dar.

Externe Schadensfallsammlungen

Die letzte Möglichkeit, aus externen Schadensfällen zu lernen, ist die angenehmste, denn für diese hat das eigene Unternehmen kein Lehrgeld bezahlen müssen.

Für eine institutsspezifische Berechnung des Eigenkapitalbedarfs bezüglich operationeller Risiken muss eine umfangreiche Datenbasis geschaffen werden. Damit diese Datenbasis

---

57 Einbringen von Änderungswünschen in ein bestehendes Projekt über einen definierten Prozess, der eine qualifizierte Darstellung der Auswirkungen auf das Projekt sicherstellt und eine Entscheidung herbeiführt.

schnell und umfänglich zustande kommt, d.h. damit seltene, große Risiken angemessen enthalten sind, bedienen sich die Kreditinstitute sogenannter Datenkonsortien.[58] In diesen Konsortien werden die gesammelten Schadensfälle anonymisiert, kategorisiert und über eine zentrale Stelle den anderen beteiligten Kreditinstituten zur Verfügung gestellt. Aufgrund der Anonymisierung eignen sich die Daten weniger zum detaillierten Abgleich mit dem eigenen IT-Risikomanagementportfolio, sie können jedoch zu qualitätssichernden Maßnahmen verwendet werden.

Durch die in den letzten Jahren intensivere Beschäftigung der Wirtschaft mit Risiken, haben sich eigenständige Agenturen gebildet,[59] die Fakten und Analysen von bekannt gewordenen Schadensfällen sammeln, aufbereiten und zur Verfügung stellen. Diese Agenturen beziehen ihr Wissen zumeist aus öffentlich zugänglichen Medien. Durch die Kombination der unterschiedlichen Medien und den daraus resultierenden Schlussfolgerungen können informative und realitätsnahe Schadensverläufe aufgezeigt werden (siehe 1.5). Die Agenturen beschäftigen sich über einen längeren Zeitraum hinweg mit den Schadensfällen und ergänzen ihre Erkenntnisse, sobald durch den zeitlichen Verlauf weitere Fakten an die Öffentlichkeit gelangen. Da die Agenturen wesentlich auf öffentliche Medien angewiesen sind, sind medienwirksame Schadensfälle überproportional enthalten. Durch die Analyse des Gesamtbestands lassen sich keine Rückschlüsse auf das eigene Risikoportfolio ziehen. Allerdings können die seltenen Risiken mit großen Auswirkungen, die wünschenswerter Weise nicht zu oft in der eigenen Schadensfalldatenbank enthalten sind, gut mit diesen Erkenntnissen verifiziert werden. Die unternehmensinterne Betrachtung von selten eintretenden Risiken wird insofern erleichtert, als dass diese externen Schadensfälle tatsächlich stattgefunden haben.

2.2.5 Erfahrungsaustausch

„Erfahrung ist verstandene Wahrnehmung." – Immanuel Kant (deutscher Philosoph) –

Nachfolgend wird die Identifizierung von Risiken durch Erfahrungsaustausch, der über die allgemein bekannten Kongresse und Veranstaltungen hinausgeht, beschrieben. Ein individueller Erfahrungsaustausch kann bei einem vorhandenen Vertrauensverhältnis ebenso zwischen zwei oder mehreren Unternehmen stattfinden. Die für das Benchmarking nachfolgend beschriebenen Rahmenbedingungen können gleichfalls bei einem weniger formalen, bilateralen Erfahrungsaustausch von Unternehmen sinnvoll angewendet werden.

---

58 Vgl. Aichholz/Küderli/Schmidt, 2005, S. 304–305.

59 Siehe beispielsweise www.kalhoff-bii.de.

Benchmarking

„Nur von den Besten erlernst Du das Beste." – Theognis (griechischer Elegiendichter) –

Der qualitativ hochwertigste Erfahrungsaustausch findet durch Benchmarking statt. Häufig wird Benchmarking als „Lernen von den Besten" verstanden. Dies ist eine griffige, aber nicht umfängliche Definition des Begriffs. Benchmarking kann wie folgt definiert werden:[60]

- Benchmarking ist ein Prozess.
- Dieser Prozess gliedert sich in Identifizieren/Erkennen, Verstehen und Übernehmen von Arbeitsweisen und Prozessen.
- Als Referenz dienen andere Organisationen. Der Organisationsbegriff wird dabei aus Systemsicht neutral gesehen. Es kann sich sowohl um ein unternehmensinternes/konzerninternes Benchmarking von Abteilungen mit vergleichbarem Aufgabengebiet handeln oder um ein unternehmensübergreifendes Benchmarking. Im Allgemeinen wird unter Benchmarking ein unternehmensübergreifendes Vorgehen verstanden.
- Ziel ist es, die Leistungsfähigkeit der eigenen Organisation zu erhöhen.
- Vornehmlich werden erfolgreiche Arbeitsweisen/Prozesse, sofern möglich, adaptiert. Ein Lerneffekt kann aber ebenfalls von schlechten Prozesslösungen erfolgen.

Benchmarking im eigentlichen Sinne wird als ein auf Dauer angelegter Prozess verstanden. In der Realität wird dieser Prozess jedoch oft einmalig in Form eines Projektes durchgeführt. Dieses Vorgehen verhindert die volle Entfaltungskraft dieser Methode, zur Identifizierung von Leistungs-/Qualitätslücken ist es jedoch grundsätzlich geeignet. Ein wichtiger Aspekt in der obigen Auflistung ist der Punkt *Verstehen*. Vielfach wird unter Benchmarking nur der Vergleich von Kennzahlen gesehen. Um diese Kennzahlen richtig interpretieren zu können, müssen die Vorgänge beim Benchmarking-Partner verstanden werden. Nur durch dieses Verstehen kann eine betriebswirtschaftlich vernünftige Überführung auf das eigene Unternehmen entschieden und anschließend realisiert werden.

Wichtig beim Benchmarking ist die Einheitlichkeit. Diese erstreckt sich sowohl auf das Untersuchungsobjekt, also, ob die Benchmarking-Teilnehmer unter der Funktionalität oder dem zu erstellenden Objekt dasselbe verstehen und ob sie die gleichen Anforderungsprofile an dieses Objekt sowie auch auf sämtliche, für die Messung erforderlichen Definitionen wie Kostenarten, Zeiträume und weitere Einflussfaktoren haben.

Im Bereich des IT-Risikomanagements gibt es viele Sachverhalte, die sich für ein Benchmarking eignen. Dies beginnt bei der Identifikation von kritischen Geschäftsprozessen aus dem IT-Krisenmanagement. Die in diesen Geschäftsprozessen verwendete Standardsoftware kann hinsichtlich der eingeschätzten Kritikalität abgeglichen werden. Ferner können die für die Absicherung der kritischen Systeme verwendeten IT-Architekturen inklusive ihrer letztlichen Effektivität in Krisenfällen und den entstandenen Kosten für Anschaffung und Unterhalt gegenübergestellt werden. Die identifizierten Risikoszenarien können unter den beteiligten Instituten ausgetauscht und bezüglich der Risikoeinschätzung verglichen werden. Das Gleiche gilt für geeignete Risikoreduzierungsmaßnahmen und für Risikoindikatoren. Bench-

---

60   Vgl. Kütz, 2003b, S. 23–24, referenzierend auf das American Productivity and Quality Center (APQC).

marking kann in einer jungen Disziplin wie dem IT-Risikomanagement gute Dienste leisten. Ein umfangreicher Erfahrungsschatz kann über die Benchmarking-Partner schnell angesammelt werden, der andernfalls im eigenen Haus mit eigenen Kräften über Jahre hinweg aufgebaut werden müsste.

Besonderheiten ergeben sich beim Benchmarking von Projekten. Durch den einmaligen Charakter von Projekten ist bereits ein unternehmensinternes Benchmarking schwierig. Durch die individuellen Ausgestaltungen der Projektziele und sonstigen Gegebenheiten erhöhen sich die Probleme für überbetriebliche Vergleiche um ein Mehrfaches. Es wurden allgemeine Bewertungsmodelle entwickelt, auf denen ein möglichst objektiver Vergleich von unterschiedlichen Projekten erarbeitet werden kann. Das von der Gesellschaft für Projektmanagement e.V. entwickelte Modell *Projekt Excellence* [61] basiert auf einer Bewertung des Projektmanagements und der Projektergebnisse, verglichen mit einer Best-Practice-Vorstellung. Beide Themengebiete werden gleich gewichtet und zur Bewertung in Unterkategorien mit unterschiedlichen Maximalpunktzahlen aufgeführt:

- Zielorientierung (140 P),
- Führung (80 P),
- Mitarbeiter (70 P),
- Ressourcen (70 P),
- Prozesse (140 P),
- Kundenzufriedenheit (180 P),
- Mitarbeiterzufriedenheit (80 P),
- Zufriedenheit sonstiger Interessengruppen (60 P) und
- Zielerreichung (180 P).

Bei dieser Form des Benchmarkings ist gegenüber reinen Zahlenmatrixvergleichen von Vorteil, dass „weiche" Faktoren mitberücksichtigt werden und die Beurteilung der Projektergebnisse relativ zu den vereinbarten Zielen erfolgt.[62]

Herstellerbefragungen

Eine simple, durchaus effektive Methode, um weitere Kenntnisse über vorhandene Risiken zu erlangen, sind Diskussionen mit Herstellern. Durch die vorhandenen Wartungsverträge und intensiven Kundenbeziehungen sind diese bei Problemlösungen von Risikosituationen miteingebunden. Nicht selten fließen Erkenntnisse aus entstandenen Schadensfällen in die Weiterentwicklung der betroffenen Produkte ein. Bei der Neueinführung von IT-Produkten oder bei einer vorhandenen, guten Kundenbeziehung kann leicht auf diesen reichhaltigen Erfahrungsschatz zurückgegriffen werden. Dies trifft ebenfalls auf Beratungsunternehmen mit entsprechenden Realisierungserfahrungen zu.

Hersteller veröffentlichen Dokumentationen zu ihren Systemen oder nehmen Stellung zu möglichen Gefährdungen. Diese Publikationen sind problemlos über die Herstellerkontakte

---

61 Die GPM benutzt dieses Benchmarking-Modell für ihren Wettbewerb des Internationalen Deutschen Projektmanagement Award.

62 Vgl. Schelle, 2001.

oder über das Internet zu beziehen. Sogenannte User-Groups, in denen meist Kunden und zum Teil auch der jeweilige Hersteller vertreten sind, diskutieren praxisrelevante Themen, die auch Risikorelevanz haben. Die über diese Informationsmöglichkeiten erhaltenen Informationen sind oft sehr spezifisch und sollten im Rahmen des IT-Risikomanagement generalisiert werden. Diese können dann zur Qualitätssicherung bestehender oder zur Bildung neuer Risikoszenarien genutzt werden.

2.2.6   Prüfungen

Externe und interne Prüfungen können ebenfalls zur Identifizierung von IT-Risiken verwendet werden. Bei internen Prüfungen handelt es sich um Handlungen der Revisionsabteilung. Risiken der einzelnen Geschäftsbereiche und insbesondere die Einhaltung eines angemessenen Internen Kontrollsystems (IKS) werden in diesen mitberücksichtigt.[63] Das IKS besteht aus prozessimmanenten Kontrollen, die in den einzelnen Funktionen integriert und vor- oder nachgelagert ausgeführt werden. Prüfungen sind nachgelagerte Kontrollen eines Prozesses. Prüfungsergebnisse müssen auf von der Revision identifizierte Risiken hin untersucht und mit dem vorhandenen Risikoportfolio abgeglichen werden.

Bei externen Prüfungen kann zwischen Pflichtprüfungen und Audits unterschieden werden. Pflichtprüfungen sind Jahresabschlussprüfungen der Wirtschaftsprüfer sowie weitere Prüfungen, wie z.B. die durch Aufsichtsorgane. Die Vorgehensweisen und Inhalte von Prüfungen der Wirtschaftsprüfer im IT-Umfeld sind dabei durch Empfehlungen standardisiert.[64] Die Prüfungen orientieren sich in Art und Umfang ihrer Ausprägung an der Wesentlichkeit und Komplexität des untersuchten IT-Systems.

Die Prüfungen erstrecken sich über:
- IT-Infrastrukturrisiken, welche den Betrieb der IT stören würden,
- IT-Anwendungsrisiken, welche die eigentlichen fachlichen Anwendungen gefährden können, bis hin zu
- IT-Geschäftsprozessrisiken, welche die Integration der IT in die Geschäftsprozesse und die Verzahnung der Geschäftsprozesse untereinander beeinträchtigen können.[65]

Ferner werden neben den eigentlichen IT-Systemen auch das IT-Umfeld und die IT-Organisation untersucht.[66] Die Prüfungsberichte enthalten Anhaltspunkte von erkannten Risiken und sollten regelmäßig zur Qualitätssicherung genutzt werden. Abzuarbeitende Prüfungsfeststellungen verbessern die Risikosituation oder zeigen mögliche Risikoreduzierungsmaßnahmen auf.

---

63 Vgl. auch BaFin MaRisk, 2005, AT 4.4 und BT 2.3.1.

64 In Deutschland zum Beispiel über das Institut der Wirtschaftsprüfer (IDW), Düsseldorf, mit den Regelungen IDW RS FAIT 1 sowie IDW PS 260 und 330.

65 Vgl. IDW PS 330, (10), (15) und (21–23).

66 Vgl. IDW PS 330, (50) und (62–65).

Sogenannte Audits sind freiwillige Prüfungen, bei denen vom Unternehmen ein Berater oder eine anderweitige Stelle zur Prüfung eines speziellen Themas beauftragt wird. Weit verbreitet sind solche Audits im Umfeld der IT-Security. Bei diesen Audits werden Berater beauftragt, das vorhandene Sicherheitskonzept zu prüfen. Insbesondere bei angebundenen Internet-Applikationen geht dies bis hin zu sogenannten Penetrationstests, bei denen der Berater versucht, diese Applikationen zu hacken und in das firmeneigene Netz einzudringen. Immer häufiger bieten Berater Audits zum Thema IT-Risikomanagement im Speziellen an. Ein solches Audit kann ein konzipiertes IT-Risikomanagement oder die Durchführung des IT-Risikomanagements zum Inhalt haben. In die gleiche Richtung gehen Zertifizierungsaktivitäten. Um eine Zertifizierung, beispielsweise im IT-Security-Bereich oder im Qualitätsmanagement, zu erhalten, werden Audits von berechtigten Prüfern durchgeführt. Ergebnisse aus solchen Audits müssen in das IT-Risikomanagement einfließen.

2.2.7 Allgemeine Bedrohungs-/Risikokataloge

Das Thema Risikomanagement wird aktuell vielfach diskutiert. In den vergangenen Jahren entstanden viele unterschiedliche Ansätze mit dem Ziel, eine ganzheitliche Übersicht über das Themengebiet zu schaffen. Die Folge sind viele sogenannte allgemeine Bedrohungskataloge. Unter diesen allgemeinen Bedrohungskatalogen versteht man alle Kategorisierungsbemühungen von operationellen Risiken bzw. IT-Risiken. Oftmals sind solche Kategorisierungsübersichten Bestandteil von Best-Practice-Ansätzen[67] (siehe 3.3.9) oder aufsichtsrechtlichen/gesetzlichen Definitionen. Eine umfassende Unterstützung für die Kategorisierungen von IT-Risikoszenarien und Risikoreduzierungsmaßnahmen bildet beispielsweise das IT-Grundschutzhandbuch.[68]

In Basel II sind bereits Klassifizierungen von operationellen Risiken vorgegeben. Diese wurden vereinzelt von Verbänden spezifiziert und innerhalb der Mitgliedsinstitute abgestimmt. So stellen viele Verbände ihren Mitgliedern angepasste Risikokataloge zur Verfügung.[69] Die weitreichende Fachliteratur enthält oft weitere Strukturierungsvorschläge.

Solche allgemeinen Kataloge eignen sich gut für die Prüfung des eigenen Risikoportfolios hinsichtlich seiner Vollständigkeit. Probleme können sich aus den unterschiedlichen Kategorisierungskriterien (siehe 1.2) ergeben. Zur Qualitätssicherung empfiehlt es sich, präferiert Bedrohungskataloge mit einer ähnlichen Kriterienaufteilung zu verwenden.

2.2.8 Kreativitäts- und Bewertungstechniken

Grundsätzlich eignen sich alle Kreativitätstechniken, um Risiken zu identifizieren. Diese Kreativitätstechniken können zur Vorbereitung oder innerhalb der Self-Assessments ange-

---

67 Z.B. CobiT oder IT-Grundschutzhandbuch.

68 Vgl. BSI, 2004b, S. 273 ff (Gefährungskatalog und Maßnahmenkatalog).

69 Z.B. Verband öffentlicher Banken, Frankfurt, oder British Banker's Association, London.

wendet werden. Es sollen nicht die einzelnen Kreativitätstechniken beschrieben, aber die wichtigsten kurz aufgeführt werden:

- **Brain Storming**: auf Assoziationen beruhende, gruppendynamische Kreativitätstechnik.
- **Brain Writing**[70]: auf Assoziationen beruhende, asynchrone und somit nur im Ansatz gruppendynamische Kreativitätstechnik.
- **Delphi-Methode**: Expertenbefragung, die unter Bewertungstechniken (siehe 2.4.1) näher beschrieben wird.
- **Synektik**: Entfremdung des Problemsachverhaltes und Bildung von Analogien.
- **Pro-Kontra-Methode**: Betrachten der Problemstellung aus unterschiedlichen Perspektiven/Rollen.
- **Laterales Denken**: bewusstes „um die Ecke denken", unlogische und unkonventionelle Problemlösungen andenken.
- **Morphologisches Denken**: systematische Strukturanalyse mit Bildung von Teilproblemen und -lösungsansätzen und deren Kombination zu einheitlichen Lösungsvarianten.

Ferner können Bewertungstechniken (siehe 2.4), und dabei insbesondere die analysierenden Kausalmethoden, zur Identifizierung weiterer Risiken führen. Die Identifikation von Risiken stellt keine einmalige Aktion, sondern vielmehr einen fortdauernden Prozess dar, der durchaus über die Risikobewertung eine iterative Qualitätssicherung erfährt.[71]

2.3   Risikoszenarien erarbeiten

Basierend auf den in der Risikoidentifikation ermittelten Risiken werden Risikoszenarien gebildet. Durch Kombination der verschiedenen Risiken werden praxisnahe, allgemeine Risikoszenarien beschrieben. Allgemeine Gefahren werden auf konkrete Risikoursachen übertragen. Das nachfolgende Beispiel soll dies verdeutlichen:

> Bei der Risikoidentifikation wurden die zwei allgemeinen Risiken „Ausfall von Hardware" oder „Softwarefehler" identifiziert. Diese werden nun auf die bestehende IT-Landschaft übertragen. Daraus können sich die Risikoszenarien „Ausfall von dezentralen Servern", „Ausfall von Desktop-Geräten" oder „Ausfall von Netzwerkroutern" ergeben.

Dies sind allgemeine Risikoszenarien, die nicht auf die einzelnen Anwendungen heruntergebrochen werden, zugleich aber konkret sind. Es wird beschrieben, welche unterschiedlichen Arten von Geräten davon betroffen sein können. Bei der Erarbeitung von Risikoszenarien ist es wichtig, dass Annahmen offen ausgesprochen werden, damit diese bei der Dokumentation des jeweiligen Szenarios mit aufgeführt werden. Versteckte Annahmen können bei

---

70   In Varianten auch bekannt unter CNB – Collective Notebook oder 6-3-5-Methode – 6 Teilnehmer nennen je 3 Vorschläge in 5 Minuten.

71   Vgl. Romeike, 2003d, S. 192.

späteren Interpretationen zu Fehlentscheidungen führen. Der Prozess für die Erarbeitung von Risikoszenarien wird in **Abb. 2.4** grafisch dargestellt.

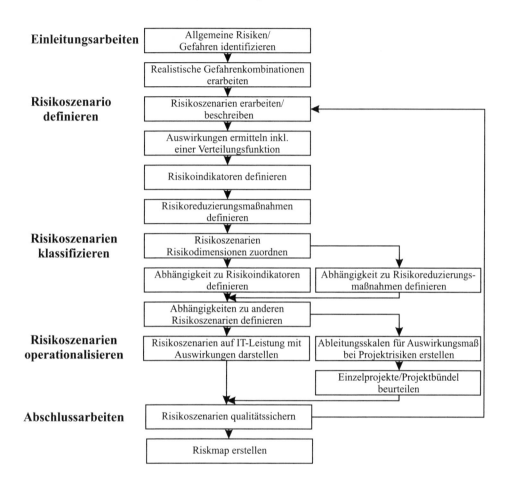

Abb. 2.4   Prozess Risikoszenario-Erarbeitung

2.3.1   Risikoszenarien definieren

Bevor Risikoszenarien definiert werden, muss deren Granularität beschrieben werden. Diese muss der jeweiligen Risikosituation angepasst sein. Je weniger umfangreich das Risikoportfolio des Unternehmens bzw. des IT-Bereichs ist, desto detaillierter können die Risikoszenarien definiert werden. Die Risikoszenarien sollten so allgemein wie möglich formuliert sein. Gleichzeitig müssen sie so detailliert sein, dass für die einzelnen Ausprägungen innerhalb eines Risikoszenarios eine einheitliche Abschätzung des Risikovolumens (Eintrittswahrscheinlichkeit/Auswirkungsmaß) möglich ist und/oder alle unterschiedlichen Ausprägungen eines Risikoszenarios einheitlichen Risikoreduzierungsmaßnahmen unterliegen. Das Gesamtportfolio der Risikoszenarien muss alle identifizierten Risiken abdecken.

Für alle Risikoszenarien werden die Risikoauswirkungen behandelt. Es wird dargestellt, wie das jeweilige Risiko erkannt werden kann und welche konkreten Auswirkungen sich aus dem Risikoszenario ergeben. Bei der Quantifizierung der Auswirkungen werden bei originären IT-Risiken nur die direkten Folgen innerhalb der IT berücksichtigt. Schäden bezüglich des Ersatzes von Hardwareteilen oder dem Aufwand für Reparatur und Recovery werden mitberücksichtigt. In die Quantifizierung von originären IT-Risiken fließen keine Schäden, die in den Fachbereichen entstehen, mit ein. Hierfür gibt es eine eigene Quantifizierung von auf Anwender-IT-Risiken beruhenden Risikoszenarien. So kann ein Risiko, dass in den Fachbereichen ein hohes Auswirkungsmaß hat, seine Ursachen in originären IT-Risiken mit geringem Schadensmaß haben. Eine Einschätzung der Fachbereichsrisiken kann schon deshalb nicht erfolgen, da die allgemeine Risikoszenariodefinition auf verschiedene Anwendungen zutrifft und diese mit unterschiedlicher fachlicher Wertigkeit betroffen sein können. Es wird der Sachwert der IT-Komponenten zuzüglich anfallendem Wiederbeschaffungs- und Wiederherstellungsaufwand bewertet. Eine Berücksichtigung des Produktivitätswertes oder Abhängigkeitswertes erfolgt nur, wenn dieser Wert für den IT-Bereich relevant ist, z.B. wenn es sich um Infrastrukturkomponenten oder eine andere Basistechnologie handelt.

Der Ausfall eines Datenbank-Servers kann dazu führen, dass außerhalb der eigentlichen Arbeitszeit ein Austausch angestoßen werden muss. Verschiedene Kollegen aus dem IT-Bereich müssen außerplanmäßigen Arbeitseinsatz leisten und entsprechend vergütet werden. Bei einem nicht abgesicherten System kann zusätzlich ein anschließendes Recovery nötig sein. Die Bedeutung des Ausfalls der fachlichen Anwendung wird nicht berücksichtigt.

Die Schadensverteilung wird bei der Erarbeitung der Risikoszenarien abgeschätzt.[72] Hierzu kommen folgende Methoden in der aufsteigenden Reihenfolge ihrer inhaltlichen Genauigkeit in Frage:
- verbale Beschreibung,
- Grobverteilungsfunktion basierend auf Szenariovarianten,
- Klassenverteilungsfunktion,
- mathematische Verteilungsfunktion.

Das Minimum ist eine verbale Beschreibung, die einem Dritten ein Gefühl vermittelt, in welcher Höhe der Schadensverlauf mit welcher Wahrscheinlichkeit variieren kann. Eine genauere Variante ist, wie in **Tab. 2.2** aufgeführt, eine Grobverteilungsfunktion, basierend auf Szenariovarianten. In unserem obigen Beispiel können als Anhaltspunkte für die Schadensverteilung ein Schadensverlauf innerhalb der Arbeitszeit mit oder ohne Hardwaretausch bis hin zu einem Ausfall mit Folgeschäden außerhalb der Arbeitszeit dienen. Über diese Varianten kann die Verteilung skizziert werden.

---

72 Vgl. auch Schmid, 2003, S. 22–26.

Tab. 2.2 Grobverteilungsfunktion für Risikoszenario

Szenariovarianten	Grobverteilung	
bei Ausfall Datenbankserver	Wahrscheinlichkeit in %	Auswirkungsmaß in T€
Ausfall innerhalb der Arbeitszeit ohne Reparaturbedarf	20	0
Ausfall innerhalb der Arbeitszeit mit Wiederherstellungsaufwand	35	0,5
...		

Bei der Verwendung von Auswirkungsklassen kann die Verteilungsfunktion durch eine Prozentangabe je Klasse skizziert werden (siehe **Tab. 2.3**). Je Auswirkungsklasse wird die anzunehmende Wahrscheinlichkeit oder Wahrscheinlichkeitsbandbreite aufgeführt. Im Idealfall wird für ein Risikoszenario eine mathematische Verteilungsfunktion definiert.

Tab. 2.3 Klassenverteilung der Eintrittswahrscheinlichkeit von Risikoszenarien

IT-Risikoszenarien	Eintrittswahrscheinlichkeit je Auswirkungsklasse					
	sehr geringes Risiko	geringes Risiko	mittleres Risiko	großes Risiko	sehr großes Risiko	katastrophales Risiko
Ausfall von Server	30 %	30 %	20 %	10 %	9 %	1 %
Ausfall von Keyplayern	40 %	30 %	10 %	8 %	2 %	
...						

Für alle Risikoszenarien werden potenzielle Risikoindikatoren definiert. Diese sollen möglichst genau das vorhandene Risikopotenzial des jeweiligen Risikoszenarios beschreiben. Bei der Wahl der IT-Risikoindikatoren sind sogenannte Risikotreiber (siehe 2.5.2) zu bevorzugen. Für jedes Risikoszenario ist zumindest ein Risikoindikator aufzuführen, da jedes Risikoszenario steuerbar sein muss.

Als Risikomesskennzahl kann die Anzahl von Datenbank-Server-Ausfällen pro Monat identifiziert werden. Als Risikotreiber kann das durchschnittliche Alter der eingesetzten Server definiert werden.

Für jedes Risikoszenario werden mögliche Risikoreduzierungsmaßnahmen benannt und beschrieben. Es erfolgt aber noch keine Wertung dieser Risikoreduzierungsmaßnahmen hinsichtlich ihrer detaillierten Durchführung und deren Wirtschaftlichkeit. Ferner können auch Schadensreduzierungsmaßnahmen für die einzelnen Szenarien definiert werden.

Risikoreduzierungsmaßnahmen für Hardware-bedingte Serverausfälle können Quali-
tätsanforderungen durch das Architekturumfeld, der Abschluss von Wartungsverträgen und/oder ein regelmäßiger Hardware-Austausch sein. Als Schadensreduzierungsmaßnahmen sind die Einführung einer 24h-Überwachung der Server und der
Abschluss von Liefer- oder Wartungsverträgen mit stark verkürzten Lieferfristen von
Ersatzmaschinen vorstellbar.

2.3.2   Risikoszenarien klassifizieren

In einem nächsten Schritt werden die Risikoszenarien klassifiziert. Sie werden den für das
Unternehmen relevanten Risikodimensionen, welche in der IT-Risk-Policy (siehe 3.1) definiert sind, zugeordnet. Durch diese Einordnung ist ein einfacherer Überblick über die Risiko-
szenariolandschaft möglich. In diesem Arbeitsschritt wird nochmals die Granularität der
Risikoszenarien geprüft. So kann es vorkommen, dass trotz geringer Granularität immer
noch zu viele Risikoszenarien vorhanden sind oder dass es aufgrund der hohen Granularität
Risikoszenarien gibt, deren Bandbreiten bei Eintrittswahrscheinlichkeit oder Auswirkungsmaß sehr groß sind. Im ersten Fall können übergeordnete, zusammenfassende Risikoszenarien gebildet werden. Im zweiten Fall können Detaillierungen vorgenommen werden. Letztlich sollte die Anzahl der Risikoszenarien zur weiteren Bearbeitung nicht mehr als 40 bis 80
betragen. Je nach Definition der relevanten Risikodimensionen kann es vorkommen, dass ein
Risikoszenario mehreren Ausprägungen einer Dimension angehört.

Als maßgebliche Risikodimension wurden die Risikoursachen (Mensch, Pro-
zess/Projekte, Technik und externe Einflüsse) ausgewählt. Das Risikoszenario „Ausfall von Datenbank-Servern" kann dabei von mehreren Risikoursachen hervorgerufen
werden. So kann durch einen Mitarbeiter eine Fehlbedienung stattfinden (Mensch).
Im Betriebsführungshandbuch hat sich ein Fehler eingeschlichen, den der Mitarbeiter
anweisungsgerecht ausgeführt hat (Prozess). Der physikalische Datenbank-Server hat
einen Hardwaredefekt (Technik). Bei Umbauarbeiten durch eine Drittfirma wird die
Stromversorgung des Servers unterbrochen (externer Einfluss).

Um später Auswirkungen von Risikoreduzierungsmaßnahmen bzw. Trends von Risikoindikatoren auf die Risikodimensionen prognostizieren bzw. auf die Risikoszenarien übertragen
zu können, ist es wichtig, eine grobe Verteilung auf die relevanten Risikodimensionen, zumindest auf die maßgebliche Risikodimension je Risikoszenario, vorzunehmen. Eine solche
Zuordnung wird in **Tab. 2.4** dargestellt.

Tab. 2.4 Risikoszenariokategorisierung

IT-Risikoszenarien	(maßgebliche) IT-Risikodimension			
	Mensch	Prozess/Projekte	Technik	Externe Einflüsse
Ausfall des Server	30,00 %	10,00 %	50,00 %	10,00 %
Ausfall von Keyplayern	80,00 %	0,00 %	0,00 %	20,00 %
...				

Die Risikoindikatoren und -reduzierungsmaßnahmen werden gesammelt und soweit wie möglich konsolidiert. Bei dieser Konsolidierung können Hierarchien gebildet werden. Dies erlaubt eine Verallgemeinerung bei der weiteren Bearbeitung der Kennzahlen. Die Detailinformationen können dagegen zur Bildung von Einzelmaßnahmen verwendet werden. Zusätzlich werden die einzelnen Risikoszenarien auf Abhängigkeiten hin überprüft. Es wird untersucht, ob ein Risiko beispielsweise weitere beschriebene Risikoszenarien anstößt oder ob sein Eintreten Auswirkungen auf die aktuellen Eintrittswahrscheinlichkeiten anderer Risikoszenarien oder deren Auswirkungsmaße hat.

Servergeräte sind für den ständigen Betrieb konzipiert und auf konstante Betriebsbedingungen ausgerichtet. Bei einer längeren Betriebsunterbrechung erhöht sich die Gefahr eines Hardwaredefekts beim Wiederanlauf. Somit hat das Risikoszenario eines Stromausfalls, bei dem die Serverhardware davon betroffen ist, eine Verbindung zum Risikoszenario „Ausfall von Datenbank-Servern" in dem auch Hardwaredefekte mit enthalten sind. Die Eintrittswahrscheinlichkeit von Hardwaredefekten ist bei Eintritt des Risikoszenarios „Stromausfall" erhöht bzw. im Definitionssinne akut.

Die identifizierten Abhängigkeiten werden dargestellt und Abhängigkeitscluster gebildet. In den jeweiligen Clustern gibt es ein Initialszenario oder mehrere Initialszenarien, die andere Risikoszenarien beeinflussen. Diese Beeinflussung wirkt im Regelfall risikoerhöhend, kann aber auch risikoreduzierend sein. Die Darstellung dieser Zusammenhänge kann analog den nachfolgend beschriebenen Zuordnungen zu Risikoindikatoren bzw. Risikoreduzierungsmaßnahmen erfolgen.

Weitere Clusterbildungen zur Veranschaulichung der Risikosituation sollten für Risikoreduzierungsmaßnahmen und für Risikoindikatoren erfolgen. Hierzu muss jedes Risikoszenario mindestens einem Risikoindikator, wie in **Tab. 2.5** dargestellt, zugeordnet werden. Ferner werden die unterstützenden Risikoreduzierungsmaßnahmen für die Risikoszenarien, gemäß **Tab. 2.6**, dargelegt. Ein Cluster kann je Reduzierungsmaßnahme und je Indikator gebildet werden. Die Zuordnung erfolgt mittels einer Matrix. An den Schnittpunkten von IT-Risikoindikatoren und -szenarien wird die Korrelation zwischen dem Szenario und dem Risikoindikator eingetragen. Der daraus resultierende Wert kann zwischen 1 (vollständig darstellend) und −1 (konträr darstellend) liegen, wobei 0 keinerlei Einfluss darstellt.

Tab. 2.5   Risikoindikatoren/-szenariozuordnung

IT-Risikoszenarien	IT-Risikoindikatoren	
	Systemkomplexität	durchschnittliches Alter ... der Server
Ausfall von Server	0,4	0,8
Ausfall von Keyplayern	0,9	0
...		

Die Systemkomplexität hat eine gewisse Korrelation zu den Serverausfällen. Diese resultiert aus der Tatsache, dass bei komplexeren Systemen mehrschichtige IT-Architekturen, z.B. Anwendungen mit Serverkomponenten, zum Einsatz kommen. Sofern Serverkomponenten eingesetzt werden, sind diese grundsätzlich mit einem Risiko belegt. Der Risikoindikator „durchschnittliches Alter von Server" hat eine hohe Korrelation mit den Ausfällen. Je älter die Maschinen im Durchschnitt sind, desto wahrscheinlicher ist es, dass ein Hardwareteil ausfällt. Eine hohe Systemkomplexität beinhaltet einen hohen Zusammenhang mit dem Risikoszenario „Ausfall von Keyplayern". Je komplexer die Systemumwelt ist, desto weniger Keyplayer mit einem ganzheitlichen Überblick wird es geben. Das Alter von Servern hat mit dem Risiko, dass Keyplayer nicht zur Verfügung stehen, keinen kausalen Zusammenhang.

Auf die gleiche Art und Weise kann die Abhängigkeit zwischen IT-Risikoszenario und IT-Risikoreduzierungsmaßnahmen gemäß **Tab. 2.6** dargestellt werden. Der Skalenwert stellt keine Korrelation dar, kann aber wie eine solche interpretiert werden. Der Wert 1 bedeutet, dass die Risikoreduzierungsmaßnahme sich stark risikovolumenmindernd auf das Szenario auswirkt. Der Wert –1 bedeutet eine stark risikofördernde Auswirkung. Der Wert Null stellt keine Korrelation dar. Zwischenwerte können nach prozentualem Anteil vergeben werden.

Tab. 2.6   Risikoreduzierungsmaßnahmen/-szenarienzuordnung

IT-Risikoszenarien	IT-Risikoreduzierungsmaßnahmen	
	Architekturver-besserungen	kürzere Reaktionszeiten ... in Lieferungs- und Wartungsverträge
Ausfall Server	0,8	0,9
Ausfall von Keyplayern	0,4	0
...		

Die Risikoreduzierungsmaßnahmen „Architekturverbesserungen" und „kürzere Zeiten in Lieferungs- und Wartungsverträgen" haben erhebliche Auswirkungen auf die Senkung des Risikovolumens „Ausfall von Servern". Die Architekturverbesserungen können zumindest teilweise die Abhängigkeiten von einzelnen Know-how-Trägern reduzieren. Allerdings haben die vertraglich vereinbarten Lieferzeiten keinerlei Relevanz für die Risiken aus dem Ausfall von Keyplayern.

Es wird keine Risikoreduzierungsmaßnahmen geben, die ausschließlich negative Auswirkungen auf Risikoszenarien haben. Allerdings kann sich eine Risikoreduzierungsmaßnahme negativ auf einzelne Risikoszenarien auswirken. Insgesamt muss jede Risikoreduzierungsmaßnahme einen positiven Beitrag zur Gesamtrisikosituation erbringen.

Die Einführung einer weiteren Sicherheitskomponente in die Systemlandschaft erhöht deren Komplexität und wirkt sich risikoerhöhend auf alle Risikoszenarien, die auf den Risikotreiber Systemkomplexität referenzieren, aus. Insgesamt reduziert die Sicherheitskomponente das Gesamtrisikoportfolio.

2.3.3   Risikoszenarien operationalisieren

Mittels der Bildung von IT-Risikoszenarien wird eine vollständige, übersichtliche Darstellung des vorhandenen Risikoportfolios erstellt. Damit dieses Risikoportfolio auf die konkrete IT-Umgebung angewendet werden kann, bedarf es einer Operationalisierung. Hierzu werden sämtliche, definierte Risikoszenarien auf das IT-Leistungsspektrum übertragen. Unter dem IT-Leistungsspektrum sind alle Leistungen, die ein IT-Unternehmen seinen Kunden oder der interne IT-Bereich seinen Fachbereichen anbietet, zu verstehen. Dieses kann, neben der zur Verfügungstellung der IT-Systeme, noch weitere Leistungen wie die Entwicklung und Integration neuer Systeme, die Weiterentwicklung der bestehenden Systeme oder eine Prozessberatung enthalten.

IT-Leistungen
Beim Operationalisieren wird jedes IT-Risikoszenario daraufhin überprüft, ob dieses auf die jeweilige Leistung anwendbar ist. Dies wird in der Operationalisierungsmatrix der **Tab. 2.7** dargestellt.

Tab. 2.7   Operationalisierungsmatrix von IT-Risiken

IT-Risikoszenarien	IT-Leistungen					
	System A	System B	System ...	Projekt-management	Prozess-beratung	...
Ausfall von Server	cB[73]	bD		-	-	
Ausfall von Keyplayern	-	aC		cD	eC	
...						

73 Die Risikoklasseneinteilung bezieht sich auf die Skalen aus dem Kapitel 1.2.3.

Die Systeme A und B können von einem Serverausfall betroffen sein. Es könnten Systeme im Einsatz sein, die keinen Serverteil haben und somit für dieses Risikoszenario nicht in Frage kämen. System A und System B haben allerdings bezüglich eines Serverausfalls ein unterschiedliches Risikovolumen. C ist wahrscheinlicher von einem Ausfall betroffen. Eventuell sind für dieses System mehr Server im Einsatz, das Durchschnittsalter der Server ist höher oder es wird eine anfälligere Serverhardware eingesetzt. Das System B hat dafür ein höheres Schadensmaß. Dieses kann aus höheren Aufwänden für das Recovery resultieren oder die Hardwarekosten beim Tausch sind höher. Die angebotenen Leistungen Projektmanagement und Prozessberatung sind vom Risikoszenario Serverausfall nicht betroffen. Der Ausfall von Keyplayern kann bei diesen Leistungen jedoch eintreten. Ebenso kann bei System B der Ausfall von Keyplayern eintreten. System A ist ein solch allgemeines System, dass keine besonderen Kenntnisse nötig sind.

In den Schnittpunkten zwischen Risikoszenario und der IT-Leistung wird vermerkt, ob das Risikoszenario zutrifft. Es kann mit einer reinen Ja/Nein Antwort oder mit genaueren Zuordnungen gearbeitet werden. Im besten Fall wird das Risikovolumen (Eintrittswahrscheinlichkeit/Auswirkungsmaß) auf die IT-Leistung herunter gebrochen. Dabei kann wie bei der Ermittlung des Risikovolumens der Risikoszenarien zwischen dem durchschnittlichen Volumen und einer Worst-Case-Betrachtung unterschieden werden. Bei einer durchschnittlichen Betrachtung müssen die addierten Eintrittswahrscheinlichkeiten des Risikoszenarios je System dem Gesamtrisikoszenario entsprechen. Das Gesamt-Auswirkungsmaß müsste sich aus dem Durchschnitt der gewichteten Auswirkungsmaße ergeben. Bei vielen IT-Leistungen führt die Durchschnittsbetrachtungen gerne zu einer „Verwässerung" des Risikos eines einzelnen Systems, d.h., die Eintrittswahrscheinlichkeit je System ist vernachlässigbar gering. In diesem Fall muss eine Worst-Case-Betrachtung bevorzugt werden. Bei einer Worst-Case-Darstellung kann die zuvor aufgeführte Plausibilisierung nur bedingt ausgeführt werden. Es gilt lediglich, dass der Worst-Case-Wert eines operationalisierten Risikos nicht höher sein kann, als der Worst-Case-Wert des allgemeinen Risikoszenarios. Zudem sollte die Summe aller operationalisierten Worst-Case-Auswirkungsmaße nicht über dem Worst-Case-Auswirkungsmaß des Risikoszenarios liegen. Sofern alle Risiken zum gleichen Zeitpunkt im Worst-Case auftreten, würden die Werte sich maximal entsprechen. Zudem entstehen beim gleichzeitigen Eintritt der Risiken im Regelfall Synergieeffekte bei der Problembehebung.

Die IT-Leistungen sind Vorleistungen für die Fachbereiche. Bei der Analyse der Fachbereichsrisikosituation werden die Fachbereiche u.a. diese Vorleistungen der IT nennen und deren Nicht-Verfügbarkeit als ein Risiko einstufen. Dieses Risiko wird dann aus fachlicher Sicht hinsichtlich Eintrittswahrscheinlichkeit und Auswirkungsmaß quantifiziert. Während das Auswirkungsmaß eine rein fachliche Beurteilung darstellt, sollte sich die Eintrittswahrscheinlichkeit die der Fachbereich erkennt, mit der Einschätzung des IT-Bereichs aus den dahinterliegenden, originären IT-Risikoszenarien decken.

IT-Projekte

Eine Besonderheit beim Operationalisieren ergibt sich bei Projektrisiken. Im vorhergehenden Schritt wurden die Risikoszenarien der IT-Leistung Projektmanagement bzw. weitergehende Leistungen im Projektumfeld zugeordnet und bewertet. Diese Beurteilung betrifft die Leistungserbringung im Projektumfeld im Allgemeinen. Zusätzlich muss in jedem einzelnen Projekt ein Risikomanagement stattfinden. Jedes einzelne Projekt stellt zugleich ein Risikopotenzial dar. Es muss sowohl eine Zuordnung der IT-Risikoszenarien zu Projektthemen, als auch die Integration der einzelnen IT-Projekte bzw. Projektbündel in das Gesamtrisikoportfolio stattfinden.[74]

Damit die Risiken eines IT-Projektes gemanagt werden können, bedarf es einer Identifikation der Projektrisiken, die dann bewertet und in eine gesonderte Projektriskmap eingegliedert werden können. Diese Riskmap unterscheidet sich in Ihren Ausprägungen von der allgemeinen Riskmap des IT-Risikomanagements (siehe 2.3.5). Die **Eintrittswahrscheinlichkeit** in der allgemeinen Riskmap wird über die erwartete Anzahl von einzutretenden Schäden in einem bestimmten Zeitraum definiert. Demgegenüber wird bei einer Projektriskmap die Wahrscheinlichkeit des Eintritts eines Risikos bezogen auf die Restlaufzeit des Projektes angegeben. Bei einer Klassenbildung muss die häufigste Ausprägung ein mehrfaches Eintreten des Risikos im Projekt abbilden können. Die Ausprägungen der Eintrittswahrscheinlichkeit kann, wie in **Tab. 2.8** dargestellt, definiert werden.

Tab. 2.8 Exemplarische Risikoklassen nach der Eintrittswahrscheinlichkeit bei Projektrisiken

Risikoklasse	Bezeichnung	Definition der Eintrittswahrscheinlichkeit
sehr seltenes Projektrisiko	a	Wird mit annähernder Sicherheit nicht während der Projektlaufzeit eintreten.
seltenes Projektrisiko	b	Mit 25 %iger Wahrscheinlichkeit wird es während der Projektlaufzeit eintreten.
mittleres Projektrisiko	c	Mit 50 %iger Wahrscheinlichkeit wird es während der Projektlaufzeit eintreten.
häufiges Projektrisiko	d	Mit 75 %iger Wahrscheinlichkeit wird es während der Projektlaufzeit eintreten.
sehr häufiges Projektrisiko	e	Wird mit annähernder Sicherheit während der Projektlaufzeit eintreten.
extrem häufiges Projektrisiko	f	Wird mit Sicherheit mehrfach während der Projektlaufzeit eintreten.

---

74 Vgl. auch Versteegen/Dietrich et al., 2003, S. 140–142.

Die Definition des **Auswirkungsmaßes** ist unabhängig von der Einteilung des übergreifenden IT-Risikomanagements. Es muss sich vielmehr individuell auf die Auswirkungen des jeweiligen Projekts beziehen. Der Projekterfolg spiegelt sich im sogenannten magischen Dreieck der Projektarbeit wieder. Dieses setzt sich aus

- Zeit,
- Kosten und
- Leistungsumfang (Quantität und Qualität)

zusammen. Es stellt sich die Frage, wie eine adäquate Skalierung für ein IT-Projekt erarbeitet werden kann. Bei der Riskmap für das gesamte IT-Risikomanagement wurden die Risikoklassen mit Geldeinheiten bezüglich des Auswirkungsmaßes bei Schadenseintritt definiert. Die Skalierung orientiert sich dabei an der Risikotragfähigkeit des Unternehmens. Zusätzlich können nicht quantifizierbare Sachverhalte über Klassenbezeichnungen einer Kategorie zugeordnet werden. Bei den Projektrisiken gibt es nun dediziert 3 wesentliche Ausprägungen, wie der Projekterfolg gemessen werden kann. Die Risikoklassen können über diese Ausprägungen definiert werden. Dies erfolgt anhand von Ableitungsskalen. **Abb. 2.5** zeigt die Ableitungsskalen eines fiktiven IT-Projekts auf. Die detaillierte Vorgehensweise wird nachfolgend anhand dieser Skalen erläutert.

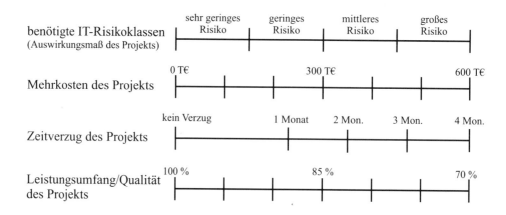

Abb. 2.5 Exemplarische Ableitungsskalen für das Auswirkungsmaß von IT-Projektrisiken

Die erste Skala (benötigte IT-Risikoklassen) bildet die Verbindung zur allgemeinen IT-Riskmap. Es ist zu überlegen, was das maximale Auswirkungsmaß für die IT bzw. das Unternehmen bedeutet, wenn das Projekt nicht richtig abgewickelt wird. Dieser Worst-Case-Fall beinhaltet sämtliche Projektkosten und berücksichtigt die Nichterreichung der Projektziele – das Projekt wurde vollständig durchgeführt und der komplette Projektnutzen bleibt aus. Ferner können weitere, negative Auswirkungen entstehen, z.B. aus weiteren, abhängigen Projekten. Diese müssen ebenfalls bewertet und dem Auswirkungsmaß hinzugerechnet werden. Das maximale Auswirkungsmaß eines Projektes (maxAP) setzt sich somit mindestens aus den Projektkosten (PK) zuzüglich nicht realisiertem Projektnutzen (PN) zusammen, die Formel ist in **Gl. 2.1** dargestellt.

$$\max AP = PK + PN$$

Gl. 2.1   Mindestansatz für maximales Auswirkungsmaß eines Projektes

Der Startpunkt der **ersten Skala** (benötigte IT-Risikoklassen) ist der Startpunkt der allgemeinen IT-Riskmap bezüglich des Auswirkungsmaßes von Risiken und somit gleich null. Das Ende wird über das maximale Auswirkungsmaß eines Projektes definiert. Die Anzahl von Klassen ist für das direkte Projektrisikomanagement des einzelnen Projekts verbindlich. Die Einteilung kann linear oder logarithmisch erfolgen, die Vor- und Nachteile wurden bei der allgemeinen Skalen-Einteilung bereits erläutert. Im vorliegenden Beispiel gehen wir der Übersichtlichkeit halber bei der allgemeinen Skalen-Einteilung und bei der Projekteinteilung von einer linearen Abbildung aus.

Die **zweite Skala** (Mehrkosten des Projektes) bezieht sich auf die Projektkosten. Sie startet mit null Mehrkosten für das Projekt und endet bei dem Kostenpunkt, den das Unternehmen maximal bereit wäre, für ein Erreichen der Projektziele hinsichtlich Zeit und Leistungsumfang zusätzlich zu den geplanten Kosten zu bezahlen. Dieser Kostenpunkt stellt die Schmerzgrenze dar, bei der erhöhte Projektkosten zu einer Einstellung des Projektes führen würden. Diese Skala wird nun in Klassen eingeteilt. Die maximalen Mehrkosten für das Projekt können sich an dem Projektnutzen orientieren, sie müssen diesem jedoch nicht entsprechen. Ein möglicher Anhaltspunkt bei reinen Wirtschaftlichkeitsprojekten ist die Differenz zwischen den Projektkosten und den maximalen Kosten – also jenen, die gerade noch den Renditevorgaben des Unternehmens entsprechen – und diese als maximale Mehrkosten anzusetzen. Abweichungen können sich beispielsweise bei gesetzlichen Vorhaben oder bei Projekten mit einer Vielzahl weiterer abhängiger Projekte ergeben.

Die **dritte Skala** (Zeitverzug des Projektes) bildet die Risikoklasseneinteilung hinsichtlich der Projektlaufzeit ab. Diese Skala beginnt bei Null, was keinen zeitlichen Mehrbedarf für die Projektrealisierung gegenüber der Projektplanung darstellt. Das Ende der Skala wird durch den Zeitraum gebildet, bei dem von einer Realisierung des Projektes abgesehen werden würde. Bei Projekten mit einem gesetzlich definierten Realisierungszeitpunkt ist die Differenz vom geplanten Projektende bis zum gesetzlich vorgeschriebenen Zeitpunkt die abzutragende Zeitspanne. Ein zeitlicher Verzug muss ins Verhältnis zu den die Risikoklassen definierenden Kosten gesetzt werden. Dies erfolgt durch die Überlegung, wieviel an Mehrkosten das Unternehmen akzeptieren würde, damit es zu keinem zeitlichen Verzug in der definierten Höhe käme. Es muss keine lineare Abbildung des zeitlichen Verzugs erfolgen.

Die **vierte Skala** (Leistungsumfang/Qualität des Projektes) bildet die Risikoklasseneinteilung, bezogen auf den erbrachten Leistungsumfang, ab. Diese Skala hat einen Anfangswert von 100 %, was bedeutet, dass alle Leistungen vom Projekt erbracht werden. Sie geht dann zurück bis auf den reduzierten Leistungsumfang, für dessen Realisierung das Projekt nicht mehr durchgeführt werden würde. Es ist daher zu definieren, wieviel an Mehrkosten für die

Erbringung der jeweils ausstehenden Leistungen akzeptiert werden könnte. Wurde für die Definition der Projektziele eine Nutzwertanalyse durchgeführt, so bildet diese eine gute Basis für die Definition der einzelnen Leistungspakete und für die Ermittlung der jeweils akzeptablen Mehrkosten.

Mittels dieser Vorgehensweise können Risikoauswirkungsklassen für Projekte mit den projektrelevanten Ausprägungen gebildet werden. Die Beurteilung der Projektrisiken sollte dabei immer nur über eine Ausprägung erfolgen. Wirkt sich ein Risiko hauptsächlich auf die Projektlaufzeit aus, so wird dieses, bei konstanten Aufwendungen und Leistungsumfang, in der Auswirkung beschätzt. Ist dies nicht möglich, so wird die zusätzlich relevante Ausprägung geschätzt und der primären Ausprägung zugerechnet.

Hat ein Risiko ein Auswirkungsmaß von einem Projektverzug von 1 Monat und Mehrkosten von 250 T€, so wird der zeitliche Verzug anhand den Ableitungsskalen in Geldeinheiten umgerechnet. Ein Monat Zeitverzug entspricht ca. 225 T€. Diesem Betrag werden die Mehrkosten hinzugerechnet. Das Risiko hat somit ein Auswirkungsmaß mit Mehrkosten von 475 T€ und damit ein Risiko mit großem Auswirkungsmaß.

Die Definition der Risikoklassen wird über eine logische Oder-Verknüpfung der Ausprägungen gebildet; die Auswirkungsklasse „geringe Auswirkungen" ist in unserem Beispiel gültig für Risiken die Mehrkosten von 300 T€ oder einen Projektverzug von ca. 1,5 Monaten oder einer Leistungsreduzierung von 15 % darstellen.

Zur Beurteilung von Risiken weniger wichtig, aber spätestens bei der Definition von Risikoreduzierungsmaßnahmen interessant, ist die Einteilung der Skalen im positiven Bereich. Sprich, wie wird die Unterschreitung der Projektlaufzeit, des Projektbudgets und eine Übererfüllung des Leistungsspektrums des Projektes bewertet. In diesem Bereich werden keine Risikoklassen gebildet, es wird aber ein Anhaltspunkt gegeben, inwieweit sich ein Vorteil in einer Ausprägung auf die Abschwächung des Nachteils einer anderen Ausprägung auswirkt. Diese Ableitungen können verbal beschrieben oder, wie zuvor vorgestellt, auf Ableitungsskalen abgetragen werden.

Das gesamte Projektrisiko wird zuletzt in die übergreifende IT-Riskmap integriert. Diese Überleitung muss so realitätsnah wie möglich erfolgen. Sie ist abhängig von der Definition der einzelnen Riskmaps. Grundsätzlich gibt es die Möglichkeit, die Riskmaps als Worst-Case-Riskmap abzubilden oder als Riskmap mit realistischerweise zu erwartenden Risiken. Die Projektriskmap wird mit zu erwartenden Werten ermittelt. Bei der IT-Riskmap kann eine Worst-Case- oder eine Realbetrachtung vorhanden sein. Für die Überführung des Projektrisikos in eine Worst-Case-IT-Riskmap ist das Auswirkungsmaß bekannt – nämlich das maximale Auswirkungsmaß des Projektes. Es erfolgt nur noch die Einschätzung, mit welcher Wahrscheinlichkeit dieser Worst Case eintritt. Die Wahrscheinlichkeit wird gemäß dem Mapping der Projekteintrittswahrscheinlichkeiten auf die IT-Risikoeintrittswahrscheinlichkeiten definiert und letztlich subjektiv vom Risikomanager in Abstimmung mit dem Projektleiter vorgenommen. Sollte die IT-Riskmap aufgrund zu erwartender Risiken aufgebaut sein, so bietet es sich an, das Risikovolumen aller Projektrisiken zu ermitteln und daraus den

Durchschnittswert[75] zu bilden. Auf die gleiche Weise wird das durchschnittliche Auswirkungsmaß der Risiken ermittelt. Das Risiko wird in die IT-Riskmap übertragen, wobei das durchschnittliche Auswirkungsmaß die Basis bildet und die Eintrittswahrscheinlichkeit aus dem Risikovolumen ermittelt wird.

Eine Besonderheit bei der Übertragung von IT-Projektrisiken in die IT-Riskmap stellt die Tatsache dar, dass bei Projekten, welche nicht in eine extreme Schieflage geraten, das Risikopotenzial mit dem jeweiligen Projektfortschritt permanent sinkt. Je mehr Projektaufwände zielorientiert verwendet wurden, und je mehr geplante, nutzbare (Teil-)Projektergebnisse realisiert sind, desto geringer ist das noch vorhandene (maximale) Auswirkungsmaß. Dies ist bei den Überarbeitungen der IT-Riskmap zu berücksichtigen.

2.3.4 Risikoszenarien qualitätssichern

Wie bereits erwähnt, beinhaltet das Risikomanagement immer das Problem des sogenannten Riscriscs. Dies ist das Risiko, ein Risiko nicht erkannt und somit nicht gemanagt zu haben. Zur Reduzierung dieses Risikos gibt es nur das Mittel der Qualitätssicherung. Dazu müssen möglichst viele Plausibilisierungsmöglichkeiten innerhalb des IT-Risikomanagements identifiziert und genutzt werden.

Die Risikoszenarien müssen von Reviewteams hinsichtlich Vollständigkeit und Bewertung qualitätsgesichert werden. Diese Reviewteams sollten nach Möglichkeit andere Verfahren benutzen als das Arbeitsteam. So kann über die Verfahrensbreite eine höhere Sicherheit auf Vollständigkeit erlangt werden. Die definierten Fachbereichsrisiken sollten auf IT-Sachverhalte hin überprüft werden und bei Bedarf zur Vervollständigung des Portfolios mitaufgenommen werden. Letztlich müssen auf jeden Fall folgende Sachverhalte geprüft werden:

- Alle identifizierten IT-Risiken müssen über die gebildeten IT-Risikoszenarien abgebildet worden sein.
- Jedes IT-Risikoszenario sollte mindestens eine Risikoreduzierungsmaßnahme haben.
- Jede Risikoreduzierungsmaßnahme muss Auswirkungen auf mindestens ein IT-Risikoszenario haben.
- Jedes IT-Risikoszenario muss mindestens über einen Risikoindikator überwachbar sein.
- Jeder Risikoindikator muss mindestens ein IT-Risikoszenario beeinflussen.
- Jedes IT-Risikoszenario muss Auswirkungen auf mindestens eine IT-Leistung haben (ggf. mit niedriger Korrelation, da die Auswirkung indirekt ist).
- Jede IT-Leistung sollte durch ein IT-Risikoszenario betroffen sein.
- Die relevanten Ausprägungen der definierten Risikodimensionen/-kategorien müssen mindestens ein Risikoszenario beinhalten.
- Bei Verwendung von Bedrohungskatalogen muss jede relevante Kategorie mindestens ein Risikoszenario beinhalten.

---

75 Es kann das arithmetische Mittel oder bei einer stärkeren Fokussierung auf die größeren Risikoszenarien auch das geometrische Mittel angewendet werden.

2.3.5 Risikoportfolio erstellen (Riskmap)

Die Gesamtheit der Risikoszenarien, das Risikoportfolio, kann neben einer tabellarischen Darstellung in sogenannten Riskmaps, wie in **Abb. 2.6** dargestellt, erfolgen. Riskmaps sind eine zweidimensionale Darstellung von Eintrittswahrscheinlichkeit und Auswirkungsmaß. Diese Risikoeigenschaften sind für das Management von Risiken von großer Bedeutung. Die Dimensionen können hinsichtlich ihrer Bedeutung ausgetauscht werden und andere Eigenschaften von relevanten Risikodimensionen[76] abgebildet werden. Im Nachfolgenden konzentrieren wir uns auf die Standard-Riskmap. Bei der Darstellung der Riskmap als Bubble-Chart[77] kann die Kreisgröße zur Verdeutlichung einer weiteren Dimension genutzt werden. Ebenso können Risikoarten mit unterschiedlichen Farben abgebildet werden. Sofern ein vollständiges Risikoportfolio abgebildet wird, ist die Anzahl der Risikoszenarien in der Regel so groß, dass die Kreise lediglich als Anzahl der jeweilig zugeordneten Risikoszenarien verwendet werden.

Auswirkungsmaß

	extrem seltenes Risiko	sehr seltenes Risiko	seltenes Risiko	häufiges Risiko	sehr häufiges Risiko	extrem häufiges Risiko
katastrophales Risiko			①			
sehr großes Risiko	①	⑤	①	①		
großes Risiko		③	⑤	②		
mittleres Risiko	③	③		⑤		
geringes Risiko	②	③	④	⑤	②	
sehr geringes Risiko	③	④		②	①	①

Eintrittswahrscheinlichkeit

 Anzahl der Szenarien je Kategorie

Abb. 2.6 Riskmap nach Risikoklassen

---

76 Die relevanten Risikodimensionen werden in der IT-Risk-Policy des Unternehmens definiert.

77 Die in einem Koordinatensystem dargestellten Sachverhalte werden nicht als Punkte, sondern als Kreise (Bubbles) dargestellt. Für den Betrachter wird dadurch die genaue Zuordnung des Punktes zu einem Achsenwert erschwert, dafür kann eine zusätzliche Information über die Kreisgröße (Fläche/Durchmesser) abgebildet werden.

Eine Einschränkung der dargestellten Risikoszenarien ist möglich. So können zum Beispiel verschiedene Riskmaps für die definierten Risikodimensionen aufgezeigt werden. Empfehlenswert ist die Aufteilung der Risikoszenarien zumindest auf dem Niveau der maßgeblichen Risikodimension. Sollte beispielsweise die maßgebliche Risikodimension von den Risikoursachen gebildet werden, können unterschiedliche Riskmaps für IT-Risikoszenarien bezüglich Mensch, Prozesse/Projekte, Technologie und externer Einflüsse aufgeführt werden. In diesen Fällen werden nur wenige Szenarien dargestellt, was es ermöglicht, die Kreiseigenschaften für weitere Dimensionen, wie z.B. der Risiko-Prioritäts-Kennziffer, zu benutzen.

Sofern die IT-Risikoszenarien nicht nur Klassen zugeordnet wurden, sondern eine exakte Bewertung stattgefunden hat, können sie anhand der konkreten Einschätzung dargestellt werden. Im Hinblick auf die große Spanne der Werte (Eintrittswahrscheinlichkeit und Auswirkungsmaß) bietet sich eine logarithmische Skalierung der Riskmap an (siehe 1.2.3).

Die einzelnen, bedeutenden Projekte bzw. Projektbündel werden ebenfalls in die Riskmap übertragen. Bei dieser Übertragung ist die Definition des Auswirkungsmaßes gleich dem der sonstigen IT-Risikoszenarien und wird über die Einschätzung aus dem Projektrisikomanagement heraus ermittelt. Die Eintrittswahrscheinlichkeit wird aus der projektlaufzeitbezogenen Projektmanagementsicht in eine allgemeingültige, zeitraumbezogene Größe umgerechnet. Die Projektrisiken sollten von den IT-Risikoszenarien unterscheidbar aufgenommen werden.

2.4   Bewerten von Risiken

Ein essentieller Bestandteil des IT-Risikomanagements ist die Bewertung der vorhandenen Risiken. Die realistische Bewertung bildet die Basis für ein effektives Management des IT-Risikoportfolios. Sofern die Bewertungen nicht der Realität entsprechen, haben die daraus abgeleiteten Prioritäten und resultierenden Maßnahmen nicht die erwarteten bzw. gewünschten Effekte. Die nachfolgenden Bewertungstechniken eignen sich sowohl für die Bewertung der Risikoszenarien im Allgemeinen als auch deren operationalisierten Ausprägungen. Sie können ebenfalls für die Bewertung von Risikoreduzierungsmaßnahmen verwendet werden.

Bei der Durchführung der Bewertung von Risiken ist zwischen einer exakten Bewertung und einer klassifizierten Bewertung zu unterscheiden. Bei der exakten Bewertung werden die Eintrittswahrscheinlichkeit und das Auswirkungsmaß über einen genauen Wert bestimmt. Exakt bedeutet nicht, dass die Werte ohne eine Abweichung bekannt sind, sie können jedoch auf einen konkreten Wert (eventuell mit Abweichungstoleranzen) festgelegt/geschätzt werden. Bei der klassifizierten Bewertung erfolgt die Bewertung des Kriteriums nicht mit einem exakten Wert, sondern das Risiko wird lediglich einer vordefinierten Klasse zugeteilt. Das Risiko kann somit gerade noch einer Klasse zugeordnet werden oder sich bei ihrem Mittelwert befinden. Vom Grundsatz her ist eine exakte Ermittlung der Risikowerte zu bevorzugen. Diese Aussage nimmt an Bedeutung zu, je größer die Spannen der einzelnen Risikoklassen sind und je hochwertiger die Weiterverwendung der Risikoszenarien ist, z.B. für Wirtschaftlichkeitsberechnungen. Die Entscheidung, ob eine exakte oder klassifizierte Bewertung vorgenommen wird, kann bei der Eintrittswahrscheinlichkeit und dem Auswirkungsmaß unterschiedlich gehandhabt werden.

Für eine einfachere Überwachung des Risikoportfolios sollten die Risikoausprägungen auf jeden Fall klassifiziert werden. Bei einer klassifizierten Bewertung findet dies ausschließlich statt, bei einer exakten Bewertung findet die Klassifizierung anschließend statt. Die beiden Arten können gemischt, z.B. je nach Risikokategorie angewendet werden. Wird ein solcher Mix vorgenommen, sollte beim einzelnen Risikoszenario die Art der Schätzung bzw. bei einem exakt geschätzten Risikoszenario dessen Schätzwert hinterlegt sein.

In den folgenden drei Unterkapiteln (2.4.1–2.4.3) werden Methoden beschrieben, wie Risikoszenarien im Top-Down-Verfahren bewertet werden können. Die letzten drei Unterkapitel (2.4.4–2.4.6) enthalten Methoden zur detaillierten Analyse und Bewertung von Systemen/Projekten. Eine aggregierte Bewertung eines Gesamtszenarios kann über die Bewertung der einzelnen Objekte erreicht werden. Diese Vorgehensweise bedeutet einen höheren Aufwand für die Bewertung. Allerdings sind die dadurch erhaltenen Ergebnisse bereits weiter verfeinert als bei einem Top-Down-Ansatz und können unmittelbar für eine exakte Steuerung der einzelnen Risiken verwendet werden.

2.4.1   Grundlegende Bewertungstechniken

Die nachfolgenden, grundlegenden Bewertungstechniken bilden die Basis, auf die zum Teil bei weiteren Bewertungstechniken zurückgegriffen wird.

Expertenschätzung
Eine einfache, bei unmanipulierter Anwendung aber äußerst effiziente Methode ist die Expertenschätzung. Dieses Verfahren ist in der Praxis stark verbreitet.[78] Die Experten im eigenen Haus oder – für eine objektivere Einschätzung – fremde Experten können mit relativ geringem Aufwand gute Einschätzungen von Risiken vornehmen. Wichtig ist der offene Umgang mit Risiken im Rahmen einer vorhandenen Risikokultur. Zusätzlich ist es eine unerlässliche Voraussetzung, dass der Schätzende keine Eigeninteressen an der Schätzung hat. Sollten Interessengruppen mit Eigeninteressen vorhanden sein, so ist der Einsatz von mehreren Schätzern mit unterschiedlichen Interessenstrukturen zu empfehlen. Die Methode kann in persönlichen Gesprächen oder orts- und zeitunabhängig mittels Fragebögen durchgeführt werden. Workshops eignen sich hier gut.

Das einzuschätzende Risikoszenario wird genau beschrieben. Ansonsten könnten unterschiedliche Schätzwerte aufgrund differierender, angenommener Sachverhalte entstehen. Ist ein Risikoszenario zu komplex für eine genaue Schätzung, sollte dies in Teilszenarien zerlegt

---

78   Vgl. Junginger/Krcmar, 2004, S. 19 und 20.

werden. Gegebenenfalls kann die Schätzung auf operationalisierten Risikoszenarien stattfinden.

Delphi-Methode

Die Delphi-Methode ist ein iteratives, mehrstufiges Schätzverfahren. Dabei wird der Sachverhalt, sprich das Risikoszenario oder die Risikoreduzierungsmaßnahme, genau beschrieben und anschließend die Parameter angegeben, die von den Experten einzuschätzen sind. Es können einzelne Werte oder Wertebereiche abgefragt werden. Nach Rücksendung aller Unterlagen werden die Ergebnisse konsolidiert. Dies kann über gewöhnliche, statistische Mittel wie Mittelwerte, Quartilsabstände oder sonstige Abweichungsanalysen erfolgen. Die aufbereiteten Unterlagen gehen dann wieder an die Experten, die ihre Einschätzung wiederum überdenken und eine erneute Beurteilung abgeben. Über die neutrale Aufbereitung der Antworten wird eine Qualitätssteigerung des Gruppenergebnisses erreicht. Ebenso trägt die längere Zeitdauer, mit der sich die Experten immer wieder mit den Ergebnissen beschäftigen, zu einer Qualitätssteigerung bei.

Fuzzy-Logik-Systeme

„Grau ist die Farbe der Wahrheit.“
– McGeorge Bundy (ehemaliger Nationaler Sicherheitsberater der USA) –

Die gesellschaftliche Ordnung und auch die Wissenschaft tendieren zu einer digitalen Anschauung. Sachverhalte werden mit Eigenschaften belegt, die auf diese zutreffen oder nicht zutreffen. Diese Anschauung entspricht einem Abstrahieren, welches es leichter ermöglicht, Komplexität zu durchdringen und klare Strukturen zu setzen. Gleichzeitig wird ein Zerrbild der Wirklichkeit in Kauf genommen. Fuzzy ist das Prinzip der Unschärfe oder Vagheit. Es ermöglicht eine realitätsnähere Beschreibung der Umwelt, in dem es bewusst diese Unschärfen zulässt.[79]

Die Fuzzy-Set-Theorie wurde Mitte der 1960er Jahre[80] entwickelt und hat in den Ingenieurwissenschaften eine weite Verbreitung gefunden. Sie basiert vom Grundsatz her auf der bekannten Boolschen Mengenlehre, ergänzt diese aber um eine tragende Säule. Die Boolsche Mengenlehre geht davon aus, dass ein Objekt nur ganz oder gar nicht einer Menge oder mehreren Mengen angehören kann (wahr oder falsch). Bei der Übertragung von Skalenwerten auf von Menschen gebildete, künstliche Mengen wirft diese Logik Probleme auf. Die künstlichen Mengen sind Begriffe, die einem Menschen sehr wohl etwas sagen, wobei es sich aber als schwierig gestaltet, diese in technische Auswertungen einzubeziehen. Sie werden linguistische Werte genannt. Ein Vergleich der Fuzzy-Logik zur Boolschen Logik, basierend auf dem nachfolgenden Beispiel, ist in **Abb. 2.7** grafisch dargestellt.

---

79 Vgl. Kosko, 1999, S. 21–43.

80 1965 von Lofti A. Zadeh an der Universität Berkeley entwickelt.

Die optimale Raumtemperatur für einen Serverraum liegt gemäß Herstellerangaben im Bereich von 20–22°C. Jede Raumtemperatur außerhalb dieses Bereiches ist eine nicht optimale Raumtemperatur.

Wird der nicht optimale Raumtemperaturbereich bei bis zu 18°C sowie über 24°C definiert, so ist eine Temperatur von 19,5 °C keiner Menge angehörig. Bei einer Definitionsüberlagerung, z.B. wenn eine nicht optimale Temperatur bei bis zu einschließlich 20°C vorliegen würde, würde die Temperatur von genau 20°C sowohl einer (vollständig) optimalen als auch einer (vollständig) nicht optimalen Temperatur entsprechen, was ebenfalls nicht sinnvoll wäre. Sofern sich Definitionen überschneiden oder nicht exakt aufeinander abgestimmt sind, führt dies also zu logischen Fehlern.

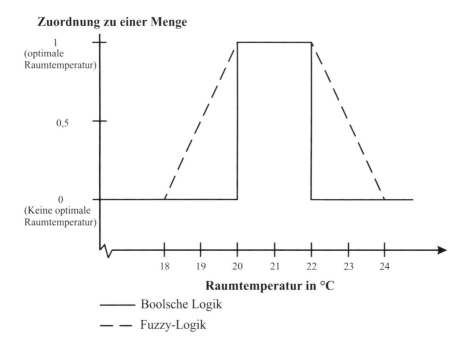

Abb. 2.7 Vergleichsbeispiel Fuzzy-Logik zur Boolschen Logik[81]

Die Fuzzy-Logik ist die Theorie der unscharfen Mengen. Demnach kann ein Objekt einer Menge nicht ganz angehören. Die Grenzen werden aufgeweicht. Trotzdem gewährleistet die Fuzzy-Logik, dass mit diesen unscharfen Mengen mathematisch gearbeitet werden kann. Bei der Betrachtung von Fuzzy-Mengen mit mathematischen Mitteln findet allerdings wieder eine gewisse Schärfung des Sachverhaltes statt, da die beschriebene Grauzone wiederum mit

---

81   Vgl. auch Kosko, 1999, S. 29–31.

mathematischen Mitteln exakt beschrieben wird.[82] Das nachfolgende Beispiel geht der Einfachheit halber von einem linearen Verlauf dieser Übergangszone aus. Alternativ kann jede beliebige Verteilungskurve angesetzt werden.

Eine Raumtemperatur von 19,5°C ist demnach eine Raumtemperatur, welche zum Faktor 0,25 der Menge der nicht optimalen Raumtemperaturen, als auch mit dem Faktor 0,75 der Menge der optimalen Raumtemperaturen angehört.

Diese Art entspricht der natürlichen Art des Menschen, Dinge, welche nicht eindeutig beschrieben werden können, darzulegen. Wichtig ist anzumerken, dass es sich bei dem genannten Faktor nicht um eine mathematische Wahrscheinlichkeit, sondern um eine Teilzugehörigkeit handelt. Die Beschreibung von Fuzzy-Sachverhalten erstreckt sich nicht nur auf Zustände, sondern kann auch für Maßnahmen erfolgen.

Wenn die Raumtemperatur kühl wird, muss die Heizung leicht geöffnet werden.

Fuzzy-Logik kann Expertenwissen ohne mathematische Kenntnisse nutzbar machen. Die Regeln eines Systems können über solche Fuzzy-Regeln definiert werden. Die Ausprägungen der Bezeichnungen können anschließend, beispielsweise über statistische Verfahren, ermittelt werden. Das Problem bei Fuzzy-logischen Beschreibungen ist, dass durch die unscharfen Beschreibungen eine Vielzahl von Parametern betrachtet werden müssen, die schnell eine hohe Komplexität zur Folge haben. Dies wird der Fluch der Dimensionalität von Fuzzy genannt.[83]

Diese unscharfen Mengen können beim IT-Risikomanagement angewendet werden. So können für die Risikoklassen (siehe 1.2.3) Übergangszonen definiert werden. Demnach hat ein Risiko dann nicht ein mittleres oder hohes Risikoausmaß, sondern gehört beiden Klassen zu einem gewissen Anteil an. Es sollte dabei darauf geachtet werden, dass die Summe der Anteile einen Faktor von 1 (100 %) ergibt. Über Fuzzy-Logik kann für das IT-Risikomanagement Expertenwissen dokumentiert werden, welches Aussagen über Risikozusammenhänge oder Zusammenhänge von Risikoursachen und -auswirkungen erläutert.

Die Fuzzy-Logik unterstützt beide Vorgehensweisen (exakte und klassifizierte Beurteilung) zur Bewertung von Risiken. Sie kann bei einer exakten Einschätzung des Risikovolumens der Risikoszenarien die Einordnung in Klassen qualitativ verbessern. Bei der Boolschen Mengenlehre kann ein Risikoszenario gerade noch einer Klasse oder mit unwesentlich anderer Einschätzung bereits der nächst höheren/niedrigeren Klasse angehören wie beim obigen Temperatur-Beispiel gezeigt. Bei der Fuzzy-Logik gehören diese Risiken partiell zu den jeweiligen Klassen. Sollten Risiken ausschließlich über eine Klasseneinteilung bewertet werden, kann bei Verwendung von Fuzzy-Logik und den dadurch vorhandenen Übergangszonen eine „exakte" Bewertung von Risiken, im Sinne eines Näherungswertes, erfolgen. Eine besondere Bedeutung kommt dieser Thematik somit bei Risiken zu, die schwer zu quantifizieren sind.

---

82 Vgl. Kosko, 1999, S. 34.

83 Vgl. Kosko, 1999, S. 223–288.

Ein Risiko wird zu 30% als mittleres und zu 70% als großes Risiko eingeschätzt. Über eine hinterlegte Funktion der Übergangszonen der Risikoklassen kann ein „exakter" Wert für das Risikoszenario ermittelt werden.

SWOT-Analyse

Die SWOT-Analyse unterstützt das IT-Risikomanagement bezüglich dreier unterschiedlicher Aspekte. Erstens dient sie dem Unternehmen als ein bewährtes Instrument der strategischen Planung, um eine gute Unternehmensstrategie bzw. bei Anwendung innerhalb des IT-Bereichs eine gute IT-Strategie/IT-Governance zu erreichen. Zweitens können Risiken mittels Analysefelder identifiziert werden. Schließlich können durch eine Bewertung der einzelnen Faktoren die Risiken zumindest grob beurteilt bzw. vorhandene Bewertungen verifiziert werden.

Die SWOT-Matrix ist eine einfache und renommierte Methode, um die strategische Unternehmenssituation abzubilden und Strategiemaßnahmen daraus ableiten zu können. Bei der SWOT-Analyse werden die Stärken (strengths) und Schwächen (weaknesses) des Betrachtungsobjektes – des Unternehmens als Ganzes oder von Unternehmensteilen wie der IT – sowie die Chancen (opportunities) und Gefahren (threats) der Umwelt analysiert. Aus deren Kombination werden in den Strategiefeldern grundsätzliche Strategien bzw. konkrete Strategiemaßnahmen abgeleitet. Die Stärken und Schwächen stellen die internen Faktoren, also die Faktoren, die vom Unternehmen gesteuert werden können, dar. Die externen Faktoren der Chancen und Gefahren können vom Unternehmen nicht beeinflusst werden. Insbesondere die Einschätzung der externen Faktoren, ob diese Chancen oder Gefahren darstellen, hängt von der jeweiligen Unternehmenssituation ab und kann somit bei einzelnen Unternehmen differieren.

> Eine hohe Adaptionskompetenz bei der Einführung neuer Technologien in die Geschäftsprozesse des Unternehmens liegt im Einflussbereich des Unternehmens und kann durch die Unternehmenskultur sowie durch Schulungsmaßnahmen gefördert werden. Kurze Innovationszyklen auf den IT-Märkten liegen dagegen außerhalb des Einflussbereichs eines einzelnen Unternehmens und stellen Chancen bzw. Gefahren dar. Sofern die Adaptionsfähigkeit als Stärke der IT identifiziert wurde, stellen kurze Innovationszyklen in der Technik eine Chance dar. Unternehmen mit Problemen im Change Management werden den gleichen Sachverhalt als Gefahr einstufen.

In der **Abb. 2.8** sind die grundlegenden Strategien für die einzelnen Strategiefelder abgebildet. Um die Bedeutung und die daraus resultierende Bewertung der einzelnen Strategiefelder sowie der darin enthaltenen Risiken zu ermitteln, wird je Analysefeld eine gleiche Anzahl von Faktoren definiert und anschließend bezüglich ihrer Wahrscheinlichkeit (sehr wahrscheinlich bis eher unwahrscheinlich) und ihrer Auswirkung (sehr hohe Auswirkung bis geringe Auswirkung) geschätzt. Die zwei Dimensionen werden mit einer zu definierenden, linearen Skala unterlegt. Der Index eines jeden Analysefeldes errechnet sich aus der Summe der einzelnen Produkte der bewerteten Einzelfaktoren. Die Bedeutung des einzelnen Strategiefeldes ergibt sich aus dem Produkt der Indizes der darauf basierenden Analysefelder.[84] Das Strategiefeld mit dem höchsten Wert wird für die Zukunft des Unternehmens bzw. der Leistungsfähigkeit des Unternehmensteils von großer Bedeutung sein. Die Chancen und Risiken können mit Hilfe der Methoden der Risikoidentifikation erkannt werden. Die Stärken bzw. Schwächen können aus Strategiepapieren abgeleitet werden. Sofern noch keine strategischen Überlegungen vorgenommen wurden, kann überlegt werden, welche Eigenschaften oder Fähigkeiten das Unternehmen oder Unternehmensteile haben, die die Chancen und/oder Risiken, die bereits aufgeführt sind, verstärken bzw. abschwächen.

interne Faktoren / externe Faktoren	**Stärken** (strength) Stärke 1: p * e Stärke 2: p * e Stärke 3: p * e S-Index = Summe der Stärken	**Schwächen** (weaknesses) Schwäche 1: p * e Schwäche 2: p * e Schwäche 3: p * e W-Index = Summe der Schwächen
Chancen (opportunities) Chance 1: p * e Chance 2: p * e Chance 3: p * e O-Index = Summe der Chancen	SO-Szenario **Ausbaustrategie** Bedeutung: S-Index * O-Index	WO-Szenario **Aufholstrategie** Bedeutung: W-Index * O-Index
Risiken (threats) Risiko 1: p * e Risiko 2: p * e Risiko 3: p * e T-Index = Summe der Risiken	ST-Szenario **Absicherungsstrategie** Bedeutung: S-Index * T-Index	WT-Szenario **Abbaustrategie** Bedeutung: W-Index * T-Index

p = Wahrscheinlichkeit e = Auswirkungsmaß

Abb. 2.8   SWOT-Analyse[85]

Für die einzelnen Strategiefelder ergeben sich 4 grundlegende Strategien. Diese können grob den generischen Risikostrategien zugeordnet werden. Diese sind dabei nicht ausschließlich und verbindlich zu verstehen. Sie sollen vielmehr ein Gefühl für die Tendenz des Risikomanagements bezüglich des Umgangs mit den einzelnen Szenarien vermitteln und die Verbindung der SWOT-Analyse zum Risikomanagement aufzeigen.

---

84 Vgl. Wagemann, 2004, S. 27–29.

85 Vgl. Wagemann, 2004, S. 29.

- **Ausbaustrategie (SO-Szenario)**: Es treffen Chancen und eigene Stärken aufeinander. Eine Intensivierung ist von Vorteil. Risiken aus dieser Strategie können zu einem hohen Anteil akzeptiert werden. Die Risiken können noch über Risikotransformation oder -diversifikation verteilt werden.
- **Aufholstrategie (WO-Szenario)**: Es sind Chancen vorhanden, die aber bislang nicht voll genutzt werden. Die eigenen Fähigkeiten sollten deswegen erweitert werden, damit die Chancen genutzt werden können. Diese Strategie wird mit einer hohen Risikoakzeptanz, gepaart mit einer Risikoreduzierung, unterstützt.
- **Absicherungsstrategie (ST-Szenario)**: Es sind Risiken vorhanden, die allerdings auf einem Gebiet liegen, das die eigenen Stärken repräsentiert. Die Aktivitäten können, über Risikoreduzierungen abgesichert, fortgesetzt werden. Die Risikoübertragung ist bei diesem Szenario die vorherrschende Risikostrategie.
- **Abbaustrategie (WT-Szenario)**: Risiken treffen auf eigene Schwächen. Es ist empfehlenswert, diese Aktivitäten zu reduzieren. Die Risikovermeidung/-begrenzung in Verbindung mit Risikoübertragung wird hier die bevorzugte Risikostrategie sein.

Betriebswirtschaftliche Analysen/IT-Kennzahlensysteme
Die bekannten, betriebswirtschaftlichen Analysen eignen sich grundsätzlich ebenfalls für die Bewertung von Risiken. Diese basieren auf Kennzahlen, die sich zumeist auf Kosten-, Nutzen-, Leistungs- oder Produktivitätsperspektiven beziehen. Die einzelnen Risikoszenarien können dahingehend betrachtet werden, welche Auswirkungen der Eintritt eines solchen Ereignisses auf die Kennzahlen hat. Aus diesen Kennzahlen kann dann das Auswirkungsmaß, zumindest in den monetären Ausprägungen, abgeleitet werden. Das wohl bekannteste allgemein-betriebswirtschaftliche Kennzahlensystem ist das DuPont-System, welches aus dem Return-on-Invest abgeleitet wird. Neuere Kennzahlensysteme versuchen stärker, weiche Faktoren wie Mitarbeiter- oder Kundenzufriedenheit miteinzubinden. Der bekannteste Ansatz dabei ist die Balanced Scorecard, die später im Buch noch detailliert für das Management von IT-Risiken untersucht wird (siehe 3.2.2). Die für das IT-Risikomanagement wichtigen IT-Risikoindikatoren stellen ebenfalls ein spezielles Kennzahlensystem dar.

Kennzahlen machen Sachverhalte quantitativ messbar und ermöglichen es, durch Komprimierung von Informationen einen Überblick über komplexe Systeme zu erhalten. Kennzahlen müssen dabei einen Zusammenhang zwischen den metrischen Werten und den Sachverhalten im System darstellen. Seit den 1980er Jahren wurden diverse Kennzahlensysteme für die Informationstechnologie entwickelt. Als Beispiele können die Kennzahlensysteme von
- der Schweizerischen Vereinigung für Datenverarbeitung (SVD), 1980,
- Diebold, 1984,
- Lippold, 1985,
- oder Brogli, 1996

angeführt werden. Die typischen IT-Kennzahlensysteme referenzieren stark auf betriebswirtschaftliche und technische Kennzahlen. Unter den technischen Kennzahlen sind vornehmlich Verfügbarkeiten, Antwortzeiten und Transaktionsstatistiken zu nennen. Eine explizite Risikobetrachtung ist nicht in diesen Kennzahlensystemen enthalten. Ein Kennzahlensystem, das diesen Aspekt mitabdeckt, ist CobiT 2000. Es wird bei den Risikoreduzierungsmaßnahmen unter den Best-Practice-Ansätzen bewertet (siehe 3.3.9).[86]

Aus den allgemeinen IT-Kennzahlensystemen lassen sich die Risiken nicht direkt bewerten. Wie bei den rein betriebswirtschaftlichen Analysen/Kennzahlensystemen kann aber aufgrund der Auswirkungen der Risikoszenarien auf die Kennzahlen eine Bewertung stattfinden. Änderungen in den Zeitreihen der Kennzahlen können zur Risikoidentifikation verwendet werden. Dies bietet sich zur Qualitätssicherung an bzw. für Unternehmen, die bislang noch nicht die einzelnen Schadensfälle dokumentiert haben.

Dreier-Schätzung

In Anlehnung an die Netzplantechnik PERT (Program Evaluation and Review Technique) kann zur Bestimmung von Eintrittswahrscheinlichkeit, Auswirkungsmaß und dem daraus resultierenden Risikopotenzial eines Risikoszenarios allgemein die „Drei-Zeiten-Schätzung" verwendet werden. Bei dieser Quantifizierung wird der optimistischste, pessimistischste und der wahrscheinlichste Wert geschätzt. Der wahrscheinlichste Wert wird dabei um ein vierfaches höher bewertet als die Extremwerte, und daraus wird ein Durchschnitt berechnet. Diese Technik erleichtert es den Schätzenden eine Schätzung abzugeben. Der Schätzende kann über die drei Werte die Spannweite seiner Bewertung zum Ausdruck bringen, ohne sich dabei auf einen Wert festlegen zu müssen. Der weiter zu verwendende Wert wird durch die obige Berechnungsmethode ermittelt. Es handelt sich um eine Technik, die auf der Expertenschätzung basiert.

2.4.2   Kausal-Analysen

Die Methoden für Kausal-Analysen zeigen das Netzwerk von Ursachen, Ereignissen und Wirkungen auf.[87] Es wird analysiert, warum ein bestimmtes Ereignis eingetreten ist bzw. wodurch dieser Eintritt begünstigt wurde und warum die jeweiligen Auswirkungen aufgetreten sind. Diese Verfahren eignen sich vom Grundsatz her gut für jegliche Art von Risikomanagement. Bei den nachfolgenden Ausführungen müssen die nicht immer offensichtlichen Probleme solcher Analysen berücksichtigt werden. Diese werden als

- Wirkungsdefekt,
- Bewertungsdefekt,
- Zielsetzungsdefekt und
- Lösungsdefekt

bezeichnet.[88] Der **Wirkungsdefekt** verhindert bzw. erschwert eine eindeutige Zuordnung von Ursachen und Wirkungen. Dieser Effekt ist oft Resultat hoher Komplexität. So wirkt fast

---

86 Vgl. auch Kütz, 2003b, S. 153–218.

87 Zu den Kausal-Methoden wird auch die Verwendung von neuronalen Netzen gezählt. Neuronale Netze sind dabei mathematische Algorithmen, die selbstständig in der Lage sind, Problemlösungsverhalten zu generieren und Lerneffekte zu erzielen. Neuronale Netze entwickeln somit künstliche Intelligenz. Aufgrund der bislang noch geringen praktischen Bedeutung wird auf diese Methode nicht weiter eingegangen.

88 Vgl. Erben/Romeike, 2003a, S. 50–58.

immer eine Vielzahl von Ursachen auf ein einzelnes Risiko ein. Andererseits wirkt sich eine Ursache auf eine Vielzahl von Risiken (Verbundrisiken) aus. Dieses Geflecht der Komplexität kann zumeist nicht vollständig aufgezeigt werden und es gilt, sich auf die Analyse der Kernursachen zu beschränken. Zusätzlich können sich Problemsituationen wie Rückkopplungen ergeben, was bedeutet, dass ein Risiko wiederum Auswirkungen auf die eigentliche Ursache hat. Dies kann beispielsweise bei der Mitarbeitermotivation der Fall sein, wenn Fehlerhäufigkeit und deren Unannehmlichkeiten wie Überstunden und erhöhte Arbeitsaufwendungen wieder Rückwirkungen auf die Ursachen haben kann. Schließlich kann der Wirkungsdefekt auf zeitlichen Verschiebungen (time-lags) zwischen Ursache und Wirkung basieren. Länger zurückliegende Ursachen einer Wirkung werden eventuell nicht mehr erkannt.

Der **Bewertungsdefekt** basiert zum Teil auf dem Wirkungsdefekt. Tritt bei einer Analyse der Wirkungsdefekt auf und es werden nicht alle Ursachen analysiert, so kann die Bewertung nicht vollständig erfolgen. Ein weiteres Kriterium ist der zeitliche Verlauf von Ursachen. Je früher eine Ursache verhindert oder deren Auswirkungen geschmälert werden können, desto geringer sind die Auswirkungen. Eine detaillierte Wenn-dann-Analyse im zeitlichen Verlauf ist, vor allem bei der Vielzahl von Risikoursachen, sehr aufwändig. Die Dynamik der Rahmenbedingungen erschwert zusätzlich eine exakte Bewertung der einzelnen Risikoursachen.

Der **Zielsetzungsdefekt** beruht auf der subjektiven Risikowahrnehmung und Risikoaffinität. Unterschiedliche Personen nehmen vorhandene Risiken unterschiedlich wahr, gemäß dem Sprichwort: „Das gebrannte Kind scheut das Feuer." Es hängt vom Betrachter und dessen persönlichem Erfahrungsschatz ab, ob und wie bestimmte Situationen als gefährlich betrachtet werden. Ebenso haben Menschen eine risikofreudige bzw. risikoaverse Grundeinstellung vorzuweisen. Dieser Defekt wirkt umso stärker, je größer und heterogener ein Unternehmen ist. Anstelle von einzelnen Zielen wirken ganze Zielbündel auf die Bewertung mit ein. In den Bewertungsprozess ist eine Vielzahl von Menschen mit unterschiedlichen, persönlichen und kulturellen Einstellungen eingebunden.

Sofern bei Analysen obengenannte Defekte auftreten, verursachen diese unmittelbar den **Lösungsdefekt**. Effektive Lösungen können nur auf einer richtigen Analyse beruhen. Bei der Erarbeitung von Lösungen und deren Bewertungen müssen zudem die Seiteneffekte aus anderen Risikoreduzierungsmaßnahmen berücksichtigt werden.

Ereignis- und Fehlerbaumanalyse
Bei den Kausal-Methoden sind vor allem die Ereignisbaumanalyse und die Fehlerbaumanalyse[89] zu nennen. Bei beiden Verfahren wird eine Baumstruktur aufgebaut. Diese zeigt die Kausalstruktur aufgrund von logischen UND- bzw. ODER-Verknüpfungen mit definierter Wahrscheinlichkeit auf. Es werden logische Ketten aufgebaut, die Aufschluss darüber geben, was ein einzelnes Ereignis mit einer bestimmten Wahrscheinlichkeit alles auslösen wird. Bei der Ereignisbaumanalyse, für die in **Abb. 2.9** ein Beispiel dargestellt ist, wird der Schwer-

---

89 Die Fehlerbaumanalyse ist in der DIN 25424 Teil 2 genormt.

punkt auf die Schadensursachen gelegt, während sich die Fehlerbaumanalyse auf die Schadenswirkungen fokussiert.[90]

Die Ereignis- und Fehlerbaumanalysen stellen ein gutes Instrument zur Ermittlung von potenziellen Schadenswirkungen dar. Abhängigkeiten von einzelnen Komponenten untereinander können damit gut abgebildet werden. Die Komplexität von Systemzusammenhängen
wird damit analysiert. Das Risiko der Methodik besteht in der Komplexität der Analysen
selbst. Bei einer Vielzahl von Komponenten, die untereinander Abhängigkeiten besitzen,
wird die Analyse selbst sehr komplex. In den meisten Anwendungsfällen können solche
Analysen betriebswirtschaftlich sinnvoll nur auf einem relativ hohen Abstraktionslevel bzw.
einem begrenzten Analysegebiet erstellt werden.

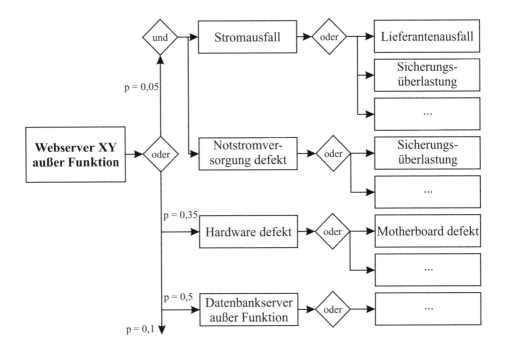

Abb. 2.9   Beispiel Ereignisbaumanalyse

---

90   Vgl. Röckle, 2002, S. 99–102.

FMEA-Analyse

Die Failure Mode and Effekt Analysis (FMEA)[91], übersetzt, die Fehlermöglichkeits- und -einflussanalyse, kann als eine weitergehende Analyse der Ereignis-/Fehlerbaumanalysen verwendet werden. Die Methode wurde in den 1960ziger Jahren bei der NASA entwickelt und findet heutzutage hauptsächlich in der industriellen Fertigung ihren Einsatz. Das Verfahren analysiert genau die einzelnen Ursachen-/Wirkungszusammenhänge und wird daher in risikosensitiven Bereichen wie in der Kerntechnik oder in der Raum- und Luftfahrt eingesetzt. Die Methodik erlaubt, Systeme und die damit verbundenen Risiken bereits in frühen Entwicklungsphasen theoretisch zu durchleuchten.[92]

Im Rahmen des Risikomanagements kann diese Methode zu Detailuntersuchungen eingesetzt werden. In unserem vorherigen Beispiel der Fehlerbaumanalyse würden die Komponenten des Datenbankservers analysiert und alle vorhandenen Fehlermöglichkeiten sowie deren Auswirkungen auf das Teilsystem Datenbankserver detailliert untersucht werden. Die FMEA-Analyse ist mit einem gegenüber der Ereignis- und Fehlerbaumanalyse noch höheren Analyseaufwand verbunden und bietet sich für Detailanalysen einzelner Risiken oder Systeme an. So kann beispielweise die FMEA-Analyse wie auch die o.g. Baumanalysen gute Dienste bei der Konzipierung von hochkritischen Systemen leisten.

Bayesianisches Netzwerk

Bei Bayesianischen Netzwerken werden Zustände bzw. Ereignisse als Knoten modelliert und diese mit den relevanten Eigenschaften versehen. Anregungen zur Bildung solcher Knoten können technische Abhängigkeiten oder aber die Prozessanalysen liefern. Anschließend werden die miteinander in Beziehung stehenden Knoten verknüpft und die quantitativen Beziehungen der Knoten an diesen Verknüpfungen aufgeführt. Das Beispiel in **Abb. 2.10** soll dies verdeutlichen.

Die Auswertung eines solchen Netzwerks kann auf zwei unterschiedliche Arten erfolgen. Bei der sogenannten **Forward Propagation** wird eine Aussage über den Zustand des relevanten Knotens unter bestimmten Bedingungen erstellt. In diesem Fall kann die voraussichtliche Verfügbarkeit einer webbasierten Anwendung auf einem Linux-Server in der Filiale berechnet werden. Demgegenüber trifft die **Backward Propagation** eine Aussage über die wahrscheinliche Ausfallursache. Was ist der wahrscheinlichste Grund für den Ausfall der Anwendung XY auf der Filiale? Die Beantwortung der Frage eignet sich damit zur quantitativen Ursachenforschung.[93] Bayesianische Netzwerke sind gut zur Verprobung von identifizierten Risikotreibern geeignet. Ebenso können Wirkungszusammenhänge erkannt und daraus Wahrscheinlichkeiten errechnet werden.

---

91   Sie ist in der DIN 25448 unter der Bezeichnung Ausfalleffektanalyse genormt.

92   Vgl. auch Dreger, 2000, S. 394.

93   Vgl. Küchle/Müller, 2003, S. 155–156.

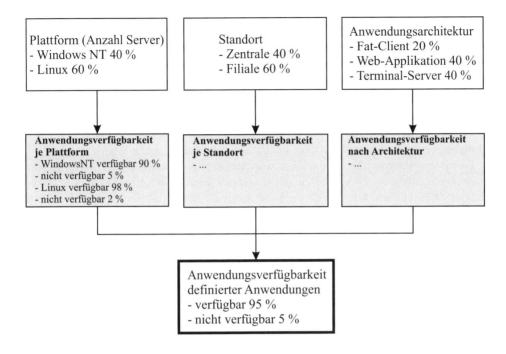

Abb. 2.10 Beispiel Bayesianisches Netzwerk

2.4.3 Quantitative Ansätze

Im Rahmen der operationellen Risiken versteht man unter den quantitativen Ansätzen die Berechnung des für die Risiken zu hinterlegenden Eigenkapitals. Diese Aufgabe liegt nicht im Verantwortungsgebiet des IT-Risikomanagements. Dennoch werden der Vollständigkeit halber im Folgenden die weit verbreiteten, häufig diskutierten Methoden, die u.a. für diese Berechnung verwendet werden können, vorgestellt. Sie werden hinsichtlich ihrer Einsatzmöglichkeiten für das IT-Risikomanagement, z.B. für die Ermittlung oder Qualitätssicherung der eingeschätzten Risikopotenziale der IT-Risiken, beurteilt. Wie ernst die umfassende, quantitative Einschätzung im Risikomanagement genommen wird, kann an der Einführung des Begriffs Risk Flow – in Anlehnung an der in der Betriebswirtschaft gängigen Kennzahl Cash Flow[94] – gemessen werden. Risk Flow stellt das Risikopotenzial aller Geschäfte umfassend dar. So werden Risikopotenziale von Geschäften mitberücksichtigt, die nicht oder noch nicht in die Buchhaltung eingeflossen sind.[95]

---

94 Cash Flow stellt die Innenfinanzierungskraft eines Unternehmens dar (laufender, erfolgswirksamer finanzieller Überschuß der geschäftlichen Aktivitäten).

95 Vgl. Keitsch, 2000, S. 41–47.

Bei den quantitativen Ansätzen ist die zu hinterlegende Datenbasis entscheidend. Als quantitative Datenbasis werden Daten verstanden, die in ausreichender Menge aus messbaren Sachverhalten gewonnen werden können. Diese Basis können beispielsweise Schadensfälle oder Risikoindikatoren bilden. Unter einer qualitativen Datenbasis versteht man die Verwendung von subjektiv ermittelten Werten. Dies können z.B. Einschätzungen zu Risikovoluminas der Risikoszenarien sein.

Abschließend muss auf die Schwächen der mathematischen Algorithmen hingewiesen werden. Eine detaillierte Berechnung von Risikowerten täuscht gerne eine Scheingenauigkeit vor und verleitet einen unbedarften Dritten dazu, diese Werte als absolute Wahrheit zu akzeptieren. Den Berechnungen liegen jedoch im- und/oder explizit Prämissen und Wahrscheinlichkeitsaussagen zugrunde, die letztlich in der jeweiligen persönlichen Entscheidung mitberücksichtigt werden müssen. Diese Wirkung wird durch die hohe Komplexität der Modelle und den daraus resultierenden fachlichen Anforderungen an den Auswertenden bzw. Entscheider noch verstärkt.

Einfache Simulationsverfahren

Bei einfachen Simulationsverfahren werden Prämissen für die künftigen Entwicklungen definiert (z.B. als jeweilige Extremtrends). Die Auswirkungen auf den zu betrachtenden Sachverhalt werden analysiert bzw. berechnet. Das einfache Simulationsverfahren grenzt sich gegenüber der nachfolgenden Sensitivitätsanalyse dadurch ab, dass absolute Ergebnisse und nicht die relative Einflussstärken der jeweiligen Faktoren ergründet werden. Einfache Simulationsverfahren bilden die Fragestellung „Was wäre wenn" ab.[96] Solche Verfahren können gut für das IT-Risikomanagement angewendet werden. Ihr Einsatzgebiet entspricht dem der nachfolgenden Sensitivitätsanalyse. Die Anwendung ist dieser gegenüber jedoch einfacher, der Aussagegehalt dafür aber spezieller (auf das jeweilige Szenario fixiert).

Sensitivitätsanalyse

Sensitivitäten zeigen die Anfälligkeit einer bestimmten Position gegenüber deren bekannten Einflussfaktoren auf. Die Sensitivitätsanalyse wird u.a. bei finanziellen Risiken von Optionen verwendet. Es wird festgestellt, wie sich beispielsweise die Kursentwicklung des unterlegten Gutes auf den Optionswert auswirkt. Die Anfälligkeit der ursprünglichen Position gegenüber dem Einflussfaktor wird als sogenannter Delta-Wert ausgewiesen. Die Abhängigkeit des Delta-Wertes von dem Einflussfaktor drückt die Gamma-Kennzahl aus.[97]

Im IT-Risikomanagement können Sensitivitäten für die Qualitätssicherung der Quantifizierung von Risikopotenzialen in Abhängigkeit zu den dafür identifizierten Risikoindikatoren verwendet werden. Ferner kann durch das Prognostizieren oder mittels Zielwerte für Risikoindikatoren eine Prognose für das jeweilige Risikopotenzial erstellt werden.

---

96   Vgl. Keitsch, 2000, S. 60–61.

97   Vgl. Keitsch, 2000, S. 58–59.

Value-at-Risk

Der Value-at-Risk (VaR) wird auch als Money-at-Risk oder Capital-at-Risk bezeichnet. Der VaR bildet die Grundlage der meisten internen Modelle bei Kreditinstituten zur Ermittlung des bankbetrieblichen Risikopotenzials. Der Wert drückt den erwarteten finanziellen Verlust in einem bestimmten Zeitraum aus, der mit einer definierten Wahrscheinlichkeit (Konfidenz-niveau), z.B. 95 %, nicht überschritten wird.[98] Es wird zwischen parametrisierten und simu-lierten VaR-Modellen unterschieden. Die parametrisierten VaR-Modelle legen zumeist eine Normalverteilung zugrunde. Bei einem Vergleich der Schadensverteilungen von operationel-len Risiken wird ersichtlich, dass hier keine ursprüngliche Normalverteilung vorliegt (es ergibt sich in der Regel eine rechtsschiefe Verteilung).[99] Dies ist einer der Gründe, warum auf einen parametrisierten VaR-Ansatz im Bereich der operationellen Risiken verzichtet und es bevorzugt zum Simulationsverfahren nach der „Monte Carlo-Methode" kommt. Bei dieser Simulation werden die Parameter für zahlreiche, unterschiedliche Szenarien definiert und mit Wahrscheinlichkeitsaussagen unterlegt. Aus diesen Aussagen wird dann zufällig ein Wert ausgewählt und zur Berechnung herangezogen. Über diese Methodik kann zudem eine Ag-gregation von Risikoszenarien dargestellt werden.[100]

Der VaR kann grundsätzlich auf IT-Risiken angewendet werden. Allerdings lassen sich aus diesem Ansatz, aufgrund der benötigten Datenmengen, nur schwer Rückschlüsse auf einzel-ne Risikoszenarien ziehen. Für die Quantifizierung einzelner IT-Risikoszenarien ist ein hoher Initialaufwand für die Erstellung der vielen Simulationsszenarien erforderlich. Der Ansatz ist für die IT-interne Risikosteuerung zumindest zur Zeit noch wenig attraktiv. Er wird jedoch bei vielen Unternehmen zur Berechnung des Risikovolumens der operationellen Risiken eingesetzt[101] und kann in diesem Zusammenhang zur Ermittlung des Risikovolumens der Anwender-IT-Risiken genutzt werden.

Extrapolationen/Chartanalysen

Bei dieser Technik wird die vergangene Entwicklung dargestellt und aufgrund des Verlaufs die zukünftige, weitere Entwicklung aufgezeigt. Dies kann auf Basis von reinen Datenreihen oder in grafischer Form erfolgen. Für die Interpretation von Charts ist es möglich, Methoden aus der für Marktanalysen etablierten Chartanalyse abzuleiten. Ferner können aus Entwick-lungen verwandter Themengebiete Rückschlüsse auf den zu bewertenden Gegenstand gezo-gen werden.[102]

Diese Prognosen haben für IT-bereichsinterne Risikoszenarien vergleichsweise geringe Aus-sagekraft. Das Quantifizierungsinstrument kann jedoch gut für die Beurteilung externer Ein-flüsse verwendet werden. So kann beispielsweise mittels Statistiken von Hackerangriffen

---

98 Vgl. Keitsch, 2000, S. 59.

99 Vgl. Röckle, 2002, S. 107–109.

100 Vgl. Erben/Romeike, 2003b, S.291.

101 Vgl. Balduin/Junginger/Krcmar, 2002, Tz 4.

102 Vgl. Keitsch, 2000, S. 61.

und deren Entwicklungen das künftig zu erwartende Bedrohungspotenzial abgeleitet werden. Kostenstrukturänderungen, die aus bekannten, technischen Architekturänderungen resultieren, können auf künftige Kostenstrukturen prognostiziert werden. Solche Extrapolationen sind vor allem bei der Verwendung von Risikomesskennzahlen erforderlich, da diese ihrer Natur nach bereits nachlaufende Kennzahlen sind (siehe 2.5.2). Bei der Verwendung von Risikoindikatoren, die auf Risikotreibern basieren, ist dies weniger wichtig. Die aktuelle Veränderung der Risikotreiber bildet bereits die Basis für die künftige Risikoentwicklung.

Extrem-Value-Theory (EVT)

Wie bereits beim Value-at-Risk-Ansatz erwähnt, weisen die meisten Risikoszenarien eine rechtsschiefe Verteilung auf. Die maximale Größe des Auswirkungsmaßes kann zumeist nur geschätzt werden, da ein maximaler Schadensverlauf nur selten vorkommt. Die EVT verwendet zur Berechnung eines maximalen Schadensniveaus spezielle Extremwertverteilungen[103], die aus empirischen Untersuchungen/Schätzwerten resultieren und bedient sich der Eigenschaft, dass lange, rechtsschiefe Verteilungen einen annähernd linearen Funktionsverlauf nehmen.[104] Die EVT ist ein quantitativer Ansatz, der die Berechnung eines extremen Auswirkungsmaßes auf mathematisch-statistischer Methode ermöglicht. Sie kann zur Qualitätsverbesserung von Risikoszenarien mit Extremwerten verwendet werden.[105]

Der Einsatz von EVT ist, insbesondere bei der Schätzung von Auswirkungsmaßen bei Produktivitäts-/Abhängigkeitswerten, von Bedeutung. Sie kann gut bei Infrastrukturkomponenten oder Basistechnologien bzw. auf Seiten der Fachbereiche bei den Anwender-IT-Risiken eingesetzt werden.

2.4.4   Detaillierte Systemrisikoanalyse

Das IT-Sicherheitshandbuch des Bundesamtes für Sicherheit in der Informationstechnik stellt ein Grundlagenpapier für das IT-Security Management dar und bezieht sich ausschließlich auf IT-Sicherheitsthemen. Die nachfolgend beschriebene, detaillierte Systemrisikoanalyse lehnt sich grob an die Stufen 2 und 3 des IT-Sicherheitshandbuchs[106] an und wird um Aspekte eines integrierten IT-Risikomanagements ergänzt. Diese Vorgehensweise stellt keine Alternative zum im IT-Sicherheitshandbuch definierten Verfahren bezüglich des IT-Security Managements dar. Es handelt sich vielmehr um eine angepasste Variante zur Unterstützung der Bewertung von IT-Risikoszenarien. Der Prozess der Durchführung einer detaillierten Systemrisikoanalyse ist in **Abb. 2.11** dargestellt.

---

103 Bekannte Extremwertverteilungen sind die Generalized Pareto Distribution (GPD) und die Eneralized Extreme Value Distribution (GED).

104 Vgl. Metzler, 2003, S. 55–59.

105 Vgl. auch Basel Committee, 2004, S. 142–147.

106 Vgl. BSI, 1992, Kapitel 5.

Die detaillierte Systemrisikoanalyse versetzt die Beurteilenden in die Lage, das vorhandene Risikopotenzial eines IT-Systems besser bewerten zu können. Im Idealfall baut sie auf den operationalisierten Risikoszenarien auf. Das zu analysierende IT-System muss genau abgegrenzt werden. Dabei ist es notwendig, sowohl den Funktionsumfang, die Datenbestände, die verwendete Hard- und Software als auch den beteiligten Personenkreis zu beschreiben.

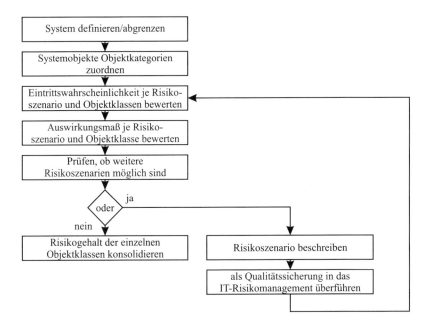

Abb. 2.11   Prozess der detaillierten Systemrisikoanalyse

Bedrohungsanalyse

Mittels der Bedrohungsanalyse wird ermittelt, wo Risiken für die Sicherheit des IT-Systems liegen. Risiken können dabei grundsätzlich an allen Bestandteilen eines Systems vorhanden sein. Um alle Risiken identifizieren zu können, wird das abgegrenzte System in seine Bestandteile/Objekte zerlegt. Die Objekte können dabei den in **Tab. 2.9** aufgeführten Objektkategorien zugeordnet werden.

Tab. 2.9   Inhalte der Objektkategorien einer detaillierten Systemanalyse[107]

Objektkategorien	Inhalte
Infrastruktur	Räume, Strom-/Wasserversorgung, Klimatisierung, Zutrittskontrollen, Einbruchsicherung, LAN-/WAN-Verkabelung, Feuerschutz
Hardware	Serverhardware, Clienthardware, Zusatzhardware (z.B. Scanner, Kartenleser, Modem), Speichermedien, Router, Switches, Datenträger
Paperware	Anwendungsdokumentation, Benutzerhandbuch, RZ-Handbuch, Arbeitsanweisungen im Fachbereich, Notfallkonzepte, Ausdrucke aus der Anwendung (Anwendungsausdrucke und Protokollausdrucke)
Software	Anwendungssoftware, Betriebssystemsoftware, sonstige Betriebssoftware, Berechtigungsverfahren,
Daten	externe Datenbestände, eigengenerierte Datenbestände, Protokolldatenbestände, Archivierungsbestände, temporäre Datenbestände, Plausibilisierungsroutinen
Kommunikation	Kryptografietechnik, Netzwerktechnik, Netzwerkbetreiber, Netzwerkprotokolle, Netzwerkverbindung
Personen	Entwicklungspersonal, Betriebsführungspersonal, Userrollen, Berechtigungskonzepte, Rollenkonzepte
Outsourcing	Outsourcing-Partner, Outsourcing-Verträge, Bonität Outsourcing-Partner, Integration des Outsourcing-Gegenstandes in das System

Risikoanalyse

Nachdem alle Objekte aufgenommen und ihren Objektkategorien zugeordnet sind, werden die Objektklassen anhand der beinhaltenden Objekte auf vorhandene Risiken hin überprüft. Die Beurteilung der erwarteten Eintrittswahrscheinlichkeit kann mittels der in der IT-Risk-Policy definierten Häufigkeitsklassen erfolgen. Die Auswirkungen der einzelnen Objekte sind nicht mehr auf die Auswirkungsmaßklasse des IT-Risikomanagements übertragbar, sondern orientieren sich an den Auswirkungen für das definierte IT-System. Die Klasseneinteilung wird, wie in **Tab. 2.10** dargestellt, vorgenommen.

Die Risikobewertung der einzelnen Objektklassen findet durch einen Abgleich mit allen relevanten IT-Risikoszenarien statt. Sofern eine Operationalisierung im Rahmen der Erarbeitung der IT-Risikoszenarien (siehe 2.3.3) erfolgt ist, kann die Analyse auf die relevanten Risikoszenarien beschränkt werden. Andernfalls müssen zuerst die relevanten Risikoszenarien identifiziert und anschließend in ihren einzelnen Objektklassen bewertet werden. Zumeist ist eine Bewertung des jeweiligen Risikopotenzials, bezogen auf die einzelnen Objektklassen, möglich. In Einzelfällen können die Objektklassen weiter untergliedert werden, im Extremfall bis hin zu den einzelnen Objekten. Dies verursacht jedoch einen hohen Ar-

---

107 Die Objektkategorien orientieren sich an denen des IT-Sicherheitshandbuchs, vgl. BSI, 1992.

beitsaufwand. Die Beurteilung erfolgt, wie in **Tab. 2.11** dargestellt, anhand der Risikoeinteilung.

Tab. 2.10   Auswirkungsklassen der detaillierten Systemrisikoanalyse

Auswirkungsklassen	Beschreibung
1	Es ergeben sich nur geringfügige Auswirkungen auf das Gesamtsystem. Das System kann weiterhin an fast allen Arbeitsplätzen voll geschäftswirksam verwendet werden. Die Sicherheitsanforderungen an Vertraulichkeit und Integrität können erfüllt werden.
2	Es ergeben sich Beeinträchtigungen des Gesamtsystems. Es kann an vielen Arbeitsplätzen nicht mehr verwendet werden und/oder die Funktionalitäten sind wesentlich eingeschränkt. Vertraulichkeit und Integrität können wieder hergestellt werden.
3	Das Gesamtsystem kann nicht mehr verwendet werden. Geforderte Vertraulichkeit und Integrität sind nachhaltig in Frage gestellt.

Letztlich wird überprüft, ob weitere Risikoszenarien für die einzelnen Objekte denkbar wären. Sollten weitere Risikoszenarien erkannt werden, so werden diese als Qualitätssicherung mit in das IT-Risikoportfolio eingearbeitet. Nach erfolgreichem Abschluss der Analyse können die Auswirkungen der Risikoszenarien auf das analysierte System besser eingeschätzt werden. Zusätzlich werden Aussagen bezüglich einer Verteilungsfunktion erleichtert. Die Erarbeitung von einzelnen Risikoreduzierungsmaßnahmen ist mittels der detaillierten Analyse leichter zu bewerkstelligen.

Tab. 2.11   Matrix einer detaillierten Systemrisikoanalyse

Objekte des Systems A	Eintrittswahrscheinlichkeit/Auswirkungsmaß je Objektklasse/Risikoszenario					
	RS 1	RS 2	RS 3	RS 4	RS 5	...
Infrastruktur	c1[108]	b3	–	–	–	
Hardware	–	b1	–	c2	c1	
...						

---

108 Die Kategorisierung der Eintrittswahrscheinlichkeit bezieht sich auf die Beispielklassen aus Kapitel 1.2.3.

2.4.5   Einzelsystem-Restrisikoanalyse (ESRRA)

Ebenso wie die detaillierte Risikoanalyse leistet die Restrisikoanalyse keine ganzheitliche Betrachtung des Risikoportfolios, sondern hat die Bewertung der konkreten Risikosituation einer abgegrenzten Anwendung, eines Systems oder einer Plattform zum Ziel. Sie unterscheidet sich von der detaillierten Risikoanalyse in ihrem Ansatz in den folgenden zwei Punkten. Zum einen wird das System nicht auf sein Gesamtrisikopotenzial hin untersucht, sondern explizit auf das noch bestehende Restrisiko, zum anderen wird durch einen vergleichenden Restrisiko-Ausweis einem IT-fremden Auftraggeber die Risikoeinschätzung erleichtert. Risikoreduzierungsmaßnahmen werden dahingehend beurteilt, wie nahe diese das Sicherheitsniveau an oder über den Unternehmensstandard heben.

Die Restrisikoanalyse orientiert sich an den Bewertungskategorien aus dem IT-Grundschutz und schlägt zugleich die Brücke zur Portfoliobetrachtung des Managements von operationellen Risiken. Das Restrisiko stellt das nach der Implementierung der Anwendung trotz Risikoreduzierungsmaßnahmen verbleibende Risiko dar. Um dieses Restrisiko einem technisch nicht versierten Entscheider vermitteln zu können, müssen die Maßstäbe relativ, d.h. zum im Unternehmen allgemein akzeptierten Restrisiko aus der Informationstechnologie, gesetzt werden. Diese Perspektive wird durch eine Bewertung anhand von im Unternehmen bereits definierten Richtlinien erreicht. Die Auswirkungen der Risiken auf die Geschäftstätigkeit des Unternehmens wird nicht unter Zuhilfenahme eines expliziten Business Impacts vorgenommen, sondern erfolgt mittels der Kategorisierung des Systems. Die Klassen werden im Rahmen des IT-Krisenmanagements (siehe 4.2.1) oder durch IT-Security-Vorgaben definiert. Die Architektur- und Sicherheitsvorgaben lassen sich aus dieser Einteilung ableiten. Die Vorgaben für die Systemgestaltung ergeben sich aus den an die IT-Security-Richtlinien angelehnten IT-Architektur-Richtlinien.

Die Bewertungsskala für das Restrisiko wird in einem Wertebereich von 1 bis −1 dargestellt, wobei eine Nullbewertung eine Risikoneutralität darstellt. Die Richtlinien im IT-Architektur- und IT-Security-Bereich müssen so ausgelegt sein, dass bei deren Einhaltung ein akzeptiertes Restrisikoniveau erreicht wird. Diese Bewertung stellt demzufolge eine Beurteilung relativ zur Risikoaffinität des Unternehmens dar. In **Tab. 2.12** wird die Bewertungsskala definiert.

Tab. 2.12 Bewertungsskala der Restrisikoanalyse

Skalenwert	Bewertungskriterium
1	Das Restrisiko ist auf das Maximum erhöht. Es bestehen keine systemadäquaten Sicherungsmaßnahmen.
0,7	Das Restrisiko ist deutlich erhöht.
0,5	Das Restrisiko ist erhöht.
0,2	Das Restrisiko ist leicht erhöht.
0	Das Restrisiko entspricht dem Risiko, welches das Unternehmen aus seiner Geschäftstätigkeit heraus akzeptiert.
−0,2	Das Restrisiko ist leicht vermindert.
−0,5	Das Restrisiko ist vermindert. Alle wirtschaftlich sinnvoll erscheinenden Risikoreduzierungsmaßnahmen wurden realisiert.
−0,7	Das Restrisiko ist deutlich vermindert.
−1	Das Restrisiko ist auf ein Minimum reduziert. Alle bekannten Risikoreduzierungsmaßnahmen wurden vollumfänglich realisiert.

Das abgegrenzte System wird hinsichtlich seiner Kritikalität bezogen auf Verfügbarkeit, Vertraulichkeit und Integrität klassifiziert. Anschließend wird das System anhand der einzelnen Kategorien bewertet und tabellarisch oder grafisch dargestellt. Bei der grafischen Darstellung bietet sich die in **Abb. 2.12** dargestellte Spinnennetzdarstellung an, wobei die abgebildete Fläche das vorhandene Risiko symbolisiert.

Die IT-Architektur gibt Richtlinien für die Gestaltung/Ausstattung von IT-Systemen vor. Die Richtlinien berücksichtigen dabei die Kritikalität des jeweiligen Systems. Ein hoch kritisches IT-System muss höher abgesichert sein, als ein weniger kritisches. Die Vorgehensweise zur Bewertung der einzelnen Kategorien kann in zwei Schritten erfolgen. In einem ersten Schritt wird geprüft, ob das System den jeweiligen Vorgaben entspricht. Ist dies der Fall, so sollte eine grobe Plausibilitätsprüfung stattfinden, ob die, aus den Klassifizierungen abgeleiteten Richtlinien, dem Einzelfall gerecht werden. Sollten keine Besonderheiten festgestellt werden, kann der Abgleich anhand der Richtlinien erfolgen. Sollten Besonderheiten vorliegen oder aber das System nicht den Vorgaben entsprechen, wird in einem zweiten Schritt das Risiko der angestrebten Lösung erarbeitet und mit dem potenziellen Risiko einer richtlinienkonformen Lösung verglichen. Der Prozess zur Durchführung einer Einzelsystem-Restrisikoanalyse ist in **Abb. 2.13** dargestellt.

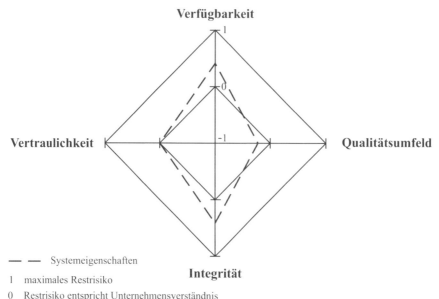

— — Systemeigenschaften

1   maximales Restrisiko

0   Restrisiko entspricht Unternehmensverständnis

-1 minimales Restrisiko

Abb. 2.12   grafische Darstellung der Restrisikoanalyse

Die nachfolgend aufgeführten Bewertungs-Kategorien enthalten wiederum Unterkategorien. Die Aggregation der Unterkategorien zu einem Gesamtvotum kann auf unterschiedliche Weise erfolgen:

- Es wird das arithmetische Mittel errechnet. Dies ist nicht sehr aussagekräftig, da potenziell höhere Risiken mit verminderten Risiken „verrechnet" werden. Ob diese Verrechnung aus Risikogesichtspunkten überhaupt zulässig ist, hängt vom Einzelfall ab, grundsätzlich ist dies zu bezweifeln.
- Es wird ein arithmetisches Mittel aus den positiven Werten (erhöhte Risiken) errechnet. Diese Vorgehensweise führt zu einer Vereinheitlichung der Aussage. Allerdings werden Unterkategorien, die ein reduziertes Risiko darstellen, nicht mitberücksichtigt.
- Es wird das maximale Risiko angesetzt. Dieses Verfahren basiert auf der Annahme, dass das größte Risiko als Schwachstelle die jeweilige Gesamteigenschaft beherrscht. Dies entspricht dem Leitspruch: „Die Kette ist nur so stark, wie ihr schwächstes Glied."
- Es wird das maximale und minimale Risiko ausgewiesen. Damit wird nicht ein genau zugeordneter Wert für jede Kategorie, sondern ein Wertebereich ermittelt. Differieren die Restrisiken in den einzelnen Unterkategorien stark, so nimmt die Aussagekraft der Restrisikoanalyse ab.
- Es wird eine situative Aggregation praktiziert. Die Bewertenden können aus den oben aufgeführten Verfahren auswählen und den jeweiligen Wert einer Kategorie gemäß der inhaltlichen Gegebenheit bestimmen. In diesem Fall muss bei der jeweiligen Aggregation die Verfahrensweise benannt werden.

Bei der Aggregation wird empfohlen, das maximale Risiko zu übernehmen und eine situative Anrechnung nur in begründeten Ausnahmefällen zuzulassen. Nachfolgend werden die einzelnen Punkte der Bewertung aufgeführt und erläutert.

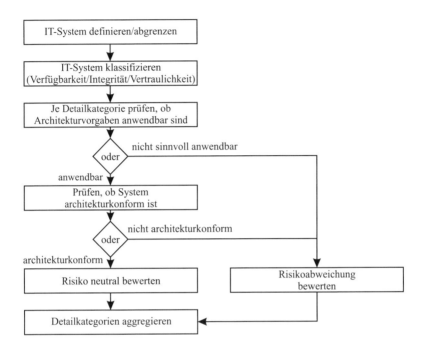

Abb. 2.13 Prozess der Einzelsystem-Restrisikoanalyse

Verfügbarkeit
Die Verfügbarkeit stellt eine wesentliche Eigenschaft eines Systems dar. Um die Gesamtverfügbarkeit erarbeiten zu können, wird diese in verschiedene Teilaspekte aufgeteilt. Der Bewertungsmaßstab dieser Kategorie wird überwiegend aus IT-Architektur-Richtlinien und zum Teil aus IT-Security-Richtlinien abgeleitet. Zusätzlich müssen organisatorische Regelungen zur Betreuung der Anwendungen mitberücksichtigt werden. Die zu bewertenden Aspekte werden auf der Basis von IT-Komponenten betrachtet und gliedern sich wie folgt auf:

Systemabhängigkeiten. Systemabhängigkeiten sind Schnittstellen der Anwendung in tieferliegende IT-Schichten. Diese tieferliegenden Schichten bilden die Voraussetzungen zum Betreiben der Software. Klassische Systemabhängigkeiten sind Laufzeitumgebungen, Berechtigungsverzeichnisse oder Middleware. Zur Beurteilung der Systemabhängigkeiten wird geprüft, ob alle für das System relevanten Einzelkomponenten den Architekturvorgaben entsprechen und ob diese Komponenten im täglichen Betrieb die geforderte Verfügbarkeit sicherstellen. Hierzu können Verfügbarkeitsstatistiken aus dem Reporting herangezogen werden. Insbesondere dann, wenn die benötigte Infrastruktur nicht den Richtlinien des Unternehmens entspricht, muss detailliert geprüft werden, ob die eingesetzten Infrastrukturkomponenten mittel- bis langfristig die geforderte Verfügbarkeit sicherstellen können. Beurteilungskriterien dafür können die Marktverbreitung, die Phase des Lebenszyklus der Komponenten, internes Know-how über die Sonderlösung oder aber die vertragliche Ausgestaltung einer externen Wartung sein.

Schnittstellen. Die Schnittstellen unterscheiden sich von den Systemabhängigkeiten dahingehend, dass diese die Verbindung zu anderen fachlichen Anwendungen bzw. zu deren Datenbeständen bilden. Es kann unterschieden werden, ob das System diese Schnittstelle während des Betriebs/fachlichen Ablaufs benötigt oder ob die Schnittstelle nur während eines bestimmten Zeitpunkts, zum Beispiel beim Hochfahren des Systems oder in der Nachtverarbeitung zum Einlesen bestimmter aktueller Daten, gebraucht wird. Zudem muss untersucht werden, was ein Ausfall der Schnittstelle bedeutet. Kann das System bei einem Ausfall seine Funktionalität ganz oder teilweise nicht erbringen? Kann das System, beispielsweise mit dem vorherigen Datenbestand, weiterarbeiten und nur Geschäftsvorfälle, die auf das Delta zum vorherigen Datenbestand referenzieren, nicht verarbeiten? Sollte die Verwendung der Bestandsdaten eine gewisse Grundfunktionalität absichern können, so sollte zudem gewährleistet sein, dass dem Anwender die Nichtverwendung des aktuellen Datenbestandes in der jeweiligen Ausfallsituation bekannt ist.

Hardware und Betriebssystemsoftware. Unter der Kategorie Hardware und Betriebssystemsoftware wird unter anderem der Standort der einzelnen Komponenten bewertet. Der Bedarf an Ausweicharbeitsplätzen/-produktionsstandorten ist mitzuberücksichtigen. Beinhalten die Standorte risikoerhöhende/-mindernde Eigenschaften? Zusätzlich muss eruiert werden, ob die Hard- und Betriebssystemsoftware den gestellten Anforderungen gerecht wird. Ist sie noch state-of-the-art? Wird eventuell Sonderhardware eingesetzt und wenn ja, wie ist deren Ausfallsicherheit einzustufen? Des Weiteren sind die vertraglichen Rahmenbedingungen wie Wartungsverträge zu beachten.

Anwendungssoftware. Die Beurteilung der Verfügbarkeit von Standardsoftware ist gemeinhin schwieriger als die von eigenerstellter Software. Der Sourcecode von Standardsoftware ist, mit Ausnahme von Open-Source-Software, dem einsetzenden Unternehmen nicht bekannt bzw. das einsetzende Unternehmen möchte nicht den Aufwand betreiben, sich in einen solchen Sourcecode einzuarbeiten. Die Einschätzungen können letztlich durch eigene oder fremde Erfahrungswerte erfolgen. Sollte der Sourcecode bekannt sein, so ist neben seiner fachlichen Richtigkeit vor allem zu prüfen, inwieweit Fehlerüberbrückungen bzw. Fehleranalysen enthalten sind. Kann die Software gut auf Fehlersituationen reagieren und sind die ausgegebenen Fehlermeldungen zielführend, ist mit einem geringen Betriebsrisiko der Software zu rechnen. Bei schlecht programmierter Software können bereits kleine, unerwartete Fehler zu Programmabbrüchen bzw. sogar Systemabbrüchen führen.

Bei Software, die eine starke Verzahnung mit anderen Systemen und somit viele Schnittstellen besitzt, ist zu beachten, ob der Ausfall von Schnittstellen zur Nicht-Verfügbarkeit der Anwendung führt. Es ist zu klären, ob die Anwendung über einen kompletten oder partiellen

Offline-Modus verfügt und vom Fachbereich bei Ausfall von Schnittstellen weiter sinnvoll betrieben werden kann. Ergeben sich eventuell aus der Softwarearchitektur heraus weitere risikosteigernde oder -mindernde Aspekte? Zuletzt müssen bei der Anwendungssoftware die Wartungsvereinbarungen mitberücksichtigt werden.

Recovery. Die letzte Komponente der Verfügbarkeit deckt das Szenario eines Ausfalls ab. Wie schnell und in welcher Güte können die Anwendung und die verbundenen Daten wieder zur Verfügung gestellt werden? Für den Überbrückungszeitraum sollten, zumindest bei für das Unternehmen kritischen Anwendungen, adäquate Notfallpläne vorliegen.

Bei der Überprüfung der Wiederanlaufzeit ist zu überlegen, welche Komponenten ausfallen können und wie schnell hierfür Ersatz bereit gestellt werden kann. Die Vorgehensweise entspricht den Überlegungen zur Erstellung eines technischen Notfallkonzeptes (siehe 4.2.3). Nach dieser Analyse sind diese Zeiten mit den fachlichen Anforderungen bzw. den Architekturvorgaben abzugleichen. Bezüglich der Datensicherheit ist zu klären, ob bei einem unerwarteten Systemabbruch die Daten wieder hergestellt werden können bzw. inwieweit Inkonsistenzen entstehen können und wie diese abgearbeitet werden.

Vertraulichkeit

Die Hauptreferenzen zur Überprüfung des Restrisikos von IT-Systemen bezüglich deren Vertraulichkeit sind IT-Security-Vorgaben, oft Policies genannt. Des Weiteren sind die organisatorischen und gesetzlichen Rahmenbedingungen und zuletzt gewisse Architekturvorgaben zu berücksichtigen. Das Themengebiet wird bezüglich dessen Komplexität oft unterschätzt. Im Vergleich zur Verfügbarkeit wird eine viel höhere fachliche Anforderungsgenauigkeit benötigt. Es muss sichergestellt werden, dass sich nur berechtigte Personen in ein System einloggen können. Deren Tätigkeiten sind dann eventuell zu protokollieren. Ferner müssen die systeminternen, datenbezogenen[109] oder funktionalen[110] Berechtigungen den unternehmerischen bzw. den rechtlichen Anforderungen gerecht werden. Die Granularität der Berechtigungen muss sich diesen Umgebungsbedingungen anpassen und zugleich handhabbar sein.

Identifikation/Authentifizierung. Über die Identifikation eines Users wird sichergestellt, dass der Mitarbeiter als Person eindeutig bekannt ist. Sofern nicht ausschließlich biometrische Zugangssysteme verwendet werden, greifen immer organisatorische Regelungen. Beispielsweise muss jeder technische User einer Person zugeordnet werden können und diese Person darf die eigene Berechtigung (technischer User und Passwort) niemandem übertragen. Die Identifikation/Authentifikation stellt die Grundvoraussetzung für die nachfolgend beschriebene Autorisierung sowie einer sinnvollen Protokollierung dar. Die Authentifizierung stellt ebenfalls sicher, dass übermittelte IT-Objekte, z.B. Daten oder Dokumente, von einem bekannten, berechtigten Absender stammen und nicht manipuliert sind (Authentizität).

---

109 Auf welche Daten darf der User zugreifen?

110 Was darf der User mit den berechtigten Daten tun?

Rechteverwaltung/-prüfung (Autorisierung). Bei der Beurteilung der Rechteverwaltung ist die benötigte Granularität der datenbezogenen und funktionalen Berechtigung zu prüfen. Diese muss soweit heruntergebrochen sein, dass die unternehmensspezifischen Situationen abgebildet werden kann. Bei Unternehmen, die einer starken gesetzlichen Regulierung unterliegen, wie zum Beispiel Pharmaunternehmen oder Kreditinstituten, ist dies Pflicht. Die diversen Mindestanforderungen des Bundesaufsichtsamtes für das Finanzwesen schreiben Kreditinstituten gewisse funktionale Trennungen vor, die bis in die einzelnen Funktionen der IT-Systeme eingehalten werden müssen. Ein Bedarf an Autorisierungsanforderungen besteht bei allen Unternehmen mit buchführungsrelevanten Systemen, z.B. aus den Grundsätzen ordnungsgemäßer Buchführung mit Systemunterstützung (GoBS) heraus. Zudem liegt bei unternehmenswichtigen Systemen in der Regel ein Eigeninteresse des Unternehmens vor, eine detaillierte Zugriffsstruktur zu implementieren. Es gilt die gesamte Rechtearchitektur des Systems zu prüfen, darunter fallen Anforderungen wie die Einbindung eines 4-Augen-Prinzips für gewisse Funktionalitäten. Die Rechtearchitektur muss immer im Gesamtzusammenhang mit der Einbindung der Anwendung in den organisatorischen Arbeitsablauf gesehen werden. Im Speziellen trifft dies zu, wenn gewisse Prüfungsschritte neben den Anwendungen auf organisatorischer Ebene erfolgen.

Unter der Rechteprüfung darf nicht nur die systeminterne Prüfung der vergebenen Rechte verstanden werden, es muss auch sichergestellt sein, dass ein User nur die Rechte beantragen kann, die er für seine Aufgabe benötigt bzw. die er erhalten darf. Sofern es gesetzliche oder unternehmensinterne Regelungen hierfür gibt, muss vor einer systeminternen Rechtevergabe geprüft werden, ob der User aufgrund seiner Rolle im Unternehmen diese Funktionen im System erhalten darf. Um dies realisieren zu können, muss der Entscheider über zwei Informationsstände verfügen. Die Rolle des Users im Unternehmen muss eindeutig festgelegt sein, zum Beispiel als Teil der Stellenbeschreibung, und die Funktionen im System müssen bekannt sein. Handelt es sich um komplexe Systeme, sollte ein Berechtigungskorb für die Systeme definiert sein, aus dem der jeweilige User in seiner Rolle mit Berechtigungen versorgt werden kann.

Protokollierung/Beweissicherung. Mittels einer durchgängigen Protokollierung kann eine Beweissicherung gewährleistet werden. Diese Protokollierung kann zu diversen Analysen weiterverwendet werden. Solche Analysen dürfen nur in begrenztem Umfang, beispielsweise bei Straftatbeständen oder zur Auswertung der Einhaltung von Datenschutzbestimmungen, stattfinden. Eine Pflicht zur Protokollierung kann sich zusätzlich aus anderen Sachverhalten ergeben. So verlangen die GoBS ebenfalls die Nachvollziehbarkeit der Buchungen. Obwohl diese Protokollierung mehr aus der Integritätssicht zu sehen ist, werden diese Kriterien mit in dieser Betrachtung abgehandelt.

Übertragungssicherung. Selten besteht ein IT-System aus einer einzelnen Komponente. Da bei der Verbindung von verschiedenen Komponenten der Übertragungsweg eine Sicherheitslücke für die Vertraulichkeit darstellen kann, muss dieser in die Risikobetrachtung mitaufgenommen werden. Zu berücksichtigende Risikoaspekte sind die Art der Übertragung, der physikalische Weg der Übertragung und die dafür verwendeten Techniken wie Übertragungsprotokolle und Verschlüsselungstechniken.

Datenexport. Sofern Anwendungen Daten in Datenbanksystemen oder in Fileverzeichnissen erstellen, die von anderen Anwendungen genutzt werden können, müssen diese Datenablagen in die Vertraulichkeitsbetrachtung miteinbezogen werden. Es ist gemäß den unternehmenseigenen Richtlinien sicherzustellen, dass dispositive Nutzer, z.B. im Rahmen von Database-Marketing, eine Zugangsberechtigung für diese Daten besitzen.

Integrität

Die Eigenschaft der Integrität, bezogen auf Funktionen und Daten, wird oft unterschätzt. Dabei ist es von großer Wichtigkeit, dass Rechenergebnisse richtig erstellt werden und der Datenhaushalt in sich richtig, vollständig und konsistent ist. Bei der Integrität von Daten gibt es eine qualitative Abstufung. So müssen rechtliche Bestände in sich integer sein, während beispielsweise bei Webanwendungen für eine Kundenbefragung durchaus geringere Integritätsansprüche an die erhobenen Daten für Trendaussagen gestellt werden.

Die Integrität von IT-Systemen wird oftmals als Selbstverständlichkeit gesehen, bei genauerer Betrachtung stellt die Datenqualität aber in vielen Unternehmen ein großes Problem dar. Dabei handelt es sich primär nicht um Fehler in rechtlichen Beständen, aber um Inkonsistenzen oder Unvollständigkeiten von Schattendatenbeständen, die für weitergehende Auswertungen erstellt werden. Risiken für die Integrität von IT-Systemen können aus den folgenden Aspekten heraus entstehen.

Zuliefernde Systeme. Inwiefern sind die vorgelagerten IT-Systeme bzw. Datenbestände integer? Beinhalten eventuell vorgelagerte Systeme Informationen, die sich widersprechen können? In diesem Fall sollte auf den rechtlich relevanten Bestand Bezug genommen werden oder über eine integrierte Plausibilitätsprüfung die Integrität sichergestellt werden.

Datensicherung. Werden die Daten adäquat gesichert und kann bei einer Rücksicherung die Integrität in der benötigten Qualität sichergestellt bzw. wieder hergestellt werden? Wie lange werden die Daten aufbewahrt? Kann eine vollständige Rücksicherung und ein anschließender Zugriff auf die Daten, auch noch nach Jahren gewährleistet werden? Ist eine kontrollierte Vernichtung der Daten vorgesehen? Diese Frage stellt sich der Problematik, dass sehr lange aufbewahrte Unterlagen ebenfalls Risiken in sich bergen, zum Beispiel wenn diese als Beweismittel gegen das eigene Unternehmen verwendet werden können.

Historisierung/Wiederaufbereitung. Unter der Historisierung wird das Speichern von Daten nach ihrem zeitlichen Verlauf verstanden. Im Gegensatz zur Protokollierung wird auf den inhaltlichen Zeitbezug Wert gelegt. In dieser historisierten Abfolge der Daten können sich Integritätsprobleme ergeben. Mittels der Historisierung kann der Datenbestand zu einem beliebigen Zeitpunkt problemlos dargestellt werden und Integritätsprobleme können gegebenenfalls analysiert und korrigiert werden. Sofern Datenbestände Integritätsprobleme aufweisen, kann mit Hilfe der Historisierung und der Protokollierung, sofern alle Protokolle bis zum relevanten Zeitpunkt vorliegen, aus einem zurückliegenden, noch integeren Datenbestand der aktuelle Datenbestand wieder hergestellt werden. Inwiefern über solche Funktionalitäten die Integrität des IT-Systems im Besonderen gewährleistet werden kann, wird in dieser Betrachtung aufgezeigt.

Plausibilität. Bei allen eingehenden Daten sollte über Plausibilitätsprüfungen die Datenintegrität gewährleistet werden. So können Daten aus vorgelagerten Systemen verglichen oder vom Benutzer eingegebene Daten mit bereits im System hinterlegten Daten abgeglichen und Widersprüche unmittelbar erkennbar gemacht werden. Plausibilitätsprüfungen sind ein probates Mittel zur Gewährleistung einer hohen Integrität.

Qualitätsumfeld

In den bisherigen Bewertungskategorien wurde stark auf das zu analysierende IT-System fokussiert. Allerdings kann das Risiko eines IT-Systems ganzheitlich nur im Kontext mit den restlichen Umgebungsbedingungen gesehen werden. Um diese umfassende Sichtweise bei der Restrisikoanalyse zu gewährleisten und mit dem umfangreichen IT-Risikomanagement des Unternehmens zu verknüpfen, wird zuletzt die Kategorie Qualitätsumfeld bewertet. Diese Bewertung stellt eine Operationalisierung der Risikoszenarien auf das zu betrachtende IT-System sicher. Zudem wird das System auf seine Wirtschaftlichkeit hin untersucht.

Hierzu werden alle im Self-Assessment erarbeiteten Risikoszenarien betrachtet und bewertet, ob und wie sich diese auf das spezifische IT-System auswirken. Die Abweichung kann in der erwarteten Häufigkeit oder im Schadensausmaß liegen. Das IT-System kann mehr oder weniger stark von dem jeweiligen Risikoszenario betroffen sein.

Mensch. Die in dieser Risikokategorie enthaltenen Risikoszenarien beziehen sich auf menschliche Unzulänglichkeiten. Es ist zu bewerten, ob das IT-System besondere Anreize für ein solches Fehlverhalten aufweist. Die Art der Implementierung kann ein höheres oder geringeres Risiko für menschliches Fehlverhalten im Vergleich zu der in dem Self-Assessment ermittelten Risikoeinschätzung für die gesamte IT verursachen.

Technik. Die aus der Technik heraus resultierenden Risikoszenarien, die nicht bereits durch die obige Betrachtungsweise heraus abgedeckt sind, werden auf Besonderheiten des individuellen IT-Systems hin überprüft.

Prozesse/Projekte. Es werden weniger die im IT-System abgebildeten Prozessschritte, als vielmehr die sich aus dem IT-System ergebenden Prozesse bewertet. Darunter fallen beispielsweise die Entwicklungs- und Betriebsprozesse des IT-Systems selbst.

Externe Einflüsse. Die aus den externen Einflüssen resultierenden Risiken werden auf das zu analysierende IT-System hin verprobt. Eine Internet-Applikation wird von externen Sicherheitsbedrohungen sicherlich stärker bedroht sein als eine rein unternehmensinterne Anwendung.

Wirtschaftlichkeit. Als letztes Qualitätsrisiko ist noch die Wirtschaftlichkeit zu untersuchen. Sind die eingesetzten Mittel für die benötigte Problemlösung adäquat? Könnte der Geschäftsprozess stärker unterstützt werden oder liegen die bereits realisierten Möglichkeiten über den eigentlich benötigten Anforderungen? Entstehen durch die Einhaltung von Vorgaben, beispielsweise der zuvor beurteilten Architekturkonformität, ungerechtfertigt hohe Aufwendungen.

2.4.6   Projektrisikoanalyse

Der Erfolg von Projekten stellt, insbesondere im IT-Bereich, eine grundlegende Säule für den Unternehmenserfolg dar. Der Grund dafür liegt in den zum Teil enormen Ressourceneinsätzen für solche Projekte (interne und externe Ressourcen wie Investitionen). Des Weiteren können Projekte wegen ihrer strategischen Bedeutung für das Unternehmen bzw. für die zentralen Geschäftsprozesse des Unternehmens eine herausragende Stellung einnehmen. Durch die Einzigartigkeit der Projektarbeiten und dem häufigen Betreten von Neuland für die Projektteilnehmer ist mit einem erhöhten Aufkommen von Risiken zu rechnen. Die Neuartigkeit bedingt, dass die bevorstehenden Risiken nicht unbedingt erkannt bzw. vollumfänglich wahrgenommen werden.[111] Eine Projektrisikoanalyse muss vor der Entscheidung hinsichtlich der Realisierung des Projektes durchgeführt und anschließend regelmäßig überarbeitet werden. **Tab. 2.13** zeigt eine Klassifizierung von Sachverhalten bezüglich der Erarbeitung/Überarbeitung von Risikomanagement-Inhalten in Projekten auf.

Tab. 2.13   Integration des Risikomanagementprozesses in Projektvorgehensweisen

Phasen des Risikomanagementprozesses	Integration in Projektvorgehensweisen
Risiken identifizieren/klassifizieren ...	... bei Initiierung des Projekts. ... bei Abschluss/Beginn einer Projektphase. ... adhoc – bei Bedarf. ... bei Change Requests (Projektänderungen).
Risiken analysieren/bewerten ...	... bei neu erkannten Risiken. ... in regelmäßigen Projekt-Reports.
Maßnahmen festlegen/durchführen ...	... bei neu erkannten Risiken. ... bei Risiken, die akut werden. ... beim Überschreiten kritischer Werte.
Risiken und Maßnahmen überwachen ...	... in regelmäßigen Projekt-Reports. ... beim Review von Projektergebnissen. ... bei Abschluss/Beginn einer Projektphase.

Die nachfolgenden Ansätze von möglichen Risikoszenarien bilden eine Grundlage für die Erstellung eines projektspezifischen Risikoportfolios (siehe 2.3.3). Die für den IT-Bereich relevanten Projektrisikoszenarien sind, zumindest in aggregierter Form, im IT-Risikoportfolio enthalten. Die folgenden Ausführungen bilden, gemäß der vorherigen Systemanalyse, einen Ansatz für eine im Projektbereich tiefergehende Analyse und ermöglichen eine einfachere Bewertung. Das Ergebnis für die einzelnen Projekte bzw. Projektbündel kann in die IT-Riskmap (siehe 2.3.5) überführt werden.

---

111 Vgl. auch Dreger, 2000, S. 104.

Projektansatz

Der Projektansatz beinhaltet alle Themen, die direkt das Projekt betreffen und die von diesem bzw. von den Entscheidungsträgern des Projekts grundsätzlich beeinflussbar sind.

Projektauftrag. Ist der Projektauftrag vollständig formuliert und verstehen alle Projektbeteiligten das Gleiche? Wiederholt treten Probleme bei Projekten auf, weil unterschiedliche Vorstellungen vom Inhalt des Projektes vorhanden sind. Dies kann durch nicht vollständige oder durch nicht eindeutig formulierte Anforderungsdefinitionen passieren. Beginnt ein Projekt mit einem unklaren Projektauftrag, so hat dies vielfache Anpassungen/Detaillierungen des Projektumfangs während der Projektlaufzeit zur Folge. Der Projektmanager und/oder der Risikomanager des Projektes haben die Verantwortung für einen umfänglichen Projektauftrag.

Projektumfang. Basierend auf dem Projektauftrag können der Projektumfang, der Projektaufwand, die Projektdauer und die Projektschnittstellen identifiziert werden. Bei der Definition des Projektumfangs muss eine objektive, realistische Schätzung erfolgen. Mögliche Risiken sind unrealistische Projektvorgaben von Seiten der Auftraggeber oder anderen Stakeholdern an das jeweilige Projekt. Es ist zu prüfen, ob das dem Projekt genehmigte Budget für die Lösungserstellung angemessen ist.

Projektunterstützung. Eine hohe Managementunterstützung reduziert ein Projektrisiko stark. Es ist von zentraler Bedeutung, welches Gewicht dem Projekt vom Management beigemessen werden. Eine hohe Konformität des Projektes zur Unternehmensstrategie bildet dafür eine gute Basis. Ferner können beispielsweise gesetzliche Auflagen ein Managementinteresse bewirken. Die Priorität des Projekts im Vergleich zu anderen Projekten ist zu beachten. Bei einem gering priorisierten Projekt besteht immer die Gefahr, bei Ressourcenkonflikten benachteiligt zu werden. Eine bedeutende Projektunterstützung kann durch die späteren Nutzer des Projektergebnisses generiert werden. Dies kann durch die Einflussnahme auf die Entscheider/Auftraggeber des Projektes oder durch deren eigenen Anteile an der Projektarbeit stattfinden.

Projektumfeld

Das Projektumfeld kann vom Projektteam oder den Auftraggebern nicht oder nicht kurzfristig beeinflusst werden. Es ist von besonderer Bedeutung, diese Risiken klar zu kommunizieren, da diese mit hoher Wahrscheinlichkeit über die gesamte Projektlaufzeit vorhanden sein werden.

Komplexitäten. Komplexitäten können auf verschiedener Basis entstehen. Bei IT-Projekten ist die Komplexität der IT-Systemarchitektur zu berücksichtigen. Je komplexer sich die IT-Landschaft darstellt, desto größer ist die Wahrscheinlichkeit, dass unvorhergesehene Anpassungen/Mehraufwände während der Projektlaufzeit entdeckt werden. Es sind jedoch nicht nur die Komplexitäten im Realisierungsumfeld zu untersuchen, zusätzlich existieren Komplexitäten im Lösungsumfeld. Wie stark sind die betroffenen Geschäftsprozesse voneinander abhängig und welche Auswirkungen ergeben sich daraus? Des Weiteren ergeben sich Komplexitäten für Projekte aus deren Ressourcenbedarf. Insbesondere durch Ressourcen, die nicht vollständig für die Projektarbeit eingeplant sind, entstehen Konflikte. Ferner können Konflikte innerhalb von Projekten bzw. Projektbündeln, z.B. durch Mitarbeiter mit Spezialwissen, entstehen. Durch diese Verzahnungen können sich Risiken, die in einem Projekt eintreten, auf andere Projekte übertragen. Zu spät erkannte Ressourcenkonflikte haben ein großes Risikopotenzial.

Abhängigkeiten. Abhängigkeiten im direkten Projektumfeld sind hauptsächlich benötigte Ergebnisse anderer Projekte im Unternehmen oder Abhängigkeiten zu Lieferanten und/oder Kunden des Unternehmens. Die Abhängigkeiten müssen identifiziert und dargestellt werden. Sie müssen überwacht und bei Bedarf frühzeitig zu einer Entscheidung geführt werden.

Dokumentationsqualität. Die Dokumentationsqualität bezieht sich auf die Dokumentation der zu ändernden Strukturen wie Prozesse, Daten, IT-Funktionen und Systemarchitekturen sowie der zum Betrieb erforderlichen Daten (Datenqualität). Diese Qualitätsfragen bilden beim Projektstart gerne ein unterschätztes Projektrisiko. Nur bei verlässlichen Dokumentationen können die Lösungsansätze zuverlässig entwickelt und umgesetzt werden.

Organisatorische Stabilität. Unter der organisatorischen Stabilität werden sämtliche statischen und dynamischen Strukturen im Unternehmen verstanden. In vielen Unternehmen werden Unternehmensstrukturen regelmäßig geändert. Je weniger stabil sich das Projektumfeld darstellt, desto größer ist das Risiko, dass die erarbeiteten Projektergebnisse nicht mehr integriert werden können oder zumindest nicht mehr den kalkulierten Erfolg erbringen können. Zu dem Thema organisatorischer Stabilität ist ebenfalls die Vorgeschichte eines Projektes zu zählen. Die in einem ehemaligen Projekt nicht abgearbeiteten Themen finden sich vielfach erneut unter anderer Bezeichnung im Projektportfolio wieder. Solch eine negative Vorgeschichte kann zu verschiedenen Risiken führen. Das nicht erfolgreiche Umsetzen der Sachverhalte in früheren Aufgabenpaketen hatte seine Gründe. Diese müssen analysiert werden. Projekte mit einem schlechten Image haben Probleme, engagierte, motivierte Mitarbeiter zu bekommen und stoßen im Projektumfeld auf Widerstände.

Mensch
Den maßgeblichen Erfolgsfaktor jeden unternehmerischen Handelns, insbesondere für die Projektarbeit, stellt der Mensch dar. Seine Bedeutung für die Zielerreichung stellt zugleich einen Risikofaktor dar.

Fähigkeiten. Jedes Projekt muss mit den Mitarbeitern ausgestattet sein, die über die Fähigkeiten verfügen, welche in den jeweiligen Projektrollen benötigt werden. Dies bezieht sich sowohl auf das Fachwissen als auch auf die sozialen Fähigkeiten. Die Analyse diesbezüglich sollte alle Projektbeteiligten, auch die Projektleitung, miteinschließen. Wie hoch ist die Risikosensibilität der Projektmitarbeiter ausgeprägt? Besteht eine vorteilhafte Fehlerkultur?

Motivation. Unabhängig von den tatsächlichen Fähigkeiten und Veranlagungen der Projektmitarbeiter ist die zu erwartende Motivation als Risikofaktor für das Projektergebnis mitzuberücksichtigen. Es sollte begutachtet werden, welche persönliche Zielstruktur die einzelnen Projektmitarbeiter haben. Wurde ein Mitarbeiter gegen seinen Willen zu der Projektarbeit abgeordnet, so können erhebliche Widerstände vorhanden sein. Ist ein Projektmitarbeiter später Nutzer des Projektergebnisses, so ist die Gefahr einer persönlichen Manipulation des Projektverlaufs, z.B. in Form einer Überfüllung der Projektanforderungen, erhöht. Allerdings wird er eine große Motivation haben, da er langfristig mit den Projektergebnissen arbeiten muss.

Kommunikation. Sowohl die projektinterne als auch die projektexterne Kommunikation in die anderen Unternehmensbereiche hinein ist von großer Bedeutung. Alle benötigten Informationen müssen den einzelnen Projektbeteiligten zur Verfügung stehen. Die Informationen müssen ohne Interpretationsspielräumen den Projektbeteiligten kommuniziert werden. Um Ressourcen zu schonen und eine Gerüchteküche frühzeitig zu vermeiden, muss eine ausgewogene Projektkommunikation stattfinden. Insbesondere bei internationalen Teams sind die kulturellen Unterschiede zu berücksichtigen. Diese können allerdings auch in nationalen Teams, bei denen beispielsweise die Projektmitarbeiter aus unterschiedlichen Firmen und somit aus unterschiedlichen Unternehmenskulturen stammen, auftreten.

Know-how-Träger. Know-how-Träger als Risikofaktor/Risikoursache? Natürlich benötigt jedes erfolgreiche Projekt Know-how-Träger, die zumeist zeitgleich Leistungsträger sind und eine Vorbildfunktion erfüllen können. Allerdings muss sichergestellt werden, dass die Projektarbeit bei Ausfall eines solchen Know-how-Trägers ohne größere Auswirkungen fortgesetzt werden kann. Sollte dies nicht der Fall sein, so ist das Projekt abhängig von einem Wissensträger. Neben dem allgemeinen Risiko eines plötzlichen, längeren Ausfalls der Person, wird diese Person mit ihrer Stellung in die Lage versetzt, übermäßigen und nicht adäquaten Einfluss im Verhältnis zu ihrer Rolle auf das Projektgeschehen zu erlangen. Es können informelle Führer entstehen, die sich primär ihren Eigeninteressen verpflichtet fühlen.

Technologie
Die einzuführende Technologie bzw. das technologische Umfeld, in der die Lösung entstehen soll, beeinflusst ebenfalls die Risikosituation eines Projektes. Die nachfolgenden Sachverhalte sind zu berücksichtigen.

Lösungseigenschaften. Es ist zu betrachten, inwieweit die Komplexität der zu generierenden Lösung ein Risiko für den Projekterfolg darstellt. Der Innovationsgrad ist ebenso ein inhärenter Risikotreiber der jeweiligen Lösung. Es ist zu klären, ob die vorgegebenen technischen Hilfsmittel, welche die Basis für die Lösungserstellung bilden oder dafür eingesetzt werden, den spezifischen Anforderungen gerecht werden.

Architekturumfeld. Ist die Systemarchitektur, in welche die Lösung integriert werden soll, geeignet, um die Lösung abzubilden? Sind die Basiskomponenten der Lösung architekturkonform oder sind diese Exoten in der Systemlandschaft? Sofern es sich um Exoten handelt, muss geklärt werden, wie gut deren Performance und die technische Unterstützung ist? Für die zu erarbeitende Lösung muss eventuell eine Architekturausnahme definiert werden. In diesem Fall ist eine noch intensivere Begutachtung der Auswirkungen für den Projektverlauf durchzuführen. Sind alle Architekturvorgaben bekannt und berücksichtigt? Sind die Grundlagen für die Informationsarchitektur, sprich das Wissen über den aktuellen Systemstand vorhanden und in geeigneter Weise dokumentiert?

Schnittstellen/Systemvoraussetzungen. Nahezu keine IT-Lösung stellt heutzutage noch einen Monolith ohne technische Abhängigkeiten zu anderen IT-Systemen dar. Daher muss sich mit den entstehenden Schnittstellen und den vorhandenen Systemvoraussetzungen aus Risikogesichtspunkten auseinandergesetzt werden. Sind die Schnittstellen alle bekannt, dokumentiert und in ihrer Lösung performant? Gibt es Abhängigkeiten zu problematischen Systemen, die nicht als direkte Schnittstelle in Erscheinung treten?

Prozesse/Strukturen

Die Kategorie Prozesse/Strukturen bezieht sich sowohl auf eine projektinterne Sicht als auch auf die zu beeinflussenden Sachverhalte außerhalb des Projektes. Es geht um die direkt von der Lösung betroffenen Prozesse und Strukturen.

Ressourcen. Sind dem Projekt die richtigen Ressourcen zugeordnet und stehen diese zum richtigen Zeitpunkt in ausreichender Form zur Verfügung? Wie schnell können Änderungen in der Projektplanung ressourcentechnisch umgesetzt werden?

Projektstrukturen. Sind die Projektstrukturen dem Aufgabenumfang des Projektes angemessen? Bereits mehrfach in Projekten eingesetzte Projektstrukturen verringern das Risiko in einem Projekt, da die Mitarbeiter mit diesen Strukturen von Projektanfang an vertraut und die sich daraus ergebenden Rollenprofile bekannt sind. Es ist ein an den Projektumfang und der Art des Projektes (beispielsweise Softwareentwicklungs-, Integrations- oder Infrastrukturprojekt) angepasstes Projektvorgehensmodell zu wählen. Können die Besonderheiten des Projektes in diesem Vorgehensmodell adäquat abgebildet werden? Ist ein Projektrisikomanagement implementiert?

IT-Projektunterstützung. Sind Entwicklungs- und Testumgebungen vorhanden, damit eine effektive Qualitätssicherung des Projektergebnisses sichergestellt werden kann? Sind die in der IT vorhandenen Geschäftsprozesse, auf die das Projekt zugreifen muss, in einer hohen Prozessreife vorhanden? Sind die Prozesse grundsätzlich für die Projektarbeit geeignet?

Geschäftsprozesse. Sind dem Projektteam die lösungsrelevanten Geschäftsprozesse der Nutzer bekannt? Ist im Projekt ein ausreichendes Verständnis für diese Geschäftsprozesse vorhanden? Kann zum Beispiel die fachliche Wichtigkeit der einzelnen Prozesse und deren Abhängigkeiten untereinander im Projekt ermittelt werden? Sind die Geschäftsprozesse mit einer hohen Prozessreife vorhanden? Existiert für diese Geschäftsprozesse ein Qualitätsmanagementprozess, der aus dem Projekt heraus genutzt werden kann?

Externe Einflüsse

Einflüsse, die außerhalb des eigenen Unternehmens existent sind, können Auswirkungen auf die Projektarbeit haben. Bei den externen Einflüssen sind aus Risikosicht die zwei nachfolgenden Themenbereiche von großer Bedeutung.

Dynamisches Marktumfeld. Dieses bezieht sich auf die Lieferanten- und Kundenmärkte. Durch die kurzen Innovationszyklen in der Informationstechnologie können, insbesondere bei länger laufenden Projekten, Probleme aus dieser Dynamik entstehen. So kann beispielsweise die einzuführende Technik beim geplanten Projektende bereits „veraltet" sein. Dynamische Absatzmärkte können durch die sich schnell ändernden Anforderungen an das Projektergebnis starken Einfluss auf den Verlauf von Projekten nehmen.

Juristische Abhängigkeiten. Viele Projekte müssen gesetzliche Vorgaben einhalten oder sind zumindest bei ihrer Realisierung von diesen gesetzlichen Vorgaben abhängig. Diese sollten möglichst bei Projektbeginn final definiert sein. Insbesondere durch die internationalen Vereinheitlichungsbestrebungen bei vielen Sachverhalten, wie beispielsweise die Bankenregulierung mit Basel II oder die Bilanzerstellung nach IAS/IFRS, sind die internationalen, gesetzgebenden Abstimmungen oftmals langwierig und verhindern eine rechtzeitige, finale Beschlusslage für die Umsetzungsprojekte. In solchen Fällen müssen die Projekte mit Prämissen und/oder den Entwurfspapieren arbeiten, die letztlich immer ein erhöhtes Projektrisiko darstellen. Bei internationalen Unternehmungen ergibt sich die Problematik, dass Lösungen für unterschiedliche Länderbestimmungen geeignet sein müssen.

2.5   Risikoindikatoren identifizieren

„Das Messbare messen, das nicht Messbare messbar machen."
– Galileo Galilei (italienischer Mathematiker, Physiker und Astronom) –

Die wichtigsten Schritte in einem Managementprozess sind die Überwachung und Steuerung. Dies ist nur bei einem existierenden, messbaren Sachverhalt möglich. Sachverhalte, die mit einer gewissen Wahrscheinlichkeit eintreten, können nicht kontinuierlich gemessen und überwacht werden. Die bislang identifizierten Risikoszenarien sind zwar latent vorhanden, können aber nur bei deren Eintritt gemessen werden. Wann diese eintreten, ist nicht vorhersagbar und bei vielen Risiken sind die Zeiträume so groß, dass von einer Steuerbarkeit auf Basis von Schadensfällen nicht ausgegangen werden kann. Es wird ein zusätzliches Hilfsmittel benötigt, das für eine Steuerung des permanent vorhandenen Risikopotenzials geeignet ist und regelmäßig hinsichtlich der Entwicklung des Risikopotenzials gemessen und gesteuert werden kann.

Diese Hilfsmittel sind sogenannte Risikoindikatoren. Sie sind quantifizierbare Messgrößen, die einen inhaltlich-kausalen Zusammenhang zu den vorhandenen Risiken bzw. zu den Risikoszenarien haben. Die Entwicklung dieser Risikoindikatoren muss langfristig mit den schlagend gewordenen Risiken korrelieren.[112] Die Höhe dieser Korrelation kann als ein maßgebliches Qualitätsmerkmal für ein gut funktionierendes IT-Risikomanagement angesehen werden.

---

112 Vgl. auch Aichholz/Küderli/Schmidt, 2005, S. 305.

Tab. 2.14 Checkliste für Risikoindikatoren

Nr.	Überprüfungssachverhalt	Ja/Nein
1	Ist eine Risikokausalität der Kennzahl gegeben?	
2	Ist die Kennzahl eindeutig definiert (Kenngrößen, Zeitraumbetrachtung, Stichtagsbetrachtung)?	
3	Ist die konkrete Erhebung (wer, wie und wann) definiert?	
4	Kann die Kennzahl ohne wesentliche Änderungen auch mittel-/langfristig verwendet werden? (Wie sensitiv ist die Kennzahl gegenüber organisatorischen oder technischen Änderungen?)	
5	Kann die Kennzahl zeitnah ermittelt werden?	
6	Handelt es sich bei der Kennzahl um einen Risikotreiber?	
7	Kann ein Zielwertebereich für die Kennzahl sinnvoll festgelegt werden?	
8	Können Maßnahmen des Unternehmens Einfluss auf die Kennzahlen nehmen?	
9	Kann die Kennzahl mit einem vertretbaren Aufwand erstellt werden?	
10	Sind die Kennzahlen benchmarkfähig (nicht zu sehr institutsspezifisch)?	
11	Ist die Kennzahl für den Entscheider leicht verständlich?	
12	Kann die Kennzahl auf unterschiedliche Unternehmensebenen aggregiert/operationalisiert werden?	

Risikoindikatoren werden über die Risikoszenarien identifiziert. Für jedes Risikoszenario muss hinterfragt werden, welche Faktoren die Erhöhung oder Reduzierung der Eintrittswahrscheinlichkeit oder des Auswirkungsmaßes beeinflussen. Diese werden über alle Risikoszenarien hinweg gesammelt und anschließend zusammengeführt. Sofern die Faktoren leicht messbar sind, können sie als Risikoindikatoren sofort aufgenommen werden. Weiche Faktoren, die nicht einfach zu messen sind, wie z.B. Motivation oder Know-how, werden geclustert. Je Cluster wird geprüft, ob die bereits identifizierten Risikoindikatoren den Sachverhalt mit abbilden. Sofern dies nicht der Fall ist, wird versucht, eine oder mehrere Kennzahlen zu ermitteln, die diesen Sachverhalt am besten abbilden können. Die Checkliste in **Tab. 2.14** soll als Entscheidungshilfe bezüglich der Qualität von einzelnen Risikoindikatoren dienen. Die Ziffern 1–3 sind dabei Muss-Eigenschaften, die auf jeden Fall bei sinnvollen Risikoindikatoren gegeben sein müssen. Bei den restlichen Eigenschaften erhöht sich die Qualität des definierten Indikators mit jeder Frage, die mit „Ja" beantwortet werden kann. Viele Best-Practice-Ansätze (siehe 3.3.9) beinhalten Vorschläge für Kennzahlen, die durchaus als Risikoindikatoren verwendet werden können. Ein Abgleich der Risikoindikatoren mit diesen Vorschlägen kann zur Qualitätssicherung durchgeführt werden. Sofern ein Best-Practice-Ansatz im Unternehmen eingesetzt wird, muss eine Abstimmung der darin verwendeten Kennzahlen mit dem IT-Risikomanagement stattfinden.

Risikoindikatoren in Form betriebswirtschaftlicher Kennzahlen drücken reale Sachverhalte in einer quantitativen Größe aus. Die Gesamtheit aller Risikoindikatoren muss dabei das gesamte, real existierende Risikoportfolio abbilden. Letztlich können nur die gemessenen Größen gesteuert werden. Finden sich Risiken in dieser Kennzahlenwelt inhaltlich nicht wieder, so besteht die Gefahr, dass diese Risiken nicht gemanagt werden. Bei der Erarbeitung von Risikoindikatoren muss der hierfür benötigte Arbeitsaufwand berücksichtigt werden. Es wird zwischen Einführungskosten und Betriebskosten von IT-Risikoindikatoren unterschieden. Folgende Kostentreiber sind zu berücksichtigen:[113]

- Je höher die Anzahl der benötigten IT-Risikoindikatoren ist, desto höher ist der Erarbeitungsaufwand.
- Je besser die vorhandenen IT-Controlling-Strukturen sind, desto geringer ist der Erarbeitungsaufwand.
- Je besser das IT-Controlling bereits technisch unterstützt wird, desto geringer fällt der Aufwand aus.
- Je klarer die IT-Systemstrukturen bereits definiert und eventuell sogar mit Service Level Agreements hinterlegt sind, desto geringer ist der Erarbeitungsaufwand.

Wichtiger als die Erarbeitungskosten sind allerdings die Aufwände für die Pflege der IT-Risikoindikatoren. Diese werden von folgenden Treibern maßgeblich beeinflusst.[114]

- Sofern die Daten nicht bereits für andere Zwecke erhoben werden, fällt ein zusätzlicher Aufwand für die Sammlung der Daten an.
- In der Regel verursacht eine technische Sammlung der Daten langfristig einen geringeren Aufwand als eine manuelle Erhebung.
- Die Daten müssen bei Bedarf aggregiert bzw. berechnet werden können.
- Die Informationen müssen analysiert, kommentiert und adressatengerecht dargestellt werden können.
- Es muss eine Korrelation zwischen den Risikoindikatoren und dem tatsächlichen Risikoportfolio aufgezeigt und periodisch überprüft werden.
- Es muss regelmäßig kontrolliert werden, ob die IT-Risikoindikatoren noch das vollständige Risikoportfolio darstellen.
- Änderungen in den Kennzahlen (z.B. durch eine technische Umstellung der Erhebung) müssen so durchgeführt werden, dass die bisherigen Zeitreihen für künftige Auswertungen weiter verwendet werden können.
- Es müssen Abweichungsanalysen mit Gegenmaßnahmen erarbeitet und mit den verantwortlichen Mitarbeitern abgestimmt werden.

Abschließend werden die Risikoindikatoren, die positive oder negative Auswirkungen auf einzelne Risikoszenarien haben, klassifiziert. Jeder Risikoindikator muss mindestens einem Risikoszenario zuordbar sein und jedes Risikoszenario muss über einen Risikoindikator gesteuert oder zumindest überwacht werden können.

---

113 Vgl. Kütz, 2003b, S. 4–5 sowie S. 37.

114 Vgl. auch Kütz, 2003b, S. 38–39.

Diese Kategorisierung kann tabellarisch dargestellt und in Anlehnung an die Riskmap grafisch abgebildet werden (siehe **Abb. 2.6**). Dabei wird, je IT-Risikoindikator, eine Risikoindikatoren-Map erstellt. In dieser werden alle Risikoszenarien, die eine Abhängigkeit zu einem Risikoindikator haben, mit ihrer Eintrittswahrscheinlichkeit und ihrem Auswirkungsmaß dargestellt. Die Blasengröße entspricht der Abhängigkeit des Risikoszenarios vom Risikoindikator. Durch diese Vorgehensweise entsteht eine Anzahl von Risikoindikatoren-Maps, die einen schnellen Überblick über die Vernetzung der Risikoindikatoren und deren Auswirkungsmaß geben. Bei Bedarf kann die Abbildung der Risikoindikatoren auf die Risikotreiber mit ihren direkten Einflussmöglichkeiten beschränkt werden.

2.5.1   Eigenschaften von Risikoindikatoren

Die IT-Risikoindikatoren können nach fachlichen Kategorien unterschieden werden. Dies können zum Beispiel die zu betrachtenden Risiken in all den dargestellten Risikoeinteilungsmerkmalen (siehe 1.2) oder anderweitig strukturelle Unterscheidungsmerkmale sein. Bei den nachfolgenden Merkmalen werden die, für die Definition von Risikoindikatoren relevanten Eigenschaften aufgeführt.[115]

Berechnungsgrundlagen
Für die Erstellung von Risikoindikatoren können Kennzahlen jeglicher betriebswirtschaftlicher Art verwendet werden. Diese können sich auf messbare Größen wie räumliche Dimensionen, Mengen[116], Zeiten oder fiktive Skalenwerten beziehen. Die aus diesen Einteilungen resultierenden Kategorisierungsmöglichkeiten werden in **Abb. 2.14** dargestellt. Räumliche Kennzahlen können wiederum nach der Anzahl ihrer Dimensionen wie Länge, Fläche oder Volumen gegeneinander abgegrenzt werden. Mengen lassen sich in Bestände und Veränderungsgrößen trennen. Dabei stellen Bestände eine zeitpunktbezogene und Veränderungsgrößen eine zeitraumorientierte Mengeneinheit dar. Bei zeitraumbezogenen Berechnungsgrundlagen kann zwischen prozessorientierten Zeitbetrachtungen von Einzelvorgängen und Zeiten als Struktur- oder Aufwands-/Ertragskennzahlen unterschieden werden. Ein Beispiel für die prozessorientierte Einzelvorgangsbetrachtung ist die Zeitdauer, die nach Erscheinen neuer Virensignaturen bis zu deren Integration in das IT-Sicherheitssystem benötigt wird. Wird der gleiche Sachverhalt als Aufwandskennzahl dargestellt, ergibt sich beispielsweise der Arbeitsaufwand pro Jahr, der durch das Einspielen der Virensignaturdateien entsteht. Sofern qualitative Sachverhalte quantitativ dargestellt werden sollen, handelt es sich um künstliche Zahlenwerte. Solche Werte werden z.B. durch Notenskalen für Kunden- oder Mitarbeiterzufriedenheit generiert.

Die Auswahl der Berechnungsgrundlagen hängt alleine vom zu betrachtenden IT-Risiko ab. Alle Berechnungsgrundlagen sind grundsätzlich für die Erfassung von IT-Risikoindikatoren geeignet. Die Berechnungsgrundlage der räumlichen Dimension wird in der Praxis für IT-Risiken eine untergeordnete Rolle spielen.

---

115 Vgl. auch für die nachfolgenden Unterkapitel Kütz, 2003b, S. 52–66.

116 Darunter fallen auch jegliche Arten von Geldeinheiten.

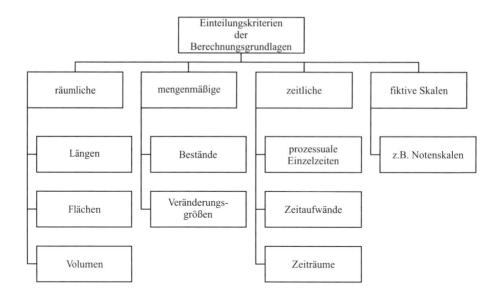

Abb. 2.14 Übersicht über Berechnungsgrundlagen von Risikoindikatoren[117]

Berechnungsarten

Kennzahlen können in Form von absoluten Größen wie Zeitraum, Anzahl oder anderen Einheiten angegeben werden. In diese Kategorie fallen u.a. alle Arten von Summen und Differenzen aus solchen Zahlen. Quotienten und Produkte aus absoluten Größen ergeben Verhältniszahlen. Der Vorteil von Verhältniszahlen liegt darin, dass individuelle Faktoren, die beispielsweise aus der Unternehmensgröße resultieren, in der Kennzahl eliminiert werden können und dadurch zwischen einzelnen Unternehmen vergleichbarer werden. Sachverhalte aus unterschiedlichen Dimensionen können in solchen komplexeren Kennzahlen miteinander verbunden werden. Zeitraum- und Zeitpunktgrößen, Zeitraum- und Bestandsgrößen oder Zeiten mit Mengen können miteinander in Beziehung gebracht werden. Eine besondere Berechnungsart stellen Indizes dar. Dabei werden unterschiedliche Beobachtungswerte rechentechnisch ermittelt. Bekannte Indizes ohne Bezug zum IT-Risikomanagement stellen Aktienindizes dar, bei denen eine bestimmte Anzahl Aktien mit deren gewichteten Einzelkursen zu einem Index verrechnet werden. Bekannte Vertreter sind Dax oder Dow Jones. Indizes können für Risikobetrachtungen verwendet werden.[118]

Diese Berechnungsarten sind alle für das IT-Risikomanagement geeignet. Bei den absoluten Größen ist der Mangel an Vergleichbarkeit als größter Nachteil anzusehen. Vergleichbarkeit

---

117 Vgl. auch Kütz, 2003b, S. 52–66.

118 Vgl. Kütz, 2003b, S. 57–62.

bezieht sich auf andere Unternehmen oder Unternehmensteile und auf die internen Zeitreihen. Wird eine Anzahl von Systemausfällen pro bestimmter Zeiteinheit als Risikoindikator definiert, so ändert sich der Wert nicht nur durch häufigere Systemausfälle an sich, sondern ebenfalls bei einer Erhöhung der Systemanzahl. Wachstum von Unternehmen, sei es organisch oder akquisitorisch, sei es positiv oder negativ, hat in annähernd allen Fällen Auswirkung auf absolute Kennzahlen. Verhältniskennzahlen, die eine gewisse Neutralisierung dieser Wachstumsänderungen hervorrufen, sind bei Risikokennzahlen zu bevorzugen. In unserer obigen Übersicht könte dies die durchschnittlichen Systemausfälle je System in einem bestimmten Zeitraum darstellen. Auf Indizes kann kaum verzichtet werden, da jegliche Art von Benotung und daraus resultierendem Notenschnitt einen Index darstellt. Für Sachverhalte, die nicht in einer räumlichen oder zeitlichen Dimension messbar sind, wie beispielsweise Zufriedenheit, kann nur mittels dieser Methodik eine Quantifizierung vorgenommen werden. Nachteil von Indizes ist – wie bei Verhältniszahlen – deren Vereinheitlichung von Aussagen. Die Mittelwertbildung lässt Extremwerte, die für ein Risikomanagement ebenfalls aussagefähig sind, in der Masse verschwinden. Sollten diese Extremwerte für die Analysen wichtig sein, so darf der Risikoindikator nicht nur aus einem Wert, sondern muss in einem Wertbündel, z.B. Durchschnittswert, maximaler und minimaler Wert, bestehen.

Zeitbetrachtung

Zeitliche Betrachtungen von Kennzahlen können expost und exante erfolgen. Die exante Betrachtungen sind letztlich Prognosen und werden später (siehe 3.4) betrachtet. IT-Risikoindikatoren sind an sich expost Betrachtungen und stellen vergangene Zeitreihen eines zu definierenden Betrachtungsobjektes dar. Inhaltlich können und sollen diese Risikoindikatoren natürlich Einfluss auf das künftige Risikopotenzial haben.

Ein weiteres, zeitliches Unterscheidungsmerkmal liegt darin, ob ein Zeitpunkt oder ein Zeitraum betrachtet wird. Bei einer Zeitpunktbetrachtung wird der zu erhebende Sachverhalt zu einem bestimmten Zeitpunkt als Bestand aufgenommen. Bei Zeitraumbetrachtungen wird der zu erhebende Sachverhalt in seinem Verlauf als Bestandsveränderung aufgenommen. Eine Besonderheit von Zeitraumswerten stellen dabei Durchschnittswerte dar. Bei Durchschnittswerten wird ein gewisser Wert, der eventuell in dieser Ausprägung zu keinem Zeitpunkt vorhanden war, über einen Zeitraum betrachtet. Seiner Natur nach stellt er jedoch einen Bestand dar. Beide Betrachtungsweisen können über Verhältniszahlen miteinander kombiniert werden. Eine typische Verhältniszahl in diesem Zusammenhang stellt die Mitarbeiterfluktuation dar. Bei solchen Verhältniszahlen ist auf die Definition des Zeitpunktwertes (Anfangs- oder Endzeitpunkt des Betrachtungszeitraums) zu achten.[119]

Für IT-Risikoindikatoren eignen sich sowohl zeitpunkt-, zeitraumbezogene oder kombinierte Indikatoren.

---

119 Vgl. auch Kütz, 2003b, S. 57–58.

2.5.2   Risikoindikatorarten

Ausgehend von einer allgemeinen, statistischen Betrachtung, können zwei Risikoindikatorarten unterschieden werden. Es handelt sich dabei um vor- und nachlaufende Kennzahlen. Die nachlaufenden Indikatoren werden als Risikomesskennzahlen bezeichnet und lassen lediglich eine rückwirkende Analyse zu. Die Risikomesskennzahlen werden vom Risikoportfolio beeinflusst. Risikotreiber sind demgegenüber vorlaufende Kennzahlen. Deren aktuellen Bewegungen beeinflussen das künftige Risikopotenzial. Dieser Unterschied wird in der **Abb. 2.15** grafisch dargestellt.

Risikomesskennzahlen

Risikomesskennzahlen haben den Vorteil, dass sie oftmals in existenten Statistiken erhältlich sind oder leicht abgeleitet werden können. Es handelt sich um übliche buchhalterische Kenngrößen, welche die Vergangenheit dokumentieren. Typische Kenngrößen sind die Verfügbarkeit von Plattformen, die Anzahl von SLA-Verstößen sowie die Anzahl oder die Summe der aufgetretenen Schadensfälle. Diese Risikomesskennzahlen lassen Rückschlüsse auf ausgeführte Maßnahmen zu, allerdings erst nach einem gewissen Zeitraum. Eine effektive, proaktive Steuerung des Risikoportfolios ist mit diesen Kennzahlen nicht möglich. Für die Steuerung des Risikoportfolios sind deswegen Risikotreiber zu bevorzugen. Risikomesskennzahlen eignen sich dagegen gut zur nachträglichen Beurteilung von Maßnahmen bzw. überhaupt zur rückschauenden Analyse. Sie bilden eine Grundlage, um die Korrelation der insgesamt verwendeten Risikoindikatoren mit den schlagend gewordenen Risiken zu erheben.

Risikotreiber

Unter Risikotreibern versteht man Sachverhalte, die in der Regel die Eintrittswahrscheinlichkeit, aber auch die Schadenshöhe von Risikoszenarien beeinflussen. Sie werden allgemein identifiziert, formuliert und gemanagt. Bei der Betrachtung eines einzelnen Risikoszenarios können diese Risikotreiber dann spezifiziert werden. Risikotreiber werden auch als Risikofaktoren bezeichnet.[120] Risikoreduzierungsmaßnahmen setzen bei diesen Risikotreibern auf und beeinflussen diese positiv. Sie bilden zugleich ein gutes Abgrenzungsmerkmal zu den Risikomesskennzahlen. Da Risikomesskennzahlen eine rein rückschauende Eigenschaft haben, wirken sich durchgeführte Risikoreduzierungsmaßnahmen nicht unmittelbar auf deren Wert aus. Echte Risikotreiber reagieren möglichst kurzfristig auf solche Risikoreduzierungsmaßnahmen.

---

120 Vgl. Röckle, 2002, S. 102.

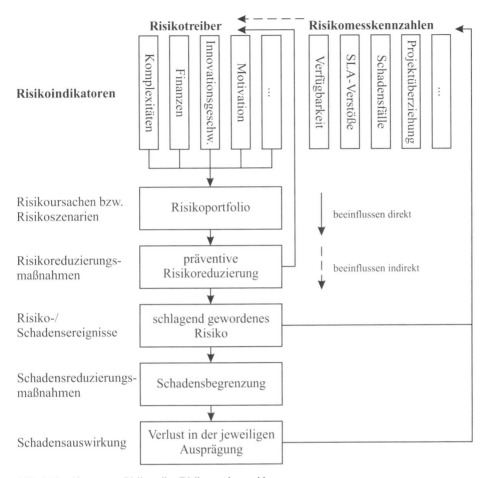

Abb. 2.15 Abgrenzung Risikotreiber/Risikomesskennzahlen

Typische Risikotreiber sind Systemkomplexität, Veränderungsgeschwindigkeit (Dynamik), Architekturkonformität, Know-how der Mitarbeiter und Anzahl von Externen/Internen. Die direkte Auswirkung von Risikotreibern auf die Eintrittswahrscheinlichkeit bzw. das Auswirkungsmaß von Risiken macht diese mit Risikoursachen leicht verwechselbar. Eine Abgrenzung kann über die folgenden Definitionen stattfinden. Zur Identifikation von Risikoursachen wird hinterfragt: „Wer oder was stellt das Risiko dar?" Zur Identifikation von Risikotreibern wird hinterfragt: „Wer oder was kann das Risikopotenzial erhöhen/vermindern?"

> Menschliches Versagen, z.B. aufgrund von Konzentrationsmangel, stellt eine Risiko-
> ursache dar. Die Mitarbeitermotivation stellt demgegenüber einen Risikotreiber dar.
> Aus einer geringen Mitarbeitermotivation ergeben sich keine direkten Schadensfälle.
> Sie begünstigt allerdings zahlreiche Risikoursachen, wie z.B. das menschliche Versa-
> gen.

2.5.3   Grenzwertdefinitionen

Um die Werte von IT-Risikoindikatoren interpretieren zu können, müssen die möglichen Wertebereiche der Indikatoren beurteilt werden. Üblicherweise wird mit einer Ampel-Einteilung gearbeitet, differenziertere Skalen-Einteilungen sind aber möglich. Bei einer Ampel-Einteilung wird zwischen dem gewünschten Wertebereich (grün), dem bedenklichen Wertebereich (gelb) und einem kritischen Wertebereich (rot) unterschieden. Bereits am Ende des grünen Wertebereichs, spätestens jedoch im gelben Wertebereich, muss der Risikoindikator einer erhöhten Überwachung unterzogen und mögliche Zusatzmaßnahmen identifiziert und bei Bedarf umgesetzt werden.

Eine Besonderheit stellen dabei beidseitige Grenzwerte dar. Dies bedeutet, dass sowohl ein besonders hoher als auch ein besonders niedriger Wert als ein erhöhtes Risiko in den einzelnen Szenarien betrachtet wird. Die Fluktuation in Unternehmen kann beispielsweise als ein solcher Wert definiert werden. Sieht die Unternehmensphilosophie einen gewissen Austausch der Belegschaft zur Gewinnung von neuem Gedankengut oder Lieferanten-/Kundenbeziehungen vor, so kann eine zu geringe Fluktuation als ein Risiko angesehen werden. Eine zu hohe Fluktuation und der damit verbundene Wissensabfluss gefährden andererseits ebenfalls das Unternehmen. Deswegen muss ein beidseitiger Grenzwert definiert werden. Dabei ist die volle Skalen-Einteilung nicht unbedingt auf beiden Seiten notwendig. In unserem Beispiel könnte eine minimale Fluktuation bis einschließlich einer Null-Fluktuation mit gelb definiert sein, während eine hohe Fluktuation mit einem gelben und anschließend roten Grenzwertbereich ausgestattet ist (siehe **Abb. 2.16**). Im nach oben offenen Bereich muss eine volle Skalen-Einteilung vorhanden sein.

Die Grenzwertdefinition hat grundsätzlich nichts mit der Skalen-Einteilung der IT-Risikostrategie zu tun. Allerdings muss gewährleistet sein, dass Risikoindikatoren, die einen maßgeblichen Einfluss auf die großen Risiken (hohes Risikovolumen) haben, spätestens dann in die Grenzwertdefinitionen gelangen, bevor die davon beeinflussten Risikoszenarien die kritischen Grenzen übersteigen. Sollte dies nicht der Fall sein, so ist die Steuerungswirkung der Risikoindikatoren für das Risikoportfolio nicht gegeben.

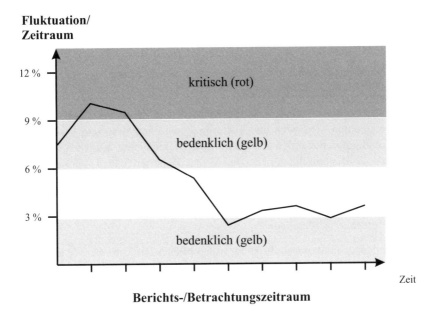

Abb. 2.16   Risikoindikator mit beidseitigen Grenzwerten

2.5.4   IT-Risikoindikatoren operationalisieren/aggregieren

Risikoindikatoren stellen strategische Kennziffern dar, die grundlegend überwacht und gemanagt werden müssen. Damit sich diese Steuerungsgrößen auf das operative Tagesgeschäft
auswirken, müssen diese operationalisiert werden. Der jeweilige Risikoindikator wird dabei,
bezogen auf dessen Auswirkung auf einzelne (operationalisierte) Risikoszenarien, beurteilt.
So wird ein Risikoindikator „Verhältnis Externe/Interne in Projekten" als strategische Steue-
rungsgröße gemanagt. Er kann und soll im operativen Arbeitsgeschehen jedoch auf die einzelnen Projekte heruntergebrochen werden und dort zu Analysen führen. So kann das Verhältnis insgesamt unbedenklich sein, bei einigen, wenigen Projekten aber bereits ein erhöhtes
Risiko darstellen. Ebenso können detailliert vorliegende Risikoindikatoren zu einem synthetischen Risikoindikator, zum Beispiel in Form von Indizes oder Verhältniszahlen, vereinfacht werden. Werden einzelne Indikatoren zu einem übergeordneten Risikoindikator zusammengefasst, so spricht man von einer Aggregation von Risikoindikatoren. Diese wird
insbesondere zur Erstellung von Managementübersichten benötigt.

2.6   Exkurs: Exemplarische Definition eines Risikoindikators

„Mache die Dinge so einfach wie möglich – aber nicht einfacher."
– Albert Einstein (deutscher Physiker) –

Ziel des Buches ist es, einen Rahmen für das Management originärer IT-Risiken zu bilden und diesen mit adäquaten Methoden und Techniken zu füllen. Konkrete Risiken, Maßnahmen oder Risikoindikatoren werden nur in Form von Beispielen aufgezeigt. Nachfolgend wird ein einzelner IT-Risikoindikator, der bei vielen IT-abhängigen Unternehmen relevant sein dürfte, exemplarisch beschrieben. Es wird eine mögliche Variante zur Berechnung eines synthetischen Indikators mit überschaubarem Aufwand aufgezeigt. Ferner wird dargestellt, wie ein vielschichtiges, häufig nicht gemessenes Thema mit relativ geringem Aufwand mit einem Indikator versehen werden kann.

Die Komplexität der Systemlandschaft ist ein maßgeblicher Risikotreiber. Je komplexer eine Systemlandschaft ist, desto schwieriger ist es, Auswirkungen, die durch den Ausfall oder die Fehlfunktion eines Systems entstehen, im Voraus detailliert und vor allem vollständig zu beschreiben. Die Sicherungskomponenten müssen bei höherer Komplexität stärker miteinander abgestimmt sein, damit keine Integritätsverluste entstehen. Änderungen in einer komplexen Systemlandschaft bedürfen eines höheren Analyseaufwands und das Risiko, versehentlich Änderungsbedarfe zu übersehen, ist erhöht. Es gibt keinen Indikator aus der Finanzbuchhaltung oder einem ähnlichen Themengebiet, der diese Komplexität abbildet. Ein neuer, synthetischer Indikator muss gebildet werden. Dieser Indikator stellt keine absolute Kennzahl für die Komplexität dar, er soll vielmehr dazu dienen, die Veränderung der Komplexität abzubilden.

Um einen solchen Komplexitätsindikator erstellen zu können, müssen zuerst die Gründe einer steigenden Komplexität der Informationstechnologie ermittelt werden:[121]
- Neue Einsatzgebiete haben neue Funktionalitäten der einzelnen Systeme zur Folge.
- Durch neue Einsatzgebiete entstehen zusätzliche Systeme.
- Die Anzahl der User steigt.
- Es gibt höhere Anforderungen an die Leistungsfähigkeit der Systeme.
- Die Anforderungen an die Vernetzung der Systeme untereinander steigen.
- Kurze Innovationszyklen verlangen eine breite Palette an möglichen Lösungsansätzen.
- Durch verschiedene, untereinander kombinierbare Lösungsansätze entstehen heterogene Systemlandschaften.

Komplexität kann somit aus der Vielschichtigkeit des einzelnen Systems, der Anzahl und Vielseitigkeit der die Anwendungen verbindenden Schnittstellen sowie der mengenmäßigen Verbreitung der einzelnen Systeme und der Gesamtanzahl der zu berücksichtigenden Syste-

---

121 Vgl. auch Gernert/Ahrend, 2002, S. 50 und 51.

me entstehen. IT-Architekturvorgaben können risikoreduzierend wirken, da diese die Heterogenität der eingesetzten Basistechnologien einschränken.

Um die logische Komplexität von der mengenmäßigen Komplexität zu trennen, wird im Risikoindikator lediglich Erstere abgebildet. Die Gesamtanzahl der eingesetzten Systeme sowie die durchschnittliche Anzahl von Systemen je User wird ergänzend angegeben. Die logische Komplexität kann dadurch zwischen den einzelnen IT-Produktbereichen sowie mit anderen Unternehmen, vorausgesetzt diese verwenden die gleichen Definitionen, verglichen werden. Zur Berechnung der logischen Komplexität wird für jede einzelne Ausprägung eine Skalierung erarbeitet. Der Indikator soll später aussagen, inwiefern die Komplexität beherrschbar ist. Dabei wird von der Prämisse ausgegangen, dass die definierten Architekturvorgaben geeignet sind, die für die Unterstützung der Geschäftsprozesse erforderliche Komplexität zu beherrschen. Die Bedeutung der einzelnen Komplexitäten für das Unternehmen können mittels der Definitionskriterien in Bewertungsskalen erfasst werden. Die Hauptkomplexitätstreiber Einzelsystem- und Schnittstellenkomplexität werden dabei auf einer Skala von 1–5 abgebildet. Der komplexitätsreduzierende Faktor der Architekturvorgaben wird auf einer Skala von 1–3 dargestellt. Die Skalenendwerte stellen eine Gewichtung dar, da die einzelnen Komponenten bei der Gesamtkomplexität multipliziert werden.

Spezifikation der Einzelsystemkomplexität (EK). Die Komplexität eines einzelnen Systems setzt sich aus dessen Funktionsvielfalt und dessen Anwendungsarchitektur zusammen. Eine größere Funktionsvielfalt in einem System erhöht die Verarbeitungskomplexität in der Anwendung. Eine mehrschichtige Anwendungsarchitektur erhöht die technische Komplexität der Anwendung. Die Einzelsystemkomplexität jedes IT-Systems wird nach den Kriterien in **Tab. 2.15** kategorisiert:

Tab. 2.15   Bewertungsskala der Einzelsystemkomplexität (EK)

Einzelkomplexität (EK)	Beschreibung
1	Software mit einem funktionalen Einsatzgebiet, welche aus einer maximal zweischichtigen Architektur besteht.
3	Software mit einem multifunktionalen Einsatzgebiet oder einer Mehrschichtarchitektur.
5	Komplexe Anwendungssysteme (wie beispielsweise ERP-Anwendungen) mit einer hohen Funktionsdichte.

Spezifikation der Schnittstellenkomplexität (SK). Bei der Schnittstellenkomplexität kann sowohl die Vielschichtigkeit der einzelnen Schnittstellen (inhaltlich und technisch) als auch deren Anzahl zur Beurteilung herangezogen werden. Die nachfolgende Bewertungsmatrix bezieht sich ausschließlich auf die Anzahl der Schnittstellen. Eine Anwendung ohne Schnittstellen bzw. mit einfacher Dateiablage erhöht die Komplexität nicht und erhält somit den Wert 1. Es ergibt sich die in **Tab. 2.16** dargestellte Bewertungsskala.

Tab. 2.16 Bewertungsskala der Schnittstellenkomplexität (SK)

Schnittstellenkomplexität (SK)	Beschreibung
1	Software ohne Schnittstellen bzw. mit einfacher Dateiablage.
3	Max. 10 Schnittstellen.
5	Mehr als 10 Schnittstellen.

Spezifikation der Architekturkonformität (AK). Sofern Anwendungen architekturkonform sind, wird über die Architekturvorgaben sichergestellt (siehe vorherige Prämisse), dass die Komplexität beherrschbar ist. Zu der Architekturkonformität zählen die technische Basistechnologie und die erforderlichen Dokumentationen. Sollte ein IT-System nicht architekturkonform sein, so erhöht sich die Komplexität des Systems. Einfache Systeme, die nicht architekturkonform sind, erhöhen die Komplexität dabei weniger, als sehr komplexe Systeme. Architekturausnahmen, die sich nur auf einen kleinen Teilbereich erstrecken, haben geringere Auswirkungen auf die Komplexität als Ausnahmen mit weiter Verbreitung. Ein voll architekturkonformes IT-System erhält den Wert 1, bei der Multiplikation mit den anderen Werten erhöht sich die Komplexität nicht. Die Einteilung erfolgt anhand der in **Tab. 2.17** dargestellten Kriterien.

Tab. 2.17 Bewertungsskala der Architekturkonformität (AK)

Architekturkonformität (AK)	Beschreibung
1	IT-System ist architekturkonform.
2	IT-System ist nicht vollständig architekturkonform bzw. ist nicht architekturkonform, aber nur auf wenigen Arbeitsplätzen (≤ 5 % der Arbeitsplatz-Anzahl) eingesetzt.
3	IT-System ist nicht architekturkonform bzw. ist nicht vollständig architekturkonform, aber auf vielen Arbeitsplätzen (> 5 % der Arbeitsplat-Anzahl) eingesetzt.

Berechnung der Gesamtkomplexität (GK). Die Berechnung der Gesamtkomplexität erfolgt aufgrund der in **Gl. 2.2** aufgeführten Formel. Es handelt sich um die durchschnittliche Komplexität aller Systeme, basierend auf den Faktoren Einzelsystemkomplexität, Schnittstellenkomplexität und Architekturkonformität. Abschließend wird dieser Durchschnittswert mit einem Skalierungsfaktor versehen. Dieser Skalierungsfaktor soll eventuell auftretende Unterschiede bei den Bewertungsskalen der einzelnen Faktoren ausgleichen. Der Skalierungsfaktor wird so gewählt, dass die komplexeste Systemvariante, welche architekturkonform ist, einen Referenzpunkt darstellt. Diesen Referenzpunkt setzen wir bei 100 an. In unserem Beispiel bildet die höchste architekturkonforme Variante den Wert 25^{122}; der Skalierungsfaktor beträgt demnach 4.

$$GK = \frac{\sum\limits_{1}^{n} EK \cdot SK \cdot AK}{n} \cdot SF$$

Gl. 2.2   Komplexität der Systemlandschaft

Bei der Bewertung der Systemlandschaft oder Teilbereichen davon können bei der oben aufgezeigten Berechnung Werte von 1 bis 300 entstehen. Der Wert 100 entspricht einer hoch komplexen, beherrschbaren Systemlandschaft. Zusätzlich werden die Anzahl der Systeme und die durchschnittliche Anzahl der Systeme je User angegeben. Mit Hilfe dieser Vorgehensweise kann mit einem geringen Aufwand eine gute Transparenz bezüglich der Komplexität der Systemlandschaft und deren Entwicklung gegeben werden. Der Erhebungsaufwand besteht lediglich in der Pflege von 3 Attributen in der Systemarchitektur. Die Gesamtaussage zur Komplexität kann noch aussagekräftiger gestaltet werden, indem:
- Die Komplexität je System, IT-Leistungsbereich oder Plattform dargestellt wird.
- Die Bandbreiten der vorkommenden Komplexitäten aufgezeigt werden.
- Eine Häufigkeitsverteilung der Komplexität auf Systemebene erfasst wird.

---

122 5 (EK) * 5 (SK) * 1 (AK)

3 IT-Risikosteuerung

„Für ein Schiff, das seinen Hafen nicht kennt, weht kein Wind günstig."
– Seneca (römischer Politiker und Philosoph) –

Bildet die Risikoidentifikation die Basis des IT-Risikomanagements, so muss die Risikosteuerung als dessen Herzstück betrachtet werden. Ein verantwortungsvolles Eingehen von Risiken kann nur erfolgen, wenn die Risiken steuerbar sind. Deshalb müssen grundsätzliche Vorgaben zum Managen von Risiken erarbeitet und adäquate Instrumente und Maßnahmen für die einzelnen Risiken definiert werden. Ein nach solchen Leitlinien erstelltes Rahmenwerk gewährleistet ein effizientes Steuern der Risiken und bildet zudem eine gute Kommunikationsgrundlage.

3.1 IT-Risk-Policy

Basis des operativen IT-Risikomanagements ist das strategische IT-Risikomanagement. Dieses regelt die Rahmenbedingungen für die eigentliche Durchführung des Risikomanagements und legt die langfristigen Ziele fest. Das strategische IT-Risikomanagement wird in einer IT-Risk-Policy mit folgenden Inhalten festgeschrieben.[123]

3.1.1 Definition und Ziele des IT-Risikomanagements

Um ein methodisch mit den vorhandenen Schnittstellen kompatibles IT-Risikomanagement implementieren zu können, muss dieses gegenüber den bestehenden IT-Aufgabengebieten abgegrenzt und dokumentiert werden. Die Ziele des IT-Risikomanagements sind zu benennen und sollten dabei individuell formuliert werden. Folgende allgemeine Ziele können eine Grundlage bilden:

- Mitarbeiter für Risiken sensibilisieren.
- Eine Risikokultur bilden.
- Transparenz der Risikosituation herstellen.
- Risiken auf ein akzeptables Maß reduzieren bei gleichzeitig möglichst geringer Beschneidung der Chancen.

---

123 Vgl. auch Romeike, 2003b, S. 147–148 und 152.

- Wirtschaftlichkeit des IT-Risikomanagements sicherstellen.
- Schadensausmaß im Schadensfall reduzieren, Managen von Krisensituationen.
- Risikoentwicklungen prognostizieren können.

Die aus diesen Zielsetzungen resultierenden Vorteile und die dazu erforderlichen Aufwände sind darzustellen. Des Weiteren sind unternehmensindividuelle Begrifflichkeiten bezüglich des IT-Risikomanagements zu definieren. Diese Definitionen haben in Abstimmung mit dem unternehmensweiten Risikomanagement zu erfolgen, damit eine einheitliche Terminologie im Unternehmen gegeben ist.

3.1.2   Organisatorische Eingliederung des IT-Risikomanagements

Bei der organisatorischen Eingliederung des IT-Risikomanagements wird festgelegt, wer für das IT-Risikomanagement verantwortlich ist und welche Rollen dabei auszufüllen sind. Eine Person kann dabei mehrere Rollen haben. Es kann zwischen den in **Tab. 3.1** aufgeführten Rollen unterschieden werden.

Die Rollen müssen den Mitarbeitern bzw. Stellen zugeordnet und mit Kompetenzen, die diese im Rahmen ihrer Zuständigkeiten haben, versehen werden. Schnittstellen zu anderen Bereichen gilt es zu identifizieren und zu definieren. Schnittstellen innerhalb des IT-Bereichs gibt es beispielsweise mit dem IT-Security Management, dem RZ-Betrieb oder dem IT-/Projekt-Controlling. Schnittstellen zu Fachbereichen ergeben sich bezüglich einer Unterstützung des Managements von Risiken, die sich auf die IT-Leistungserbringung zum Fachbereich hin auswirken – den Anwender-IT-Risiken. Stabsbereiche, die sich mit dem Risikomanagement – im Speziellen von operationellen Risiken – beschäftigen oder die bestimmte Funktionen im Rahmen des Krisenmanagements inne haben, müssen in die Vorgehensweise des IT-Risikomanagements integriert werden.

Ein weiterer Gesichtspunkt, der bei der organisatorischen Eingliederung berücksichtigt werden muss, ist das Zuständigkeitsgebiet. Bei Konzerngesellschaften kann es mehr als einen IT-Bereich geben; es muss definiert werden, ob ein einheitliches IT-Risikomanagement im Konzern stattfindet oder ob diese Aufgabe dezentral angesiedelt sind. Insbesondere bei einer hohen IT-technischen Konzernverflechtung ist ein einheitliches IT-Risikomanagement anzustreben. Durch die Verwendung von programmierbarer Standardsoftware können in den verschiedenen Fachbereichen entwicklungsähnliche Tätigkeiten wahrgenommen werden. Einfache Lösungen, beispielsweise im Office-Umfeld, sind dabei nicht zu berücksichtigen. Bei IT-Lösungen, die einen relevanten Einfluss auf die Geschäfte des Unternehmens haben, muss entschieden werden, ob und wie diese Tätigkeiten und Systeme mit in das IT-Risikomanagement integriert werden. Dieser Einfluss kann beispielsweise in Form von zusätzlichen Datenbeständen oder in der Weiterverarbeitung von vorhandenen, aus dem IT-Bereich stammenden Datenbeständen bestehen.

Tab. 3.1 Rollen des IT-Risikomanagements

Rolle	Beschreibung
IT-Risikomanager	Der IT-Risikomanager ist verantwortlich für die Durchführung des IT-Risikomanagements. Er führt Maßnahmen zur Identifizierung und Bewertung von Risiken und Risikoreduzierungsmaßnahmen durch, wobei er auf die jeweiligen Experten zugreifen kann. Der IT-Risikomanager überwacht die entschiedenen Maßnahmen. Er fungiert als Stabsstelle für den oder die Risikoentscheider.
IT-Risikoentscheider	Der Risikoentscheider, ob als Einzelperson oder als Gremium, verantwortet letztlich die vorhandene Risikosituation. Er entscheidet über die präferierte Vorgehensweisen, die in der IT-Risk-Policy dokumentiert wird. Der Risikoentscheider legt die IT-Risikostrategie fest. Er entscheidet über IT-Risikoreduzierungsmaßnahmen, deren Kosten und über die verbleibenden und zu akzeptierenden Restrisiken.
IT-Risikoverantwortliche	IT-Risikoverantwortliche sind grundsätzlich Mitarbeiter, die für Aufgaben verantwortlich sind, die Risiken beinhalten. In der Regel sind dies alle Mitarbeiter. Deren Verantwortlichkeit wird über die Risikokultur kommuniziert und gelebt.
	Als Ansprechpartner in einzelnen Themengebieten können ausgewiesene IT-Verantwortliche benannt werden. Sofern keine gesonderte Nennung erfolgt, sind die jeweiligen Führungskräfte für die in ihrem Aufgabengebiet vorherrschenden IT-Risiken verantwortlich.
	IT-Risikoverantwortliche haben regelmäßig zu prüfen, ob die Risiken in dem angenommenen Maße noch vorhanden bzw. ob weitere Risiken hinzugekommen sind. Ferner setzen sie die Risikoreduzierungsmaßnahmen um. Bei Eintritt eines Risikos veranlassen sie Schadensreduzierungsmaßnahmen.
IT-Risikoträger	IT-Risikoträger sind die Personen, die bei einem schlagend gewordenen Risiko den Schaden zu tragen oder mitzutragen haben. Dies können Mitarbeiter im Fachbereich oder innerhalb des IT-Bereichs sein.

Bei den Kommunikationsvorgaben ist festzulegen, wie vertraulich die einzelnen Ergebnisse des IT-Risikomanagements zu handhaben sind. Zum einen sollten die Ergebnisse kommuniziert werden, um die Risikokultur zu fördern, zum anderen sind diese Informationen sensibel zu behandeln, da dokumentiert ist, wo ein Unternehmen wenig geschützt ist und an welchen Stellen eine große Schadenswirkung entstehen kann. Eine Kommunikationsstrategie für die interne und externe Kommunikation ist zu erarbeiten. Bei der externen Kommunikation wird zwischen einer **allgemeinen, externen Kommunikation**, die beispielsweise für Medienberichte verwendet werden kann, und einer **speziellen, externen Kommunikation** unterschieden, die beipielsweise mit verbundenen Unternehmen wie Lieferanten, Kunden und/oder Risikomanagementpartnern wie Prüfern, Audits-Teilnehmer oder Benchmarking-Partnern eingesetzt wird.

Um einem versierten Dritten die Einarbeitung in die Prüfung des IT-Risikomanagements zu erleichtern, bietet es sich an, eine Übersicht über die einzelnen Dokumentationen anzufertigen. Es wird zwischen das IT-Risikomanagement beschreibenden Dokumenten und Ergebnisdokumenten aus dem IT-Risikomanagement unterschieden. Insgesamt sollten die Dokumente, deren Inhalte sowie die Ansprechpartner benannt sein.

3.1.3   Risikoeinteilungen/-strukturen

Durch das Vermengen von Risikoarten der unterschiedlichsten Kategorien entstehen in den Unternehmen Kommunikationsprobleme bezüglich Risiken. Bei der Kommunikation über Sachverhalte, die unterschiedlichste Ausprägungen einnehmen können, wie dies bei Risiken im Besonderen der Fall ist, ist deswegen ein einheitlicher Definitionsgebrauch im Sinne eines Glossars von großer Bedeutung. Im Vorfeld wurden mögliche Kategorien exemplarisch aufgezeigt und erläutert (siehe 1.2). Es ist nicht zielführend, die Risiken in all diese Kategorien einzuteilen. Es gilt, die für das Unternehmen und der individuellen Zielsetzung des IT-Risikomanagements relevanten Kategorien zu ermitteln. Diese Kategorien sind zu begründen und in der jeweiligen Ausprägung zu definieren. Sofern nur eine Kategorie zur Einteilung von IT-Risiken benötigt wird, ist die Darstellung über eine einfache hierarchische Liste möglich. In der Regel sind für ein Unternehmen mehrere Kategorien von Bedeutung. Es sollten jedoch maximal 3 Kategorien als relevant deklariert werden, da sonst die Übersichtlichkeit leidet. Für die Veranschaulichung einer auf 3 Kategorien basierenden Risikoklassifizierung eignet sich eine Würfeldarstellung – ein Risikowürfel oder Risk Cube.

Bei dieser Darstellung werden die einzelnen Risikokategorien (Risikodimensionen) in einer Würfeldarstellung angeordnet. Für einen Betrachter ist leicht erkennbar, dass ein bestimmtes Risiko mehreren Kategorien/Dimensionen angehören kann. Der Würfel in **Abb. 3.1** zeigt eine mögliche Variante von Risikodimensionen auf. Eine maßgebliche Risikodimension wird definiert, die für weitere Auswertungen und die Kommunikation einen Ankerpunkt darstellt. Sofern mehr als 3 Dimensionen für die Risikokategorisierung erforderlich sind, können unterschiedliche Risk Cubes gebildet werden, wobei zur leichteren Orientierung an der Stirnseite stets die für das Unternehmen maßgebliche Risikodimension aufgeführt ist.

Jedes Unternehmen muss seine Risikotragfähigkeit bzw. die Risikotragfähigkeit seiner Geschäftsbereiche eruieren. Unter Risikotragfähigkeit wird die Eigenschaft des Unternehmens verstanden, Schäden aus den vorhandenen Risiken bzw. akzeptierte Restrisiken abdecken zu können. Die Höhe der Risikotragfähigkeit orientiert sich in der Regel hauptsächlich am Eigenkapital des Unternehmens. Sie bezieht sich nicht nur auf die IT-Risiken, sondern muss sämtliche für das Unternehmen relevante Risiken abdecken. Beim Definieren der maximalen Risikotragfähigkeit muss berücksichtigt werden, dass ein „Extremschadensfall" nicht alleine auftritt, sondern sich dieser vielmehr zusätzlich zu den anderen, zumeist häufiger stattfindenden Schadensfällen ereignen wird. Die Risikotragfähigkeit liefert eine wesentliche Grundlage für das IT-Krisenmanagement und für die Einteilung der Risikoklassen des Auswirkungsmaßes. Die Startgröße der höchsten Klasse sollte dabei ein katastrophales, existenzgefährdendes Schadensmaß für das Unternehmen widerspiegeln. Die Risikotragfähigkeit und die daraus resultierenden Ergebnisse, wie z.B. die Risikoklassendefinition, werden vom zentralen Risiko-Controlling vorgegeben.

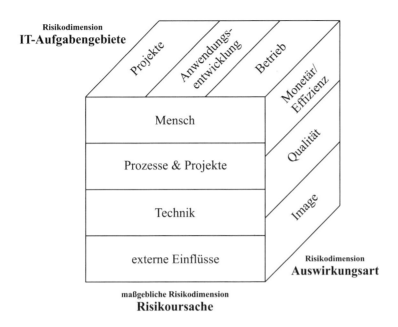

Abb. 3.1   Exemplarischer Risikowürfel (Risk Cube)[124]

Ein weiterer Schritt zur Risikoeinteilung stellt die Klassifizierung der Eintrittswahrschein-lichkeit und des Auswirkungsmaßes dar. Eine Klassifizierung sollte auch dann vorgenom-men werden, wenn die Risikoszenarien mit exakten Werten bewertet werden. Die Kategori-sierung von Risikoszenarien ermöglicht nachfolgend eine einfachere Definition von IT-Risikostrategien. Die IT-Risikoklassen sollen dabei mit den Risikoklassen des Gesamtunter-nehmens übereinstimmen bzw. zumindest mit diesen abgestimmt sein.

3.1.4   IT-Risikostrategie

Für die Erarbeitung einer IT-Risikostrategie ist eine Klärung der grundsätzlichen Einstellung zum Risiko notwendig. Diese muss in die Risikostrategie des Unternehmens miteingebunden sein. Die Unternehmensrisikostrategie muss unter Berücksichtigung der Risikotragfähigkeit, den technisch-organisatorischen Voraussetzungen und sonstigen relevanten Unternehmens-einflüssen erfolgen.[125] Es muss im Unternehmen geklärt sein bzw. werden, was für ein Risi-komanagement-Stil (siehe 2.1.1) bevorzugt wird. Wie viel Risiko möchte ein Unternehmen eingehen, um bestimmte Chancen für sich zu eröffnen? Die Risikostrategie gilt es so zu formulieren, dass für alle Beteiligten ein klares Bild der Risikoaffinität des Unternehmens

---

124 In Anlehnung an den Organisationswürfel von Prof. Dr. Götz Schmidt.

125 Vgl. auch BaFin MaRisk, 2005, AT 4.1 und 4.2.

entsteht. Diese bildet die Basis zur Formulierung konkreter Strategieausprägungen. Für jegliche Strategieüberlegungen wird voraussichtlich mit Prämissen gearbeitet werden müssen. Diese Prämissen sind in der IT-Risikostrategie zu benennen und deren Verwendung ist zu begründen.

Oftmals wird bei der Darstellung einer Risikostrategie in einem Risikoportfolio lediglich darauf verwiesen, dass in der Riskmap eine individuelle Risikotoleranzlinie definiert werden muss. Nachfolgend soll diese Vorgehensweise konkretisiert werden. Sie stellt eine Möglichkeit dar, sich dieser Aufgabenstellung zu nähern und kann in ihren Ausprägungen den jeweiligen Gegebenheiten angepasst werden. Es wird nicht eine einzelne Risikotoleranzlinie, sondern ganze Risikotoleranzbereiche verwendet.

Die Risikotoleranzlinien/-toleranzbereiche müssen sich an der Risikotragfähigkeit des Unternehmens orientieren. Basierend auf dieser Risikotragfähigkeit ist zu klären, ab welchem Auswirkungsmaß der hochkritische Bereich für das Unternehmen beginnt. Darunter können weitere Abstufungen vorgenommen werden. Nachfolgend wird davon ausgegangen, dass es weitere Abstufungen, den kritischen und den unkritischen Bereich, gibt. Da das Rechnungswesen zumeist jahresorientiert implementiert ist, wird die Risikotragfähigkeit auf einem jährlichen Risikovolumen basierend angegeben und fließt in die Klassenskalierung des Auswirkungsmaßes mit ein (siehe 1.2.3). Die Schlussfolgerung aus der Kombination des maximalen Einzelrisikos mit dem jährlichen Risikovolumen ergibt:

- Der **hochkritische Risikobereich** (roter Bereich) des Unternehmens liegt in dem Bereich, in dem ein einzelner Schadensfall oder die Summe der zu erwartenden Schadensfälle p.a. (Risikovolumen) die Risikotragfähigkeit des Unternehmens erreicht/überschreitet.
- Der **kritische Risikobereich** (gelber Bereich) des Unternehmens liegt in dem Bereich, in dem ein einzelner Schadensfall oder die Summe der zu erwartenden Schadensfälle p.a. (Risikovolumen) die Risikotragfähigkeit des Unternehmens strapaziert.

Die Betragsdefinitionen der einzelnen Risikobereiche können unabhängig von den gebildeten Risikoklassen erfolgen. Wird auf eine Risikoklasseneinteilung verzichtet, kann die Risikotoleranzlinie als Graf einer Funktion, z.B. Eintrittswahrscheinlichkeit • Auswirkungsmaß, abgebildet werden. Grafisch wird dieser Sachverhalt in **Abb. 3.2** skizziert.

Sofern bei der Risikoklassendefinition der Empfehlung gefolgt wurde, dass die höchste Risikoklasse ein existenzgefährdendes Ausmaß für das Unternehmen darstellt, kann die Risikoklassendefinition des Auswirkungsmaßes zugleich die Basis für die Risikotoleranzlinie bilden. Bei der exemplarischen Risikoklasseneinteilung (siehe 1.2.3) würde die Klasse „katastrophales Risiko" im roten Bereich liegen. Der gelbe Bereich wäre darunter angesiedelt, beispielsweise die nächst kleinere Risikoklasse. In unserem Beispiel würden folgende Risikotoleranzlinien gelten:

> Risiken, die in einer Risikoklasse liegen, in der ein einzelner Schadensfall oder die maximal jährlich zu erwartenden Schadensfälle 10 Mio. € überschreiten, werden als hochkritisch (roter Bereich) eingestuft. Ein Schadensvolumen von über 1 Mio. € wird als kritisch (gelber Bereich) klassifiziert.

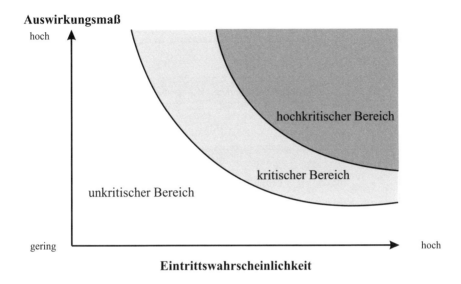

Abb. 3.2 Risikotoleranzlinie bei funktionaler Beschreibung

Als nächster Schritt werden die Risikovolumina der einzelnen Risikoklassen berechnet. Diese können aufgrund der Durchschnitts- oder Maximalbeträge[126] der Risikoklassen berechnet
werden (siehe 1.2.3). **Tab. 3.2** zeigt die Berechnung der maximalen Risikovolumina je Risiko pro einzelne Klasse. Bei den oberen Randklassen wird der doppelte Wert des Klassenein-
stiegs als Maximum definiert. Auf der obigen Definition basierend, wird der gelbe und rote
Wertebereich markiert. Der restliche Bereich wird als grüner Bereich bezeichnet. Es ist möglich, den grünen Bereich weiter zu unterscheiden.

---

126 Minimalbeträge wären theoretisch ebenfalls möglich, vom Aussagegehalt aber fragwürdig.

Tab. 3.2   Maximales Risikovolumen der Klassen

Eintrittswahrschein-lichkeit[127]	Risikoauswirkung in T€					
	sehr gerin-ges Risiko (1 T€)	geringes Risiko (10 T€)	mittleres Risiko (100 T€)	großes Risiko (1.000 T€)	sehr großes Risiko (10.000 T€)	katastropha-les Risiko (20.000 T€)
extrem häufiges Risiko (104x p.a.)	104,00	1.040,00	10.400,00	104.000,00	1.040.000,00	2.080.000,00
sehr häufiges Risiko (51x p.a.)	51,00	510,00	5.100,00	51.000,00	510.000,00	1.020.000,00
häufiges Risiko (11x p.a.)	11,00	110,00	1.100,00	11.000,00	110.000,00	220.000,00
seltenes Risiko (2x p.a.)	2,00	20,00	200,00	2.000,00	20.000,00	40.000,00
sehr seltenes Risiko (0,66x p.a.)	0,66	6,60	66,00	660,00	6.600,00	13.200,00
extrem seltenes Risiko (0,2x p.a.)	0,20	2,00	20,00	200,00	2.000,00	4.000,00

Die Verwendung des maximalen Risikovolumens deckt dabei Worst-Case-Szenarien ab. Risikoaverse Unternehmen werden diese Berechnungsmethode bevorzugen. Unternehmen, die durchaus gewillt sind, bestimmte Risiken zu tragen, können zur Definition ihrer IT-Risikostrategie auf den Durchschnittswert der jeweiligen Klassen referenzieren. **Tab. 3.3** zeigt die Risikotoleranzbereiche für das mittlere Risikovolumen der Klassen auf. Bei den oberen Randklassen wurde wiederum das Doppelte der Klasseneinstiegswerte als Maximum definiert und zur Berechnung des Durchschnittswertes verwendet. Beim Abgleich der beiden Berechnungsvarianten ist ersichtlich, wie eine einfache Definitionsänderung einen maßgeblichen Einfluss auf die Risikostrategie haben kann. Es ist daher erforderlich, diese Definitionen nach inhaltlich ausreichender Diskussion und Bewusstmachung der daraus resultierenden Folgen zu treffen.

---

127 Angaben in Klammern stellen den angesetzten Klassenwert dar.

Tab. 3.3   Mittleres Risikovolumen der Klassen

Eintrittswahrschein-lichkeit[128]	Risikoauswirkung in T€					
	sehr gerin-ges Risiko	geringes Risiko	mittleres Risiko	großes Risiko	sehr großes Risiko	Katastro-phales Risiko
	(0,5 T€)	(5,5 T€)	(55 T€)	(550 T€)	(5.500 T€)	(15.000 T€)
extrem häufiges Risiko (78x p.a.)	39,00	429,00	4.290,00	42.900,00	429.000,00	1.170.000,00
sehr häufiges Risiko (32x p.a.)	16,00	176,00	1.760,00	17.600,00	176.000,00	480.000,00
häufiges Risiko (6x p.a.)	3,00	33,00	330,00	3.300,00	33.000,00	90.000,00
seltenes Risiko (1,17x p.a.)	0,59	6,44	64,35	643,50	6.435,00	17.550,00
sehr seltenes Risiko (0,38x p.a.)	0,19	2,09	20,90	209,00	2.090,00	5.700,00
extrem seltenes Risiko (0,12x p.a.)	0,06	0,66	6,60	66,00	660,00	1.800,00

Werden die Risikotoleranzbereiche auf die IT-Riskmap übertragen, kann abgelesen werden, wie viele und welche Risikoszenarien sich in welchen Bereichen befinden. In **Abb. 3.3** sind die Risikotoleranzbereiche, basierend auf dem mittleren Risikovolumen der Klassen, in der IT-Riskmap abgebildet.

---

128 Angaben in Klammern stellen den angesetzten Klassenwert dar.

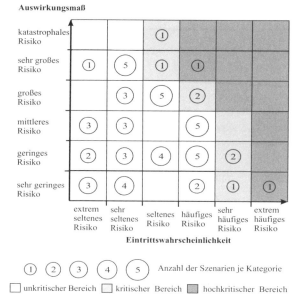

Abb. 3.3   Riskmap mit IT-Risikostrategieeinteilung

In einem weiteren Schritt gilt es, die Risikotoleranzbereiche mit Handlungsmustern zu versehen. Die Risikotoleranzbereiche können eine Entscheidungsgrundlage bei den folgenden Themengebieten bilden:

• Bei der Erarbeitung, Abarbeitung und weiteren Überwachung von Risikosteuerungsmaßnahmen.

• Bei der Interpretation von Wirtschaftlichkeitsberechnungen.

• Bei der Entscheidung über grundsätzliche Risikostrategien.

Besonders bei der initialen Erarbeitung eines IT-Risikoportfolios, ggf. gepaart mit der Einführung eines kompletten IT-Risikomanagements, ergibt sich eine hohe Arbeitsbelastung und es können nicht alle sinnvollen und möglichen Risikoreduzierungsmaßnahmen gleichzeitig vollzogen werden. Die Abarbeitung dieser offenen Punkte muss sich an dem Risikovolumen der davon tangierten Risikoszenarien orientieren. Ferner können an diesem Risikovolumen andere Eigenschaften, wie beispielsweise die Überwachungs- und Reportingintensität und -frequenz, festgemacht werden. Die Risikotoleranzbereiche stellen ein mögliches Einteilungskriterium dar.

Der rote und gelbe Risikotoleranzbereich sind für das Unternehmen existenziell gefährdend. Diese Eigenschaft kann sich zwar nicht auf eine Wirtschaftlichkeitsberechnung als solche auswirken, wohl aber in deren Interpretation miteinfließen. So können für kritische Risiken geringere Anforderungen an deren Rentabilität gestellt werden. Grund hierfür ist, dass diese Risiken für das Unternehmen als Ganzes existenzgefährdend sein können. Diese Risiken gefährden nicht mehr „nur" die Rentabilität des Unternehmens, sondern dessen gesamte Existenz. Deshalb können beispielsweise längere Amortisationszeiten von Risikoreduzierungsmaßnahmen in diesen Risikotoleranzbereichen gegenüber anderen Investitionen akzeptiert werden. Für Risikoreduzierungsmaßnahmen von Risikoszenarien im grünen Bereich werden demgegenüber vollumfänglich die Wirtschaftlichkeitsvorgaben des Unternehmens angewendet werden. Dies entspricht der Tatsache, dass ein Risiko nur dann reduziert wird, wenn sich der hierfür erforderliche Aufwand nach den Unternehmensvorgaben rentiert. Im roten und gelben Risikotoleranzbereich sollten sich keine Risikoszenarien befinden, da diese eine Existenzgefährdung des Unternehmens darstellen. Ausnahmen hierzu sind sogenannte Reminder- oder Abgrenzungsszenarien. Diese Risikoszenarien sind nicht im direkten Betrachtungsbereich des IT-Risikomanagements. Es sind Risikoszenarien, die einem Entscheidungsträger aufzeigen, dass es immer ein Restrisiko gibt. Ein Beispiel soll dies veranschaulichen:

> Es existiert das Risikoszenario eines Totalausfalls des Rechenzentrums durch Naturkatastrophe oder Terrorismus, das im roten Bereich liegt. Als Risikoreduzierungsmaßnahme wird ein vollwertiges Backup-Rechenzentrum an einem anderen Ort eingerichtet. Das Risikoszenario „Ausfall eines Rechenzentrums" liegt anschließend im grünen Bereich. Um den Entscheidern aufzuzeigen, dass es aber immer noch das Restrisiko eines Totalausfalls beider Rechenzentren gleichzeitig gibt, wird ein Risikoszenario „Ausfall von 2 Rechenzentren" zur Abgrenzung aufgeführt. Das Restrisiko daraus wird akzeptiert.

Zuletzt wird die Relevanz der generischen IT-Risikostrategien (siehe 1.3), wie in **Tab. 3.4** aufgeführt, bezüglich der Risikotoleranzbereiche definiert. Jede Risikostrategie wird dabei dahingehend geprüft, ob und inwiefern diese für das Management der vorhandenen Risiken verwendet werden soll. Im nachfolgenden Beispiel unterscheiden wir eine hohe, mittlere und geringe Relevanz der grundlegenden Risikostrategien für die einzelnen Risikotoleranzbereiche. Die Matrix bildet den Rahmen, welche Risikostrategien wann eingesetzt werden sollen. Die einzelnen Einschätzungen werden in der IT-Risk-Policy begründet. Diese Begründungen dienen dabei weniger dem Zweck einer Rechtfertigung der Einschätzung, als vielmehr der Kommunikation der IT-Risikostrategie, welchem Gefährdungspotenzial das Unternehmen wie begegnen möchte.

Tab. 3.4   Exemplarische Individualisierung der generischen Risikostrategien

Risikotoleranzbereich	generische Risikostrategien					
	Risiko-vermeidung	Risiko-reduzierung	Risikodiver-sifikation/ -konzentration	Risiko-übertragung	Risikotrans-formation	Risiko-akzeptanz
hochkritischer Bereich (rot)	hoch	hoch	mittel	hoch	gering	gering
kritischer Bereich (gelb)	mittel	hoch	hoch	mittel	mittel	mittel
unkritischer Bereich (grün) – eventuell weitergehend unterteilt	gering	hoch	gering	mittel	hoch	hoch

Die Anwendung dieser generischen Risikostrategien kann im Folgenden auf die einzelnen Szenarien heruntergebrochen werden. Dies kann innerhalb der IT-Risk-Policy oder in einem separaten Dokument erfolgen. Für jedes Szenario wird gemäß Zuordnung zu einem Risikotoleranzbereich überprüft, ob die im obigen Schema angegebenen Risikostrategien im angegebenen Ausmaß angewendet werden können.

Die Definition der IT-Risikostrategie kann auf einer detaillierteren Ebene, wie oben beschrieben, stattfinden. Dabei können sich für Risikoszenarien unterschiedliche Risikostrategien ergeben, die zwar im gleichen Risikotoleranzbereich liegen, sich aber in ihren sonstigen Eigenschaften unterscheiden, wie z.B. bezüglich der Risikozeiträume. Die Beurteilungen der Risikotoleranzbereiche können aufgrund der Eigenschaften der Risikoszenarien differieren. Sofern eine differenziertere Formulierung der IT-Risikostrategie in einem Unternehmen erstrebenswert ist, sollte die Differenzierung auf einer Untergliederung der maßgeblichen Risikodimension beruhen. Damit kann ein einfaches Mapping auf andere Dokumentationen stattfinden. Es können beispielsweise unterschiedliche Risikostrategien für die Szenarien der Risikoursachen Mensch, Technik, Prozesse/Projekte oder externe Risiken beschrieben werden.

3.1.5   Methoden des IT-Risikomanagements

In der IT-Risk-Policy werden u.a. die Methoden des IT-Risikomanagements aufgeführt. Es wird die gewünschte Risikokultur und deren Ausprägung festgeschrieben. Ebenso werden die grundlegenden Maßnahmen genannt, über die eine solche Risikokultur integriert werden soll. Die Methoden werden durchgängig für die einzelnen Arbeitsschritte des IT-Risikomanagementprozesses definiert. Es wird festgelegt, wie Risiken identifiziert, welche Angaben bei Risikoszenarien erarbeitet und mit welchen Analysen die Risiken bewertet werden müssen. Die Verfahren können neu benannt werden oder sie können bereits auf speziellen Zielsituationen beruhen:

Die IT-Risiken werden in einem jährlichen Rhythmus über Self-Assessments erhoben bzw. aktualisiert. Für alle in dem IT-Krisenmanagement definierten, kritischen Systeme muss zur Bewertung des Restrisikos alle 3 Jahre oder bei wesentlichen Änderungen am System eine Einzelsystem-Restrisikoanalyse durchgeführt werden.

Die für das IT-Risikomanagement relevanten Risikoindikatoren werden beschrieben. Dabei ist der kausale Zusammenhang zwischen Risikoindikatoren und Risiken heraus zu arbeiten. Der Risikoindikator muss hinsichtlich seines genauen Inhalts (Was wird gemessen?), seiner zeitlichen Ausprägung (Wann wird gemessen? Stichtags- oder Zeitraumbetrachtung?) sowie den Zuständigkeiten (Wer erhebt den Indikator?) konkretisiert werden. Grenzwerte für die Indikatoren sind festzulegen und die Konsequenzen bei Über-/Unterschreitung dieser Grenzwerte zu definieren. Risikotreiber werden ausgewiesen und die Qualität der Risikoindikatoren bzw. deren Besonderheiten dargelegt.

Es ist festzuhalten, wie die Risiken/Risikoszenarien zu managen sind. Wie werden die Risikoreduzierungsmaßnahmen zur Entscheidung gebracht und wie wird deren Umsetzung und Nachhaltigkeit überwacht? Werden Best-Practice-Ansätze im Unternehmen eingesetzt und wie wird in diesem Fall die Verzahnung mit dem IT-Risikomanagement sichergestellt? Wie erfolgt das Schadensmanagement? An wen werden die Schäden gemeldet und wie werden diese aufgearbeitet? Ebenfalls ist das Reporting des IT-Risikomanagements zu beachten. Was wird wem reportet? Wann und wie häufig findet das Reporting statt? Ferner muss es eine Vorgehensweise zur Erstellung von Risikoprognosen geben. Wie häufig bzw. bei welchen Gelegenheiten finden Risikoprognosen statt? Welche Methoden werden zur Erstellung von Risikoprognosen angewendet? Wie sind die Prognosen in das IT-Risikomanagement bzw. in das Unternehmenscontrolling eingebunden? Mit welchen Vorgaben wird beim Prognostizieren gearbeitet?

Für das IT-Krisenmanagement wird ebenfalls festgelegt, wann welche Methoden angewendet werden. Zu definieren ist, welche Inhalte die Krisenmanagement-Dokumente, beispielsweise die Notfallpläne, haben müssen.

3.2   Managementtechniken

Das IT-Risikomanagement ist eine grundlegende Managementdisziplin und kann daher von jeder funktionierenden Managementtechnik unterstützt werden. Es werden nachfolgend nicht alle verfügbaren Managementtechniken aufgeführt und bewertet. Vielmehr werden die im Risikomanagement besonders bewährten bzw. diskutierten Ansätze erörtert. Es wird dargestellt, inwiefern sich diese Techniken für die Risikosteuerung von IT-Risiken verwenden bzw. erweitern lassen, um ihren Teil zu einem adäquaten Risikomanagementsystem beizutragen. In die Handhabung wird soweit eingeführt, dass die nachfolgenden Transferleistungen auf das Management von IT-Risiken nachvollzogen und bewertet werden können.

Die jeweilige Eignung hängt vom einzelnen Fokus des IT-Risikomanagements im Unternehmen ab und den Umgebungsvariablen, die auf das Unternehmen einwirken. So sollte eine

Ergänzung einer Managementtechnik, die bereits im Unternehmen verwendet wird, wesentlich problemloser durchgeführt werden können, als die Einbindung einer neuen Methodik. Denn für eine solche wird zuerst eine breite Managementunterstützung und letztlich die Akzeptanz im Gesamtunternehmen benötigt.

3.2.1   IT-Risikoportfoliosteuerung

Eine grundlegende Methodik zur Steuerung von operationellen Risiken ist die Risikoportfoliosteuerung. Diese ist ebenfalls zur Handhabung von IT-Risiken geeignet. Die Basis für diese Managementtechnik wird über die Bewertung der Risiken hinsichtlich Eintrittswahrscheinlichkeit und Auswirkungsmaß und der Übertragung in die Riskmap gebildet.

Analyse des Portfolios
Um das Risikoportfolio verstehen zu können, wird dieses detailliert analysiert. Die Vorgehensweise wurde bei den einzelnen Bestandteilen des IT-Risikomanagements erläutert (siehe 2.3–2.5). Bei umfangreichen Risikoportfolien ist eine technische, datenbankgestützte Unterstützung notwendig. Eine schematische, fachliche Datenstruktur ist aus **Abb. 3.4** ersichtlich. Daraus ergeben sich insbesondere die nachfolgenden, zu analysierenden Zusammenhänge:
- Risikoszenarien untereinander;
- Risikoszenarien mit Risikoindikatoren;
- Risikoindikatoren untereinander;
- Risikoszenarien mit Risikoreduzierungsmaßnahmen;
- Risikoreduzierungsmaßnahmen untereinander;
- Risikoszenarien mit Schadensfällen;
- Risikoindikatoren mit Risikoreduzierungsmaßnahmen;
- Risikoindikatoren mit Schadensfällen;

Diese Zusammenhänge müssen identifiziert und bezüglich der Korrelationen und deren Auswirkungsstärken bewertet werden. Anhand dieser Analyse erkennt der Risikomanager die Gesamtzusammenhänge und entwickelt daraus ein Verständnis für das vorhandene IT-Risiko in seiner Gesamtheit. Neue Erkenntnisse, Änderungen von Umwelteinflüssen oder die täglichen Entscheidungen können hinsichtlich ihrer Auswirkung auf die jeweilige Risikosituation analysiert und bewertet werden. Die Zusammenhänge mit den Schadensfällen dienen nicht der eigentlichen Steuerung, sondern vielmehr der Qualitätsverbesserung des IT-Risikomanagements.

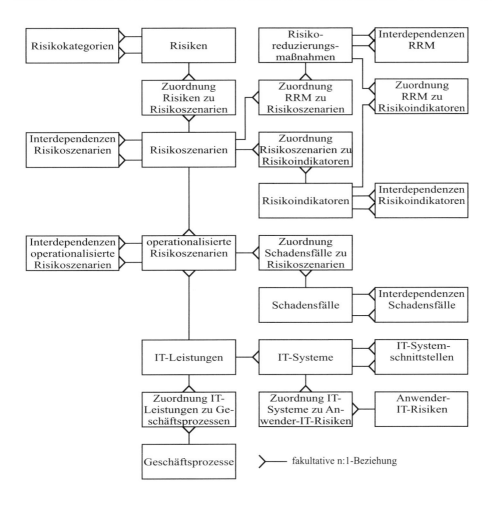

Abb. 3.4   Abstrahiertes Datenmodell des IT-Risikomanagements

Die Analyse kann auf zwei Arten erfolgen, wobei sich beide Arten nicht ausschließen, sondern ergänzen können bzw. in Teilen ergänzen müssen. Bei der manuellen Analyse werden die Zusammenhänge mittels der Erfahrungen und Kenntnisse der Beteiligten des IT-Risikomanagements hergestellt. Die Korrelation und die Auswirkungsstärke werden auf Basis bestehender Erfahrungen geschätzt. Diese Methodik muss bei einem initialen Aufbau des IT-Risikomanagements immer angewendet werden. Ergänzend sollte nach der Bildung eines ausreichenden Datenpools, inklusive Zeitreihen, eine mathematisch-statistische Auswertung, z.B. über eine Korrelationsrechnung, erfolgen. Durch diese Analysen werden potenzielle Zusammenhänge erkannt, welche anschließend plausibilisiert werden. Die mathematisch-statistische Auswertung dient der Identifizierung bislang noch nicht bekannter Zusammenhänge und der Qualitätssicherung der ermittelten, auf Erfahrungsbasis geschätzten Korrelationen und Auswirkungsstärken.

Eine zentrale Bedeutung bei der Risikoportfoliosteuerung fällt den Risikoindikatoren, insbesondere den Risikotreibern, zu. Risikoindikatoren können unterstützend (risikoreduzierend) oder gegenläufig (risikoerhöhend) sein bzw. sich zu einem Risikoszenario neutral verhalten.

Eine weitergehende Analyse beschäftigt sich mit den Folgen der originären IT-Risiken auf die Anwender-IT-Risiken. Dabei müssen für jede IT-Leistung die Auswirkungen auf die Geschäftsprozesse des Gesamtunternehmens bekannt sein. Die operationalisierten IT-Risikoszenarien sind die auf die IT-Leistungen angewendeten IT-Risikoszenarien. Durch die mittels der Portfolioanalyse erhaltenen Erkenntnisse über die Auswirkungen auf die Risikoszenarien kann anhand der operationalisierten IT-Risikoszenarien eine Abschätzung der Auswirkungen auf das Gesamtunternehmen ermittelt werden.

Trends identifizieren
Eine zentrale Funktion innerhalb des Risikoportfoliomanagements spielt das Identifizieren und Managen von Trends. Trends sind die längerfristigen Entwicklungsrichtungen einzelner Risikoszenarien (siehe 3.4.1). Die Gründe für diese Veränderungen können in:
- sich verändernden Umweltbedingungen,
- sich verändernden Risikoszenarien durch Weiterentwicklungen (technische, organisatorische oder personelle),
- wirkenden bzw. nicht mehr wirkenden Risikoreduzierungsmaßnahmen oder
- nicht mehr wirkenden Wechselbeziehungen (z.B. aus anderen Risikoszenarien)
liegen. Häufig wirken sich Trends nicht auf einzelne Risikoszenarien oder einzelne operationalisierte Risikoszenarien, sondern vielmehr auf eine Gruppe davon aus. Die Risikodimensionen innerhalb des IT-Risikomanagements sollten so geschnitten sein, dass sich verbreitete Trendmerkmale auf diese Einteilung anwenden lassen.

Trends können prospektiv oder retrospektiv ermittelt werden. Bei einer prospektiven Ermittlung wird, basierend auf der Analyse der aktuellen Situation und den erwarteten Änderungen, die Wirkung auf die IT-Risikoszenarien beurteilt. Der IT-Risikomanager oder einzelne Fachleute bzw. Gruppen von Fachleuten müssen die Entwicklungsrichtungen der Risikoszenarien einschätzen. Die retrospektive Trendermittlung benötigt Zeitreihen über die Verläufe der Risikoszenarien. Aus diesen Zeitreihen werden die Entwicklungen der Vergangenheit abgeleitet und Gründe für diese Verläufe ermittelt. Diese retrospektive Trendermittlung stellt eine mögliche Grundlage für weitergehende Prognosen einer künftigen Trendentwicklung dar. Es wird hinterfragt, ob die bisherigen Gründe in gleicher Art und Höhe zukünftig existent sein werden, wie diese in Zukunft auf die Risikoszenarien wirken und ob sich noch weitere Bedingungen für die Trendbildung ergeben werden.

Die identifizierten und analysierten Trends müssen dokumentiert werden. Diese Dokumentation wird zur Überprüfung der Trendaussagen benötigt und bildet zugleich den Grundstock zum Aufbau bzw. zur Erweiterung der Wissensbasis eines Wissensmanagements. Rückwirkend wird begutachtet, ob die prognostizierten Trends in erwarteter Art und Weise eingetreten sind bzw. was die Gründe für eine Abweichung waren. Aus den Trendaussagen kann eine künftige Riskmap erstellt werden. In einer solchen Prognose-Riskmap kann das Risikoportfolio in der Zukunft mit und ohne geplanten Risikoreduzierungsmaßnahmen abgebildet werden.

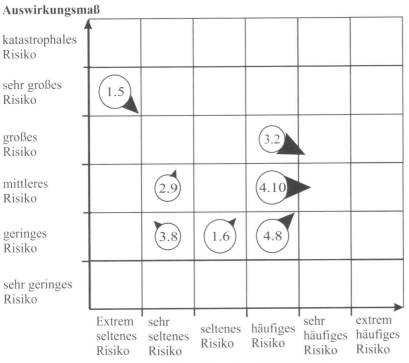

Abb. 3.5   Exemplarische Riskmap mit Trendanzeige

Die **Abb. 3.5** zeigt exemplarisch auf, wie solche Trends in einer Riskmap dargestellt werden können. In diesem Fall wurden Risikoszenarien aufgeführt, die einen Zusammenhang zum Risikoindikator Fluktuation aufweisen. Auf die selbe Art und Weise können Zusammenhänge zwischen Risikoreduzierungsmaßnahmen und Risikoszenarien oder anderen Konstellationen abgebildet werden. In diesem Fall wird eine Steigerung der Fluktuation um 2 % prognostiziert und in der Riskmap werden demzufolge die betroffenen Risikoszenarien mit ihren zu erwartenden Trends veranschaulicht. Der Kreisdurchmesser zeigt dabei die Korrelation von Risikoszenario und Risikoindikator (Basis der Riskmap) an. Die Pfeilrichtung gibt den prognostizierten Trend an und die Pfeilstärke verweist auf die Wahrscheinlichkeit dieses Trends. Grundsätzlich unterstützt eine hohe Korrelation eines Risikoszenarios zum Risikoindikator den Eintritt des besagten Trends. Allerdings sind viele Risikoszenarien nicht nur von einem Risikoindikator abhängig, und so kann sich, durch die Veränderung anderer Risikoindikatoren für das Risikoszenario eine vom Risikoindikator unabhängige Entwicklung ergeben. Tritt diese häufiger auf, so sinkt mit der Zeit die Korrelation zwischen dem Risikoindikator und dem Risikoszenario.

Die Analyse der Trends darf sich nicht nur auf die originären IT-Risiken beschränken, sondern muss auch auf die Anwender-IT-Risiken angewendet werden. So ist es für das Gesamtunternehmen nicht nur von Bedeutung, wie sich die Risikotrends in den originären IT-Risiken abzeichnen, sondern auch, wie sich diese auf die Fachbereiche auswirken. Welche Anforderungen haben die Fachbereiche an die Prozessunterstützung und welche Abhängigkeiten vom IT-System resultieren daraus. Die Trends der originären IT-Risiken haben Einfluss auf die Eintrittswahrscheinlichkeit der Anwender-IT-Risiken. Aus den Trendaussagen zu den originären IT-Risiken können somit Trendwirkungen für die Anwender-IT-Riskmap (siehe 3.6) abgeleitet werden. Das Auswirkungsmaß auf die Geschäftsprozesse und deren Abhängigkeit von der IT-Unterstützung wird gemeinsam mit den Fachbereichen ermittelt.

Überarbeitung des Portfolios

Es muss eine ständige Überarbeitung des IT-Risikoportfolios gewährleistet sein. Dabei muss zwischen einer regelmäßigen und einer spontanen Überarbeitung unterschieden werden. Die regelmäßige Überarbeitung sollte vierteljährlich bis einmal jährlich stattfinden. Das Intervall hängt dabei von der Risikosituation der IT im Unternehmen bzw. der Abhängigkeit des Unternehmens von der Informationstechnologie ab. Eine spontane Überarbeitung hat dann zu erfolgen, sobald ein neues, wesentliches Risiko erkannt wird oder eine maßgebliche Änderung eines wesentlichen Risikos eintritt. Die spontane Überarbeitung hat den Sinn, eine veränderte Risikosituation unmittelbar zu prüfen und ggf. Maßnahmen daraus abzuleiten. Die regelmäßige Überarbeitung ist für die ständige Aktualität des Risikoportfolios zuständig. Zudem bildet sie die Basis für die Qualitätssicherung. Nach jeder Überarbeitung des Risikoportfolios wird eine Baseline erstellt. Die Werte für das IT-Risikoportfolio werden festgeschrieben und historisiert. Es wird eine Zeitreihe aufgebaut, über die Analysen, wie z.B. eine Trendanalyse, angefertigt werden können. Spontane Überarbeitungen werden in die Zeitreihe der nächsten regelmäßigen Überarbeitung mit aufgenommen.

Sofern neue Risiken auftreten, werden diese wie bei der initialen Erarbeitung des Risikoportfolios mitberücksichtigt. Es wird ein Risikoszenario formuliert, bezüglich der definierten Risikodimensionen kategorisiert und in den Zusammenhang zu bestehenden oder neuen Risikoszenarien, Risikoindikatoren und Risikoreduzierungsmaßnahmen gebracht. Anschließend wird es bezogen auf die IT-Leistungen operationalisiert. Bei der Aufnahme neuer Risikoszenarien erhöht sich das Risikovolumen des Gesamtportfolios. Wenn es sich um Risikoszenarien handelt, die bereits ganz oder teilweise in vorhandenen Risikoszenarien enthalten waren und nun lediglich zum leichteren Managen als separate Risikoszenarien ausgewiesen werden, reduziert sich das Risikovolumen anderer Risikoszenarien anteilsmäßig. Das Risikovolumen des Gesamtportfolios bleibt konstant. Mischformen, z.B. bei der Identifizierung versteckter Risiken, sind möglich.

Zur regelmäßigen Überarbeitung des IT-Risikoportfolios gehört die Behandlung der Trends. Bereits bekannte Trends werden qualitätsgesichert und geprüft, wie deren künftiger Verlauf zu prognostizieren ist. Des Weiteren wird das Risikoszenario hinsichtlich neuer Trends untersucht.

3.2.2   Balanced Scorecard

Die Balanced Scorecard (BSC) ist nicht, wie oft auf den ersten Blick vermutet wird, ein reines Kennzahlensystem, sondern hat den Anspruch für sich, ein umfassendes Managementkonzept darzustellen. Die BSC wurde um 1990 von Robert S. Kaplan und David P. Norton entwickelt. Anlass waren ihre Beobachtungen, dass die eingesetzten Steuerungssysteme meist rein finanzwirtschaftliche Sichtweisen aufgriffen und dadurch hauptsächlich kurzfristige Steuerungsaspekte unterstützten. Das Management von zukunftsweisenden, strategischen Potenzialen floss in diese Steuerungssysteme nicht oder zumindest nicht ihrer Bedeutung gerecht ein. Aspekte wie Kernkompetenzen, Mitarbeiterfaktoren wie Motivation, Wissen und Innovationsfähigkeit oder Vorteile hinsichtlich eigener Geschäftsprozesse sowie bezüglich der eingesetzten Informationstechnologie waren unberücksichtigt.

Die BSC kann als „ausgewogenes Kennzahlensystem" übersetzt werden. Sie hat den Anspruch, alle Belange eines Unternehmens gemäß der jeweiligen Bedeutung darzustellen. Dieser Ansatz zeigt, dass es sich um ein komplexes Steuerungsinstrument handelt. Die Ausgewogenheit kann sich auf unterschiedliche Aspekte beziehen, die nachfolgende Aufzählung soll einen Anhaltspunkt dafür geben:

- Ausgewogenheit bezüglich der zeitlichen Relevanz (kurz-, mittel- und langfristige Ziele).
- Ausgewogenheit bezüglich der Interessenvertreter (stake-holders) eines Unternehmens (Kapitalgeber, Mitarbeiter, Kunden und die Gesellschaft).
- Ausgewogenheit bei der Betrachtung der Vermögenswerte (materielle und immaterielle, bilanzierte bzw. nicht bilanzierungspflichtige Vermögenswerte).
- Alle Aspekte, die für das Unternehmen von Bedeutung sind, sollen berücksichtigt werden.

Die BSC stellt das Bindeglied zwischen Unternehmensvision/-strategie und deren Umsetzung/Weiterentwicklung bis hin zu den operativen Handlungen der einzelnen Beteiligten dar. Diese Vorgehensweise kann in 6 Teilschritte untergliedert werden:[129]

- **Mission**: Die Mission eines Unternehmens wird als dessen Basisidee verstanden. Sie ist der Grund, weshalb das Unternehmen überhaupt besteht. Diese Mission ist sehr langfristig angelegt und wird in der Regel nicht geändert.
- **Vision**: In der Vision werden die langfristigen Ziele festgelegt, die die Erfüllung der zuvor definierten Mission sicherstellen sollen. Diese Vision ist langfristig, kann sich aber aufgrund verschiedener Begebenheiten, z.B. gesellschaftlichen, rechtlichen oder wirtschaftlichen, ändern.
- **Strategie**: Die Strategie definiert den Weg und die mittel-/langfristigen Zwischenziele für die Erfüllung der Vision. Aus dieser Strategie heraus werden die Perspektiven abgeleitet.
- **Perspektiven** und ihre Ausprägungen: Welche Perspektiven werden benötigt, damit alle Aspekte für die Erfüllung der Strategievorgaben berücksichtigt werden können?
- **Strategische Erfolgsfaktoren** (SEF): Was sind die hauptsächlichen Einflussfaktoren für die erfolgreiche Umsetzung der Strategie und in welcher Beziehung stehen diese zueinander (Ursachen-/Wirkungsbeziehungen)?
- **Schlüsselindikatoren** (Key Performance Indicators – KPI): Sie bilden die Kenngrößen, an denen die erfolgreiche Strategieumsetzung ermittelt werden kann.

Bezüglich der Eignung der Managementmethode für das IT-Risikomanagement ist die Implementierung der Perspektiven und der Kennzahlen (SEF und KPI) von besonderer Bedeutung. Um die unterschiedlichen Aspekte, die für das jeweilige Unternehmen in eine BSC einfließen sollen, berücksichtigen zu können, haben Kaplan und Norton das Kennzahlensystem in Perspektiven aufgeteilt. Die Anzahl der Perspektiven ist frei wählbar, es sollten aber mindestens 4 Perspektiven herangezogen werden, damit ein umfassendes Scorecard-Modell entstehen kann. Als Standardperspektiven wurden Finanzen, Kunden, Prozesse und Lernen/Entwicklung erarbeitet. Diese Standardperspektiven können als umfänglicher Ansatz verwendet, ausgetauscht oder ergänzt werden. Die bisherigen Erfahrungen zeigen auf, dass, bei mindestens 50 % von BSC-Implementierungen diese Standardperspektiven, eventuell ergänzt um weitere Individualperspektiven, eingesetzt werden.[130] Die definierten Perspektiven werden in den 4 Ausprägungen

- Ziele,
- Kennzahlen,
- Vorgehen und
- Maßnahmen betrachtet.

Zuerst werden die Perspektiven mit Zielen versehen, die wiederum mit Kennzahlen bestückt werden, welche als wesentlich zum Erreichen der strategischen Zielen angesehen werden. Die Kennzahlen unterscheiden sich statistisch gesehen hinsichtlich vorlaufender und nach-

---

129 Vgl. Kütz, 2003a, S. 60–67.

130 Vgl. Bernhard, 2003, S. 167–173.

laufender Indikatoren. Sie verhalten sich somit wie Risikotreiber und Risikomesskennzahlen (siehe 2.5.2) und werden ebenfalls gleichartig interpretiert. Die wichtigeren, häufig jedoch schwieriger zu definierenden bzw. zu erhebenden Kennzahlen sind die Vorlaufenden. Sie werden bei der BSC strategische Erfolgsfaktoren oder Leistungstreiberkennzahlen bzw. Betriebssteuerungskennzahlen genannt. Diese SEF bilden die Basis, um künftig die gewünschte Zielgröße zu erhalten. Die nachlaufenden Kennzahlen werden als Schlüsselindikatoren, Key Performance Indicators (KPI), Ergebnis- oder Ertragskennzahlen bezeichnet. Sie richten ihre Aussagefähigkeit auf die Vergangenheit und können die erreichten Ziele dokumentieren. Für in Zukunft gerichtete Entscheidungen sind diese Indikatoren nur bedingt nutzbar.[131] Die Anzahl der Kennzahlen ist nicht fest vorgegeben. Es gilt jedoch zu berücksichtigen, dass die Kennzahlen kein Kennzahlensystem bilden sollen, das sämtliche Aspekte des unternehmerischen Handels abbildet. Vielmehr soll mittels einer übersichtlichen Anzahl von Kennzahlen, die einen unmittelbaren Zusammenhang zum strategischen Erfolg des Unternehmens herstellen, die wesentlichen Punkte abgebildet werden. Als Faustregel wird davon ausgegangen, dass eine BSC letztlich immer auf ein DIN-A4 Blatt passen sollte.

Für jedes Ziel innerhalb einer Perspektive werden ferner Vorgaben beschrieben und Maßnahmen abgeleitet. Die Vorgaben beziehen sich auf die Kennzahlen und definieren, bis wann ein bestimmter Wert bzw. Wertebereich erreicht sein soll bzw. gehalten werden soll. Sie sind Ihrer Aufgabe nach vergleichbar mit den Risikoindikatoren. Die Maßnahmen enthalten die geplanten, priorisierten Aktivitäten, die notwendig sind, um die Zielvorgaben zu erreichen. Sie beinhalten Ansätze konkreter Vorgehensweisen, und sind vergleichbar mit den Risikoreduzierungsmaßnahmen des IT-Risikomanagements. Der Aufbau einer Balanced Scorecard ist in **Abb. 3.6** dargestellt. Die schwarz durchgezogenen Pfeile zeigen die Ableitung der Perspektiven aus den strategischen Vorgaben von Mission und Vision des Unternehmens auf. Mit den grauen Pfeilen wird auf die mögliche Erweiterung um eine IT-Perspektive hingewiesen. Die gepunkteten Linien dokumentieren die Ursachen-/Wirkungsanalyse der einzelnen Perspektiven untereinander. Das systematische Aufzeigen dieser Zusammenhänge wird bei der Balanced Scorecard als strategische Story bezeichnet. Dabei gibt es zwischen den Perspektiven durchaus hierarchische Abhängigkeiten, die sich zumeist in der Reihenfolge Lernen/Entwicklung, Prozesse, Kunden und Finanzen direkt beeinflussen. Die Ziele der in dieser Reihenfolge benachbarten Perspektiven haben die meisten/größten Abhängigkeiten untereinander. Es gibt aber durchaus auch Determiniertheiten zwischen Zielen nicht benachbarter Perspektiven, diese sind jedoch von der Anzahl bzw. Bedeutung zumeist wesentlich weniger/geringer. Auf die mögliche IT-Perspektive wird im nächsten Kapitel eingegangen. Sofern eine solche von Bedeutung ist, muss diese in der strategischen Story, in der Regel zwischen Lernen/Entwicklung und Prozesse, angesiedelt werden.[132]

Die BSC-Methode stellt ein Top-Down-Vorgehen dar. In einigen Unternehmen wird eine BSC nur auf Unternehmensebene erstellt und dient dort als Managementinstrument und zur Strategieorientierung für die einzelnen Teilbereiche des Unternehmens. Idealtypisch wird

---

131 Vgl. Baschin, 2001, S. 132–142.

132 Vgl. Baschin, 2001, S. 133–137 und 157–161.

eine BSC kaskadierend in ein Unternehmen implementiert. Dabei werden aus der Unternehmens-BSC die nachgelagerten BSC's der einzelnen Bereiche und Abteilungen – angepasst an
die jeweiligen Teilaufgabengebiete – erstellt. Die Struktur der BSC bleibt dabei unverändert.

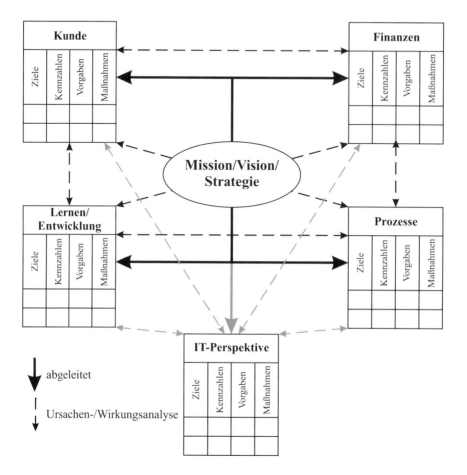

Abb. 3.6   Perspektiven einer (IT-)Balanced Scorecard

Die BSC-Methode kann als Projektmanagementverfahren eingesetzt werden. Allerdings
eignet sie sich aufgrund des Aufwandes nur für Großprojekte mit entsprechendem, strategischem Potenzial.

Durch den Einsatz von BSC's zum Managen von Unternehmen bzw. Unternehmenseinheiten
stellen sich die Vorteile dieser Methode im Wesentlichen wie folgt dar:[133]

---

133 Vgl. Blomer, 2003, S. 33–34.

- Die BSC verbindet die strategischen Ziele mit dem operativen Geschäft.
- Nicht finanzielle Ziele können quantifizierbar und dadurch operationalisierbar gemacht werden.
- In der BSC lassen sich verändernde Rahmenbedingungen leicht auf die strategischen Überlegungen übertragen. Dadurch wird das Management in die Lage versetzt, koordiniert, strategiekonform und kurzfristig auf solche Änderungen zu reagieren.
- Durch die Analyse der Ursachen-/Wirkungsbeziehungen der einzelnen Ziele werden Interdependenzen aufgezeigt und verständlich gemacht. Auswirkungen von Maßnahmen bei konkurrierenden oder kongruenten Zielen können ermittelt werden.
- Bei Anlehnung an die 4 klassischen Perspektiven wird eine hohe Markt- und Kundenorientierung erreicht.
- Die BSC bildet eine gute Grundlage für die unternehmensinterne Kommunikation. Diese ist für eine erfolgreiche Risikosensibilisierung der Mitarbeiter von Bedeutung.
- Durch die Vorgehensweise der BSC wird eine zielgemäße Ressourcenallokation sichergestellt. Der Abstimmungsprozess verlangt die Diskussion.
- Durch die BSC wird gleichzeitig ein Rückkopplungsprozess (im Sinne eines Managementprozesses) implementiert.

All diese Vorteile der BSC sind für das IT-Risikomanagement von Belang. Drei Vorteile sind besonders hervorzuheben. Erstens: Mittels der BSC wird die Übertragung der strategischen Unternehmensziele in das operative Geschäft sichergestellt. Diese Anforderung ist gerade für die IT von hohem Stellenwert. Nur wenn die strategischen Unternehmensziele allen bekannt sind, können investitionsintensive IT-Entscheidungen optimal gefällt werden. Insbesondere bei der Integration einer IT-Perspektive in die Unternehmens-BSC wird bereits bei den strategischen Zielen eine Abstimmung bzw. eine gegenseitige Ergänzung (bootstrap) erfolgen. Denn IT-technische Änderungen bilden vermehrt die Basis für Differenzierungen am Markt bzw. sind selbst ein Markttrend. Ein erfolgreiches Agieren am Markt ist diesbezüglich ohne IT-Lösungen nicht oder nur sehr schwer möglich. Zweitens: Die IT wandelt sich in vielen Branchen weg vom unterstützenden Service-Anbieter hin zur Beratungseinheit bezüglich des Einsatzes der IT zur Generierung von weiteren Marktpotenzialen. Diese können gleichwohl nur mit einer gemeinsamen Unternehmens- und IT-Strategie gehoben werden. Die Integration von nicht finanziellen Zielen stellt für die IT insofern einen wichtigen Vorteil dar, als dass gerade im Rahmen von IT intellektuelle und somit immaterielle Vermögenswerte geschaffen werden. Dies findet in Form von eigenen IT-Lösungen oder fachlichen Inhalten statt. Diese Wertschöpfung wird in die Unternehmensziele miteinbezogen und deren Erfolg gemessen. Drittens: Den Vorteil der BSC bezüglich schneller Reaktionszeiten bei wesentlichen Änderungen der Rahmenbedingungen ist für das IT-Risikomanagement bei der heutigen, technischen Entwicklung wichtig. Die Entwicklungszyklen in der IT werden immer kürzer und die darin abgebildeten Leistungs- und Funktionserweiterungen werden größer. Strategische Entscheidungen für bestimmte Architekturen können in kurzer Frist überholt sein oder bedürfen zumindest einer erneuten Begutachtung, um Fehlinvestitionen zu vermeiden.

IT-BSC

Beim Aufbau einer unternehmenseigenen BSC stellt sich die Frage, wie dort die IT einbezogen wird. Werden die Belange, die das Unternehmen an die Informationstechnologie stellt, genügend in den Standardperspektiven bzw. den individuellen Perspektiven berücksichtigt? Sollen besondere Perspektiven miteingeführt werden? Diese Fragen müssen, wie die BSC selbst, von jedem Unternehmen selbst beantwortet werden.

Sofern sich ein Unternehmen aufgrund der Bedeutung der IT dazu entschließt, IT-Aspekte dediziert in die BSC einfließen zu lassen, gibt es grundsätzlich zwei Möglichkeiten, dies zu realisieren. Zum einen gibt es die Kaskadierung, das Detaillieren der Unternehmens-BSC in Unternehmenseinheiten-BSC's, zum anderen gibt es die Möglichkeit zur Ergänzung der Perspektiven um zumindest eine IT-Perspektive. Letztlich kann der kombinierte Einsatz angestrebt werden. Entscheidende Faktoren, wie eine solche Ergänzung erfolgen soll, werden in **Abb. 3.7** dargestellt. Neben der Bedeutung der IT für die Geschäftsprozesse wird die organisatorische Einbindung der IT in das Unternehmen berücksichtigt.

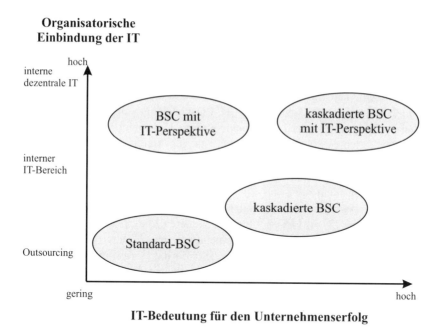

Abb. 3.7   Integrationsbedarf der IT in eine Balanced Scorecard

Bei der Kaskadierung und bei der Erweiterung der BSC um eine IT-Perspektive ist darauf zu achten, dass alle IT(-Risikomanagement)-Aspekte vollständig in die Betrachtung miteinfließen. Dies bedeutet, dass u.a. nicht nur der laufende Betrieb der IT, sondern auch die strategischen Risiken oder die Risiken aus der Weiterentwicklung der IT-Systeme – und hier vor allem die Projektrisiken – adäquat erfasst werden. Sofern für Projekte gesonderte BSC's erstellt werden, muss dies über eine Kaskadierung auf die Projekte erfolgen. Andernfalls muss das Projektcontrolling eine alternative Einbindung sicherstellen.

Kaskadierte BSC. Bei der Kaskadierung von BSC's wird die Top-BSC des Unternehmens auf die einzelnen Organisationsbereiche, ggf. bis hin zur kleinsten Organisationseinheit, heruntergebrochen. Demzufolge trifft die BSC automatisch auf die für die interne IT zuständigen Organisationseinheiten. In diesen Organisationseinheiten werden die Ziele für die IT zur Erlangung der Ziele der Unternehmens-BSC festgelegt. Dieses Vorgehen deckt in der Regel eine ausreichende Berücksichtigung von IT-Risikomanagementgesichtspunkten ab. Die Kaskadierung der BSC kann gleichfalls bei Outsourcing stattfinden. Sie kann dabei ihren Vorteil als Kommunikationsinstrument zwischen Outsourcinggeber und -nehmer zur Geltung bringen.

BSC mit IT-Perspektive. Alternativ kann die BSC eines Unternehmens um eine IT-Perspektive ergänzt werden, dies bietet sich besonders bei Unternehmen mit einer hohen IT-Abhängigkeit an. Was diese IT-Perspektive beinhaltet, hängt maßgeblich von den anderen, noch vorhandenen Perspektiven ab sowie von dem Sachverhalt, inwiefern eine Kaskadierung stattfindet. Vorausgesetzt, es findet eine Kaskadierung bis auf den/die IT-Bereich(e) statt und es wird eine BSC mit den 4 Standardperspektiven verwendet, dann kann die IT-Perspektive auf die IT-Security-Aspekte (Vertraulichkeit, Verfügbarkeit und Integrität der Anwendungen und Daten) begrenzt werden; bei maßgeblichen Auslagerungen von IT-Leistungen muss zusätzlich die Outsourcing-Beziehung in diese Sichtweise aufgenommen werden. Die Finanzsicht deckt die Wirtschaftlichkeitsgesichtspunkte der IT ab. Mittels der Prozesssicht können die internen Arbeitsabläufe und der komplette Change inklusive Projekte dargestellt werden. Die Perspektive Lernen/Entwicklung bildet die HR-Entwicklung im IT-Bereich und die Markt- und Technikentwicklungen ab. Letztlich stellt die Kundensicht die Beziehung zu den internen Fachbereichen dar.

Sollte lediglich eine BSC auf oberster Unternehmensebene erstellt werden, so muss eine übergreifende IT-Perspektive implementiert werden, welche die aufgeteilten IT-Teilaspekte bündelt. Diese Bündelung der IT-Perspektive stellt sicher, dass, beispielsweise bei der Kundenbetrachtung, die Zuordnung zwischen echten Kunden des Unternehmens und den unternehmensinternen Kunden der IT klar getrennt erfolgt. Überdies ist eine solche Trennung in den übrigen Perspektiven für das Management der IT von Vorteil.

Sofern nicht das gesamte Unternehmen über die BSC-Methodik gesteuert wird, sondern auf den IT-Bereich begrenzt ist, ist die IT bei der Gestaltung der Perspektiven freier. Als großer Nachteil steht dagegen, dass die für die BSC-Erstellung notwendige IT-Strategie nicht „automatisch" mit der Unternehmensstrategie abgestimmt ist. Diese Abstimmung muss in einem solchen Fall manuell mittels der im Unternehmen bislang verwendeten Verfahren erfolgen. Wie oben ausgeführt, bieten sich für den IT-internen Einsatz die Standardperspektiven, ergänzt um eine IT-Security-Perspektive, an. Je nach Unternehmenssituation können sich andere Perspektiven ergeben.

Das IT-Risikomanagement sollte beim Einsatz einer IT-BSC deren Perspektiven übernehmen und im Sinne einer Kaskadierung eine eigene Instanz dieser IT-BSC schaffen. Diese wird als Diskussionsgrundlage für die Abstimmung mit der zentralen IT-BSC bzw. den BSC's der Organisationseinheiten des IT-Bereichs verwendet.

IT-Risikomanagement-BSC
Sofern aus Unternehmenssicht auf Ebene des IT-Bereichs keine eigenständige BSC erstellt wird, da entweder im Gesamtunternehmen die BSC-Methodik nicht angewendet wird oder keine Kaskadierung stattfindet, stellt sich die Frage, ob eine BSC nur für den Bereich des IT-Risikomanagements angewendet werden kann und sollte. Da einer der größten Vorteile der BSC in der Übertragung der Strategie auf die operativen Tätigkeiten besteht und dies nur über einen Top-Down-Ansatz erfolgreich umgesetzt werden kann, verringern sich die Vorzüge der hier diskutierten Methode – sie ist nichtsdestoweniger anwendbar. Grundlagen dieser Managementtechnik sind ohnehin im Management von operationellen Risiken enthalten, genannt seien beispielsweise die Risikoindikatoren. Was unterscheidet die IT-Risikomanagement-BSC von den bereits besprochenen Risikoindikatoren?

Das Management des Risikoportfolios bezüglich der Risikoindikatoren soll eine Gesamtübersicht über das Risikopotenzial und dessen Entwicklung sicherstellen. In der BSC beschränkt man sich auf die maßgeblichen Risikoindikatoren. Ferner werden Vorgaben für die Risikoindikatoren erstellt und Risikoreduzierungsmaßnahmen definiert. Neu ist hier, sich bei der Zieldefinition nicht auf die erarbeiteten Risikoszenarien zu beziehen, sondern allgemeine Ziele in den Perspektiven für die Risikominderung zu formulieren. Die Perspektiven können wiederum frei gewählt werden, wobei sich eine an der maßgeblichen Risikodimension orientierte Aufteilung (siehe 3.1.3), erweitert um eine Finanz- und Kundenperspektive, anbietet. Über die Finanzperspektive wird die Wirtschaftlichkeitsbetrachtung mit eingebunden. Die Kundenperspektive stellt die Verbindung zu den Fachbereichen mit ihren Anwender-IT-Risiken her. Sollte als maßgebliche Risikodimension die Risikoursachen definiert sein, so ergeben sich folgende Perspektiven:
- Finanzen,
- Kunden,
- Mensch,
- Prozesse & Projekte,
- Technik sowie
- externe Einflüsse.

Ausprägungsergänzung der BSC
Eine weitere Möglichkeit, die ursprüngliche Methodik der BSC um Risikogesichtspunkte zu ergänzen, ist die Erweiterung der Ausprägungen um eine zusätzliche Kategorie. Die definierten Ziele einer jeden Perspektive werden dann nicht nur mit Maßnahmen versehen, sondern es werden ferner auch die Risiken für deren Verwirklichung aufgezeigt. Diese Risikoeinschätzung findet sich in den zu definierenden Kenngrößen ebenso wieder wie in den dazu benötigten Vorgaben. Die zusätzliche Aufnahme der Risikobetrachtung als Ausprägung stellt für das Risikomanagement mit Sicherheit den weitestgehenden Eingriff in die BSC-

Methodik dar. Ein solcher ist für die alleinige Qualitätsverbesserung des IT-Risikomanagements nicht zu empfehlen, da durch die Ausprägungsergänzung die Übersichtlichkeit einer BSC in Mitleidenschaft gezogen wird. Bei der Implementierung einer BSC im Unternehmen kann es durchaus sinnvoll sein, eine solche Ergänzung für das gesamte Risikomanagement des Unternehmens anzustreben. Das Risikomanagement wird somit automatisch über die Unternehmens-BSC in das operative Unternehmensgeschäft einbezogen und durchgeführt. Zeitgleich mit der Verfolgung von strategischen Zielen werden in diesem Fall die hierfür vorhandenen Risiken mit gemanagt.

Projekt-BSC
Die in einer Unternehmens-BSC enthaltenen Maßnahmen werden gerne in Projektform umgesetzt. Umgekehrt kann festgestellt werden, dass Projekte, die durchgeführt werden sollen, die Ziele der Unternehmens-BSC möglichst umfassend unterstützen sollten. Die BSC kann zur Projektentscheidung und -priorisierung verwendet werden und dient damit einem Multiprojektmanagement und der damit verbundenen Ressourcenallokation.[134]

Projekte haben in der Regel Strukturen mit zeitlich befristetem (bekannter Start- und Endzeitpunkt), typischerweise interdisziplinärem Charakter und einem genauen Auftrag. Bei der Anwendung der BSC-Methodik können diese temporären Organisationseinheiten wie permanente Organisationseinheiten behandelt und in eine BSC-Kaskadierung miteingebunden werden. Dieser Weg enthält gegenüber den vorherigen Ausführungen keine Änderungen. Aufgrund des Aufwands der Erarbeitung einer BSC kann der Einsatz zur Steuerung von Projekten erst ab einer bestimmten Projektgröße sinnvoll dargestellt werden[135].

Projekte können auch mit einer separaten BSC versehen werden. Die Übereinstimmung der Projektziele mit den Unternehmenszielen wird vorab durch die Projektentscheidung sichergestellt. Infolgedessen können die Projektziele ohne weiterer Strategieprüfung in das Zentrum der Projekt-BSC übernommen und die Perspektiven den Erfordernissen der Projektarbeit angepasst werden. Als Perspektiven bieten sich die drei Dimensionen des sogenannten magischen Dreiecks der Projektarbeit Zeit, Kosten und Qualität, ergänzt um die für die Projektarbeit bedeutenden Perspektiven Ressourcen und Projektrisiken, an.[136] Eine daraus abgeleitete Projekt-BSC ist in **Abb. 3.8** dargestellt.

134 Vgl. Engstler/Dold, 2003, S. 133–134.

135 Vgl. Engstler/Dold, 2003, S. 136.

136 Vgl. auch Groening, 2003, 189–194.

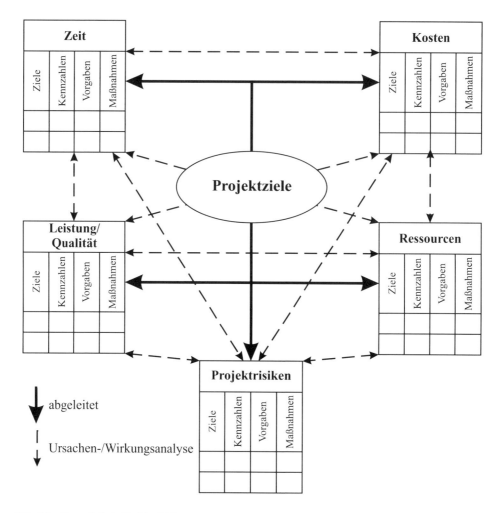

Abb. 3.8   Exemplarische Projekt-BSC

3.3   Risikoreduzierungsmaßnahmen

Risikoreduzierungsmaßnahmen werden bei den generischen Risikostrategien Reduzierung, Diversifikation, Übertragung und Transformation verwendet. Erwogene Risikoreduzierungsmaßnahmen sollten dabei folgende Eigenschaften besitzen:[137]

---

137 Vgl. auch BSI, 1992, Kapitel 2, Seite 9.

- Ausgewogenheit – auch im wirtschaftlichen Sinne,
- Angemessenheit – bezogen auf die relevanten Risiken,
- Durchgängigkeit – damit es nicht zu einer Neutralisierung der angestrebten Maßnahmen kommt und
- Nachhaltigkeit – für eine dauerhafte Risikoreduzierung.

In diesem Kapitel werden die Themenschwerpunkte, in denen Risikoreduzierungsmaßnahmen vorgenommen werden können, aufgeführt. Dabei wird nicht auf die einzelnen Maßnahmen eingegangen, da diese, sowohl hinsichtlich der Anforderungen, der Unternehmenssituation, der eingesetzten Technologien als auch der wirtschaftlichen Rahmenbedingungen situationsspezifisch sind. Vielmehr werden die Themengebiete bezüglich ihrer Leistungsfähigkeit für Risikoreduzierungsmaßnahmen beschrieben. Dabei ist zu beachten, dass all diese Punkte, die ein hohes Potenzial für Risikoreduzierungsmaßnahmen in sich bergen, bei einer nicht optimalen Durchführung auch entsprechende Gefährdungspotenziale besitzen.

3.3.1   IT-Architektur

Die effiziente Gestaltung der IT-Architektur ist eine zentrale Maßnahme, um die unterschiedlichsten Risiken zu reduzieren. Da eine Umstellung von IT-Architekturen aufwandsintensiv ist, sind ein professionelles Management und weitsichtige Entscheidungen von besonderer Bedeutung. Hohe Aufwände entstehen beispielsweise im direkten Investitionsbereich, bei der Ausbildung von Mitarbeitern, beim Aufbau von Erfahrungswerten im Umgang mit neuen Architekturen oder bei der Einführung neuer Applikationen in den Fachbereichen. Die Modifizierung von IT-Architekturen kann aufgrund der Komplexität und den darin enthaltenen Abhängigkeiten zumeist nicht kurzfristig durchgeführt werden, sondern bedarf einer nennenswerten Konzeptions- und Realisierungsphase. Fehlentscheidungen in Architekturfragen haben langfristige, maßgebliche Folgen.

Inhalte IT-Architektur
Die IT-Architektur kann hinsichtlich ihrer Ziele, Aufgaben und Betrachtungsgegenstände wie folgt definiert werden:

Ziele der IT-Architektur. Oberstes Ziel der IT-Architektur stellt die IT-Governance dar. Die technischen und organisatorischen Strukturen der IT müssen die Unternehmensziele optimal unterstützen und die geplante, künftige Entwicklung des Unternehmens ermöglichen bzw. fördern. Aktuell ergeben sich aus dem Umfeld der Kreditinstitute folgende Anforderungen an IT-Zielarchitekturen,[138] die in weiten Teilen ebenso auf Unternehmen der Industrie und des Handels zutreffen:

---

138 Vgl. Stahl/Wimmer, 2003, S. 174.

Vgl. Foit, 2003, S. 196.

Vgl. Tabbert/Plank, 2003, S. 234.

- Die Leistungserstellung der IT muss im Rahmen der IT-Security-Anforderungen (Integrität, Vertraulichkeit, Verfügbarkeit) gewährleistet werden.
- Die IT-Strukturen sollten offen und herstellerunabhängig sein.
- Die IT-Strukturen müssen von den Kapazitäten her skalierbar sein, die Integration von weiteren Partnern oder Tochterunternehmen muss unkompliziert möglich sein.
- Eine einheitliche Datenbasis muss für alle Anwendungen gegeben sein (keine Redundanzen).
- Ein effektives Schnittstellenmanagement hat zu erfolgen, d.h., Schnittstellen sind leicht einzubinden und die Verfügbarkeit der Schnittstellen wird garantiert.
- Die Gesamtkosten (Total Costs of Ownership – TCO) für die einzelnen Anwendungen müssen möglichst gering sein.
- Die time-to-market für die Neueinführung von Unternehmensprodukten muss kurz sein. Daraus wird eine hohe Flexibilität, die kurze Entwicklungszeiten für IT-Einführungen bedingt, abgeleitet.
- Eine optimale Geschäftsprozessunterstützung über Unternehmensgrenzen hinweg wird erwartet.

Diese Übersicht von aktuell diskutierten Anforderungen an modern gestaltete IT-Landschaften ist dynamisch und unterliegt externen Einflüssen wie Marktgegebenheiten.

Aufgaben der IT-Architektur. Damit diese Anforderungen von der IT-Architektur erfüllt werden können, muss die IT-Architektur:
- eine Technologieanalyse und -auswahl betreiben;
- eine technologieorientierte Marktbeobachtung praktizieren und Trendanalysen kommunizieren;[139]
- Möglichkeiten zur Technologiemigration bzw. -anbindung erarbeiten;
- Design- (Prozess und Daten) und Programmierrichtlinien entwickeln/weiterentwickeln;
- die Einhaltung der Architekturvorgaben überwachen;
- Architekturausnahmen bewerten und genehmigen lassen;
- die aktuelle IT-Systemübersicht pflegen;
- Standardisierungsvorhaben inner- und, sofern möglich, außerhalb des Unternehmens unterstützen, d.h., Einfluss auf künftige Entwicklungen nehmen.

All diese Erkenntnisse müssen adressatengerecht ausgearbeitet und den Benutzern zur Verfügung gestellt werden. Die Richtlinien müssen aktuell und praxisgerecht sein, damit eine hohe Akzeptanz und ein hoher Nutzungsgrad erzielt werden. Zur Herbeiführung von strategischen Entscheidungen, ihrer Dokumentation und Überwachung können Technologieportfolio-Analysen erstellt werden. Bei diesen Bewertungen werden Matrizen über verschiedene Dimensionen erstellt und die vorhandene(n) bzw. beobachtete(n) Architektu-

---

139 Hierzu können auch Martkforschung und Technologieanalysen externer Anbieter wie beispielsweise Gartner, Meta-Group, Forester oder IDC herangezogen werden.

ren/Technik miteinander verglichen. Als Dimensionen werden typischerweise eigene Technologiekompetenz, Total-Cost-of-Ownership (TCO), Marktrelevanz oder Zukunftsfähigkeit formuliert. Es können jegliche, für die Entscheidung relevante Dimensionen in ein solches Technologieportfolio mitaufgenommen werden.

Die Architekturaufgaben können zentral oder dezentral angesiedelt sein. Bei beiden Organisationsformen ist ein hoher Kommunikationsbedarf nötig, damit eine einheitliche IT-Architektur entsteht. Bei einer zentralen Anordnung der Aufgaben ist durch die Kommunikation mit den IT-Abteilungen sicherzustellen, dass die Architekturentscheidungen die Anforderungen voll abdecken und, dass sich die IT-Einheiten möglichst weitgehend mit den Architekturvorgaben identifizieren können. Bei einer dezentralen Aufgabenverteilung muss ein reger Informationsaustausch die einheitliche Entwicklung/Weiterentwicklung der IT-Architektur gewährleisten.

Betrachtungsgegenstände der IT-Architektur. Die IT-Architektur wird typischerweise in das sogenannte **physische Modell** mit
* Hardware,
* Systemsoftware inklusive Datenbanken und
* (Netz-)Infrastruktur
sowie in das **logische Modell** mit
* Anwendungen/Anwendungsdesign,
* Datenbankstrukturen und
* organisatorische Strukturen
gegliedert.[140] Auf jeder Ebene ist dabei zwischen Entwicklung, Test und Produktion zu unterscheiden. Da die Entwicklung für die Produktion stattfindet, sollten sich zumeist keine großen Unterschiede ergeben. Eine Ausnahme hiervon bildet die Netzinfrastruktur, da Entwicklung und Produktion (am besten physisch) aus Gründen der Produktionssicherheit voneinander getrennt sein müssen.[141] Auf Anwendungsebene ergibt sich der wesentliche Unterschied in den Anwendungen selbst. Während auf der Produktionsebene die Fachanwendungen, ergänzt um produktionsbetreuende Anwendungen wie Monitoring-Tools, zum Einsatz kommen, stehen auf der Entwicklungsplattform Tools zur Erarbeitung bzw. Modifikation der Fachanwendungen zur Verfügung. Auf der Testumgebung wird die Produktion nachgebildet.

Beitrag zur Risikoreduzierung
Bereits durch die Berücksichtigung der IT-Security-Anforderungen an die IT-Systemlandschaft wird ein hoher Mehrwert für das IT-Risikomanagement erzeugt. Da die IT-Security-Anforderungen zugleich risikoreduzierend wirken, decken sich die daraus ergebenden Wirkungen mit denen der Risikoreduzierungsmaßnahmen. Die Systeminfrastruktur muss aufgrund der geforderten Flexibiliät in der Lage sein, das Interne Kontrollsystem eines Unternehmens, d.h. prozessimanente Kontrollen über Rollenprofile und dafür benötigte Berechti-

---

140 Vgl. auch Mehlau, 2003a, S. 204.

141 Vgl. auch BaFin MaRisk, 2005, AT 7.2.

gungsstrukturen, abbilden und weitergehende Anpassungen kurzfristig und ohne größere Aufwände einbauen zu können.

Mittels offener Standards und der daraus resultierenden, möglichst weitgehenden Herstellerunabhängigkeit sollten Migrationen auf neue Technologien möglich sein und damit die geforderte Wirtschaftlichkeit sicherstellen. Diese offenen Standards beziehen sich ebenso auf Schnittstellen sowie Entwicklungsplattformen. Als Beispiele für solche Entwicklungen können branchenspezifische Standardisierungen wie

- J/XFS[142] – der rein auf Java basierende J/eXtensions for Financial Services Standard soll die Anbindung und Steuerung unterschiedlicher Bankperipheriegeräte (z.B. Kontoauszugsdrucker, Geldausgabeautomaten) mit einheitlichen Application Programming Interfaces sicherstellen;
- OCF – der Open Card Framework soll die plattformübergreifende Nutzung von Chipkarten gewährleisten oder
- allgemeingültige Standardisierungen wie XML – diese leisten als eine textbasierte Meta-Auszeichnungssprache den hardware- und plattformübergreifenden Austausch von Daten und Dokumenten,

genannt werden. Allgemeingültige Standardisierungen werden durch brancheninterne Lösungen detailliert.[143]

IT-Architekturvorgaben müssen die jeweilige Kritikalität der Systeme berücksichtigen und gemäß ihrer Definitionen die Leistungserstellung (Integrität, Vertraulichkeit und Verfügbarkeit) hinsichtlich der Anforderungsklassen ermöglichen. Basisdienste, die sich auf eine gesamte Plattform auswirken, haben sich dabei zumeist an der auf der Plattform jeweils geltenden Höchstanforderung zu orientieren.

3.3.2   IT-Security

Wie bereits ausgeführt, ist die IT-Security mit den Zielen der Vertraulichkeit, Integrität und Verfügbarkeit der Informationstechnologie eine wesentliche Säule des IT-Risikomanagements. Die IT-Security stellt damit ein großes Potenzial an Risikoreduzierungsmaßnahmen, insbesondere im Bereich des Betriebs von Anwendungen, dar. Diese Sicherheitsmaßnahmen sollten bereits bei der Konzeption der einzelnen IT-Systeme mitberücksichtigt werden.

Inhalte IT-Security
Zur Sicherstellung der Vertraulichkeit, Integrität und Verfügbarkeit der produktiven Anwendungen bedient sich das IT-Security Management der Sensibilisierung der Mitarbeiter in den Fachbereichen und in der IT sowie bestimmten Security-Tools und Architekturprinzipien.

---

142 Siehe auch www.jxfs.com.

143 Vgl. Stahl/Wimmer, 2003, S. 176–177 und 180–181.

Die Sicherheit der einzelnen Anwendungen erfolgt in der Regel nicht pauschal, sondern angepasst an deren wirtschaftlichen Bedeutung für das Unternehmen.

Beitrag zur Risikoreduzierung

Im Bereich des IT-Security Managements ist die Standardisierung bereits weit fortgeschritten. Als State-of-the-Art-Ansätze können dabei die ISO 17799 bzw. BS 7799 und der IT-Grundschutz genannt werden. Die Einhaltung solcher Normen beinhaltet ein großes Maß an Risikoreduzierung im Bereich der IT-Security. Die IT-Security ist als Querschnittsfunktion mit vielen anderen IT-Aufgaben eng verzahnt, so dass viele Maßnahmen, die im IT-Security Management beschlossen oder zumindest mit entschieden werden, bei anderen Themengebieten wie der Anwendungsentwicklung oder dem RZ-Betrieb nachfolgend mit aufgeführt werden.

Mit Hilfe der Sicherheitssensibilisierung wird den Mitarbeitern verdeutlicht, dass eine technische Absicherung der IT-Sicherheit nur einen gewissen Beitrag zur Gesamtsicherheit leisten kann. Ein weiterer, wesentlicher Beitrag ist das Verhalten eines jedes einzelnen. Es ist entscheidend, wie mit der Sicherheit umgegangen wird, wie verantwortungsvoll mit zur Verfügung gestellten Daten verfahren wird und inwieweit sich an die Sicherheitsempfehlungen gehalten wird. Verstöße gegen Sicherheitsvorschriften stellen keine Kavaliersdelikte dar. Die Sicherheitssensibilisierung basiert auf den gleichen Prinzipien wie die Risikosensibilisierung des IT-Risikomanagements, sie ist lediglich spezifischer und damit in der Regel konkreter. Die Sensibilisierungsmaßnahmen ergänzen sich dabei gut.

Die IT-Security bedient sich bestimmter IT-Tools, um ihre Aufgaben erfüllen zu können. Bei Unternehmen mit einem Firmenanschluss an offene Netzwerke wie beispielsweise dem Internet werden zumindest Tools wie Firewall, Virenscanner und Intrusion-Detection-Systeme benötigt. Zusätzlich zu diesen Tools müssen die Sicherheitsfeatures der eingesetzten IT-Komponenten geprüft und eingesetzt werden. So werden beispielsweise gehärtete Server verwendet. Darunter versteht man standardisierte Server, bei denen nur die benötigten Funktionalitäten freigeschaltet werden und alle bekannten Sicherheitslücken geschlossen wurden. Diese Server werden als Standard-Server implementiert und darauf aufbauend die Applikationen installiert. Sicherheitsfeatures sind überdies bei zahlreichen anderen IT-Komponenten, insbesondere bei Infrastrukturelementen wie beispielsweise Gateways und Routern vorhanden und müssen in ein Gesamtkonzept integriert werden.

3.3.3   IT-Controlling

Das IT-Controlling stellt einen Stabsbereich zur Unterstützung des IT-Managements dar. Über den allgemeinen Controlling-Kreislauf liefert es die relevanten Informationen, um die Informationsversorgung des Unternehmens zu steuern, und überwacht die Umsetzung der daraus resultierenden Maßnahmen und deren Wirksamkeit. Das Themengebiet IT-Projektcontrolling wird separat betrachtet.

Inhalte IT-Controlling

Obwohl der Einsatz von Informationstechnologie für viele Unternehmen unvermeidbar ist und erheblichen Einfluss auf die Produktivität und somit auf den Unternehmenserfolg hat, ist dieser Themenkomplex in vielen Unternehmen nicht ausreichend transparent dargestellt. Durch die hohe Innovationsgeschwindigkeit in diesem Sektor ist eine strenge Steuerung dieses Bereiches hinsichtlich Investitionen, Ressourcenallokation bzw. Sourcingstrategien von herausragender Bedeutung.[144] Das transparentmachen der Kosten- und Leistungposten ist die Hauptaufgabe des IT-Controllings. Das IT-Controlling hat den Auftrag, die für die Informationsversorgung des Unternehmens erforderliche Leistungen in wirtschaftlich angemessener Weise bereit zu stellen.

Über die Kosten- und Leistungstransparenz wird eine Steuerung des IT-Bereichs und seiner Potenziale ermöglicht. Die Ressourcenallokationen, Investitionen und Sourcingstrategien können optimal ermittelt werden. Insbesondere mittels der Leistungstransparenz und der Planungsprozesse wird eine hohe Übereinstimmung der IT-Strategie mit der Unternehmensstrategie gewährleistet. Das IT-Controlling stellt eine möglichst hohe Effektivität und Effizienz bei der Bereitstellung der Informationstechnologie sicher. Es wird in das strategische und das operative IT-Controlling unterteilt. Das **strategische IT-Controlling** zielt hauptsächlich auf die Effektivität der Informationstechnologie, gemäß der Frage: „Erbringen wir die richtigen Leistungen?". Instrumente des strategischen IT-Controlling sind das/der:

- IT-Rahmenkonzept – Festlegung der unternehmensweiten IT-Ziele und IT-Strategien,
- IT-Rahmenplan – Planung und Steuerung der strategischen Maßnahmen,
- IT-Unternehmensplan – strategischer Finanzplan (Investitionen, HR-Budget, etc.) für die strategischen Aufgaben der IT,
- IT-Leistungsartenkonzept – Festlegen der für das Unternehmen zu erbringenden Leistungsarten; das sind Gruppierungen von später zu definierenden einzelnen IT-Produkten.

Damit stellt das strategische IT-Controlling additiv zum IT-Risikomanagement eine tragende Säule für die IT-Governance dar.[145]

Demgegenüber gewährleistet das **operative IT-Controlling** primär die Effizienz der IT. Es beantwortet die Frage: „Erbringen wir die Leistungen richtig?". Dies wird mit Instrumenten zur Überwachung von

- Produktkonzept – enthält die Ziele für die zu erbringenden Leistungsarten und die daraus resultierenden IT-Produkte, und
- Produkterstellungsplan – enthält die dafür erforderlichen Planungen wie Maßnahmen, Investitionen/Aufwände und Personaleinsatz sowie deren Einhaltung,

sowie mit Instrumenten zur Überwachung der einzelnen, daraus resultierenden Maßnahmen wie

- Maßnahmendefinition – Inhalt, Kosten und Termine für die Realisierung der einzelnen Maßnahmen und deren Abhängigkeit zu anderen Maßnahmen,

---

144 Vgl. Balduin/Junginger/Krcmar, 2002, Tz. 1.

145 Vgl. auch Gernert/Ahrend, 2002, S. 75–80.

- Maßnahmenplan – Detaillierung der Maßnahmen hinsichtlich einzelner Aktivitäten sowie hinsichtlich Inhalt, Kosten, Terminen und Abhängigkeiten der einzelnen Aktivitäten sichergestellt. Das IT-Controlling bedient sich dabei der Methoden des Kosten- und Leistungscontrollings.[146]

Beitrag zur Risikoreduzierung

Zur Unterstützung des IT-Controllings bietet sich die Einführung eines umfassenden Managementansatzes wie einer Balanced Scorecard oder CobiT an. Diese Ansätze ermöglichen ein effektives IT-Controlling und helfen, die im IT-Bereich vorhandenen Risiken zu identifizieren und gezielt zu reduzieren.

Einen wesentlichen Beitrag zum IT-Risikomanagement liefert das IT-Controlling durch das zur Verfügungstellen relevanter Daten. Dabei werden viele Daten nicht durch das IT-Controlling generiert, sondern vielmehr bereits von Drittsystemen übernommen. Eine einheitliche Datenversorgung ist dabei ein ausschlaggebender Qualitätsaspekt. Unter einheitlicher Datenversorgung werden abgestimmte Inhalte, d.h. die verwendete, standardisierte Definition der Daten und geeignete Datenaustauschformate verstanden. Solch eine Standardisierung von Daten ist Teil von Business-Intelligence-Ansätzen.

Für die Entwicklung im Datenaustausch, speziell zwischen Controlling und Risikomanagement, soll exemplarisch die XBRL-Initiative[147] genannt werden. Die eXtensible Business Reporting Language (XBRL) ist eine frei verfügbare Sprache für das Financial Reporting. XBRL basiert auf XML. XBRL hat standardisierte XML-Schemata zu unterschiedlichen Themen und ist, soweit erforderlich und verfügbar, den Normen einzelner Länder angepasst. Ziel von XBRL ist eine standardisierte Datenaufbereitung und ein einheitlicher Datenaustausch, damit die Datenbasis für die verschiedensten Formen von Veröffentlichungen bzw. internen Weiterverarbeitungen verwendet werden kann. Dieses Austauschformat ist grundsätzlich für den Datentransfer mit dem IT-Risikomanagement geeignet. Es liegen zwar noch keine konkreten Formate vor, mittlerweile ist aber eine Arbeitsgruppe eingerichtet, die sich mit der Standardisierung des Datenaustauschs bezüglich dem Thema Basel II beschäftigt.[148]

3.3.4   IT-Projektmanagement

Die Bedeutung des Projektmanagements als eine Managementdisziplin gewinnt zunehmend an Gewicht. Dabei konzentriert sich das Projektmanagement stark auf den operativen Umsetzungsbereich und unterstützt die strategische Ausrichtung des Unternehmens nur in seltenen Fällen. Durch die kurzen Innovationszyklen der Technologien im IT-Umfeld, den hohen Anforderungen der Business-Integration und der zu durchdringenden Komplexität der IT-Lösungen wird zeitlich begrenzte Projektarbeit in interdisziplinären Teams mit themenbezo-

---

146 Vgl. auch Gernert/Ahrend, 2002, S. 257–259 und 280–282.

147 Siehe auch www.xbrl.org oder www.xbrl-deutschland.de.

148 Vgl. Schmid, 2003, S. 51–55, sowie 89–90.

genen Spezialisten immer wichtiger. Die Ausbreitung des Projektmanagements in Unternehmen ist unterschiedlich stark ausgeprägt. Es wird unterschieden zwischen Unternehmen,
- die nur vereinzelte Aufgabenstellungen in Projektform abwickeln,
- die mehrere größere und kleinere Projekte im Einsatz haben und über ein Multiprojektmanagement diese bereits miteinander verknüpfen,
- welche die Flexibilität des Projektmanagements in verschiedenen Bereichen als Wettbewerbsvorteil nutzen.[149]

Trotz dieser hohen Bedeutung – mit steigender Tendenz – leiden immer noch viele IT-
Projekte an den gleichen Stellen, die da lauten:[150, 151]
- Die geplanten Kosten werden höher als geplant.
- Der geplante Fertigstellungstermin kann nicht eingehalten werden.
- Die erstellte Software hat nicht die benötigte Qualität oder entspricht nicht den Anforde-
  rungen der Fachbereiche.
- Das fertige IT-System hat höhere laufende Kosten als geplant.

Diese Problemfelder lassen sich dem sogenannten magischen Dreieck der Projektarbeit mit
den Ausprägungen Zeit, Kosten und Qualität zuordnen. Es würde der Situation nicht gerecht
werden, die negativen Erfahrungen aus den Projekten nur dem Spannungsverhältnis dieser
Projektzielstruktur zuzuschreiben. Vielmehr wird in den nachfolgenden Punkten analysiert,
welche Besonderheiten es bei der IT-Projektarbeit gibt und welche Ansätze im Rahmen des
IT-Risikomanagement gegangen werden können, um höhere Projekterfolge realisieren zu
können.

Inhalte des IT-Projektmanagements
Die Aufgaben des IT-Projektmanagements können in die 4 Themenblöcke
- Methoden, Instrumente und Strukturen des Projektmanagements,
- Menschen in der Projektarbeit,
- fachliche Kernkompetenzen und
- Integrationsleistungen für das Unternehmen
aufgeteilt werden.[152] Die Methoden, Instrumente und Strukturen bilden das Handwerkszeug
des Projektmanagers und das Grundgerüst für jedes Projekt. Es ist Methodenkompetenz und
Organisationsgeschick erforderlich. Einen wesentlichen Erfolgsfaktor jeder Projektarbeit
bildet das Projektteam. Hier ist Führungsgeschick und soziale Kompetenz, insbesondere bei
stark interdisziplinären oder internationalen Projekten bzw. bei unternehmensübergreifenden
Operationen, erforderlich. Hard- und Softwareengineering bilden bei IT-Projekten häufig die
Kernkompetenzen für die fachliche Projektarbeit. Zuletzt müssen die erarbeiteten Projekter-

---

149 Vgl. Schmidt, 2003, S. 206 und 208–209.

150 Siehe Hoffmann, 2003, S. 19.

151 Vgl. auch Junginger/Krcmar, 2004, S. 11.

152 Vgl. Frick, 2001, S. 115–118.

gebnisse möglichst reibungslos in das Unternehmen integriert werden. Dabei ist unter Integration nicht die reine Übergabe der Lösungen in die Produktion zu verstehen, sondern vielmehr der gesamte Change Prozess, der bereits mit Projektstart begonnen werden sollte.

Besonderheiten von Projektrisiken

Durch die Eigenschaft von Projekten, umfangreiche und neuartige Lösungen erarbeiten zu müssen, ergeben sich Besonderheiten bei auftretenden Risiken. Durch die Neuartigkeit der Lösungen können Risiken vorhanden sein, die bislang noch nie aufgetreten sind. Es erfordert eine besondere Kreativität, um eine möglichst hohe Abdeckung des Gesamtrisikoportfolios zu erreichen. Projektinhalte sind bei Projektstart oft noch nicht vollständig definiert oder werden unter Umständen erst in einer frühen Phase der eigentlichen Projektarbeit erarbeitet. Die Risikosituation kann erst im Verlauf des Projektes konkretisiert werden. Dabei ist zu beachten, dass Projekte in einem kurzen Zeitraum mit intensivem Arbeitsaufwand abgewickelt werden. Risiken, die zu einem frühen Zeitpunkt auftreten und nicht erkannt werden, können in relativ kurzer Zeit einen hohen Schaden für das Gesamtprojekt verursachen. Dem entsprechen auch die Anforderungsänderungen der Fachbereiche. Je später Anforderungsänderungen an das Projekt gestellt werden, desto größer sind deren Auswirkungen auf das Projekt. Werden die Anforderungsänderungen als Risiko formuliert, sprich, es wird dokumentiert, dass der Auftraggeber nicht alle Einzelheiten seiner Anforderungen kannte oder dass sich die Anforderungen im Projektverlauf geändert haben, dann handelt es sich dabei um ein schlagend gewordenes Risiko, dass früh existent war und zu spät erkannt wurde.

Projektmitarbeiter bzw. Projektteams werden mit der Zeit in neuen Projekten eingesetzt. Diese bringen dort ihre Projekterfahrungen ein und reduzieren mit diesem Wissen sicherlich das Projektrisikopotenzial. Andererseits kann das Verlassen des Tätigkeitsgebietes zum Wissensverlust des Unternehmens auf diesem Gebiet führen, insbesondere dann, wenn es sich um externe Projektmitarbeiter handelt. Die hohe Komplexität von bestehenden IT-Landschaften birgt ein hohes Risiko bei Änderungen. Ferner erschwert sie die Abschätzung der Auswirkungen von Risiken, weswegen das Projektmanagement ein breites Repertoire an Risiken managen muss.

Die breitgefächerten Anforderungen, die an ein IT-Projektmanagement gestellt werden, können an der Vielzahl **unterschiedlicher Projekttypen**, die im IT-Bereich einzusetzen sind, aufgezeigt werden. IT-Projekte können in die Projekttypen[153]
- Entwicklungsprojekte – für die klassische Eigenentwicklung von IT-Lösungen,
- Migrationsprojekte – für die Ablösung alter Software und Überführung in neue Software,
- Sanierungsprojekte – für Nachbesserungen bestehender Lösungen (wird in der Praxis selten in dieser Form realisiert),
- Einführungsprojekte – für die Einführung einer in großen Teilen für sich selbstständig stehenden Standardsoftware,
- Integrationsprojekte – für die Einführung von Standardsoftware in hochintegrierten Bereichen und

---

153 Vgl. auch Sneed, 2003, 31–32.

- Strategieprojekte – für die Entwicklung oder Überarbeitung von IT-Strategie(n) in Abstimmung mit der Unternehmensstrategie oder den Strategien der Geschäftsbereiche

eingeteilt werden. Des Weiteren gibt es jegliche Arten von Zwischen-/Mischformen. Das Vorgehensmodell für die Projektabwicklung bzw. besser, die Vorgehensmodelle, müssen die projektartspezifischen Besonderheiten optimal unterstützen. Möglichkeiten für die Anpassung von Vorgehensmodellen ergeben sich aus den Innovationen der Softwarearchitektur bzw. des Softwareerstellungsprozesses. War früher fast ausschließlich das altbekannte **Wasserfallmodell mit seinen Phasen** (und Ergebnistypen)

- Vorstudie (Machbarkeitsstudie),
- Analyse (Pflichtenheft),
- Design (Daten-, Prozess- und Funktionsmodelle),
- Realisierung (Programme),
- Test (getestete Programme) und
- Abnahme (Produktivsetzung)

und all seinen Begrifflichkeitsderivaten im Einsatz, so ergeben sich heute, insbesondere durch die objektorientierte Programmierung,[154] neue Möglichkeiten. Iterative Verfahren vermitteln dem Anwender in einem frühen Stadium einen ersten Eindruck von der Software. Mit diesen Kenntnissen kann der Fachbereich seine Anforderungen weiter erarbeiten bzw. präsizisieren. Ein typisches **OO-basiertes Vorgehensmodell** beinhaltet die Phasen

- Analyse – der Prozesse und die Ableitung von Klassenmodellen,
- Design – des Systems und der Klassen,
- Konstruktion – Programmierung der Klassen und deren Zusammenspiel und
- Test – der Programme und anschließende Abnahme,

welche, aufgrund des objektorientierten Aufbaus, in mehreren, iterativen Schritten durchlaufen werden. Der Unterschied zum früher bekannten Prototyping liegt in der bereits vorhandenen Funktionalität des OO-Ansatzes, während beim konventionellen Prototyping nur die Bedienoberflächen abgebildet wurden.[155]

Beitrag zur Risikoreduzierung

Um den Besonderheiten der Projektrisiken Rechnung zu tragen, ist eine breit angelegte, kreative Risikoidentifikation durch Experten des Projektes bzw. der tangierten Aufgabengebiete von Relevanz. Damit die aus bereits absolvierten Projekten gewonnenen Erfahrungen bezüglich vorhandener Risiken nicht verloren gehen, empfiehlt es sich, eine Erfahrungsdatenbank aufzubauen. Die Anforderungen an diese gehen über die einer Schadensfalldatenbank hinaus und basieren auf den Methodiken des Wissensmanagements. Relevante Risikopotenziale können dadurch auf artverwandte Themen übertragen werden. Sofern in einem Unternehmen erfolgreich Wissensmanagement betrieben wird, sollte diese Projekterfahrungsdatenbank dort integriert werden. Zuletzt muss beachtet werden, dass die Aufgabenstellungen bei großen Projekten bereits frühzeitig zugeschnitten werden und mögliche Mess-

---

154 Im Gegensatz zur herkömmlichen, strukturierten Programmierung werden bei der objektorientierten Programmierung Daten und Funktionen zu Objekten mit definierten Eigenschaften zusammengefasst.

155 Vgl. Hoffmann, 2003, S. 20–23 und 26.

punkte/-daten für die Überwachung des Risikos aufgezeigt und anschließend überwacht werden, um die Komplexität zu beherrschen.[156]

Vorgehensmodelle müssen den Projektcharakteristika angemessen sein und eine frühe Risikoidentifikation sicherstellen. Es ist notwendig, dass angepasste Verfahren zur Projektabwicklung eingesetzt werden und dass diese von der Projektleitung und anderen Projektbeteiligten eingehalten werden. Die Risikoanalyse muss bereits vor Genehmigung eines Projektes erfolgen. Sollte dies nicht der Fall sein, so können in die Wirtschaftlichkeitsbetrachtung nur die Faktoren Nutzen und Aufwände/Risiken der zu erarbeitenden Lösung eingebracht werden. Um eine umfassende Entscheidungsgrundlage zu haben, müssen die Risiken, die im Lösungserstellungsprozess enthalten sind, ebenfalls bewertet werden. Kosten für vorab geplante Risikoreduzierungsmaßnahmen werden direkt in den Erstellungsaufwand miteingerechnet. Die Überwachung des Projektrisikos muss regelmäßig erfolgen und spätestens mit dem Beginn einer neuen Projektphase intensiv überarbeitet werden.[157]

Folgt man den Ansätzen einer iterativen Systemgestaltung, so ergeben sich Problemsituationen bei der Vorkalkulation von Projekten. Solange die Anforderungen nicht einen fixierten Stand haben, können die Auswirkungen auf die bestehende Systemlandschaft und die Kosten der Realisierung des IT-Systems nur grob geschätzt werden. Eine besondere Herausforderung stellt das Vorgehen der vertraglichen Gestaltung einer Fremdvergabe der Softwareentwicklung dar. In diesen Fällen ist es von besonderer Bedeutung, die als fix zu betrachtenden Rahmenbedingungen und bereits bekannte Mindestanforderungen als verbindliche Größen festzuschreiben und das inkrementelle Vorgehen von der Konzeption hin zur Realisierung zu beschreiben. Das Unternehmen kauft anstelle eines bestimmten Werkes einen Entwicklungsprozess ein[158]. Die Prozesse der Realisierung müssen geeignet sein, um mit einem vertretbaren Aufwand einen Anbieterwechsel vornehmen zu können; eine parallele, ausführliche Dokumentation der aktuellen Istzustände ist hierfür unabdingbar. Die Projektvorgehensweise muss „Sollbruchstellen" enthalten, für die unter Umständen bereits vorab vertraglich geregelt ist, dass hier eine erneute „Teilausschreibung" stattfindet oder zumindest stattfinden kann. Diese Sollbruchstellen dürfen nur als das letztes Mittel verstanden und nicht leichtfertig in Anspruch genommen werden. Das Beziehungsmanagement zwischen Softwarelieferant und Unternehmen ist, analog zu einem intensiven Outsourcing (siehe 3.3.11), von besonderer Bedeutung. Es muss ein geordnetes Change Request-Verfahren, welches ein transparentes Analyse- und Kalkulationsschema aufweist, installiert sein. Bei umfangreichen Projekten empfiehlt es sich, ein Steuerungsteam für die nachträglichen Anforderungspräzisierungen einzusetzen.[159]

Eine zentrale Bedeutung im IT-Projektmanagement kommt dem IT-Projektcontrolling zu. Neben dem reinen Berichtswesen, dass sich häufig auf die Budgeteinhaltung und Wirtschaft-

---

156 Vgl. Freimut/Hartkopf/Kaiser, 2001, S. 154–158.

157 Vgl. Gaulke, 2004, S. 9–19.

158 Vgl. Hoffmann, 2003, S. 29.

159 Vgl. auch Krämer/Dorn, 2003, S. 86–91 und 94.

lichkeitsbetrachtungen wie Return on Invest (RoI) bezieht, ist eine inhaltliche Fortschrittskontrolle von hoher Wichtigkeit. Das reine Reporting der Zahlen sagt nichts über den realen
Stand des Projektes aus. Diese Handhabung ist oft Ursache für die „plötzlichen" Kostenüber-
ziehungen oder Terminverschiebungen bei IT-Projekten. Aus Eigenschutz wird die Planab-
weichung von den Verantwortlichen möglichst lange nicht kommuniziert. Ein zu spätes
Eingestehen von Verschiebungen hat zur Folge, dass keine Gegenmaßnahmen mehr ergriffen
werden können oder diese mit einer höheren Intensität betrieben werden müssen, als dies zu
einem früheren Zeitpunkt der Fall gewesen wäre. Neben Maßnahmen aus dem HR-Bereich
und dem Risiko- bzw. Fehlerkulturumfeld, kann nur ein inhaltliches Controlling die gewünschte Projektqualität sicherstellen. Dieses inhaltliche Projektcontrolling umfasst die
Effizienz der Projektgestaltung und die Effektivität der Projektarbeit.[160]

Das Projektmanagement muss gewährleisten, dass bei Projektabschluss sämtliche Ergebnisse
aus dem Projekt in die gewünschte Liniefunktion überführt werden. Dadurch können Risiken, insbesondere in der frühen Betriebsphase, reduziert werden, da bereits im Projekt erkannte Schwachstellen den Linienverantwortlichen bekannt sind. Zur Verbesserung der IT-
Projektrisikostruktur sollten alle sogenannten „lessons learned", sprich die Erfahrungen mit
den Projektrisiken, welche im aktuellen Projekt gemacht wurden, in eine gemeinschaftliche
Wissensbasis für Projektarbeit eingepflegt werden.[161]

3.3.5   HR-Management

„Das größte Problem beim Einsatz der Informationstechnik ist der Mensch!"
– Bundesamt für Sicherheit der Informationstechnik –[162]

HR-Management beinhaltet die umfassende Betreuung und Weiterentwicklung der Ressource Mensch. Es darf sich nicht auf Personalverwaltung beschränken. Insbesondere bei Unternehmen mit einer Vielzahl hoch qualifizierter Mitarbeiter ist es erforderlich, diesen Perspektiven aufzeigen zu können, damit diese motiviert ihre Arbeit erledigen. Aufgrund der hohen
Innovationsgeschwindigkeit im Bereich der Informationstechnologie muss der Aus- und
Weiterbildungsplan eine situationsgerechte, zukunftsweisende Systematik beinhalten. Hierdurch wird sichergestellt, dass die neuen Technologien mittelfristig beherrscht und gewinnbringend für das Gesamtunternehmen genutzt werden können.

Inhalte des HR-Managements

Das HR-Management beschäftigt sich sowohl mit den Hygienefaktoren für die Mitarbeiter
wie der Entlohnung, den Arbeitsbedingungen und Arbeitszeiten als auch mit der Platzierung
und Weiterentwicklung des Produktionsfaktors Arbeit im Unternehmen. Das HR-
Management beinhaltet ein Skillmanagement, das sicherstellt, dass die benötigten Skills

---

160 Vgl. Engstler/Dold, 2003, S. 128–129.

161 Vgl. Krüger, 2004, S. 106 und 120.

162 BSI, 1992, Kapitel 2 – Zusammenfassung.

(Fähigkeiten) beim Personal vorhanden sind oder angeeignet werden können. Dafür benötigt das HR-Management strategische Vorgaben, zum Beispiel aus dem Bereich des Architekturmanagements oder der Unternehmens-/IT-Führung.

Das HR-Management stellt sicher, dass alle Mitarbeiter wissen, was deren Aufgabengebiet ist und wie sich dieses Aufgabengebiet in den Gesamtkontext des IT-Bereichs bzw. des Gesamtunternehmens eingliedert. Über Zielvereinbarungen werden die zu erreichenden Ziele mit den Mitarbeitern vereinbart und deren Erreichen überwacht. Das HR-Management ist nicht eine bestimmte Stelle im Unternehmen oder in der IT, sondern ein Themengebiet, das von einem Stab geführt wird und von sämtlichen Führungskräften mitverantwortet wird.

Beitrag zur Risikoreduzierung

Frustrierte Mitarbeiter stellen ein hohes Risikopotenzial für ein Unternehmen dar. In einem frühen Stadium der Demotivation sinkt der zu leistende Arbeitsumfang. Mehrarbeit wird widerwillig und nur im unbedingt notwendigen Umfang geleistet. Dienst nach Vorschrift ist an der Tagesordnung. Bei weiterem Absinken der persönlichen Verbundenheit zum Arbeitgeber bzw. dem Verantwortungsgebiet leidet die Arbeitsqualität. Flüchtigkeitsfehler treten vermehrt auf, es werden Arbeitsergebnisse abgeliefert, die sich nicht an dem Besten orientieren, sondern vielmehr das Minimum dessen darstellen, was dem Mitarbeiter nicht als ungenügende Arbeit ausgelegt werden kann. Im letzten Stadium können Mitarbeiter bewusst Fehler produzieren. Dies kann anfänglich durch das wissentliche Ignorieren von kritischen Situationen erfolgen und letztlich bei konkreten Manipulationen enden. Das HR-Management leistet einen großen Beitrag zur Risikoreduzierung in der IT. Der Grundsatz für ein erfolgreiches HR-Management ist der faire Umgang mit den Mitarbeitern.

In der IT ist eine Vielzahl von hoch qualifizierten Arbeitskräften im Einsatz. Ein Problem dabei ist, diesen Mitarbeitern Karrierepotenziale aufzeigen zu können. Oftmals können in Unternehmen berufliche Karrieren, sowohl vom Status als auch vom Gehaltsgefüge, nur über Führungsverantwortung in den Linienaufgaben abgebildet werden. Gerade bei hoch qualifiziertem Personal, beispielsweise bei Wissensträgern in Spezialgebieten oder in generalisierten Verantwortungsgebieten wie dem Projektmanagement mit seinen zumeist fachlichen Führungsfunktionen ist es wichtig, Entwicklungsmöglichkeiten zu präsentieren. Eine immer größere Anzahl von Unternehmen bietet neben der klassischen Führungsfunktion Projektleiterkarrieren oder fachliche Laufbahnen an, die in den wesentlichen Belangen den Linienkarrieren gleichgestellt sind.[163]

Das HR-Management hat sicherzustellen, dass keine personellen Engpässe hinsichtlich der Quantität und Qualität der Belegschaft auftreten. Darunter ist nicht das operative Anwesenheitsmanagement bezüglich Urlaub oder anderen persönlichen Abwesenheitszeiten zu verstehen. Vielmehr muss gewährleistet werden, dass jederzeit für die in der IT anfallenden Aufgaben geeignet ausgebildete Mitarbeiter zur Verfügung stehen. Durch ein Skillmanagement wird sichergestellt, dass die benötigten Skills (Fähigkeiten) beim Personal vorhanden

---

163 Vgl. Schott/Campana et al., 2003, S. 55.

sind oder angeeignet werden können. Über strategische Vorgaben können mit den IT-Abteilungen abgestimmte Soll-Skill-Strukturen (Anforderungsprofile) erarbeitet werden. Aus den vorhandenen Skillprofilen der Mitarbeiter (Fähigkeitsprofile) wird im Vergleich mit den Soll-Skill-Strukturen die Differenz ermittelt und ein Maßnahmenkatalog abgeleitet. Dieser kann gezielte Neueinstellungen oder Weiterbildungsmaßnahmen für die Mitarbeiter vorsehen. [164]

Den Grundstein bei der Bildung eines motivierten Mitarbeiterstamms stellen die Neueinstellungen dar. Es ist wichtig, Mitarbeiter einzustellen, die zum einen die geforderten fachlichen Anforderungen erfüllen und zudem in die Unternehmenskultur passen. Bei besonders kritischen Aufgabengebieten bietet sich eine Sicherheitsüberprüfung der Mitarbeiter, zum Beispiel durch Führungszeugnisse oder andere Auskünfte, an. Die neu Angestellten müssen eine gute Einarbeitung erhalten. Sie müssen die unternehmenseigenen Prozesse und Vorgaben kennen lernen und in das Unternehmen integriert werden. Beim Ausscheiden von Mitarbeitern müssen ebenfalls Risikoreduzierungsmaßnahmen ansetzen. Ein geordnetes Ausscheiden mit definierten Prozessen ist wichtig. Alle User und Berechtigungen des Mitarbeiters sind zu löschen bzw. zu deaktivieren. Zum Teil werden Passwörter von Administratorengruppen verwendet, in diesem Fall sind die Passwörter zu wechseln. Bei ausscheidenden Mitarbeitern muss weiterhin auf einen fairen Umgang geachtet werden. Ausgeschiedene Mitarbeiter stellen eine Visitenkarte des Unternehmens dar und können entsprechende Imagerisiken verursachen.

Das HR-Management muss zusammen mit dem IT-Risikomanagement und dem IT-Security Management die Sensibilisierung der Mitarbeiter bezüglich vorhandener und künftiger Risiken sicherstellen. Jeder Mitarbeiter muss sich seiner eigenen Verantwortung für dieses Thema und des Wertes seines eigenen Beitrags hierfür bewusst sein. Zu solch einer Sensibilisierung zählt nicht nur Kommunikation, sondern bei Bedarf auch Sanktion. Sanktionen können, z.B. bei Verstößen gegen IT-Security-Richtlinien, die eine maßgebliche Gefahr für Unternehmen darstellen, als angemessenes Mittel eingesetzt werden. Sie sollen nicht als Damoklesschwert über der Kommunikation hängen, es muss jedoch deutlich gemacht werden, dass es Sanktionen für Verstöße gibt und das diese umgesetzt werden. Die Mitarbeiter müssen zu einer hohen Vertrauenswürdigkeit herangeführt werden. Diese beinhaltet:[165]
- Die Mitarbeiter sind in der Lage, richtig mit den Systemen umzugehen.
- Die Mitarbeiter benutzen das System ausschließlich für den vorgegebenen Einsatzzweck.
- Die Mitarbeiter missbrauchen die ihnen verliehenen Rechte nicht.
- Die Mitarbeiter geben ihre Rechte nicht an Dritte weiter oder nehmen Rechte von Dritten an.

Einen bedeutenden Ansatzpunkt für die Reduzierung von Risiken stellen die Führungskräfte dar. Dieser Personenkreis hat eine besondere Verantwortung, die jeweils zugeordneten Mitarbeiter zu betreuen, mögliche Risiken durch das Personal frühzeitig zu erkennen und bei Bedarf mit weitergehender, professioneller Unterstützung Gegenmaßnahmen einzuleiten. Die

---

164 Vgl. auch Krcmar, 2003, S. 320–325.

165 Vgl. BSI, 1992, Kapitel 2 Seite 9.

Führungskräfte müssen die Beschäftigten motivieren können und in der Lage sein, Verhaltensänderungen bei ihnen frühzeitig erkennen und angemessen interpretieren zu können. Zum Teil sind Mitarbeiter beispielsweise überfordert, sind in der Gruppe nicht integriert oder haben persönliche Probleme. Eine gut ausgebildete Führungsmannschaft muss solche Entwicklungen rechtzeitig erkennen und entgegenwirken können.

3.3.6   Qualitätsmanagement

Qualitätsmanagement stellt sicher, dass die geplanten Ziele erreicht werden. Diese Zielsetzung unterstützt das IT-Risikomanagement maßgeblich. Qualitätsmanagement kann und muss in sämtlichen Gebieten der IT eingesetzt werden.

Inhalte des Qualitätsmanagements

Das Erreichen eines hohen Qualitätsstandards bedarf bei der Entwicklung von Lösungen zur Risikoreduzierung eines professionellen Anforderungsmanagements. Nur wenn die Anforderungen an ein IT-System bekannt sind und von allen Beteiligten inhaltlich verstanden werden, kann eine Lösung erarbeitet werden, die einen optimalen Wertschöpfungsbeitrag für das Unternehmen liefert.

Beim Qualitätsmanagement werden Kontrollen und Prüfungen (Stichproben oder Komplettprüfungen) in die Geschäftsprozesse eingebaut. Dies findet sowohl bei fachlichen Geschäftsprozessen als auch bei IT-internen Prozessen wie Betriebsführungs- oder Softwareentwicklungsprozessen statt. Qualitätsmanagement wird nicht nachträglich vollzogen, sondern ist von vornherein bei der Planung der Geschäfte enthalten. Qualitätsmanagement kann in sämtlichen Bereichen der Informationstechnologie wie

- Softwareentwicklungsprozess,
- Projektdurchführung,
- IT-Controlling,
- Betrieb von Anwendungen oder
- dem IT-Risikomanagement selbst

eingesetzt werden.

Beitrag zur Risikoreduzierung

Das Anforderungsmanagement darf nicht nur Forderungen des Auftraggebers enthalten. Es müssen alle legitimen Bedürfnisse der Parteien, die von der Lösung tangiert sind, berücksichtigt werden. Dieser Ansatz wird als Stakeholder-Ansatz bezeichnet. Die IT hat, beispielsweise aufgrund bestehender IT-Architektur-Richtlinien oder angesichts der Anforderungen des Rechenzentrums an einen effizienten Anwendungsbetrieb, berechtigte Ansprüche an der Ausgestaltung einer tragfähigen Lösung. Da die IT-Projekte zumeist vom IT-Bereich geleitet werden, zeigt dieser seine eigenen Anforderungen möglicherweise nicht immer systematisch auf, sondern berücksichtigt diese stillschweigend im Projektverlauf. Dies ist ungut, da Anforderungen gegenseitige Auswirkungen haben und nur ein vollständiges Aufzeigen aller vorhandenen Anforderungen alle Beteiligten auf den gleichen Kenntnisstand bringt, eine zielgerichtete, gemeinschaftliche Lösungsentwicklung ermöglicht und Irritationen im Projektverlauf zu vermeiden hilft.

Wichtig ist es, die Anforderungen von Lösungen zu unterscheiden. Anforderungen sind Fähigkeiten und Eigenschaften, die eine IT-Lösung aufweisen muss.[166] Insbesondere technisch versierte Auftraggeber laufen immer wieder Gefahr, dass sie genaue Vorstellung haben, wie die Lösung auszusehen hat und dadurch Lösungsansätze als Anforderungen deklarieren.

> Die IT-Lösung muss zu den Öffnungszeiten der Geschäftsstellen eine Verfügbarkeit von 99 % gewährleisten – ist eine Anforderung. Die IT-Lösung muss einen gespiegelten Datenbank-Cluster haben – ist eine Lösung. Ggf. unterstützt diese Lösung die Anforderung, aber eigentlich möchte der Auftraggeber lediglich die obige Verfügbarkeit haben. Wird nur diese Lösung umgesetzt, ist der Auftraggeber trotz der vollständigen Realisierung später vielleicht nicht mit dem Ergebnis zufrieden, da z.B. andere, nicht beschriebene Komponenten die erwartete Verfügbarkeit nicht gewährleisten.

Damit Anforderungen zu einer Qualitätsverbesserung beitragen, sollten sie folgende Eigenschaften besitzen:[167]
- Verifizierbarkeit: Die Erfüllung der Anforderung muss messbar sein.
- Nachverfolgbarkeit: Die Auswirkungen der Anforderung auf die Lösung und auf andere Ansprüche müssen nachvollziehbar sein. Bei vielen Anforderungen bietet sich eine Kategorisierung/Hierarchisierung an.
- Widerspruchsfreiheit: Diese Eigenschaft ist nicht zu verwechseln mit dem Begriff Konkurrenz. Es können durchaus Anforderungen formuliert werden, deren Realisierung die Erfüllung anderer Anforderungen negativ beeinträchtigt, aber es dürfen keine widersprüchlichen Anforderungen gegeben sein.
- Verständlichkeit: Es muss sichergestellt werden, dass alle Beteiligten die Anforderungen begreifen. Dies beinhaltet, dass alle Beteiligten unter der Anforderung inhaltlich das gleiche verstehen und dass allen Beteiligten der Sinn davon verständlich ist.

Eine einheitliche Notation, die ein breites Spektrum von Skills der Projektbeteiligten abdeckt, ist hilfreich, um Anforderungen gezielt und nachvollziehbar in eine qualitativ hochwertige IT-Lösung zu überführen. Die Unified Modelling Language (UML) ist ein solcher Ansatz, der verschiedene Modelltypen vorsieht, um die einzelnen Aspekte von IT-Lösungen in unterschiedlichen Sichtweisen darstellen zu können.[168] Ferner existieren Standards, wie beispielsweise die Common Criterias (siehe 3.3.9), die eine vollständige Beschreibung von Sicherheitsanforderungen an IT-Systeme gewährleisten.

Ein hoher Beitrag des Qualitätsmanagements findet durch Standardisierung statt. So können in jedem Bereich Richtlinien und Checklisten zu einem einheitlichen, vollständigen Vorge-

---

166 Im organisatorischen Sprachgebrauch werden Anforderungen auch als Ziele bezeichnet.

167 Vgl. auch Dörnemann/Meyer, 2003, S. 2–7.

168 Siehe www.uml.org.

hen beitragen. Insbesondere für die Durchführung von größeren Vorhaben sind Projektvor-gehensmodelle erforderlich. Diese stellen sicher, dass die erarbeiteten Ergebnisse regelmäßig und rechtzeitig überprüft werden. Abweichungen, die ein mangelndes Projektergebnis verursachen würden, werden frühzeitig erkannt und können nachgebessert werden. Bei der Projektarbeit werden in der Projektstruktur sogenannte Reviewteams gebildet. In diesen Teams sind fachlich kompetente Mitarbeiter vertreten, die nicht in die eigentliche Projektarbeit eingebunden sind und daher möglichst neutral die erarbeiteten Projektergebnisse qualitätssichern können.

Prozesse der IT-Leistungserstellung müssen optimal modelliert sein und sollten in ihrer Handhabung einen hohen Prozess-Reifegrad besitzen. Bei der Modellierung müssen qualitätssichernde Arbeitsschritte, wie beispielsweise ein 4-Augen-Prinzip, von Anfang an mitberücksichtigt werden. Die prozessimmanenten Kontrollen werden dabei situationsgerecht gemäß ihrer Anordnung und ihres Ausmaßes integriert.

Bei der Erstellung von Software müssen die Konzeptions- und Programmierrichtlinien, die von der IT-Architektur vorgegeben werden, eingehalten werden. Solche Vorgehensweisen reduzieren die Möglichkeiten einer fehlerhaften Software maßgeblich. Softwarefehler können jedoch nicht vollständig ausgeschlossen werden. Für eine hohe Softwarequalität ist ein ausführliches Testen der Systeme unabdingbar. Die hohe Komplexität von IT-Lösungen, aus fachlichen Anforderungen heraus oder aufgrund der Architekturen, potenziert diese Anforderung noch. Liegen Testaufwände im Batch-Großrechnerbereich bei ca. 25 % des Gesamtprojektaufwands, so sind die durchschnittlichen Testaufwände im Client-/Server-Bereich bereits genauso hoch wie deren Entwicklungsaufwand. Für webbasierte Lösungen wird mittlerweile von einem bis zu doppelt so hohen Testaufwand gegenüber dem Entwicklungsaufwand ausgegangen, wobei die Testaufwände durch den Einsatz von Tools auf das ca. 1,33-fache des Entwicklungsaufwands gesenkt werden können. Die Haupttätigkeit bei der Softwaregestaltung in Unternehmen verschiebt sich weg von der Entwicklung hin zu Integration und Test.[169]

3.3.7   Anwendungsentwicklung

Die Anwendungsentwicklung beinhaltet die anforderungsgerechte Erstellung von IT-Lösungen für die einzelnen Fachbereiche. Sie bezieht sich auf die Neuerstellung/-einführung und auf die weitere Wartung und Anpassung der Systeme. Es ist allerdings zu berücksichtigen, dass im Rahmen des Rechenzentrums, zum Beispiel bei der Auswahl und Implementierung von Infrastrukturen, ebenfalls eine Art von Anwendungsentwicklung stattfindet, die sich an den Grundsätzen der fachlichen Anwendungsentwicklung orientieren muss.

---

169 Vgl. Sneed, 2003, S. 42–43.

Inhalte der Anwendungsentwicklung

Bei der Neuerstellung von Software kann zwischen zwei grundsätzlichen Lösungen unterschieden werden. Die klassische Art und Weise der Anwendungsentwicklung liegt in der eigenständigen Erstellung mit Konzipierung, Programmierung und Integration von Software. Sie war bis Anfang der 1990er Jahre die am häufigsten praktizierte Form. Die Erarbeitung individueller Systemlösungen, gleichgültig ob durch Eigenfertigung oder durch Auftragsvergabe, kann eine optimale Abdeckung unternehmensspezifischer Anforderungen sicherstellen. Allerdings müssen sämtliche Aufwände für die Erstellung, Weiterentwicklung und Wartung vom Unternehmen selbst getragen werden.

In den vergangenen Jahren hat Standardsoftware immer stärker an Bedeutung gewonnen und wird heutzutage hauptsächlich eingesetzt. Individualsoftware ist meist noch bei alten IT-Systemen zu finden sowie bei speziellen Themengebieten, die besondere Anforderungen an eine Software stellen oder für das jeweilige Unternehmen eine Kernkompetenz mit einem Wettbewerbsvorteil bedeuten. Bei Standardsoftware wird über einen Softwareauswahlprozess die für das Unternehmen am besten geeignete Software ausgewählt. Auswahlkriterien sind dabei:

- die Abdeckung der unternehmenseigenen Anforderungen durch die Standardsoftware,
- die Möglichkeiten der Individualisierung der Standardsoftware,
- der Support der Anwendung durch den Hersteller,
- die Architektur der Standardsoftware,
- die Marktverbreitung der Standardsoftware,
- die Bonität des Lieferanten,
- die potenziellen Einflussmöglichkeiten auf die Weiterentwicklung der Standardsoftware (z.B. über sogenannte User-Groups),
- der Preis für die Lösung und die übrigen Vertragsbedingungen.

Anschließend wird die ausgewählte Standardsoftware in die System- und Organisationswelt des Unternehmens implementiert. Decken sich die Anforderungen des Unternehmens nicht mit den Funktionalitäten der Software, können entweder die Geschäftsprozesse des Unternehmens an die Software angepasst werden oder die Software wird den besonderen Gegebenheiten des Unternehmens angepasst – „gecustomized". Die Aufwendungen für die Entwicklung, Weiterentwicklung und Pflege werden von den verschiedenen Anwendern getragen. Solche Standardsoftware kann i.d.R. kostengünstiger zum Einsatz gebracht werden als Individualsoftware. Voraussetzung hierfür ist, dass möglichst wenig Anpassungen an der Software vorgenommen werden müssen. Ein Nachteil ist, dass der Anwender seine Flexibilität hinsichtlich der Weiterentwicklung der Software verliert. Insbesondere bei hoch komplexen Systemen, wie beispielsweise den ERP-Systemen (Enterprise Ressource Planning Systeme), begibt er sich in eine Abhängigkeit zum Hersteller, da diese Systeme nur mit großem Aufwand ausgetauscht werden können. Bei der Verwendung von Standardsoftware verlagern sich die Aufwände von den Programmierarbeiten weg hin zu den Tätigkeiten der Systemintegration.

Beitrag zur Risikoreduzierung

Durch das Qualitätsmanagement im Softwareerstellungsprozess muss ein konsequentes Anforderungsmanagement sichergestellt werden. Sowohl ein zu geringes als auch ein nicht benötigtes Ausmaß an Funktionalitäten beinhaltet Risiken für den späteren Softwareeinsatz. Insbesondere bei der Implementierung von Standardsoftware kommt es vor, dass Software Funktionen enthält, die vom Unternehmen nicht benötigt werden. Diese sollten nach Möglichkeit deaktiviert werden. In manchen Fällen ist dies jedoch nicht möglich. Daraus ergibt sich die Problematik, dass diese Funktionen bei der Implementierung ignoriert werden. Beim Betrieb der Anwendung sind sie allerdings für die Benutzer sichtbar. In ungewöhnlichen Situationen kann ein Nutzer die Auswahl dieser Funktionen als hilfreich ansehen und sie daher ausführen. Die Nutzung einer zuvor nicht analysierten bzw. definierten Funktion kann jedoch zu Problemen führen. Deswegen muss für alle Funktionen, die vom Unternehmen nicht ursprünglich benötigt wurden und nicht deaktiviert werden können, eine Ergänzung der Unternehmensanforderungen erfolgen. Die Funktionen müssen in die Konzeption mitaufgenommen werden und deren Wirkungsweise analysiert, beschrieben und geschult werden.

Eine erfolgreiche Risikoreduzierung im Rahmen der Anwendungsentwicklung setzt voraus, dass alle Sicherheitsvorgaben von Anfang an mit in die Konzeption der Software einfließen. Das nachträgliche Anpassen von Software an die Sicherheitsvorgaben des IT-Security Managements führt oft zu mangelnden Sicherheitsfunktionalitäten. So muss das relevante Benutzerberechtigungs-, Protokollierungs- und ggf. Historisierungskonzept frühzeitig in die Planung der Software eingearbeitet werden. Die Konzepte müssen dabei den jeweiligen gesetzlichen Anforderungen, im Kreditwesen beispielsweise die Fortführung der Funktionstrennungen in den Bereichen Handel oder Kredit bis in die IT-Systeme hinein, genügen. Zusätzlich können sich Bedürfnisse hinsichtlich des Schutzes der Vertraulichkeit mittels einer verschlüsselten Datenübertragung, der Wahrung der Authentizität mittels digitaler Signaturen oder der Aufrechterhaltung der Verfügbarkeit über Backup-Szenarien ergeben.

Die Trennung von Entwicklungs- und Produktionsplattformen ist ein zusätzlicher Aspekt der Anwendungsentwicklung im Rahmen der Security-Maßnahmen. Werden Änderungen an einem System erforderlich, so dürfen diese nicht auf der Produktionsumgebung vollzogen werden. Dies bedeutet in den meisten Fällen, dass ein zweites, vollumfängliches System, das lediglich in den Leistungsdaten nicht dem Produktionssystem entspricht, für die Entwicklung vorgehalten wird. Bei den meisten Großunternehmen ist dies der Fall. Bei einer vollständigen Trennung von Produktions- und Entwicklungsplattform verbleiben trotzdem Grauzonen. Zum Beispiel können sich nach Einführung neuer Systemkomponenten größere Beeinträchtigungen ergeben, die vermeintlich aus einem kleinen Konfigurationsfehler resultieren. Hier ist die Versuchung groß, diese Konfigurationsänderung direkt auf der Produktionsebene vorzunehmen, damit der Fachbereich kurzfristig wieder voll arbeitsfähig ist und nicht für die Zeitspanne der Tests, die nach einer Änderung notwendig sind, beeinträchtigt wird. Diese kleinen, kurzfristig überlegten Änderungen bergen zum Teil nicht berücksichtigte Folgen in sich und stellen ein erhöhtes Risiko dar. Die für die Produktionsfreigabe relevanten Prozesse sind deshalb mit einer hohen Disziplin einzuhalten. Ein weiteres Beispiel, bei dem direkte Änderungen im Produktionssystem vorgenommen werden müssen, ist der Ausfall eines Systems, bei dem es zu inkonsistenten Daten aufgrund des Abbruchs kommt. Gegebenenfalls kann die Anwendung erst nach Reparatur des Datenbestandes wieder hochgefahren werden. Für diese Spezialfälle muss es definierte Prozesse geben, die ein Höchstmaß an Sicherheit für direkt in der Produktion vorzunehmende Änderungen garantieren.

3.3.8   RZ-Betrieb

Das Kernstück jeder IT stellt der Rechenzentrumsbetrieb dar. Hier werden die Anwendungen betrieben und deren Betrieb überwacht. Werden Risiken schlagend, die sich auf die Anwendungen der Fachbereiche auswirken, so tritt dieser Effekt anfänglich auf jeden Fall im Rechenzentrum auf, selbst wenn es sich später um einen Softwarefehler der Anwendungsentwicklung handeln sollte.

Inhalte des RZ-Betriebs
Die Aufgabeninhalte des Rechenzentrums können grob in 3 Blöcke gegliedert werden:
* Das zur Verfügung stellen von Infrastruktur.
* Serviceleistungen für die Kunden (Customer Support).
* Der Betrieb der Anwendungen.

Eine von den Fachbereichen weniger stark betrachtete Aufgabe des Rechenzentrums ist das Bereitstellen der Infrastruktur. Das Rechenzentrum verantwortet diesbezüglich oftmals nicht nur den Betrieb, sondern ebenso dessen Konzeption. Eine klassische Infrastrukturleistung ist dabei die Netzwerktechnik. Das Rechenzentrum plant das Netzwerk, angefangen von der physikalischen Seite der Kabelauswahl über Protokolle bis hin zu den eingesetzten Topologien. Das Rechenzentrum agiert dabei nicht in einer isolierten Welt, sondern es muss die Anforderungen, die von den Fachanwendungen an die Infrastrukturkomponenten und somit indirekt von den Fachbereichen gestellt werden, berücksichtigen. Zu den Infrastrukturkomponenten zählen z.B. Sicherheitseinrichtungen wie Firewall, Intrusion-Detection-Systeme oder Virenscanner. Bei der Implementierung dieser Bausteine sind Anforderungen/Konzeptionen, z.B. Basisanwendungen und Laufzeitumgebungen wie Scheduler und Middleware, von der IT-Security mitzuberücksichtigen. Ferner sind sämtliche Funktionen zur Überwachung/Monitoring der Systemlandschaft (wie Netzwerklast bzw. Serverauslastung) oder zur Kontrolle einzelner Anwendungen auf den Rechnern von Belang. Die Infrastrukturkomponenten haben dabei eine große Bedeutung, da sie neben potenziellen Fehlerquellen zugleich Frühwarnindikatoren für das Entdecken von Schadensfällen liefern können.

Der Kontakt zu den Kunden läuft über den Customer Support. Darunter versteht man den Benutzerservice[170] sowie das Liefern von IT-Lösungen. Ausliefern kann im reinen Installieren von Hardware oder Freischalten weiterer Anwendungen oder Funktionen innerhalb der Systeme bestehen. Beim Benutzerservice kommen zentral alle Anfragen der User an. Er liefert daher eine gute Datenbasis hinsichtlich der Zufriedenheit und Beherrschbarkeit der Anwendungen aus User-Sicht.

---

170 Auch User-Help-Desk, Customer-Care-Center oder Benutzer-Hotline genannt.

Die Aufgabe, die unmittelbar mit dem Rechenzentrum in Verbindung gebracht wird, ist der Betrieb der Anwendungen. Der Betrieb beinhaltet die fachlichen Anwendungen und Infrastrukturkomponenten. Exemplarisch seien Betriebssysteme oder Datenbank-Management-Systeme genannt.

Beitrag zur Risikoreduzierung

Ein großer Beitrag zur Risikoreduzierung kann im Rechenzentrumsbetrieb mittels Standardisierung, zum Beispiel im Rahmen eines Best-Practice-Ansatzes wie ITIL, erfolgen. Diese Verfahrensweise stellt eine hohe Abwicklungsqualität sicher und reduziert die damit einhergehenden Risiken.

Das Fundament eines jeden Rechenzentrumsbetriebs bildet die Infrastruktur. Dabei kann zwischen der IT-internen Infrastruktur und der über einen Dritten zu beziehenden Infrastruktur unterschieden werden. Die Anforderungen an Letztere müssen dabei vom Rechenzentrum gestellt werden und bei Bedarf müssen weitergehende Sicherheitsmaßnahmen hinterlegt werden. Grundsätzliche Infrastrukturkomponenten sind beispielsweise Räume, deren Lage und Zutrittsmöglichkeiten. Brand- und Wasserschutz sind bei den Räumlichkeiten ebenso mitzuberücksichtigen. Diese müssen den Sicherheitsanforderungen des Unternehmens gerecht werden. Es ist zu prüfen, inwiefern eine unterbrechungsfreie Stromversorgungsanlage (USV-Anlage) bzw. eine Notstromversorgung für die Infrastruktur notwendig ist. Welche Komponenten müssen alle darüber abgesichert sein und welcher Kapazitätsbedarf ergibt sich daraus. Da nicht alle Anwendungen die gleichen Anforderungen an die Infrastruktur stellen, können lokale Bereiche des Unternehmens unterschiedlich stark abgesichert werden. Bei den IT-internen Infrastrukturkomponenten muss bereits bei der Konzeption die Qualität der Komponenten berücksichtigt werden und Backups für kritische Bausteine miteingeplant werden. In Notfallplänen ist zudem festzuhalten, was bei einem Ausfall bestimmter Bestandteile zu tun ist.

Eine aktuelle System-/Komponentenübersicht im Customer Support bildet die Grundlage für einen professionellen IT-Betrieb.[171] Nur wenn dem Betreiber alle Komponenten und deren aktuell eingesetzten Konfigurationen bekannt sind, können Störungen kurzfristig behoben werden und Problemlösungen zielgerichtet angegangen werden. Diese Datenbank kann nur über die stringente Einhaltung aller Change-Prozesse aktuell gehalten werden. Die geforderten Leistungen der Anwendungsbereitstellung müssen dem Customer Support geläufig sein (z.B. in Service Level Agreements fixiert) und im Vorfeld mit den einzelnen Einheiten des Rechenzentrums, der Anwendungsentwicklung und Drittanbietern abgestimmt werden. Das Messen der Verfügbarkeiten der einzelnen Anwendungen und Infrastrukturkomponenten bildet eine Grundlage für die Einschätzung der Anwender-IT-Risiken.

Beim Betrieb der Fachanwendungen ist es wichtig, dass alle vorhandenen Funktionalitäten der Systeme bekannt sind und über die im Rechenzentrum laufenden Prozesse genutzt wer-

---

171 In ITIL wird dieser Datenbestand (der auch über verteilte Datenbanken dargestellt werden kann) Change Management Database (CMDB) genannt.

den. Beispielhaft können die Benutzerverwaltung, das Protokollieren von Arbeitsschritten der Benutzer oder das Einleiten von Backup-Mechanismen genannt werden. Alle Prozesse müssen den Mitarbeitern geläufig sein und eingehalten werden. Insbesondere im Rechenzentrumsbetrieb muss die Befolgung der Sicherheitsvorschriften garantiert sein. Standardpasswörter sind zu ändern und die Passwortvergabe und -nutzung muss den IT-Security-Policies entsprechen. Die Verantwortlichkeiten für die einzelnen Anwendungen bzw. deren benötigte Infrastruktur müssen geregelt sein.

Ganz wesentlich für eine sichere Produktion ist, dass nur ausgetestete Programme mit genau definierten Produktionsanweisungen in die Produktion überführt werden. Die Entwicklungsarbeiten sind von der Produktion strikt zu trennen. Für Standardsoftware und für Infrastrukturkomponenten sollten möglichst Standardkonfigurationen zum Einsatz kommen. Sofern von diesen abgewichen werden muss, sollten diese Abweichungen – so weit möglich – für den gesamten Einsatz im Unternehmen sinnvoll sein und breitflächig angewendet werden. Durch diese Grundregeln wird das Risiko der Komplexität und der daraus resultierenden Unübersichtlichkeit aufgrund einer Vielzahl von realisierten Konfigurationsmodellen reduziert.

Die betriebenen Anwendungen müssen mit einem Monitoring versehen werden. Dazu gehört, dass alle für die jeweiligen Applikationen kritischen Einflussgrößen fortlaufend überwacht werden und dass das Operating im Rechenzentrum derart unterstützt wird, dass bei Parametern, die aus dem Zielkorridor laufen, ein Alarm ausgelöst wird. Zudem sind sämtliche Wartungen an der Infrastruktur und den Anwendungskomponenten hard- und softwareseitig regelmäßig auszuführen und zu dokumentieren.

3.3.9   Standards und Best Practices

Im Zusammenhang mit dem IT-Risikomanagement werden Standards und Best Practices diskutiert. Für das IT-Risikomanagement selbst gibt es bislang keine eigene Norm. Allerdings können die vorhandenen Richtlinien für das IT-Management oder für unterstützende Disziplinen eines umfangreichen IT-Betriebs, wie beispielsweise die IT-Security, große Vorteile bringen.[172] Die Prüfungen von Wirtschaftsprüfern referenzieren auf solche **Best-Practice-Ansätze**.[173] Der Nutzen dieser Normen ist umso größer, je mehr diese
- einen möglichst großen Betrachtungswinkel auf das IT-Management werfen,
- konkret formuliert sind,
- aktuell gehalten werden,
- eine weite Verbreitung finden,
- angliederbar/übertragbar auf andere Standards sind und
- Wahrscheinlichkeitsaussagen zu Verfügbarkeit, Vertraulichkeit, Integrität und Wirtschaftlichkeit

unterstützen.

---

172 Vgl auch BaFin MaRisk, 2005, AT 7.2.

173 Vgl. IDW PS 330, (38).

IT-Risikomanagement kann und muss auch in Unternehmen durchgeführt werden, die keinen dieser Standards verwenden. Die wesentlichen **Vorteile** beim Einsatz solcher Normen sind dabei:

- Eine einheitliche Terminologie wird im Unternehmen angewendet.
- Gleichartige Aufgabengebiete unterschiedlicher Organisationseinheiten werden einheitlich strukturiert.
- Eine Übersicht über alle Prozesse und Funktionen des IT-Bereichs wird möglich und erleichtert dadurch eine Risikoanalyse.
- Mit anderen Unternehmen kann ein Benchmarking aus Risikogesichtspunkten erfolgen.
- Die Durchführung von externen Audits wird unterstützt.
- Zumeist ist eine grundsätzliche Betrachtung von Risiken implizit enthalten. Mit der Einführung der Standards findet eine gewisse, grundlegende Risikosensibilisierung der Mitarbeiter statt.

Nachfolgend werden einige, wesentliche Standards bezüglich ihrer Risikomanagement-Inhalte kurz vorgestellt und auf deren Unterstützung des IT-Risikomanagements hin beurteilt. Dabei wird nicht explizit auf allgemeine Qualitätsstandards wie ISO 9000:2000 oder Six Sigma eingegangen, die ebenfalls eine Risikoreduktion bewirken.

CobiT

Entstehung/Zusammenhänge[174]. Ursprünglich wurde CobiT (Control Objectives for Information and related Technology) von der ISACF (Information Systems Audit and Control Foundation) entwickelt. Mittlerweile wird CobiT vom IT-Governance Institute weiterentwickelt und liegt in der vierten Ausgabe vor. CobiT soll die Einhaltung von IT-Governance unterstützen. Es hat den Anspruch, sämtliche Belange des IT-Managements abzudecken. Dies bezieht sich sowohl auf den fachlichen Umfang als auch auf die unterschiedlichen, hierarchischen Ebenen. Als Grundlage für CobiT haben unterschiedlichste Standards gedient.

Inhalte. Das CobiT-Framework stellt einen Regelkreislauf dar, der die Anforderungen an die Informationen, die in den Geschäftsprozessen verarbeitet werden, und die IT-Ressourcen, die diese Verarbeitung bewerkstelligen, in den Mittelpunkt stellt. Die **Anforderungen** an die Informationen sind:

- Effektivität (effectiveness),
- Effizienz (efficiency),
- Vertraulichkeit (confidentially),
- Integrität (integrity),
- Verfügbarkeit (availability),
- Einhaltung rechtlicher Vorschriften (compliance),
- Verlässlichkeit (reliability).

---

174 Vgl. ITGI, 2004, S. 8–15.

Diese Anforderungen sind aus den IT-Security-Betrachtungen heraus die Grundleistungen der IT, ergänzt um Wirtschaftlichkeitsbetrachtungen wie Effektivität und Effizienz sowie weiteren rechtlichen Rahmenbedingungen wie Compliance. Unter Compliance wird die Einhaltung der gegebenen Rechtsvorschriften und die Verlässlichkeit im Sinne einer Nachvollziehbarkeit von Aktionen, wie sie beispielsweise die GoBS fordert, verstanden.

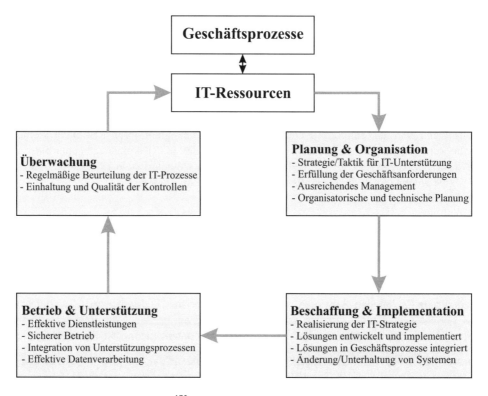

Abb. 3.9   Übersicht CobiT -Framework[175]

Die **IT-Ressourcen** lassen sich untergliedern in:
* Daten (data) – im weitesten Sinne,
* Anwendungen (application) – die eigentliche fachliche Logik,
* Technologien (technology) – Hard- und Betriebssystemsoftware, Datenbanken, etc.,
* Anlagen (facilities) – Räume/Infrastruktur und
* Menschen (people).

---

175 Vgl. ISACA, 2001.

Geschäftsprozesse basieren auf diesen IT-Ressourcen, die über IT-Prozesse gemanagt werden müssen. Der Regelkreislauf der IT-Prozesse wird über 4 große Prozessbereiche (in **Abb. 3.9** grau hinterlegt), sogenannte Domains, dargestellt. Die IT-Prozesse beinhalten insgesamt 34 Prozesse, die mit Kennzahlen gemessen werden.

Die Anforderungen an die Informationen, die Ressourcen und die Prozessebenen stellen einen dreidimensionalen Zusammenhang dar. Dieser kann in einem Würfel abgebildet werden, der CobiT-Cube genannt wird.

Würdigung hinsichtlich des IT-Risikomanagements. Das CobiT-Framework stellt kein dediziertes IT-Risikomanagement-Framework dar, unterstützt jedoch durch seinen weitgefächerten Ansatz die Durchführung des IT-Risikomanagements sehr gut. Die Anforderungen an die Informationen und die Ressourceneinteilung können leicht den Ansprüchen des IT-Risikomanagements zugeordnet werden.

ITIL/BS (British Standard) 15000 bzw. ISO/IEC 20000
Entstehung/Zusammenhänge. Die IT-Infrastructure Library (ITIL) wurde Anfang der 1980er Jahre von der Central Computer and Telecommunications Agency (CCTA), die mittlerweile dem Office of Government Commerce (OGC) unterstellt wurde, erarbeitet und stellt aufgrund ihres hohen Verbreitungsgrades einen De-facto-Standard dar. ITIL stammt aus der gleichen Quelle wie der bekannte Qualitätsstandard ISO 9000 oder wie das Projektvorgehensmodell PRINCE 2. Das ITIL Basis Framework beschreibt die Prozesszuschnitte, Inhalte und Schnittstellen des IT-Service Managements und ist bislang der bekannteste Teil von ITIL.[176] Für diesen Teil werden bereits Zertifizierungsfortbildungen angeboten. Die um Entwicklungs-, Sicherheits- und Strategiegesichtspunkte erweiterte ITIL Library umfasst mittlerweile mehr als 40 Bücher, in denen ausführlich das „Was ist zu regeln" beschrieben ist. ITIL gibt nicht vor, wie etwas zu tun ist. Zu ITIL sind User-Groups entstanden, in denen die ITIL-Vorgaben umfänglich diskutiert und weiterentwickelt werden.[177]

Basierend auf ITIL wurde vom British Standard Institut der Standard BS 15000[178] entwickelt. Dieser enthält konkrete und damit mess- und überprüfbare Anforderungen an ein allgemeines Service Management. Er ist keine Konkurrenz zu ITIL. ITIL erläutert vielmehr, was in einem IT-Service Management zu tun ist, damit der Standard BS 15000 eingehalten werden kann.[179] Der Standard BS 15000 wurde zusätzlich in den internationalen Standard ISO 20000 überführt.

---

176 Oft wird ITIL als Synonym für Service Management (das nur ein Teil von ITIL ist) genannt.

177 Siehe auch www.itsmf.org.

178 Siehe auch www.bs15000.org.uk.

179 Vgl. Busch, 2004.

Inhalte. ITIL beruht auf zwei Hauptprinzipien: einem ganzheitlichen Verständnis des Service-Gedankens und einer hohen Kundenorientierung. In **Abb. 3.10** sind die in der ITIL Library enthaltenen Themengebiete im Spannungsfeld der Unternehmenssicht (Geschäftstätigkeit) und der Technologiesicht abgebildet. Den Kernbereich von ITIL stellt aktuell noch das **Service Management** dar.

Dieses enthält den **Service Support** mit den Prozessen

- Incident Management,
- Problem Management,
- Configuration Management,
- Change Management und
- Release Management

sowie den Bereich **Service Delivery** mit den Prozessen

- Service Level Management,
- Financial Management for IT Services,
- Capacity Management,
- IT Service Continuity Management und
- Availability Management.

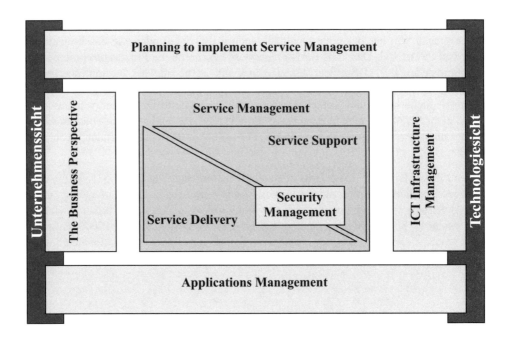

Abb. 3.10   ITIL-Übersicht[180]

---

180 Vgl. Dierlamm, 2004, Kapitel 1, S. 39.

Diese Themengebiete decken zusammen mit dem **ICT Infrastructure Management**, in welchem Netzwerkmanagement, Installationsprozesse und Systems Management stattfinden, den IT-Betrieb ab. Als eine Querschnittsfunktion ist das **Security Management** aufgeführt, welches auf den BS 7799 referenziert.

Das **Planning to implement Service Management** ist ein auf ITIL selbst bezogener Bereich, in welchem der Nutzen für die Einführung und Vorgehensweise zur Einrichtung von ITIL beschrieben ist. Das **Application Management** befasst sich mit dem Software-Lebenszyklus und den Testprozessen. Die **Business Perspective** beinhaltet Outsourcing- und Strategiethemen sowie eine Betrachtung des Business Continuity Managements.[181]

Der Standard BS 15000 ist in zwei Teile gegliedert. Der erste Teil enthält die Anforderungen an ein Service Management und stellt die Zertifizierungsgrundlage dar, der zweite Teil beinhaltet die Empfehlungen und Anleitungen zur Einführung des Service Managements. Ergänzt wird der Standard durch die Published Documents PD 0005, welche einen Management-Überblick zur Erreichung des BS 15000 durch ITIL-Prozesse enthalten sowie PD 0015 mit der Anleitung zur Durchführung einer Selbstbewertung.[182]

Würdigung hinsichtlich des IT-Risikomanagements. Durch die ganzheitliche Betrachtung der IT-Leistungen, den enthaltenen Prozesszuschnitten und ihren Inhalten, den Schnittstellen- und Rollendefinitionen sowie der Einbettung in Standardisierungsnormen hat ITIL im Zusammenhang mit BS 15000 ein hohes Potenzial für eine Qualitätsverbesserung der IT-Leistungen. Zugleich bildet die Einführung eines Service Level Managements eine gute Basis für eine Kommunikation mit den einzelnen Fachbereichen hinsichtlich der Anwender-IT-Risiken. Die beim Einsatz von ITIL gewonnene Leistungs- und Zuständigkeitstransparenz unterstützt ein IT-Risikomanagement. Ebenso können Teile von ITIL wie das Security Management oder das Business Continuity Management als Basis in ein IT-Risikomanagement miteingegliedert werden. Allerdings stellt ITIL an und für sich kein IT-Risikomanagement Framework dar.[183]

BS 7799-1 und 7799-2 bzw. ISO/IEC 17799 und 27001
Entstehung/Zusammenhänge. Der ISO Standard 17799 Code of Practice for Information Security Management geht aus dem ursprünglichen Standard der British Standards Institution BS 7799-1 hervor. Der zweite Teil des Standards wurde bei dieser ISO-Norm nicht berücksichtigt. Er wird aktuell in den neuen Standard ISO 27001 überführt. Da die BS-Standards die Basis dieser Normierungen darstellen, wird im Folgenden auf diese eingegangen. Die Normen bilden zugleich die Grundlage für den Part IT-Security des BS 15000, welcher die Best Practice ITIL in einen Standard überführen soll. Die British Standards Institution integriert ihre Sicherheitsstandards in die ITIL-Vorgehensweise.

---

181 Vgl. ITGI, 2004, S. 17–22.

182 Vgl. Busch, 2004.

183 Vgl. auch Schmid, 2003, S. 42.

Inhalte. Der Standard bezieht sich ausschließlich auf die IT-Security mit den bekannten Ausprägungen Verfügbarkeit, Vertraulichkeit und Integrität, erweitert um einen wesentlichen Teil der Berücksichtigung von rechtlichen Vorschriften – der Compliance. Der Prozess für die Implementierung und für den Betrieb eines Information Security Management Systems (ISMS) ist in **Abb. 3.11** dargestellt.

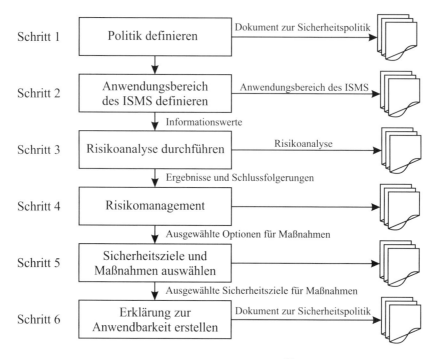

Schritt 1 — Politik definieren — Dokument zur Sicherheitspolitik

Schritt 2 — Anwendungsbereich des ISMS definieren — Anwendungsbereich des ISMS

Informationswerte

Schritt 3 — Risikoanalyse durchführen — Risikoanalyse

Ergebnisse und Schlussfolgerungen

Schritt 4 — Risikomanagement

Ausgewählte Optionen für Maßnahmen

Schritt 5 — Sicherheitsziele und Maßnahmen auswählen

Ausgewählte Sicherheitsziele für Maßnahmen

Schritt 6 — Erklärung zur Anwendbarkeit erstellen — Dokument zur Sicherheitspolitik

Abb. 3.11   BS 7799-2:1999 – Schaffung eines Managementrahmens[184]

Der Standard stellt im **ersten Teil** Handlungsempfehlungen für die IT-Security dar, mit Hauptschwerpunkten in:

- Organisation der IT-Sicherheit mit Erstellung von Dokumenten und Zuteilung von Verantwortlichkeiten;
- Bewertung von Informationen;
- Management von Kommunikation und Betriebsführung, inklusive Business Continuity Management;
- Physische Sicherheit;
- Sicherheit von Informationen;
- Systementwicklung und -wartung (bezogen auf den Einsatz in der Produktion);
- Gesetzeskonformität und Besonderheiten beim Outsourcing.

---

184 Vgl. BSI–GB, 1999, S. 3.

Er soll die Entwicklung von organisationsbezogenen Sicherheitsnormen und effektiven Sicherheitsmanagementpraktiken unterstützen. Der Standard bezieht sich – mit Ausnahme von der Organisation von IT-Sicherheit – auf die Frage „Was ist zu tun?" und stellt eine Art Checkliste für die zu beachtenden Aspekte dar. Er gibt keine konkreten Handlungsanweisungen vor. Er beschreibt bei der Risikoanalyse beispielsweise nicht, wie diese zu erfolgen hat, er gibt allerdings an, was alles darin zu berücksichtigen ist.

Der **zweite Teil** des Standards legt – basierend auf Teil 1 – die Anforderungen an die Schaffung, Implementierung und Dokumentation von Managementsystemen für die IT-Security inklusive definierter Ergebnistypen fest. Der in der obigen Übersicht enthaltene Begriff Risikomanagement bezieht sich ausschließlich auf die IT-Security.

Würdigung hinsichtlich des IT-Risikomanagements. Die Standards decken das Betrachtungsspektrum des IT-Security Managements sehr gut ab. Vorgehensweisen für ein(e) umfassende(s) IT-Risikoanalyse, -bewertung und -management sind nicht konkret enthalten. Dies bietet zugleich die Möglichkeit, eine dem jeweiligen IT-Risikomanagement des Unternehmens angepasste Form dafür zu wählen. Durch die Implementierung der Standards in den BS 15000 wird eine hohe Integrität in den unterschiedlichen Bereichen sichergestellt, was für das IT-Risikomanagement einen großen Vorteil darstellt.

NIST 800-Serie

Entstehung/Zusammenhänge. Das amerikanische National Institute of Standards and Technology (NIST) definiert in der NIST 800-Serie ebenfalls die Sicherheit von Informationssystemen. Es gibt verschiedene Veröffentlichungen, die den Rahmen für die Entwicklung und Betriebsführung sicherer Informationstechnologie beschreiben. Diese umfassen allgemeine Maßnahmen bis hin zu Checklisten für den Einsatz spezieller Systeme.

Inhalte. Der Risk Management Guide for Information Technology Systems (NIST 800-30) erläutert den grundlegenden Ablauf von IT-Security Management anhand des IT-System-Lebenszyklus[185] und verweist hinsichtlich der Detailausprägungen auf andere NIST-Standards wie beispielsweise NIST 800-27 Engineering Principles for IT-Security oder den NIST 800-14 Generally Accepted Principles and Practices for Securing Informations Technology. Der NIST 800-14 hatte als Basis die Standards BS 7799 bzw. ISO 17799.[186]

Da sich die Inhalte der NIST-Standards nur wenig von den in den vorherigen Kapiteln genannten Standards unterscheiden, wird auf eine ausführlichere Inhaltsangabe verzichtet. Die Verlautbarungen beziehen sich nach der Definition des Buches auf das IT-Security Management, das bei NIST – gegenüber anderen Standards – explizit bereits beim Software-Entwicklungsprozess beginnt.

---

185 Siehe NIST-Veröffentlichungen unter www.nist.gov.

186 Vgl. ITGI, 2004, S. 43–45.

Würdigung hinsichtlich des IT-Risikomanagements. Die NIST-Standards ermöglichen die Einhaltung eines hohen Sicherheitspotenzials bezüglich der IT-Security. Sie unterstützen damit das IT-Risikomanagement auf diesem Gebiet. Sie stellen bislang jedoch kein umfassendes IT-Risikomanagement dar.

IT-Grundschutz (mit erweiterter Risikoanalyse)
Entstehung/Zusammenhänge. Der IT-Grundschutz wird vom Bundesamt für Sicherheit in der Informationstechnik herausgegeben und regelmäßig aktualisiert. Er stellt keine Standardisierung im engeren Sinne dar. Durch seine weite internationale Verbreitung kann er aber einem Standard gleichgesetzt werden. Der IT-Grundschutz wurde zum Teil von nationalen Behörden anderer Länder übernommen.[187] Das IT-Grundschutzhandbuch wurde ursprünglich als Sicherheitsleitlinie für den öffentlichen Bereich entwickelt, kann aber problemlos in Unternehmen und anderen Einrichtungen eingesetzt werden. Der IT-Grundschutz soll ein Standard-Sicherheitsniveau beim Einsatz von Informationstechnologie aufbauen, der für sensiblere Anwendungen/Systeme geeignet ist. Hierzu wurde ergänzend die Risikoanalyse veröffentlicht, deren Vorgehensweise eine adäquate Erweiterung zum IT-Grundschutz darstellt. Dieser bezieht sich rein auf das Themengebiet der IT-Security.

Inhalte. Das IT-Grundschutzhandbuch verzichtet gegenüber dem IT-Sicherheitshandbuch, das ebenfalls vom Bundesamt für die Sicherheit in der Informationstechnik herausgegeben wurde, bewusst auf eine ausführliche Risikoeinschätzung. Das IT-Grundschutzhandbuch hat das Ziel, einen grundsätzlichen Schutz von Informationssystemen abzubilden. Neben einer Prozessbeschreibung zum Erreichen und Halten eines gewissen Grundsicherheitsniveaus, beinhaltet es **typische Bausteine eines IT-Einsatzes**, die sich in die Kategorien
- übergeordnete Komponenten (z.B. Organisation, Personal, IT-Sicherheitskonzept und Outsourcing),
- Infrastruktur – baulich (z.B. Gebäude, Verkabelung und Rechenzentrum),
- nicht vernetzte Systeme (z.B. DOS-PC, Unix-PC und PC unter WindowsNT),
- vernetzte Systeme (z.B. Unix-Server, Peer-to-Peer-Dienste und Novell Netware 4.X),
- Datenübertragungseinrichtungen (z.B. Datenträgeraustausch, Firewall und E-Mail) und
- Infrastruktur – sonstige (z B. TK-Anlage, Faxserver, Mobiltelefon und Archivierung)
einteilen lassen.

Diese Bausteine sind zum Teil produktspezifisch untergliedert. Jeder einzelne wird auf mögliche Gefährdungen hin untersucht. Diese **Gefahren** sind ebenfalls detailliert beschrieben und gliedern sich in:
- höhere Gewalt,
- organisatorische Mängel,
- menschliche Fehlhandlungen,
- technisches Versagen und
- vorsätzliche Handlungen.

---

187 Z.B. Österreichisches IT-Sicherheitshandbuch, Version 2.1 vom Mai 2003.

Zusätzlich werden für jede Komponente detailliert die empfohlenen **Schutzmaßnahmen**
- Infrastruktur,
- Organisation,
- Personal,
- Hardware/Software,
- Kommunikation und
- Notfallvorsorge

aufgeführt.

Es handelt sich hier um ein Werk, das relevante Gefährdungen spezifischer IT-Komponenten aufzeigt und gezielt Sicherheitsmaßnahmen empfiehlt. Diese Vorgehensweise ermöglicht eine Aufwandsminimierung bei der Absicherung der Informationstechnik. Sie kann angewendet werden, sofern die eigene IT zwar gewisse Grundschutzbedürfnisse hat – und dies ist bei allen Unternehmen der Fall – die Schutzbedürfnisse aber keine besonderen Anforderungen darstellen. Das IT-Grundschutzhandbuch ist ausführlich und umfasst in der aktuellen Fassung mehrere hundert Seiten.[188] Dieses aufwandsminimierte Verfahren ist allerdings für kleinere Betriebe wie Steuerberater, Rechtsanwälte, Ärzte oder Handwerksbetriebe immer noch sehr aufwändig. Aus diesem Grund veröffentlicht das BSI spezifische Varianten für kleine Institutionen, sogenannte Grundschutzprofile, in denen die Komponenten sowie die Gefährdungen und Maßnahmen den Betriebsgrößen angepasst sind.[189]

Sofern IT-Systeme zum Einsatz kommen, die erhöhte Ansprüche an die IT-Sicherheit haben, kann das Grundschutzvorgehen um eine konkrete Risikoanalyse ergänzt werden. Diese Praktik basiert auf der im IT-Sicherheitshandbuch beschriebenen, detaillierten Risikoanalyse, beinhaltet aber ebenfalls keine konkreten Bewertungen von Eintrittswahrscheinlichkeiten.[190] Bei höher schutzbedürftigen IT-Systemen werden gezielt Einzelrisiken identifiziert und individuelle Risikoreduzierungsmaßnahmen veranschlagt.

Würdigung hinsichtlich des IT-Risikomanagements. Der IT-Grundschutz bezieht sich ausschließlich auf das IT-Security Management. Hierfür bildet er eine gute Sicherheitsgrundlage und bietet zudem genügend Flexibilität für die Ergänzung um weiterführende Sicherheitsvorkehrungen. Die Vorgehensweise ist auf spezifische Maßnahmen ausgerichtet. Die einzelnen Hardwarekomponenten sowie die Instanzen von Softwareinstallationen oder betroffenen Räume werden getrennt betrachtet. Der IT-Grundschutz kann im IT-Risikomanagement gut zur Identifizierung bzw. Generierung von konkreten Risikoreduzierungsmaßnahmen verwendet werden.

ISO/IEC 15408 bzw. Common Criteria/ITSEC
Entstehung/Zusammenhänge. Im Zusammenhang mit dem IT-Risikomanagement bzw. dem IT-Security Management wird vielfach der ISO Standard 15408 Security Techniques –

---

188 Vgl. BSI, 2004b.

189 Vgl. BSI, 2004a.

190 Vgl. BSI, 2004c, S. 3.

Evaluation Criteria for IT-Security – genannt. Dieser ist der internationale Standard der so-genannten Common Criteria (CC), die ein frei erhältliches Werk für die Prüfung und Bewer-tung von Informationstechnik sind.[191] Die Common Criteria stellen eine Weiterentwicklung der europäischen Kriterien für die Bewertung der Sicherheit von Systemen der Informations-technik (ITSEC) dar. Sie erfolgte im Rahmen der Harmonisierung mit den gleichartigen Standardisierungen der USA (Orange-Book – TCSEC) und Kanada (CTPSEC).[192]

Inhalte. Die Common Criteria erweitern die ITSEC in der Form, dass alle ITSEC-Zertifizierungen dem ISO-Standard entsprechen.[193] Die Common Criteria ermöglichen die Bildung von sogenannten Schutzprofilen, in denen die Anforderungen an die Sicherheits-funktionalität und Vertrauenswürdigkeit definiert sind. Diese Schutzprofile sind zunächst implementationsunabhängig und können von Anwendern oder Wirtschafts- bzw. Interessen-verbänden zur Definition spezifischer Schutzanforderungen an Produkttypen, wie beispiels-weise den Chipkarten-Einsatz, genutzt werden. Anschließend können sie auf konkrete IT-Systeme, sogenannte Evaluationsgegenstände (EVG), übertragen werden. Die Vorgehens-weise innerhalb der Common Criteria stellt eine vollständige, konsistente und angemessene Anforderungssammlung sicher. Die Schutzprofile können zertifiziert werden und stehen allen interessierten Gruppen zur Verfügung.

Die **Common Criteria** beinhalten die Anleitung zur ausführlichen Beschreibung von Schutzprofilen (Protection Profiles – PP). Die Inhalte sind wie folgt strukturiert:
- PP-Einführung: Identifikation des Schutzprofils und Übersichtsdarstellung.
- EVG-Beschreibung: Schilderung, auf welche Evaluationsgegenstände das Schutzprofil angewendet werden kann.
- EVG-Sicherheitsumgebung: Erläuterung, mit welcher Sicherheitsumgebung bei den EVG's zu rechnen ist. Annahmen werden fixiert und Bedrohungen sowie die organisato-rische Sicherheitspolitik dargestellt.
- Sicherheitsziele: Diese werden sowohl hinsichtlich des Evaluationsgegenstands als auch dessen Umgebung beschrieben.
- IT-Sicherheitsanforderungen: Es werden Sicherheitsanforderungen an die IT-Umgebung sowie an den Evaluationsgegenstand hinsichtlich Funktionalität und Vertrauenswürdig-keit formuliert.
- PP-Anwendungsbemerkungen: Besonderheiten des Schutzprofils werden dargelegt.
- Erklärungen: Sie beinhalten Detaillierungen zu den Sicherheitszielen und Sicherheitsan-forderungen.

Die Common Criteria dienen der allgemeinen Definition von Sicherheitsanforderungen und können von Anwendern, Herstellern und Entwicklern genutzt werden. Hersteller können ihre erarbeiteten Informationstechnik-Lösungen über Schutzprofile beschreiben. Entwickler ori-entieren sich bei der Generierung von IT-Systemen an bestehenden Schutzprofilen und erhal-

---

191 Siehe www.commoncriteria.org oder www.bsi.bund.de/cc.

192 Vgl. BSI, 2005.

193 Vgl. BSI, 2005.

ten eine höhere Sicherheit, dass die entwickelten Systeme den Ansprüchen ihrer Kunden gerecht werden. Anwender können ihre Anforderungen formulieren und existierende Lösungen aufgrund der Anforderungsbeschreibungen miteinander vergleichen.

Würdigung hinsichtlich des IT-Risikomanagements. Die Common Criteria stellen eine Methode zur Definition von Sicherheitsanforderungen dar. Sie sind eine Unterstützung zur Erreichung von IT-Security im Softwareentwicklungs- bzw. Evaluationsprozess. Sie können als eine Maßnahme zur Risikoreduzierung verwendet werden, stellen für sich aber kein IT-Risikomanagement dar. Sämtliche Aspekte des IT-Managements sind in dieser Norm nicht berücksichtigt.[194]

ISO/IEC 15504 bzw. SPICE

Entstehung/Zusammenhänge. Mitte der 1990er Jahre hat die Projektgruppe SPICE (Software Process Improvement Capability Determination), welche von der ISO/IEC beauftragt wurden, einen Standard zur Bewertung der Qualität von Software-Entwicklungsprozessen zu erarbeiten, ihre Projektergebnisse fertiggestellt.[195] Diese wurden in den Standard ISO/IEC 15504 übernommen und gliedern sich in zahlreiche Normen, wie z.B. die Qualitätsstandards ISO 9000 etc. und dem Software-Lebenszyklus-Standard 12207 ein. SPICE hat Mapping-Listen erstellt, um Prozesse aus SPICE anderen Standards zuordnen zu können. SPICE gewinnt in den letzten Jahren immer mehr an Bedeutung, da insbesondere die Automobilhersteller zumeist auf eine Zertifizierung der Zulieferer bestehen.

Inhalte[196]. SPICE gliedert sich in 9 Teile, wobei jene für die Prozessarchitektur, die Prozessratingstandards und für die mögliche Toolunterstützung der Assessments normgebend sind. Die Prozessarchitektur ist 3-schichtig. Auf der obersten Ebene werden die **Prozesse** in

- Customer Supplier (Kundenunterstützung),
- Engineering (Softwareerstellung),
- Project (Projektmanagement),
- Support (Supportprozesse für die Softwareerstellung) und
- Organization (Prozesse zur Unterstützung der Geschäftsziele)

unterschieden. Diesen Prozessgruppen folgen dann zwei weitere, hierarchische Aufteilungen. Die zweite Ebene beinhaltet bereits 35 Prozessgruppen. Durch diese Prozessarchitektur kann sichergestellt werden, dass alle für eine angemessene Softwareentwicklung relevanten Prozesse vorhanden sind. Diese werden in unterschiedlich ausführbaren Assessments auf ihre Angemessenheit hinsichtlich der Ausgestaltung und der Prozessreife hin überprüft. Die Prozessreifeeinteilung basiert auf dem CMM-Modell (siehe 2.2.2).

Würdigung hinsichtlich des IT-Risikomanagements. SPICE kann eingesetzt werden, um die eigenen Softwareentwicklungsprozesse auf ihre Qualität hin zu überprüfen und daraus ggf. Prozessverbesserungen abzuleiten, die dann bei zukünftigen Softwareentwicklungspro-

---

194 Vgl. ITGI, 2004, S. 36–39 sowie InitiativeD21, 2001.

195 Die Ergebnisse sind in der Projektversion frei zugänglich; siehe www.sqi.gu.edu.au.

196 Vgl. SPICE, 1995.

jekten angemessen berücksichtigt werden, oder, um die Softwareentwicklungsprozesse bei
Dritten, wie zum Beispiel bei Zulieferern, auf ihre Qualität hin zu testen. SPICE bildet einen
wichtigen Standard hinsichtlich einer möglichen IT-Risikoreduzierungsmaßnahme, stellt
aber selbst kein Risikomanagement-Framework dar.

Projektvorgehensmodelle

Projektvorgehensmodelle wurden nicht für das Risikomanagement entworfen, bilden aber
eine Grundlage bei Projekten, um Risiken zu minimieren. Durch eine explizite Berücksichtigung von Risikomanagementaspekten in den Vorgehensmodellen können Risiken für das
einzelne Projekt erkannt und frühzeitig mit Risikoreduzierungsmaßnahmen versehen werden.
Es gibt eine Vielzahl von Projektvorgehensmodellen; dabei zeichnet sich immer stärker der
Trend ab, das Thema Risikomanagement hier ausrücklich mitaufzunehmen. Nachfolgend
wird auf zwei bedeutende Vorgehensmodelle eingegangen. Sie sind weit verbreitet und stehen als Quasi-Standards für andere spezifischere Vorgehensmodelle Pate. Sie berücksichtigen in ihrer aktuellen Form explizit das Risikomanagement.

PMBoK. Das Project Management Body of Knowledge wurde vom Project Management
Institute (PMI) in Pennsylvania entwickelt. Es fasst die wichtigsten, allgemein akzeptierten
Projektmanagementverfahren zusammen. Stetig wird es von den Mitgliedern des PMI weiterentwickelt und garantiert durch die hohe Anzahl von Praktikern einen aktuellen Praxisbe-
zug. Es beinhaltet leider keine nennenswerten Ausführungen bezüglich der Initiierung von
Projekten, sondern setzt die Projektentscheidung bereits als gegeben voraus. Das PMBoK
gliedert sich in zwölf sogenannte Chapters, drei davon beinhalten das Project Management
Framework, die anderen neun die Wissensgebiete (Knowledge Areas), die wiederum in un-
terschiedlicher Anzahl in Prozesse unterteilt sind. Das Projektrisikomanagement stellt ein
eigenständiges Wissensgebiet dar, welches sechs Prozesse beinhaltet:
- Risk Management Planning,
- Risk Identification,
- Qualitative Risk Analysis,
- Quantitative Risk Analysis,
- Risk Response Planning und
- Risk Monitoring and Control.

Bei einer Überarbeitung im Jahre 2003 wurde das Wissensgebiet Risikomanagement insbesondere um den Aspekt der mit den Risiken einhergehenden Chancen ergänzt. Bei der quantitativen Risikoanalyse geht PMBoK gegenüber PRINCE2 mehr in die Tiefe, d.h., detaillierter auf Risiken bzw. die Einhaltung der drei Projektdimensionen ein. Die Prozesse entsprechen einem typischen Risikomanagementprozess, das Vorgehensmodell kann leicht in ein
bestehendes IT-Risikomanagement integriert werden. Es müssen lediglich die Techniken und
Methoden der Risikoerhebung/-bewertung abgestimmt und die Verfahren zum Reporting
vereinbart werden.[197]

---

197 Vgl. auch PMBoK, 2000, S. 127–146.

PRINCE 2. Projects in Controlled Environments (PRINCE) ist wie ITIL eine vom Office of Government Commerce (OGC) herausgegebene Best Practice, die ursprünglich für britische Regierungsbehörden herausgegeben wurde und sich mittlerweile zu einem Quasi-Standard entwickelt hat. PRINCE2 ist dabei weniger ein Projektvorgehensmodell, als vielmehr eine produktbezogene Projektmanagementmethode. In PRINCE2 werden nicht die einzelnen aufeinander abfolgenden oder überlappenden Phasen definiert, sondern beschrieben, wie Projekte bzw. dessen Phasen gemanagt und wie die Phasenübergänge erfolgen sollten. Es richtet seinen Fokus u.a. auf das Change- und Configuration Management. PRINCE2 legt Techniken und Prozesse für das Projektmanagement dar. Es existieren acht Hauptprozesse.

Die zwei Prozesse
- Planning und
- Directing a Project (Steuern, nicht im Sinne von operativem Management)
sind dabei phasenunabhängig ständig zu betreiben.

Die restlichen 6 Prozesse orientieren sich grob an einem Phasenschema, wobei Phasen nicht im Sinne von Projektphasen, sondern vielmehr in Form von **logischen Stufen** definiert werden:
- Starting a Project,
- Initiating a Project,
- Controlling a Stage,
- Managing Product Delivery,
- Managing Stage Boundaries und
- Closing a Project.

Die Hauptprozesse Starting a Project, Initiating a Project und Managing Stage Boundaries beinhalten dabei explizit einen Management of Risk-Prozess. Dieses Vorgehen entspricht der in diesem Buch aufgeführten Empfehlung, dass bereits vor Projektbeginn ein Projektrisikomanagement beginnen und zumindest nach Abschluss jeder Phase eine intensive Überarbeitung erfolgen muss (siehe 2.4.6). Der Projektmanagementansatz PRINCE 2 kann gut in ein bestehendes IT-Risikomanagement integriert werden.[198]

Herstellergebundene Standards

Im Gegensatz zu den bislang besprochenen Standards bzw. Best-Practice-Ansätzen sind die Hersteller-Standards weniger breit aufgestellt, dafür aber hinsichtlich der einzelnen Produkte inhaltlich tiefer angelegt. Insofern stellen sie weniger Standards, als vielmehr Referenzprozessmodelle dar. Diese, oft als Referenzmodelle oder Frameworks bezeichneten Ausarbeitungen, lehnen sich zumeist an bestehende Standards/Best Practices, insbesondere an ITIL, an. Zum Teil sind die von den Herstellern vertriebene Software (Betriebssystem-, Middleware- und Anwendersoftware) oder die angebotenen Software-Entwicklungstools direkt auf bestimmte Vorgehensweisen ausgelegt. Sie optimieren die Entwicklung und den Betrieb der jeweiligen

---

198 Vgl. Wideman, 2002.

Softwareumgebungen und dienen dadurch einer Risikoreduzierung. In heterogenen Systemlandschaften ist der Einsatz unabhängiger Best-Practice-Ansätze jedoch zu bevorzugen.

Da die einzelnen Ansätze sehr spezifisch sind, wird auf diese nicht detailliert eingegangen;
die Wichtigsten sollen gleichwohl kurz skizziert werden.

Hewlett-Packard (ITSM)[199]. Hewlett-Packards ITSM (IT Service Management) Refe-
renzmodell basiert auf ITIL und wird nach Herstelleraussagen um weitergehende Best-
Practice-Ansätze und Erfahrungen des Herstellers selbst ergänzt. Das Prozessmodell untergliedert sich in die fünf **Bereiche**:
- Service Delivery Assurance – beinhaltet die Themen Change- (Veränderungsprozess)
  und Configuration Management.
- Business IT-Alignment – beinhaltet die Themen IT-Strategy Development, Business As-
  sessment (IT-Wertschöpfungsbeitrag) und Customer Management (Kundenbeziehungen).
- Service Design & Management – beinhaltet die Themen Incident Management, Operati-
  ons- und Problem Management.
- Service Development & Deployment – beinhaltet die Themen Build & Test (Entwicklung
  und Test) und Release to Production (Freigabeverfahren).
- Service Operations – beinhaltet die Themen Service Planning, Security Management (IT-
  Sicherheit), Availability Management (Verfügbarkeit), Service Level Management, Ca-
  pacity Management und Cost Management.

IBM (ITPM)[200]. Das Modell stellt nach Herstelleraussagen die Entwicklung einer strategie-
konformen, strukturierten IT und deren Kommunikation im Unternehmen sicher. IBM unter-
teilt in ihrem ITPM-Modell das IT-Management in acht **Themenbereiche**:
- Satisfy Customer Relationship – beinhaltet die Themen des Kunden- und Anforderungs-
  managements.
- Provide an Enterprise IT-Management System – beinhaltet die Themen IT-Strategie und
  deren Implementierung in das Unternehmen sowie IT-Architektur.
- Manage IT-Business Value – beinhaltet die Themen IT-Wertschöpfung und IT-Return on
  Invest.
- Realize Solutions – beinhaltet die Themen Lösungsdesign, Softwareentwicklung und
  Softwareintegration.
- Deploy Solutions – beinhaltet die Themen Change Management (Veränderungsprozess),
  Verfügbarkeit und Verfahren zur Produktivsetzung.
- Deliver Operational Services – beinhaltet die Themen Kapazitätsmanagement, Service
  Level Management und Ressourcenmanagement.
- Support IT-Services and Solutions – beinhaltet die Themen Konfigurationsmanagement,
  Verfügbarkeitsmanagement und IT-Support.
- Manage IT-Assets and Infrastructure – beinhaltet die Themen IT-Finanzen/Controlling,
  IT-Infrastruktur, Personalmanagement und IT-Sicherheit.

---

199 Vgl. HP, 2004.

200 Vgl. IBM, 2000.

Microsoft (MOF)[201]**.** Microsoft bietet zur Unterstützung seiner Kunden bezüglich der Entwicklung/Implementierung und dem Betrieb von Microsoft-Produkten bzw. auf Microsoft-Produkten basierender IT-Komponenten zwei Frameworks an. Das MSF (Microsoft Solutions Framework) stellt eine flexible und skalierbare Projekthilfe dar und unterstützt das Planen, Entwerfen, Entwickeln und Implementieren von IT-Lösungen. Es würde in die Kategorie der Projektvorgehensmodelle fallen. Das MOF (Microsoft Operations Framework) basiert auf ITIL und verwendet in großen Teilen dessen Terminologie. Das MOF beinhaltet drei Modelle. Das Teammodell definiert Rollen, die den Prozessbereichen zugeordnet werden.

Das Prozessmodell besteht aus den **Quadranten**:
- Änderung – beinhaltet die Themen Change-, Configuration- und Release Management.
- Betrieb – beinhaltet die Themen IT-Sicherheit, Systemadministration (Anwendungssysteme, Netzwerk und Directories), Service Monitoring, Speichermanagement, Job Scheduling (Ablaufmanagement) und Output Management.
- Support – beinhaltet die Themen Service Desk, Incident und Problem Management.
- Optimierung – beinhaltet die Themen Service Level Management, IT-Finanzen/Controlling, Personalmanagement, Capacity- und Availability Management sowie Continuity Management.

Besonders erwähnenswert ist, dass als zusätzliches Modell das **Risikomodell** implementiert ist. Das Risikomanagement wird damit gleichwertig zu einem Rollen- oder Prozessmodell in das Framework eingebaut. Der Risikomanagementprozess entspricht mit seinen Schritten Identifizieren, Analysieren, Planen, Nachverfolgen und Steuern dem gängigen Managementprozess. Durch die Implementierung des Risikomanagements im Operationsbereich liegt das Hauptaugenmerk auf der IT-Sicherheit.

3.3.10   Schadensmanagement

Risikoreduzierungsmaßnahmen werden dadurch voneinander unterschieden, ob sie vor oder erst mit Eintritt eines Schadens wirksam werden. Erstere können sich auf die Eintrittswahrscheinlichkeit und auf das Auswirkungsmaß des originären und der abhängigen Risikoszenarien beziehen. Letztere können sich im originären Risikoszenario ausschließlich auf das Auswirkungsmaß und bei den abhängigen Risikoszenarien auf die Eintrittswahrscheinlichkeit und deren Auswirkungsmaß beziehen.

Da die IT eine Vorleistung der eigentlichen Geschäftsprozesse darstellt, ist die Begrifflichkeit des Schadens zu definieren. Bei Schäden, die eine direkte Kostenzuordnung innerhalb der IT erlauben wie Projektverzögerungen, -budgetüberschreitungen oder Defekte bei der Hardware, kann eine Zuordnung ohne Probleme erfolgen. Bei Ausfällen, die keine direkte Kostenverursachung zulassen, wie beispielsweise bei einem Serverausfall aufgrund von

---

201 Vgl. Microsoft, 2002.

Softwareinstabilität, ist eine Definition des Schadens schwieriger. Denn dieser muss, neben einer reinen Kostenverursachung, auch über den Ausfall oder die Beeinträchtigung einer Leistung der IT bestimmt werden. Bei Wegfall einer Leistung ist noch nicht erkennbar, ob sich dies zu einem echten Schaden entwickelt, oder ob es sich um einen Servicefall handelt. Ist ein Service-Level betroffen, könnte die IT, wenn diese ein externer Dienstleister wäre, vertraglich in Anspruch genommen werden. Insofern ist bei einer SLA-Verletzung ein Schadensfall anzusetzen. Bei Ausfällen innerhalb der SLA-Toleranzgrenzen handelt es sich nicht direkt um einen Schadensfall. Für einen möglichst großen Lerneffekt ist es empfehlenswert, solche „Beinahe-Schadensfälle" zu dokumentieren und diese in künftigen Auswertungen/Analysen mitzuberücksichtigen.

Früherkennung von Schäden

Bei Schadensreduzierungsmaßnahmen ist es von essentieller Bedeutung, dass die Schäden früh erkannt und rechtzeitig die Schadensreduzierungsmaßnahmen eingeleitet werden können. Wird eine Risikoreduzierungsmaßnahme in Form einer Schadensreduzierungsmaßnahme implementiert, muss auch ein Früherkennungssystem eingebaut werden. Eine Ausnahme bildet der Risikotransfer, z.B. auf eine Versicherungsgesellschaft. Hier werden die wirtschaftlichen Schäden nachträglich übernommen. Versicherungsverträge beinhalten zumeist eine Sorgfaltspflicht, die einem Früherkennungssystem nahe kommt.

Eine Schadensfrüherkennung im Rahmen der Anwendungsbereitstellung und der dahinterliegenden Infrastruktur erfolgt über ein adäquates Monitoring. Bei diesem müssen die für die Applikation wichtigen Parameter (z.B. Serverprozessorauslastung) überwacht werden. Sobald diese Parameter in kritische Bereiche kommen, wird eine Analyse angestoßen und Gegenmaßnahmen veranlasst.

Die Schadenfrüherkennung bei anderen Leistungen der IT, wie beispielsweise dem Projektmanagement, gestaltet sich schwieriger. Umso wichtiger ist ein entsprechendes Wissensmanagement, über das Erfahrungen ausgetauscht werden können, und eine dazu passende Risikokultur. Dadurch wird gewährleistet, dass Abweichungen frühzeitig erkannt und deren Auswirkungen gezielt mit Gegenmaßnahmen reduziert werden können.

Notfallpläne

Notfallpläne sind hochwertige Risikoreduzierungsmaßnahmen[202] und stellen zugleich eine Verbindung zwischen IT-Risikomanagement und IT-Krisenmanagement dar. Sie treten in Kraft, sobald ein Risiko schlagend geworden ist. Auf fachlicher Seite sorgen sie für die Aufrechterhaltung des Geschäftsbetriebs, auf technischer Seite für die Wiederherstellung der IT-Unterstützung. Dabei wird zwischen aktiven und passiven Notfallplänen unterschieden. Die aktiven Notfallpläne stellen die Aufrechterhaltung/Wiederherstellung des Geschäftsbetriebs sicher. Die passiven Notfallpläne gewährleisten die Absicherung der Notfalllösung. Dies kann gut an Firmen, die Ausfallrechenzentren zur Verfügung stellen, veranschaulicht werden.

---

202 Vgl. Basel Committee, 2003, Principle 7.

Im aktiven Notfallplan wird beschrieben, wie und in welchem Umfang das Ausweich-rechenzentrum einem Kunden zur Verfügung gestellt werden kann. Da aber mehrere Kunden das gleiche Ausweichrechenzentrum unter Vertrag haben, läuft der passive Notfallplan an, sobald ein Kunde das Ausweichrechenzentrum benötigt. Der passive Notfallplan hat den Ausbau des Notfallrechenzentrums bzw. den Aufbau eines weite-ren Notfallrechenzentrums zum Inhalt.

Alle Schadensreduzierungsmaßnahmen, mit Ausnahmen von Risikotransfers beispielsweise auf Versicherungsgesellschaften oder Garantieleistungen von Lieferanten, werden in Not-fallplänen niedergelegt.

3.3.11 Outsourcing

Das Basel Committee nennt in den Sound Practices die Möglichkeit von Outsourcing als Risikoreduzierungsmaßnahme.[203] Dieser Vorschlag ist nicht direkt auf die IT gemünzt, kann aber auf sie bezogen werden. Dabei ist zu unterscheiden, ob Bankdienstleistungen ausgela-gert werden und dadurch die IT mit outgesourct wird, oder ob nur die IT, ganz oder in Tei-len, als Business Enabler ausgelagert wird.

Sofern ganze Bereiche/Teilbereiche des eigentlichen Bankgeschäfts, z.B. auf eine Transakti-onsbank, outgesourct werden, findet damit einhergehend in der Regel auch eine weitgehende Risikoübertragung auf die entsprechende Einrichtung statt. Die Methodik, gesamte Bank-funktionen an andere Institute abzugeben, wird als Financial Application Service Providing bezeichnet und deckt unter dem Begriff Application nicht nur die benötigten IT-Applikationen, sondern die gesamte bankfachliche Funktion ab. So entfallen, am Beispiel einer Transaktionsbank, die Settlement-Risiken dann auf dieses Outsourcingnehmer-Institut. Verspätete Zahlungen müssen von diesem verantwortet und Schadensersatzzahlungen geleis-tet werden. Da aber der Outsourcinggeber der eigentliche Auftragnehmer gegenüber dem Kunden ist, hat dieser den Imageverlust zu tragen. Ferner hat er zusätzlich ein Adressenaus-fallrisiko, sofern Schadensersatzforderungen gegenüber der Transaktionsbank bestehen. Die Aufgabenteilung führt, zumindest in Teilen, bereits heute zu einer Spezialisierung im Bank-wesen. Es gibt heute Banken, die sich verstärkt als Transaktionsbanken, Produktionsbanken bzw. Vertriebsbanken positionieren. Diese Spezialisierung findet in Deutschland vor allem noch in den typischen drei Säulen der Bankenlandschaft – privater, öffentlich-rechtlicher und genossenschaftlicher Sektor – statt.[204]

Da in diesem Buch das IT-Risikomanagement im Fokus steht, konzentrieren wir uns in den weiteren Ausführungen, soweit nicht anders aufgeführt, auf eine reine Auslagerung der IT. Findet ein IT-Outsourcing in größerem Ausmaß statt, ist bei potenziellen Outsourcinggeber zu beachten, dass bei vielen Unternehmen das Innovations- und Technologiemanagement als Kernkompetenz angesehen werden muss. Die IT nimmt in Wirtschaftsbereichen mit haupt-

---

203 Vgl. Basel Committee, 2003, Tz. 39.

204 Vgl. Zorbach, 2003, S. 318–320.

sächlich immateriellen Prozessen eine bedeutende Stellung ein. Diese Besonderheit ist, z.B. bei Finanzdienstleistern, stark ausgeprägt. Die Leistung erfolgt im Wesentlichen durch das Verarbeiten von Informationen. Eine der vorrangigen Aufgaben des IT-Managements im Finanzsektor ist die Identifikation von Wertschöpfungspotenzialen durch den Einsatz von Technologien. Dazu muss vorausgesetzt werden, dass entsprechendes Know-how im Unternehmen vorhanden ist und dessen Umsetzung gewährleistet ist.[205]

Werden nur einzelne Funktionen ausgelagert, so dient der Outsourcingnehmer als einfacher Auftragsnehmer, mit dem die einzelnen Pflichten vertraglich detailliert vereinbart werden können. Durch diese Auslagerung wird eine höhere Effektivität erreicht. Je größer der Umfang der Auslagerungen ist, desto höher werden Abhängigkeit und Komplexität. Es wird immer schwieriger, alles vollumfänglich vertraglich zu erfassen. Die Bedeutung der vertraglichen Vereinbarungen nimmt hier ab und der Stellenwert eines vertauensvollen Beziehungsmanagements tritt in den Vordergrund. Die Vertragspartner erhöhen gegenseitig ihre Effizienz. Beim Outsourcen von einzelnen Funktionen, wie z.B. von Überwachungsfunktionen im RZ-Betrieb außerhalb der Arbeitszeiten oder der Auslieferung von Hardware an die einzelnen Betriebsstätten, gelten die nachfolgenden Überlegungen. Deren Wichtigkeit und Komplexität wird allerdings erst bei Auslagerungen von ganzen Teilbereichen der IT oder von anderen Unternehmensteilen relevant.

Make-or-Buy-Entscheidung
Das Hauptaugenmerk bei Outsourcing-Aktivitäten liegt zumeist auf den Kosten. Qualitative Größen müssen bei der Entscheidung zusätzlich mitberücksichtigt werden. Diese können sich bei einer detaillierten Betrachtung sogar als wesentlich relevanter als die reine Kostenfrage zeigen. Die häufigste Argumentationskette auf Kostenseite beginnt mit der Bewertung der Transaktionskosten. Die internen Kosten, die für bestimmte Transaktionen entstehen, werden mit Kosten von Drittanbietern verglichen. Diese Herangehensweise basiert auf den folgenden Überlegungen:[206]
- Größere Effizienz bei Drittanbietern durch Spezialisierung und Skaleneffekte.
- Konkurrenzdruck durch Marktkräfte.
- Höhere Flexibilität für das Unternehmen durch Umwandlung von Fix- in variable Kosten, außerdem keine Mittelbindung für IT-Investitionen (Sachinvestitionen und Aufwände für Personalfortbildung).
- Im qualitativen Bereich höheres Know-how durch Spezialisierung.

---

205 Vgl. Stahl/Wimmer, 2003, S. 173–174.

206 Vgl. auch Martinez/Sorrentino, 2003, S. 265–267.

Bei der Entscheidung Make-or-Buy müssen die durch die Auslagerung entstehenden Kosten den konkreten Kostenvorteilen gegenübergestellt werden. Folgende **Kostenblöcke** gilt es zu berücksichtigen:[207]

- Anbahnungs- und Vereinbarungskosten für das Outsourcing.
- Kosten für die Herauslösung der auszulagernden Funktionen, sprich bis zur Erreichung einer sogenannten Outsourcing Readiness.
- Kontrollkosten für das Outsourcing.
- Erhöhung der Transaktionskosten anderer, interner Leistungen durch den Verbleib von Fixkostenblöcken.
- Anpassungskosten für gegenüber dem Originalvertrag abweichende Anforderungen.
- Differenz von der realen Kostenentwicklung der IT – aufgrund der technischen Entwicklungen – zu den ursprünglich vereinbarten, abzurechnenden Kosten.

Erfahrungsgemäß werden die Remanentkosten beim Outsourcing unterschätzt. Die Aufwände für die Kontrolle des Outsourcings und den beim Unternehmen verbleibenden Funktionen, wie z.B. das Know-how, um Wettbewerbsvorteile weiterhin aus Kombination von Technologie und Fachwissen generieren zu können, betragen leicht 10 % und mehr des Outsourcingbetrags. Wie viele Funktionen beim Unternehmen bleiben müssen, hängt vom eigentlichen Outsourcing-Gegenstand und dessen Bedeutung für das Gesamtunternehmen ab.

Ergänzend zu den wirtschaftlichen Betrachtungen müssen immer qualitative Gesichtspunkte bei der Entscheidung mit herangezogen werden. Es gilt, Aspekte der Spezifität der Funktionen, der strategischen Bedeutung für das Unternehmen und der organisatorischen Einbindung in das Unternehmen zu betrachten.[208] Je spezifischer und je höherer die strategische Bedeutung der auszulagernden IT-Leistungen für das Unternehmen ist, desto weniger interessant wird eine Auslagerung. Die Spezifität verhindert beim Outsourcingnehmer die Skaleneffekte und hebt dessen Kompetenz bezüglich der Spezialisierung zumindest in Teilen auf. Der Outsourcinggeber verliert die Einflussnahme auf die Differenzierungsmerkmale, die für sein Unternehmen wichtig sind. Er müsste für das spezifische Abwickeln ein höheres Entgelt bezahlen und Wissensübertragung auf Konkurrenten befürchten. In der Regel sind strategisch bedeutende Sachverhalte zumeist recht unternehmensspezifisch.

Spezifität/strategische Bedeutung ergibt sich aus den Punkten:

- Vertraulichkeit der Daten,
- Wettbewerbsvorteil durch individuelle Prozesse/Produkte,
- hohe Bedeutung der Funktionen/Kernprozesse für das Unternehmen und
- spezielles Know-how der Mitarbeiter – welches, z.B. für die Auslagerung bzw. weiterhin nach einer Auslagerung, im Unternehmen benötigt wird.

---

207 Vgl. auch Locher/Mehlau, 2003, S. 290 sowie Martinez/Sorrentino, 2003, S. 267–269.

208 Vgl. Locher/Mehlau, 2003, S. 290–291.

Sollen dennoch gewisse Funktionen ausgelagert werden, muss vorab deren bisherige organisatorische Einbindung im Unternehmen des **Outsourcinggebers** analysiert werden. Berücksichtigt werden muss,

- wie groß der Aufwand der Herauslösung der gewünschten Funktionen und eventuell der Daten ist,
- ob die anderweitige zur Verfügungsstellung der Funktionen den originären Geschäftsprozess nicht beeinträchtigt und
- ob bzw. wie eine Wiedereingliederung mit vertretbarem Aufwand möglich ist.

Insbesondere die Möglichkeit einer Wiedereingliederung (Insourcing) ist von großer Bedeutung für weitergehende Vertragsverhandlungen, z.B. bei einer Vertragsverlängerung. Sollte eine Wiedereingliederung nicht möglich sein bzw. nur mit unverhältnismäßig hohem Aufwand, begibt sich der Outsourcinggeber in ein Abhängigkeitsverhältnis, dass zumindest bewusst eingegangen werden muss. In diesem Fall ist zu prüfen, ob am Markt genügend Konkurrenten vertreten sind, damit ein Marktwettbewerb bei einer erneuten Ausschreibung stattfinden kann.

Voraussetzungen für Outsourcing

Bevor eine Entscheidung für eine Auslagerung von IT-Funktionen gefällt wird, muss geprüft werden, inwiefern die nachfolgenden Voraussetzungen erfüllt sind. Die Aufwände für deren Erfüllung müssen in die Wirtschaftlichkeitsbetrachtung mit einbezogen werden.

Rechtliche Voraussetzungen. Bei den rechtlichen Voraussetzungen ist an erster Stelle die vertragliche Vereinbarung zwischen dem Outsourcinggeber und dem Outsourcingnehmer zu nennen. Dieser Vertrag regelt umfänglich alle Verpflichtungen und Rechte der Parteien. Dabei sind insbesondere vom Outsourcinggeber weitergehende rechtliche bzw. – soweit vorhanden – aufsichtsrechtliche Auflagen zu beachten.

Rechtliche Voraussetzungen können sich beispielsweise aus dem Bundesdatenschutzgesetz ergeben. Sofern eine Übertragung von Gütern und Mitarbeitern erwünscht ist, muss das Betriebsverfassungsgesetz bzw. für einen Teilbetriebsübergang der §613a BGB beachtet werden. Darin wird u.a. geregelt, dass nicht nur die Aufgaben, sondern ebenfalls die damit zusammenhängenden, wesentlichen, materiellen und immateriellen Betriebsmittel mitübertragen werden.[209] Kreditinstitute müssen beispielsweise bei Auslagerungen wesentlicher Bereiche, d.h. von Funktionen und Aufgaben, die unmittelbar die Durchführung und Abwicklung der betriebenen Bankgeschäfte betreffen, spezielle **Auflagen des Bundesaufsichtsamtes** für das Finanzwesen erfüllen. Dabei ist insbesondere

- die Ordnungsmäßigkeit der betroffenen Bankgeschäfte zu gewährleisten,
- die Steuerungs- und Kontrollmöglichkeit der Geschäftsleitung weiterhin zu garantieren (darunter fällt auch das Risikomanagement) und
- die Prüfungsrechte und Kontrollmöglichkeiten der BaFin dürfen nicht beeinträchtigt werden.[210]

---

209 Vgl. Locher/Mehlau, 2003, S. 286–288.

210 Siehe KWG §25a Abs.2 sowie BaFin, 2001.

Zwar gelten diese Regelungen explizit nur für deutsche Banken, die ersten beiden Anforderungen sind aber für jegliche Unternehmen sinnvoll und aus betriebswirtschaftlichen Gründen verpflichtend. Der letzte Punkt ist für alle Unternehmen relevant, die einer übergeordneten Aufsicht unterliegen.

Unternehmenseigene Voraussetzungen. Die Schaffung unternehmenseigener Voraussetzungen wird als Outsourcing Readiness bezeichnet. Erst wenn die internen Bedingungen für eine Auslagerung geschaffen sind, kann ein erfolgreiches Outsourcing gelingen. Den größten Fehler stellt die Annahme dar, dass sich das Unternehmen durch das Auslagern der IT auch von deren Problematik befreit. Outsourcing muss vielmehr als eine mögliche, strategische Beschaffungsquelle innerhalb einer Sourcing-Strategie verstanden werden, die gemäß den eigenen Gegebenheiten mehr oder weniger stark angewendet werden kann. Die folgenden sechs Punkte stellen die **Basis der Outsourcing Readiness** dar:[211]

- IT-Outsourcing sollte nicht das Problem IT „auslagern", sondern muss Teil der IT-Strategie sein.
- Auszulagernde Bereiche müssen weiterhin kontrollierbar sein, dies bedeutet klare Abgrenzungen und das Vorhandensein von Service Level Agreements.
- Rechtliche und vertragliche Voraussetzungen müssen erfüllt sein.
- Ausgelagerte Dienstleistungen müssen die Geschäftsprozesse weiterhin optimal unterstützen.
- Der Prozess des Outsourcings selbst muss in geeigneter Prozessreife definiert sein und durchgeführt werden.
- Wichtiges Know-how (Kernkompetenzen) muss für das Unternehmen gesichert werden. Dies kann durch einen Verbleib von Funktionen beim Unternehmen oder durch enge Zusammenarbeit mit dem Outsourcinggeber sichergestellt werden.

Je größer und bedeutender der auszulagernde Bereich für das Unternehmen ist, desto wichtiger ist der Aufbau einer langfristigen Kunden-/Lieferantenbeziehung zwischen Outsourcinggeber und -nehmer. Insbesondere die strategische Bedeutung des Outsourcinggegenstands ist es, die eine vertrauensvolle, langfristige Zusammenarbeit fördert und fordert. Bei solchen Outsourcinggeschäften muss sich der Outsourcinggeber darauf verlassen können, dass seine eigentliche Geschäftstätigkeit bezüglich Innovationsfähigkeit und -schnelligkeit in keiner Weise beeinträchtigt wird.[212]

Möglichkeiten zur Risikoreduzierung

Outsourcing stellt eine Möglichkeit der Reduzierung von IT-Risiken dar. Dies trifft im speziellen für Themengebiete zu, die ein hohes Maß an Detailwissen oder speziellen Technologien benötigen. Diese können am Markt ggf. in einer höheren Qualität erworben werden. Durch Outsourcing von IT entfallen die eigentlichen Fachbereichsrisiken aus der IT, die Anwender-IT-Risiken, nicht. Ausfälle der IT, nun vom Outsourcingnehmer zu verantworten,

---

211 Vgl. in Anlehnung an Scholz, 2003, S. 277–281.

212 Vgl. Martinez/Sorrentino, 2003, S. 269–272.

beeinträchtigen den originären Geschäftsprozess weiterhin. Eine Haftung des Outsour-cingnehmers tritt erst in Kraft, wenn er die vereinbarten SLA's verletzt. Dabei ist zu beach-ten, dass – nach überwiegender Meinung der Juristen – Service Level Agreements mit Exter-nen einen Dienstleistungsvertrag und keinen Werksvertrag darstellen. Dies hat zur Folge, dass bei einer Vertragsverletzung keine gesetzliche Wandelung oder Minderung in Anspruch genommen werden kann. Vielmehr muss im Vorhinein eine Vertragsstrafe, welche die ein-zelnen Verstöße abdeckt, ausgehandelt werden.

Das Auslagern der IT oder von Teilen der IT darf eine mit der Unternehmensstrategie abge-stimmte IT-Strategie nicht ersetzen wollen. Ebenso müssen benötigte Kernkompetenzen für das Unternehmen weiterhin intern zur Verfügung stehen.

Bei den Risikoreduzierungsmaßnahmen für das Themengebiet Outsourcing muss generell ein qualifiziertes Vertragsmanagement aufgeführt werden. Es ist zumeist beim Einkauf oder beim IT-Controlling angesiedelt. Bei einem professionellen Vertragsmanagement sollten die Verträge standardisiert sein. Sofern Verträge von Anbietern verwendet werden, müssen die wesentlichen, vom Unternehmen gewünschten Vertragsinhalte bekannt sein, damit diese in die Verträge der Lieferanten hineinverhandelt werden können. Die Vertragsvereinbarungen müssen regelmäßig daraufhin überprüft werden, ob sie noch den gesetzlichen Bedingungen genügen und den wirtschaftlichen Verhältnissen der Vertragspartner entsprechen.

3.4 Risikoprognosen

„Man sollte mit Prophezeiungen und Vorhersagen, wenn sie die Zukunft betreffen, sehr vorsichtig sein!" – Hermann-Josef Abs (deutscher Bankier) –

Eine wesentliche Aufgabe, die das IT-Risikomanagement heutzutage noch nicht in ausrei-chendem Maße leisten kann, für die Zukunft aber von immer größerer Bedeutung sein wird, ist die Prognose von Risiken. Unter einer Prognose wird die Vorhersage einer künftigen Entwicklung des Gesamtportfolios und/oder der Einzelrisiken verstanden. Zudem sollten die einzelnen Risikoreduzierungsmaßnahmen hinsichtlich ihres Risikoreduzierungspotenzials, bezogen auf das Gesamtportfolio, analysiert und bewertet werden können. Nur so kann eine betriebswirtschaftlich fundierte, unternehmerische Entscheidung über die Durchführung von Risikoreduzierungsmaßnahmen getroffen werden. Das Gleiche gilt für die Einführung neuer EDV-Systeme oder den Aufbau von neuen Geschäftsarten/-bereichen. Nur, wenn die daraus resultierenden Risiken verlässlich eingeschätzt werden, können die Risikowerte in eine Ent-scheidungsfindung einfließen.

3.4.1 Elemente von Zeitreihen

Sofern Prognosen über Zeiträume hinweg betrachtet werden, beinhalten diese Zeitreihen verschiedene Elemente. Es ist wichtig, sich bei der Auseinandersetzung mit Zeitreihen des Vorhandenseins dieser Elemente bewusst zu sein. Das Wissen darüber ermöglicht eine ge-

nauere Erstellung eigener Prognosen und eine bessere Interpretationsfähigkeit fremder Prognosen. Bei den Elementen handelt es sich um:[213]

- Trend,
- Zyklus,
- Saison und
- Zufall.

Der **Trend** stellt die konstante Veränderung eines Beobachtungsgegenstandes dar. Er wird
meist als monoton steigend oder fallend definiert und kann als ein linearer Verlauf dargestellt
werden. Der **Zyklus** beschreibt Schwankungen um diesen Trend herum. Die Schwankungen
haben einen zeitlichen Verlauf über mehrere Planungszeiträume hinweg. Diese können beispielsweise konjunktur- bzw. marktbedingt sein. Die **Saison**komponenten sind ebenfalls
Schwankungen, die sich jedoch regelmäßig innerhalb der einzelnen Planungszeiträume wie-
derholen. Als typischster Vertreter und Namensgeber sind die jahreszeitlichen Saison-
schwankungen zu nennen. Die darüber hinaus auftretende, in ihrer Wirkung mittel- bis langfristig gesehen neutralisierende Abweichung ist die **Zufall**skomponente. Bei der retrograden
Analyse von Prognosewerten ist es von großer Bedeutung, auftretende Abweichungen möglichst exakt diesen Elementen zuordnen zu können. Differenzen, die keiner dieser Komponenten zurechenbar sind, stellen letztlich Prognosefehler dar, die es kurzfristig zu ermitteln
und zu eliminieren gilt. Diese Analyse ist bei der Prognose von Risiken besonders schwierig,
da zusätzlich zum Prognosezeitraum noch der Zeitraum bis zum Eintritt des prognostizierten
Risikos berücksichtigt werden muss.

3.4.2 Wirtschaftlichkeitsberechnungen für Risikoreduzierungsmaßnahmen

Bei jeder Entscheidung für oder gegen Risikoreduzierungsmaßnahmen muss deren Wirtschaftlichkeit mitberücksichtigt werden. Die Wirtschaftlichkeit von Maßnahmen wird mittels
Investitionsrechnungen ermittelt. Dabei können die Wirtschaftlichkeitsberechnungen zur
Entscheidung für die Durchführung von Maßnahmen oder zur Alternativenauswahl verwendet werden.

Berechnungsverfahren

Beim IT-Risikomanagement können sämtliche bekannte Investitionsrechnungen eingesetzt
werden. Welche Art von Investitionsrechnung in der Praxis angewendet wird, hängt primär
von den Controlling-Vorgaben des jeweiligen Unternehmens ab. Letztlich sind die Investitionen für die Risikoreduzierung wie andere Realinvestitionen zu behandeln und müssen gemäß der vorhandenen Kalkulationsvorgaben des Unternehmens bewertet werden. Die nachfolgenden Ausführungen zu den drei grundsätzlichen Arten von Investitionsrechnungen
beziehen sich auf deren Eignung im IT-Risikoumfeld. Sie unterscheiden sich nur geringfügig
von den allgemeinen betriebswirtschaftlichen Kriterien.

---

213 Vgl. Kütz, 2003b, S. 62–65.

Statische Verfahren. Die statischen Verfahren vergleichen die absoluten Werte einer Investitionsrechnung. Es wird außer Acht gelassen, wann die einzelnen Zahlungsströme (Einnahmen und Ausgaben) tatsächlich stattfinden. Zu den statischen Verfahren zählen die:

- **Kostenvergleichsrechnung**: Verschiedene, mögliche Alternativen werden bezüglich der einzelnen, anfallenden Kosten verglichen.
- **Gewinnvergleichsrechnung**: In diese Berechnung gehen die Erlöse und Kosten mit ein. Es wird nicht nur der Aufwand, sondern auch der Nutzen einer Investition berücksichtigt.
- **Rentabilitätsrechnung**: Der erzielte Gewinn der einzelnen Alternativen wird zusätzlich noch in Relation zum eingesetzten Kapital gesehen. Es findet eine Return-on-Investment-Betrachtung statt.
- **Amortisationsvergleichsrechnung**: Es wird die Zeitdauer analysiert, bis wann das eingesetzte Kapital durch die Gewinne zurückgeflossen ist.

Bei allen statischen Verfahren ist als größter Kritikpunkt die ausbleibende Betrachtung der Zeitpunkte der Zahlungsströme zu nennen. Während diese reduzierte Betrachtungsweise bei kurzfristigen Vorhaben toleriert werden kann, können langfristige Investitionsprojekte durch dieses Verfahren nur unzulänglich realistisch abgebildet werden. Bei der Kostenvergleichsrechnung kommt zusätzlich zum Tragen, dass der Nutzen der einzelnen Alternative unberücksichtigt bleibt. Ein wirklichkeitsgetreuer Einsatz dieser Methode kann daher nur bei unbedingt durchzuführenden Maßnahmen, deren Alternativen alle etwa den gleichen Nutzen stiften, gesehen werden. Statische Verfahren sind einfach anzuwenden und in der Praxis weit verbreitet.[214] Da Risikoreduzierungsmaßnahmen zumeist langfristige Investitionen darstellen, sind sie jedoch nur zum Teil anwendbar.

Dynamische Verfahren. Die dynamischen Verfahren berücksichtigen in ihren Berechnungen den Zeitpunkt der jeweiligen Zahlungsströme. Ausgaben, die zeitlich später anfallen, stellen einen geringeren Aufwand dar als zeitlich frühere Ausgaben. Je früher Einnahmen stattfinden, desto größer ist deren Nutzen. Die gängigen Verfahren sind:

- **Kapitalwertmethode**: Die Zahlungsströme der einzelnen Alternativen werden mit einem festgelegten Zinssatz auf einen bestimmten Zeitpunkt ab- (Barwertmethode) oder aufgezinst (Endwertmethode). Bei der Kapitalwertmethode findet in der Regel eine Abzinsung zum Investitionsstartzeitpunkt statt. Die Kapitalwerte werden verglichen. Positive Kapitalwerte zeigen eine rentable Investition auf; die Variante mit dem höchsten Kapitalwert ist die vorteilhafteste.
- **Interne Zinsfußmethode**: Hier wird nicht der Kapitalwert berechnet, sondern es wird ermittelt, bei welchem Zinssatz (Zinsfuß) der Kapitalwert der einzelnen Alternativen 0 beträgt. Die Alternative mit dem höchsten Zinsfuß ist die vorteilhafteste.
- **Baldwin-Methode**: Sie ist eine besondere Form der internen Zinsfußmethode. Dabei werden die Ausgaben abgezinst (Barwert) und Einnahmen aufgezinst (Endwert). Anschließend wird der Zinssatz ermittelt, der gegeben sein muss, um mit den barwertigen Investitionsaufwendungen den gegebenen Endwert zu erreichen. Die Alternative mit dem höchsten Zinssatz ist die vorteilhafteste.

---

214 Vgl. Müller-Hedrich, 1992, S. 81–119.

- **Dynamische Amortisationsmethode**: Die barwertigen Einnahmen werden mit den barwertigen Ausgaben verglichen. Ab dem Jahr, ab dem die Summe der barwertigen Einnahmen die barwertigen Ausgaben ausgleicht oder übertrifft, ist der Kapitaleinsatz über den Investitionsgewinn zurückgeflossen. Bei der dynamischen Amortisationsrechnung ergeben sich längere Amortisationszeiten als bei der statischen.

Die dynamischen Verfahren eignen sich gut zur Berechnung langfristiger Investitionen. Voraussetzung ist allerdings eine abgeschlossene Betrachtungsmöglichkeit der Investition im Unternehmen. Wie bei den statischen Methoden ist auch hier keine Auswirkung auf andere Unternehmensbereiche/-zusammenhänge vorgesehen.[215] Aufgrund der höheren Genauigkeit eignen sich die dynamischen Verfahren bei langfristigen Investitionen gut für das IT-Risikomanagement.

Operations Research. Die Methoden des Operations Research nehmen so weit wie möglich eine ganzheitliche Analyse von betriebswirtschaftlichen Fragestellungen vor. Durch komplexe, mathematische Algorithmen versucht man, weitere Auswirkungen der Investitionsentscheidungen in die Investitionsrechnungen zu integrieren. Produktionstheoretische Modelle beinhalten Lösungsansätze zur simultanen Ermittlung optimaler Investitions- und Produktionsplanungen, kapitaltheoretische Modelle berechnen die Investitions- und Finanzplanung.[216] Die Bewertung von Investitionen hinsichtlicher Risikogesichtspunkte ist möglich und, insbesondere für die Betrachtung von Stressschäden, künftig von Bedeutung.

Besonderheiten beim IT-Risikomanagement

Bei sämtlichen Wirtschaftlichkeitsberechnungen ist es notwendig, alle zu berücksichtigenden Sachverhalte in monetären Beträgen ausdrücken zu können. Mit Ausnahme von statischen Verfahren müssen Zeitpunkte bekannt sein bzw. geschätzt werden können. Der Nutzen der Investition muss, außer bei der Kostenvergleichsrechnung, bekannt sein. Während die Aufwände für die risikoreduzierenden Maßnahmen zumeist bereits in monetären Einheiten vorliegen, muss die Ermittlung des Nutzens aus einer Neubewertung des Risikos nach den geplanten und budgetierten Maßnahmen erfolgen. Das Risikovolumen stellt den negativen Wert eines Risikos dar. Es setzt sich aus Eintrittswahrscheinlichkeit und Auswirkungsmaß zusammen. Das Auswirkungsmaß wird in einer monetären Skala festgehalten, auf der auch nicht monetäre Risiken abgebildet werden. Der Nutzen einer Risikoreduzierungsmaßnahme besteht in der Reduktion des Risikovolumens der betreffenden Risikoszenarien. Um die Wirtschaftlichkeit von Risikoreduzierungsmaßnahmen berechnen zu können, ist ein qualitativ hochwertiges IT-Risikomanagement einschließlich der Risikoprognose von essentieller Bedeutung.

Die vorausschauende Steuerung der Risikoszenarien erfolgt durch die definierten Risikoindikatoren. Bei der Durchführung von Risikoreduzierungsmaßnahmen müssen sich diese demzufolge verändern. Ein effektives Controlling der Risikoreduzierungsmaßnahmen darf nicht

---

215 Vgl. Müller-Hedrich, 1992, S. 123–162.

216 Vgl. Müller-Hedrich, 1992, S. 162–167.

nur die nachträgliche Überprüfung der Schadensfälle aus den Risikoszenarien beinhalten. Die erwartete Auswirkung der Risikoreduzierungsmaßnahme hinsichtlich der Risikoindikatoren muss zuvor bereits formuliert werden. Durch diese Vorgehensweise kann eine Vorkontrolle der Risikoreduzierungsmaßnahmen stattfinden.

Exaktheit der Risikovolumenbestimmung. Eine exakte Bestimmung der Eintrittswahrscheinlichkeit und des Auswirkungsmaßes von Risikoszenarien wirkt sich bei der Wirtschaftlichkeitsberechnung positiv aus. Hat ein Unternehmen ein Modell etabliert, dass eine exakte Bestimmung der Risikovolumina ermöglicht, so kann immer wieder auf diese Datenbasis zurückgegriffen werden. Durch die Einschätzung der Veränderung der einzelnen Risikovolumina wird der Gesamtnutzen einer Risikoreduzierungsmaßnahme ermittelt. Die Schätzung sollte auf erwarteten Risikovolumina beruhen; Worst-Case-Szenarien sind für die Ermittlung der Risikoreduzierung wenig geeignet. Der Betrachtungszeitraum kann dabei die Laufzeit der Risikoreduzierungsmaßnahme oder ein in den Grundsätzen für die Investitionskostenrechnung festgelegter Zeitraum sein. Die für dynamische Investitionsrechnungen benötigten Zahlungszeitpunkte werden aus der Eintrittswahrscheinlichkeit abgeleitet.

Vielfach werden die Risikoszenarien allerdings nur Risikoklassen zugeordnet, ohne zuvor eine exakte Bewertung des Risikos vorzunehmen. Die Klassenbildung dient dabei nicht nur als Kategorisierungsinstrument, sondern gleichzeitig der Arbeitsvereinfachung bezüglich der Beurteilung von Risiken. Diese Vereinfachung hat zur Folge, dass für Wirtschaftlichkeitsberechnungen kein exaktes Zahlenmaterial vorliegt. Eine detaillierte Beschätzung der zu berechnenden Risiken muss noch erfolgen oder es müssen Annahmen und Annäherungswerten herangezogen werden. Sofern eine Risikoreduzierungsmaßnahme so stark wirkt, dass sich das Risikoszenario zumindest in einer Dimension (Eintrittswahrscheinlichkeit oder Auswirkungsmaß) in eine andere Kategorie verlagert, kann mit **Prämissen**, wie z.B.

- dem mittleren Klassenwert,
- dem minimalen Klassenwert oder
- dem maximalen Klassenwert

gearbeitet werden. Sollten sich die Änderungen nur in einer Klassenbreite bewegen, muss eine detailliertere Bewertung erfolgen. Ist dies nicht möglich, so sind aus den bei den Risikoszenarien hinterlegten, groben Schadensverteilung (siehe 2.3.1) Näherungswerte abzuleiten. Bei der Verwendung von Fuzzy-Logik hinsichtlich der Klasseneinteilung müssen die aus der Fuzzy-Mathematik definierten Regeln angewendet werden.

Komplexität des Risikomanagements. Die wohl größte Herausforderung für eine Wirtschaftlichkeitsberechnung ist die hohe, interne Komplexität. Diese wurde bereits bei der Erarbeitung von Risikoszenarien aufgezeigt. Eine Risikoreduzierungsmaßnahme wirkt zumeist nicht nur auf ein einzelnes Risiko, sondern auf mehrere Risiken. Aber selbst wenn sie nur gegenüber einem einzelnen Risikoszenario wirken sollte, so müssen Abhängigkeiten, welche das betroffene Risikoszenario gegenüber weiteren Risikoszenarien hat, mitberücksichtigt werden. Eine weitere Vollständigkeitsprüfung kann mittels der von der Maßnahme betroffenen Risikoindikatoren durchgeführt werden. Alle Risikoindikatoren werden hierbei auf aus der Maßnahme resultierende Auswirkungen geprüft. Ändert sich ein Risikoindikator, sind die mit diesem Indikator überwachten Risikoszenarien potenziell betroffen. Durch die

Risikoindikatoren/-szenarienzuordnung können diese identifiziert und in der Wirtschaftlichkeitsberechnung angemessen berücksichtigt werden.

Risikoreduzierungsmaßnahmen können sich ferner untereinander beeinflussen. Für alle betroffenen Risikoszenarien muss der aus der Risikoreduzierungsmaßnahme resultierende Netto-Nutzwert berechnet werden. Ein Kalkulationsschema für diese Berechnung ist in **Tab. 3.5** dargestellt. Sie muss periodisch durchgeführt und anschließend, z.B. über eine Barwertberechnung, konsolidiert werden.

Tab. 3.5   Kalkulationsschema des Netto-Nutzwertes einer Risikoreduzierungsmaßnahme

Bezeichnung	Kalkulationsgrundlage	Berechnungswerte pro Zeitraumabschnitt
Risikoprognose vor Risikoreduzierungsmaßnahme (RRM)	Eintrittswahrscheinlichkeit und Auswirkungsmaß	+ altes Risikovolumen
Risikoprognose nach RRM	Eintrittswahrscheinlichkeit und Auswirkungsmaß	– neues Risikovolumen
Brutto-Nutzwert des 1. Risikoszenarios		Risikovolumendifferenz
Risikoprognose vor RRM	Eintrittswahrscheinlichkeit und Auswirkungsmaß	+ altes Risikovolumen
Risikoprognose nach RRM	Eintrittswahrscheinlichkeit und Auswirkungsmaß	– neues Risikovolumen
Brutto-Nutzwert weiterer Risikoszenarien (Ermittlung je betroffenes Risikoszenario)		Risikovolumendifferenz
Gesamt-Brutto-Nutzwert pro Zeitraum		Summe aller Risikovoluminadifferenzen
Kosten der Risikoreduzierungsmaßnahme	Aufwände und Investitionskosten	– Kosten
sonstige Erträge aus der Risikoreduzierungsmaßnahme	Erträge oder eingesparte Kosten (Aufwände oder Investitionen)	+ sonstige Erträge
Mehrkosten/Beeinträchtigungen bei anderen Risikoreduzierungsmaßnahmen	Aufwände und Investitionen, Reduktionen von Brutto-Nutzwerten bei anderen RRM	– Kosten aus anderen RRM
Kosteneinsparungen/Effizienzsteigerungen bei anderen RRM	Erträge oder eingesparte Kosten (Aufwände und Investitionen), Steigerungen von Brutto-Nutzwerten bei anderen RRM	+ Erträge aus anderen RRM
Netto-Nutzwert pro Zeitraum		Summe aus Risikovoluminadifferenz und Kosten/Erträgen

Eine Risikoreduzierungsmaßnahme kann Risikoszenarien positiv oder negativ beeinflussen. Sämtliche betroffene Risikoszenarien müssen hinsichtlich ihrer Auswirkungen bewertet werden. **Tab. 3.6** zeigt exemplarisch auf, wie ein ganzheitlicher, barwertiger Nettonutzen einer Risikoreduzierungsmaßnahme ermittelt werden kann.

Tab. 3.6   Exemplarische, barwertige Netto-Nutzwertermittlung

Betroffene Risikoszenarien	Brutto-Nutzwert der „neuen Serverkomponenten" in T€ bei Jahresbetrachtung					
	2006	2007	2008	2009	2010	2011
Brutto-Nutzwert aus Szenario „Ausfall Server"	100	200	200	200	250	250
Brutto-Nutzwert aus Szenario „Ausfall von Keyplayern"	−50	−50	0	0	0	0
Gesamt-Brutto-Nutzwert	50	150	200	200	250	250
− Kosten der Risikoreduzierungsmaßnahme (RRM)	−200	-	-	-	-	-
+ Erträge aus der Risikoreduzierungsmaßnahme	-	20	-	-	-	-
− Mehrkosten/Nutzenbeeinträchtigung bei anderen RRM	−20	−20	-	-	-	-
+ Kosteneinsparungen/ Effizienzunterstützung bei anderen RRM	-	-	-	-	-	-
Netto-Nutzwert	−170	150	200	200	250	250
abgezinst mit kalkulatorischem Zins von 5 %	−170	143	181	172	206	196
barwertiger Netto-Nutzwert der Risikoreduzierungsmaßnahme	728					

Zur Reduzierung des Risikos eines Serverausfalls werden neue Serverkomponenten eingesetzt. Für die neue Technologie sind aktuell wenige Keyplayer im Unternehmen vorhanden. Bis eine ausreichende Anzahl von Mitarbeitern das spezielle Wissen und die notwendigen Erfahrungen gesammelt hat, ist das Risiko aus dem Szenario „Ausfall von Keyplayern" erhöht. Der vollständige Brutto-Nutzen aus dem Risikoszenario

„Ausfall Server" wird nach vollständiger Umstellung aller Geräte erzielt. Der Kalkulationszeitraum wird auf die Dauer der geplanten, vollständigen Umstellung aller Server angesetzt. Im ersten Jahr muss eine einmalige Infrastrukturanpassung für die Nutzung der neuen Technologie in Höhe von 200.000 € stattfinden. Ferner muss eine Serverplattform mit hohen Wartungskosten abgelöst werden, was ursprünglich erst in zwei Jahren geplant war. Die jährliche Einsparung durch die neue Technologie beträgt 20.000€. Für die Ausbildung der Keyplayer fallen in den ersten zwei Jahren jeweils 20.000€ Fortbildungskosten an. Andere Risikoreduzierungsmaßnahmen werden nicht beeinflusst.

In der IT-Risk-Policy ist zu definieren, in welcher Detaillierung Folgen von abhängigen Risikoszenarien in die Wirtschaftlichkeitsberechnung einfließen. Alternativ bietet sich eine verbale Beschreibung der Auswirkungen an.

Detailliertheit der Bewertung. Hinsichtlich der Komplexität wurde im obigen Abschnitt nur auf die Abhängigkeiten auf Risikoszenarioebene eingegangen. Diese Auswirkungen können jedoch auch auf der Ebene der operationalisierten Risikoszenarien bewertet werden. Die Komplexität der Berechnung steigt dabei stark an, weshalb sie nur bei sehr hohen, wichtigen Risiken erfolgen sollte.

Demgegenüber kann entschieden werden, dass Risikoreduzierungsmaßnahmen nicht auf Risikoszenarioebene, sondern nur auf Risikokategorieebene bezüglich ihrer Wirtschaftlichkeit bewertet werden. Die Ermittlung des Nutzens wird dabei abstrakter und die Berechnung mit einer größeren Toleranz belastet.

„Natürliche" Entwicklung des Risikovolumens. Bei der Beschreibung und Bewertung von Risikoreduzierungsmaßnahmen müssen die „natürlichen" Änderungen einkalkuliert werden. Das Risikovolumen kann sich ohne eine explizite Risikoreduzierungsmaßnahme verändern. Diese Schwankungen können sich aus Verschiebungen des aktuellen Gefährdungspotenzials oder aus strategischen Entscheidungen ergeben. Sie müssen in den Wirtschaftlichkeitsberechnungen berücksichtigt werden, da diese Änderungen unabhängig von der zu berechnenden Maßnahme eintreten würden. Vor einer Wirtschaftlichkeitsberechnung und der damit verbundenen Einschätzung, wie sich das Risikoszenario in Zukunft entwickelt, muss dieses ohne Risikoreduzierungsmaßnahme prognostiziert werden.

3.4.3 Risikoportfolioänderungen

„Erst wägen, dann wagen!"
– Helmuth Graf von Moltke (preußischer Generalfeldmarschall) –

Zur Überwachung des Risikoportfolios ist es erforderlich, dessen „natürliche" Änderungen mit zu betrachten. Ein Risikoportfolio ändert sich nicht nur dann, wenn aktiv Risikomanagement betrieben wird. Durch geschäftspolitische Beschlüsse und Entscheidungen aus der operativen Geschäftstätigkeit heraus, ändern sich ebenfalls die Wertigkeiten der einzelnen Risiken und damit das Gesamtrisikopotenzial des Risikoportfolios. Typische Sachverhalte, die ein Risikoportfolio in der IT ändern sind:

- Neue Systeme werden eingeführt.
- Bestehende Systeme werden abgeschaltet.
- Ein Outsourcing von Tätigkeiten findet statt.
- Andere Technologien werden eingesetzt (z.B. Ausnahmen zu Architekturvorgaben werden gemacht oder die Architekturvorgaben ändern sich).
- Eine quantitative Ausbreitung oder Verringerung von eingesetzten Systemen findet statt.
- Die Marktbedingungen ändern sich (z.B. ist ein Lieferant nicht mehr am Markt).
- Neue Projekte werden aufgesetzt.
- Projekte werden abgeschlossen oder abgesetzt.
- Bestehende Projekte werden in ihrem Umfang verändert.

Aus dieser exemplarischen Auflistung von risikobeeinflussenden Änderungen, die sich nicht unmittelbar aus dem IT-Risikomanagement heraus ergeben, ist zu erkennen, dass die Einbindung des IT-Risikomanagements in sämtliche Entscheidungsprozesse sinnvoll ist. Ein frühzeitiges Einbeziehen garantiert, dass die Entscheidungen unter Berücksichtigung von Risikogesichtspunkten bzw. explizit wegen diesen getroffen werden.

Die Wertigkeit eines Risikoportfolios kann sich nicht nur aufgrund inhaltlicher, sondern z.B. auch wegen verfahrenstechnischer Modifikationen ändern. So kann beispielsweise die Bewertungsmethode von Risiken korrigiert werden oder den Kalkulationsvorgaben vom Controlling angepasst werden. In solchen Fällen ändert sich der eigentliche Wert des Risikoportfolios nicht, obwohl nun ein anderer Wert ausgewiesen wird. Diese Verschiebungen müssen jedoch transparent dargestellt werden. In der Regel ist die Anwendung der neuen Vorschriften auf vergangene Zeiträume empfehlenswert. Änderungsauswirkungen können dadurch gut aufgezeigt werden und die Entscheider können ein neues Bewertungsgefühl entwickeln. Zusätzlich werden so Zeitreihen umgesetzt und die langfristigen Analysen können auf neuer Basis fortgeführt werden.

3.5   Reporting der IT-Risiken

Das adressatengerechte Reporting stellt eine grundlegende Stabsfunktion des IT-Risikomanagements dar. Der Hauptschwerpunkt diebezüglich liegt im IT-Bereich auf den Ausführungs- und Entscheiderorganen. Reportinginhalte für externe Veröffentlichungen, wie z.B. Geschäftsberichte, sind stark aggregiert und dienen der Kommunikation/Information eines bestimmten Personenkreises. Sie werden nicht für Steuerungszwecke eingesetzt. Das Berichtswesen bezüglich der Fachbereiche wird primär über die detaillierten Reports des Service Level Managements geführt. Sollte kein SLM vorhanden sein, so kann durch das IT-Risikomanagement ein Reporting aufgesetzt werden. Dieses sollte sich an den Inhalten des Service Level Managements orientieren und sich auf die im jeweiligen Fachbereich vorhandenen IT-Systeme und deren Gefährdungspotenzial im Speziellen beziehen.

Die hohe Bedeutung des Berichtswesens resultiert aus der Tatsache, dass es den eigentlichen Risikomanagementprozess schließt. Der IT-Risikomanagementprozess basiert auf einem kybernetischen Regelkreislauf. Ein **kybernetisches Grundsystem** besteht aus:

- den Zielvorgaben aus einem übergeordneten System (*IT-Risikostrategie*),
- dem Regler, der die Soll- und Istwerte vergleicht (*IT-Reporting*),
- einer Stellgröße (*IT-Risikosteuerungsmaßnahmen*), die Auswirkungen auf die
- Regelstrecke (-gegenstand) hat (*IT-Risikoportfolio*), und
- einem Fühler, der die Veränderungen in der Regelstrecke zurückmeldet (*IT-Risiko-indikatoren*).

Das Berichtswesen stellt den Regler dar, der die Soll- und Istwerte miteinander vergleicht und Vorschläge für Risikoreduzierungsmaßnahmen macht. Durch die Entscheidung für (eine) bestimmte Maßnahme(n) wird Einfluss auf die Risiken genommen, deren Auswirkungen sich letztlich in den Risikoindikatoren erkennen lassen müssen. Ein zeitnahes, aktuelles Risikoreporting ist für ein proaktives IT-Risikomanagement von zentraler Bedeutung.[217] Das **Reporting** verfolgt die unten genannten **Ziele**:

- das transparente Darstellen der aktuellen Risikosituation und deren Entwicklung,
- die Entscheidungsfindung für einzuleitende Maßnahmen und
- die Fortschrittskontrolle der eingeleiteten Maßnahmen.

In Abgrenzung vom Reporting muss das Monitoring gesehen werden. Beim Monitoring werden ebenfalls Ist-Werte aufbereitet und mit Sollwerten verglichen. Es findet jedoch fortlaufend statt, zum Beispiel in Form einer Überwachung der einzelnen Produktionssysteme oder im Sinne des Projektcontrollings. Das Monitoring der Parameter des IT-Risikomanagements wird in der Regel in den einzelnen, ausführenden Organisationseinheiten durchgeführt. Diese melden die Ergebnisse in regelmäßigen Abständen an das IT-Risikomanagement – in Abhängigkeit von den einzelnen Reportingzeiträumen –, welches die Informationen aufbereitet, analysiert und den betreffenden Personen/Gremien zur Kenntnis oder zur Entscheidung bringt. Sofern die von den einzelnen Organisationseinheiten im Rahmen des Monitoring überwachten Parameter bestimmte Grenzwerte erreichen, kann ein direktes Informieren des IT-Risikomanagements vorgesehen werden. Überschreitungen dieser Art können ein ereignisorientiertes Reporting auslösen.

3.5.1   Reportinginhalte

Zu allen Inhalten des IT-Risikomanagements können Reports erarbeitet werden. Für ein effektives IT-Risikomanagement ist ein kontinuierliches Reporting wichtig. Die nachfolgenden Inhalte müssen mit diesem abgedeckt werden.

---

217 Vgl. auch Erben/Romeike, 2003b, S. 276.

IT-Risikoszenarien

Einen elementaren Inhalt des IT-Risikomanagements stellen die IT-Risikoszenarien dar. Sie müssen in einem zentralen Dokument, das regelmäßig aktualisiert wird, aufgeführt werden. Dabei muss sowohl das einzelne Risikoszenario ausführlich beschrieben sein, als auch die Sachverhalte, die zur Einschätzung der Eintrittswahrscheinlichkeit und des Auswirkungsmaßes geführt haben. Die Zusammenhänge zwischen den einzelnen IT-Risikoszenarien müssen aufgezeigt und inhaltlich beschrieben werden. Ferner liegt ein wichtiger Bestandteil im Reporting der IT-Risikoszenarien, dass die jeweiligen Restrisiken ausgewiesen werden. Sie müssen den Entscheidern zweifelsfrei vermittelt werden, so dass diese in voller Kenntnis des Risikopotenzials entscheiden können, ob das Risiko getragen werden kann/soll oder ob weitere Risikoreduzierungsmaßnahmen zu planen sind. Ein sachkundiger Dritter muss durch dieses Reporting in der Lage sein, sich kurzfristig ein umfassendes Bild über die aktuelle Risikosituation machen zu können.

IT-Risikoindikatoren

Die IT-Risikoindikatoren müssen eindeutig beschrieben sein. Dadurch wird der Adressat in die Lage versetzt, die Risikokausalität der jeweiligen Kennzahl und deren exakten Aussagegehalt zu verstehen. Abhängigkeiten zwischen IT-Risikoindikatoren werden formuliert. Diese Abhängigkeiten können eine weitere Verschlechterung der Gesamtsituation oder eine Neutralisierung von Gefährdungspotenzialen bewirken. Die Entwicklung der IT-Risikoindikatoren wird in kurzen, regelmäßigen Abständen berichtet, um eine zeitnahe Reaktion auf Veränderungen sicherzustellen. Die IT-Risikoindikatoren werden dabei grafisch in Ihrem Verlauf dargestellt, in dem die definierten oberen und unteren Grenzwerte berücksichtigt werden. Der einzelne Risikoindikator wird kommentiert und Maßnahmen werden – soweit sinnvoll – abgeleitet. Bewegt sich ein Risikoindikator bereits in einem kritischen Grenzwertbereich, muss dieser mit einer Empfehlung versehen werden. Dies kann zum Einsatz von Risikoreduzierungsmaßnahmen führen.

IT-Risikoreduzierungsmaßnahmen

Bei den IT-Risikoreduzierungsmaßnahmen müssen zwei Reportinginhalte unterschieden werden. Es gilt, die Umsetzung der Risikoreduzierungsmaßnahmen sowie deren Wirkungen zu berichten. Sofern die Realisierung von Risikoreduzierungsmaßnahmen in Projektform stattfindet, zum Beispiel beim Tausch integrierter IT-Komponenten wie einer Middleware, kann das Reporting des Umsetzungsfortschritts direkt durch das Projektreporting erfolgen. Voraussetzung dafür ist, dass der Adressatenkreis des IT-Risikoreportings dieses Projektreporting erhält. Sollte dies nicht der Fall sein, so kann eine zusammenfassende Darstellung hinsichtlich des inhaltlichen, budgetmäßigen und zeitlichen Fortschritts der Umsetzungsstände über das IT-Risikomanagement erfolgen.

Beim Reporting der Auswirkungen von einzelnen Risikoreduzierungsmaßnahmen müssen deren Abhängigkeiten untereinander aufgezeigt werden. Das Berichtswesen beginnt mit dem Zeitraum, ab dem aufgrund der fortgeschrittenen Realisierung Effekte aus einer Maßnahme zu erwarten sind. Es endet entweder mit der Erreichung des Risikoreduzierungspotenzials oder mit dem Zeitpunkt, an dem keine weiteren Risikoreduzierungswirkungen mehr abzuse-hen sind. Eine Erfolgskontrolle der beschlossenen und realisierten Risikoreduzierungsmaß-nahmen findet statt. Es gibt Risikoreduzierungsmaßnahmen, die langfristig oder sogar unbe-fristet durchgeführt werden. Insbesondere bei langfristigen Risikoreduzierungsmaßnahmen muss die Überwachung über die Risikoreduzierungseffekte hinausgehen und die laufenden Kosten müssen miteinbezogen werden. Regelmäßig muss eine Wirtschaftlichkeitsbetrach-tung erfolgen. Risikoreduzierungsmaßnahmen, bei denen zwar noch laufende Kosten anfal-len, aber keine Risikoreduzierungseffekte mehr auftreten, werden dadurch erkannt. Sollte in einem solchen Fall durch deren Absetzung keine wesentliche Erhöhung der Risiken erwartet werden, sind diese einzustellen.

Das Reporting über das IT-Krisenmanagement kann als eigenständiger Inhalt oder im Rah-men der permanenten Risikoreduzierungsmaßnahmen erfolgen. Dabei werden Änderungen des IT-Krisenmanagements weitergegeben, wie zum Beispiel sich ändernde Vorgehenswei-sen, wesentliche Priorisierungsänderungen von Prozess- oder Systemkritikalitäten oder Mo-difikationen in den Gremien des IT-Krisenmanagements. Es werden Situationen präsentiert, bei denen der Einsatz des IT-Krisenmanagements stattfand oder zumindest diskutiert wurde. Sie werden analysiert und daraufhin verprobt, ob die Vorkehrungen des IT-Krisenmanage-ments angemessen und praktikabel waren/sind.

Schadensfälle

Zu einem umfänglichen Reporting gehören ebenfalls die schlagend gewordenen Risiken. Diese Schadensfälle werden einzeln oder gruppiert aufgezeigt und dokumentiert. Der Schwerpunkt sollte nicht auf der Darstellung der aktuellen Zahlen, sondern vielmehr in deren Analyse liegen. Dadurch kann die Wirksamkeit von Risikoreduzierungsmaßnahmen, welche im Sinne von Schadensreduzierungsmaßnahmen implementiert wurden, eruiert werden. Die Schadensfälle sollten also – soweit wie möglich – für das Verstehen der Risikosituation und dem daraus resultierenden Lerneffekt genutzt werden. Die Quintessenz aus diesem Lernpro-zess muss über das Reporting kommuniziert werden.

Ursachen-/Wirkungsanalyse

Bislang wurden alle Reportingobjekte innerhalb ihrer jeweiligen Kategorie betrachtet. Ab-hängigkeiten wurden nur innerhalb derselben Klasse aufgezeigt. Bei der Ursachen-/Wir-kungsanalyse werden Zusammenhänge über die einzelnen Kategorien hinaus dargestellt. Die dadurch gewonnenen Zahlen und Erkenntnisse werden zueinander in Beziehung gesetzt. Durch diesen Vorgang enthält der Entscheider ein umfassendes Bild hinischtlich des IT-Risikomanagements. Die Wirkung der Risikoreduzierungsmaßnahmen auf die einzelnen Indikatoren und das Risikopotenzial der Risikoszenarien werden aufgezeigt. Das Ergebnis schlägt sich langfristig in den Schadensfällen nieder. Über weitergehende Prognosen und Simulationen kann ein tiefergehendes Verständnis der Abhängigkeiten erzielt werden.

3.5.2   Reportingarten

Die einzelnen Reportings können hinsichtlich des Auslösers und des Schwerpunkts unterschieden werden. Daraus müssen die für die jeweilige Unternehmenssituation erforderlichen Reports definiert und durchgeführt werden.

Auslöser des Reportings

Das kontinuierliche Reporting wird über zeitpunktbezogene Reports abgebildet. Je nach Inhalt des Reportings und der unternehmens-/IT-abhängigen Situation, kann die Reportingfrequenz variieren. In IT-Bereichen, die einer hohen Änderungsintensität ausgesetzt sind, sollte die Reportingfrequenz höher angesetzt werden. Die Inhalte bzw. die Schwerpunkte können dabei variieren. Neben dem obligatorischen, regelmäßigen Reporting sollten zusätzlich Schwerpunktreports erarbeitet werden, in denen Teilaspekte des IT-Risikomanagements detailliert analysiert werden. Durch solche Reports wird das Verständnis für den Gesamtzusammenhang des IT-Risikomanagements wesentlich gefördert. Die für das IT-Risikomanagement durchzuführenden Reports müssen definiert sein. Ein exemplarischer Reportingplan ist in **Tab. 3.7** aufgeführt.

Tab. 3.7   Exemplarischer Risikoreportingplan

Report	Adressat E = Entscheider / I = zur Information	Berichtsfrequenz
Initialreport von IT-Risikoszenarien und -Indikatoren	E: IT-Risikomanagementgremium I: Controlling, IT-Führungskräfte	Bei Überarbeitung der IT-Risk-Policy.
Tätigkeitsreport des IT-Risikomanagements	E: IT-Risikomanagementgremium	Jährlich
IT-Risikoindikatorenverlauf mit Handlungsempfehlungen	E: IT-Risikomanagementgremium I: Controlling, IT-Führungskräfte	Monatlich
Auswirkungen von IT-Risikoreduzierungsmaßnahmen und entstandenen Schadensfällen	E: IT-Risikomanagementgremium I: Controlling, IT-Führungskräfte	Vierteljährlich
Realisierung der Risikoreduzierungsmaßnahmen	E: IT-Risikomanagementgremium I: Linienverantwortlicher	Vierteljährlich
Eskalationsreport	E: Linienverantwortlicher I: IT-Risikomanagementgremium, Revision, Controlling	Bei kritischen Überschreitungen der IT-Risikoindikatoren (roter Bereich) oder bei Schadensfällen mit großem Schadensmaß (> 100 T€).
Themenschwerpunktreport	E: IT-Risikomanagementgremium/ zuständige Linienverantwortliche I: Revision, Controlling, IT-Führungskräfte	Bei Bedarf (jährlich sollte ein Themenschwerpunkt gesetzt werden).

Um die volle Funktionsfähigkeit des IT-Risikomanagements sicherstellen zu können, muss zusätzlich ein ereignis- oder aktionsbezogenes Reporting etabliert sein. Änderungen, beispielsweise neue Risikoszenarien, andere Risikosituationen oder konkrete Bedrohungen, müssen sofort kommuniziert werden. Bei wesentlichen Bewegungen in der Risikosituation müssen unmittelbar die Gründe dargestellt und Handlungsempfehlungen erarbeitet werden. Die Risikoreports müssen dabei nicht unbedingt als eigenständige Dokumente vorhanden sein, sondern können auch Teil von Projektentscheidungen sein. Wichtig ist, dass, sofern in anderen Entscheidungspapieren Stellungnahmen bzw. Ausarbeitungen des IT-Risikomanagements enthalten sind, diese dem Entscheiderkreis für das IT-Risikomanagement bekannt gemacht werden. Ferner müssen die Ergebnisse in das regelmäßige Reporting übernommen werden.

Reportingschwerpunkte

Das **Initialreporting** beschreibt die einzelnen Reportinginhalte. Es werden beispielsweise die IT-Risikoszenarien oder die IT-Risikoindikatoren detailliert dargestellt. Diese Ausführung kann innerhalb der IT-Risk-Policy oder in separaten Dokumenten stattfinden.

Die typischen Reportingfunktionen decken die **Transparenz**-/Entscheidungsreports ab. Diese zeitlich regelmäßigen Reports präsentieren den aktuellen Inhalt der Themen, deren bisherige Entwicklung (z.B. bei Risikoindikatoren) sowie eine daraus resultierende Analyse, ggf. ergänzt um Prognosen. Soweit erforderlich, werden Handlungsempfehlungen ausgesprochen und Entscheidungen herbeigeführt. Ebenso sollten regelmäßige Reports über die Tätigkeit des IT-Risikomanagements erstellt werden, in denen die Entwicklung dieses Themengebiets dargestellt wird. In diesen Berichten werden neue Erkenntnisse hinsichtlich der Verbesserung des IT-Risikomanagements aufgeführt, zur Entscheidung gebracht und deren Umsetzung festgehalten.

Das **ereignis- oder aktionsorientierte Reporting** stellt die operationale Funktionalität des IT-Risikomanagements in besonderen Situationen sicher. Es beinhaltet in der Regel eine Entscheidungsfindung. Die Reports werden aufgrund des Eintritts bestimmter Ereignisse oder Maßnahmen erzeugt. Zu nennen seien beispielsweise das Überschreiten von Grenzwerten gewisser IT-Risikoindikatoren oder der Eintritt von Schadensfällen ab einer gewissen Größenordnung. In bestimmten Situationen kann bereits das sich Abzeichnen eines Ereignisses als Auslöser definiert werden. Dieses Reporting ersetzt nicht die bereits im Voraus geplanten Maßnahmen und die Entscheidungsgewalt der für diese Maßnahmen verantwortlichen Linienmitarbeiter. Es begleitet bzw. ergänzt vielmehr diese Maßnahmen und lenkt die Managementaufmerksamkeit auf das Problem. Die besondere Situation wird analysiert und es können schnell zusätzliche Anpassungen zu den geplanten Maßnahmen eingeleitet werden.

Zum Schluss sollen noch themenorientierte **Schwerpunktreports** aufgeführt werden. Schwerpunktreports beinhalten sämtliche Reportinginhalte, die zu einem bestimmten Thema relevant sind. Diese werden, wie zum Beispiel die Reduzierung von Projektrisiken oder die externe Bedrohung der Internetverbindungen, in die Tiefe hinein analysiert und dessen Entwicklung dargestellt. Die mittel- bis langfristige Angemessenheit der eingeleiteten Maßnahmen wird nach aktuellem Kenntnisstand überprüft. Für durchgeführte Risikoreduzierungsmaßnahmen kann eine Nachschaubetrachtung stattfinden. In dieser wird der Verlauf und die Effektivität der Maßnahme analysiert. Sich daraus ergebende Lerneffekte werden aufgezeigt und können in die Erfahrungsdatenbank überführt werden. Diese Reportingart lenkt ebenfalls die Managementaufmerksamkeit auf ein spezielles Thema. Themengebiete mit neuen Risiken können über Schwerpunktreports erarbeitet werden.

Die **Tab. 3.8** skizziert die Zuordnung von Reportinginhalten zu Reportarten.

Tab. 3.8   Zuordnung von Inhalten zu IT-Risikoreports

Reports	Reportinginhalte				
	IT-Risiko-szenarien	IT-Risiko-indikatoren	IT-Risiko-reduzierungs-maßnahmen	Schadensfälle	Ursachen-/Wirkungs-analyse
Initialreporting (sofern außerhalb der IT-Risk-Policy beschrieben)	detailliert	detailliert	detailliert	-	detailliert
Transparenz-/Entscheidungsreports	Änderungen aufzeigen	detailliert	detailliert	detailliert	sofern aus Indikatoren oder Maßnahmen relevant
Ereignis- oder aktions-orientiertes Reporting	Änderungen aufzeigen	Änderungen aufzeigen	detailliert	detailliert	sofern aus Änderungen relevant
Schwerpunktreports	soweit Themenbezogen	soweit Themenbezogen	soweit Themenbezogen	retrospektiv Themenbezogen	soweit Themenbezogen

3.5.3   Risikomanagement-Informationssysteme (RMIS)

„Jeden Tag brechen Ereignisse über einen herein, und wenn man kein klares Konzept hat, anhand dessen man sie filtert, kommt man in die größten Schwierigkeiten."
– Henry Kissinger (ehemaliger Außenminister der USA) –

Risikomanagement-Informationssysteme haben unter anderem die Aufgabe, gesammelte Daten zu aggregieren und diese als Management-Information aufzubereiten. Aus diesem Grund wollen wir im Zusammenhang mit Reporting die Toolunterstützung von IT-Risikomanagement betrachten. Ein RMIS hat noch weitergehende Funktionen, die sich insbesondere auf die Bewertung von Risiken erstrecken. Dabei geht es zumeist nicht speziell um IT-Risiken, sondern vielmehr umfänglich um alle Unternehmensrisiken. Die Anforderungen an ein solches Instrument sind abhängig von der Unternehmensgröße, der Branche und dem Stellenwert, der in einem Unternehmen dem Risikomanagement beigemessen wird.

Ziele einer Toolunterstützung

Mit einer Toolunterstützung des Risikomanagements werden vor allem Wirtschaftlichkeits- und Leistungsziele angestrebt. Die Mengen von Daten, die für ein Risikomanagement benötigt werden, lassen sich in einem eigens dafür vorhandenen IT-System leichter sammeln, aufbereiten, analysieren und zeitnah darstellen. Ferner gibt es Methoden im Risikomanagement bzw. im IT-Risikomanagement, deren Einsatz aufgrund der Vielzahl von Berechnungen nur durch eine solche IT-Unterstützung abgebildet werden kann. Hier sind vor allem quantitative Methoden wie VaR und Monte-Carlo-Simulationen zu nennen.

Ein Ziel der Toolunterstützung ist, einen reibungslosen Informations- und Kommunikationsfluss zwischen den Risikoträgern und den betrieblichen Funktionsträgern der Risiken, wie z.B. Risikomanagern und Führungskräften, sicherzustellen. Die aus verschiedenen Datenbeständen und Prozessen gesammelten Daten werden einheitlich aufbereitet. Es entsteht ein **Data Warehouse** für Risikodaten. Des Weiteren wird über einheitliche **Methoden** die Bewertung/Berechnung von Risiken gewährleistet. Jene Verfahren können sowohl im zeitlichen Verlauf als auch innerhalb unterschiedlicher Einsatzgebiete, beispielsweise hinsichtlich der Risikoarten, gleichartig angewendet werden. Zuletzt werden die für die Bewertung/Berechnung von Risiken definierten Rahmenbedingungen in **Modellen** fixiert. Hierdurch werden einheitliche Risikoeinschätzungen bei wechselseitigen Interdependenzen von Risiken sichergestellt.[218]

Anforderungen

Neben allgemein für Softwarelösung geltende Anforderungen, wie beispielsweise Benutzerfreundlichkeit, Konsistenz und Aktualität der Daten, Performance, Zukunftsfähigkeit und Skalierbarkeit, werden nachfolgend **RMIS-spezifische Anforderungen** aufgeführt:[219]

- Integrierter Datenbestand für die relevanten Sachverhalte. Grundsätzlich sollte das Risikoinventar (die Risiken bzw. Risikoszenarien, inklusive deren Bewertung) ebenso wie schlagend gewordene Risiken, sprich Schadensfälle oder Systemausfälle für IT-Risiken, darin abbildbar sein. Ferner müssen die Risikoindikatoren mit ihren Grenzwerten damit verwaltet werden können.
- Leichte Einbindung fremder Datenbestände.
- Dezentrale Bedienbarkeit des RMIS, da dieses System das Unternehmen durchdringen können muss.
- Eigenständiges Frühwarnsystem für die Risikoindikatoren.
- Umfangreiche Methodendatenbanken, die leicht zu ergänzen sind.
- Beliebige Aggregationsmöglichkeiten der Daten
- Gute Analysemöglichkeiten der Datenbestände.
- Gute Präsentationsmöglichkeiten und Berichterstellungsmöglichkeiten.
- Einfache Datenausgabe für die Weiterverarbeitung in anderen Medien.
- Gute Simulations- und Prognosemöglichkeiten.
- Möglichkeit, das IT-Krisenmanagement in das IT-Risikomanagement einzubinden.

---

218 Vgl. auch Erben/Romeike, 2003b, 281–283.

219 Vgl. Erben/Romeike, 2003b, S. 283–287.

Inwiefern die einzelnen Anforderungen für den Einsatz in einem Unternehmen von Bedeutung sind, muss in einer detaillierten Anforderungsanalyse ermittelt werden.

3.6 Exkurs: Anwender-IT-Risiken

Dieses Buch beschäftigt sich mit dem Management von originären IT-Risiken. Nachfolgend wird der Zusammenhang zwischen diesen originären IT-Risiken und den Risiken, die aus den Fachbereichen der IT resultieren, dargestellt. Solche Anwender-IT-Risiken basieren auf den originären IT-Risiken. Werden originäre IT-Risiken schlagend und können über eine Sicherungsmaßnahme nicht abgefangen werden, kann dies zu Beeinträchtigungen der IT-Leistungen führen. Dies bedingt wiederum das Risiko der Fachbereiche. Anwender-IT-Risiken können grundsätzlich bei allen Leistungen, die ein Fachbereich von der IT bezieht, auftreten. So können sich beispielsweise Projektrisiken einstellen und das im Projekt zu erarbeitende IT-System wird nicht rechtzeitig fertig. Eine der grundlegendsten IT-Leistungen bleibt die zur Verfügungsstellung von IT-Anwendungen. Daher wird auf diese IT-Leistung nachfolgend ausführlicher eingegangen.

Mit Hilfe des IT-Risikomanagements können die originären IT-Risiken der einzelnen IT-Systeme eingeschätzt werden. Es ist möglich, Aussagen zu den Risiken bezüglich der Leistungsarten Vertraulichkeit, Integrität und Verfügbarkeit der jeweiligen Systeme zu treffen. Basierend auf dieser Risikoeinschätzung können die Fachbereiche aus der marktorientierten Fachbereichssicht heraus ihre Risikoeinschätzung bestimmen. Sie können einschätzen, welches Auswirkungsmaß z.B. eine nicht gewährleistete Vertraulichkeit eines Systems auf das Gesamtunternehmen hat oder wie sich die Nichtverfügbarkeit einer Anwendung auf die Geschäftsprozesse und somit auf deren Ergebnisse auswirkt. Während bei der Bewertung von originären IT-Risiken zumeist der unmittelbare Sachwert, inklusive den Wiederherstellungskosten, berechnet wird, wird bei der Beurteilung der Anwender-IT-Risiken der sogenannte Produktivitätswert oder Abhängigkeitswert angesetzt.[220]

Beim Management der Anwender-IT-Risiken beschreibt der Fachbereich seine Geschäftsprozesse bzw. die daraus resultierenden Leistungen für seinen Kunden. Für den einzelnen Geschäftsprozess wird dessen Wertschöpfungspotenzial sowie dessen Risikopotenzial, zum Beispiel durch mögliche Schadensersatzansprüche, geschätzt. Es wird definiert, mit welchen IT-Systemen bzw. anderweitigen IT-Leistungen der Geschäftsprozess unterstützt wird und wie stark dieser von einem einzelnen System abhängig ist. Aufgrund des durch das IT-Risikomanagement ermittelten Risikopotenzials der IT-Systeme kann die Eintrittswahrscheinlichkeit der Geschäftsprozessbeeinträchtigung abgeschätzt werden. Das Gesamtrisiko aus der IT ergibt sich aus der Summe der originären IT-Risiken und der Anwender-IT-

---

220 Vgl. auch Metzler, 2003, S. 23.

Risiken, wobei eine direkte Zuordnung nicht unbedingt erfolgen kann. Anwender-IT-Risiken können in einer Riskmap dargestellt werden. **Abb. 3.12** zeigt einen IT-Auszug aus der Riskmap der operationellen Risiken des jeweiligen Fachbereichs. Wie die IT-Riskmap bildet sich die Anwender-IT-Riskmap aus Eintrittswahrscheinlichkeit und Auswirkungsmaß. Die Eintrittswahrscheinlichkeit wird aus den originären IT-Risiken abgeleitet, das Auswirkungsmaß erschließt sich aus der Bedeutung des Geschäftsprozesses für das Unternehmen, unter Berücksichtigung seiner Abhängigkeit von den benötigten IT-Systemen. Ein wichtiger Geschäftsprozess mit annähernd keiner IT-Abhängigkeit wird mit einem geringen Auswirkungsmaß erfasst. Rückschlüsse auf die absolute Bedeutung eines Geschäftsprozesses für das Unternehmen können aus dem Auswirkungsmaß einer Anwender-IT-Riskmap daher nicht direkt gefolgert werden.

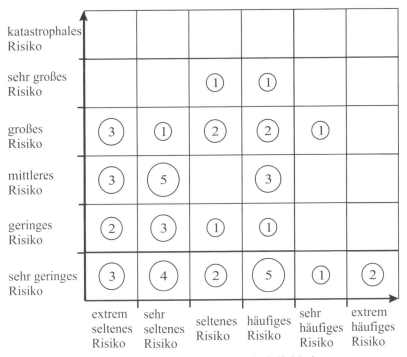

Abb. 3.12   Anwender-IT-Riskmap

Bei der Zusammenarbeit des IT-Bereichs mit den Fachbereichen müssen detaillierte Absprachen hinsichtlich der zu erbringenden/erwarteten Leistungen, deren Qualität und der damit verbundenen Kosten getroffen werden. Solche Vereinbarungen werden Service Level Agreements (SLA's) genannt. Neben der vertraglichen Wirkung dienen die SLA's der Verbesserung der Kommunikation zwischen Fachbereich und dem IT-Bereich. Der Kommunikationsgüte kommt im übergreifenden Risikomanagement eine zentrale Bedeutung zu. Insbesondere muss ein einheitliches Verständnis bezüglich der Begrifflichkeiten und ihrer Zusammenhänge gegeben sein. Unter Umständen ist es erforderlich, ein gemeinsames Glossar zu erstellen. Ein Beispiel soll dies verdeutlichen:

> Bei SLA's für einzelne Anwendungen oder Plattformen ist die Verfügbarkeit ein zentrales Thema. Es müssen Regelungen für Wartungsarbeiten, beispielsweise Zeitfenster oder die Systemverfügbarkeit betreffend, vorgesehen sein. Ferner müssen die Betriebszeiten der Anwendung, die Verfügbarkeiten während diesen Betriebszeiten und die Informations-/Eskalationswege bei Verletzung dieser Vereinbarungen definiert werden. Zudem muss es eine klare Definition von Ausfallzeiten geben. Sie ist Voraussetzung für die Erarbeitung von SLA's und für die tägliche Kommunikation, z.B. bei Betriebsstörungen. **Abb. 3.13** zeigt exemplarisch die Definition eines solchen Verlaufs in Anlehnung an ITIL. Die Zeit zwischen den Systemausfällen wird gegliedert in „downtime" – Anwendung steht nicht zur Verfügung – und „uptime" – Anwendung steht zur Verfügung. Die downtime gliedert sich dann wiederum in die einzelnen Problemerkennungs-, -analyse- und -behebungsschritte auf.

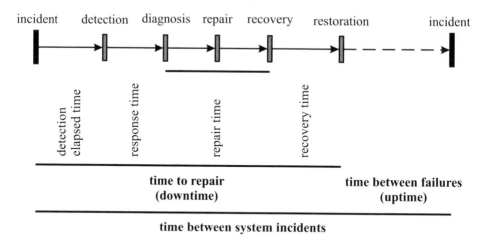

Abb. 3.13   Zeitdefinitionen für Systemausfälle[221]

---

221 Vgl. Dierlamm, 2004, Kapitel 6, S. 18.

Eine Qualitätssicherung der Zusammenarbeit von IT-Risikomanagement und Risikomanagern der einzelnen Fachbereiche kann auf unterschiedlichen Wegen stattfinden. Zum einen stellt das Reporting des Service Level Managements eine solche Quelle dar. Die Einhaltung der Service Level Agreements muss überwacht werden. Können SLA's dauerhaft nicht eingehalten werden, ist dies ein Indiz dafür, dass die Bewertung der originären IT-Risiken durch das IT-Risikomanagement zu gering ist. Es müssen Gegenmaßnahmen erarbeitet, entschieden, eingeführt und überwacht werden. Des Weiteren sollten die Schadensfälle der Fachbereiche, soweit ein IT-Bezug vorhanden ist, den verursachenden IT-Systemen bzw. IT-Leistungen zugeordnet werden. Die prognostizierte Eintrittswahrscheinlichkeit und das erwartete Auswirkungsmaß der Anwender-IT-Risiken können dadurch auf ihre Richtigkeit hin überprüft werden.

4 Grundlagen des IT-Krisenmanagements

„When anyone asks me how I can describe my experience of nearly forty years at sea, I merely say uneventful. Of course there have been winter gales and storms and fog and the like, but in all my experience, I have never been in an accident of any sort worth speaking about. I have seen but one vessel in distress in all my years at sea ... I never saw a wreck and have never been wrecked, nor was I ever in any predicament that threatened to end in disaster of any sort. "

– E. J. Smith, 1907 (Kapitän der Titanic, die am 14.04.1912 sank; 1.500 Menschen ertranken) –

Aufgrund der hohen Abhängigkeit der Geschäftsprozesse von den IT-Systemen ist ein IT-Krisenmanagement heutzutage unvermeidbar. Auch Basel II fordert deshalb für Kreditinstitute grundsätzlich ein Krisenmanagement.[222] Des Weiteren schreiben heute bereits bestehende Gesetze und aufsichtsrechtliche Anforderungen in den unterschiedlichsten Ländern das Beherrschen von Krisensituationen vor.[223] Inwiefern dabei ein separates IT-Krisenmanagement in Erscheinung tritt, ist nicht relevant. Vielmehr muss sichergestellt werden, dass die nachfolgenden Inhalte grundsätzlich vorhanden sind. Diese konzentrieren sich auf die in **Tab. 4.1** aufgeführten 7 Fragen des IT-Krisenmanagements.

Während sich in den vorherigen Kapiteln mit dem Beherrschen von Risiken, auch von schleichenden und/oder Risiken mit geringerem Schadenspotenzial, auseinandergesetzt wurde, geht es in diesem abschließenden Kapitel um das Managen von Risiken mit großem Schadenspotenzial und zumeist rasantem Schadensverlauf. Das Krisenmanagement ist dabei nicht als ein separates Aufgabengebiet aufzufassen, da es sich vom Risikomanagement lediglich hinsichtlich der Gewichtung der Bedeutung und der Eigenschaften der Risiken unterscheidet. Dies wird auch daraus ersichtlich, dass jene Risiken auch in der Risikoportfolio-Betrachtung enthalten sind. Sie erfahren aber aufgrund ihrer Tragweite hinsichtlich des Fortbestands des Unternehmens und durch ihre Positionierung im IT-Krisenmanagement eine zusätzliche Form der Behandlung.[224] Für die erfolgreiche Einführung eines IT-Krisen-

---

222 Vgl. Basel Committee, 2003, Principle 7.

223 Vgl. Gerlach, 2002.

224 Siehe auch §91 Abs. 2 AktG.

managements ist die Unterstützung von Seiten der Geschäftsführung wichtig. Die Implementierung und Pflege des IT-Krisenmanagements bedeutet für die einzelnen, verantwortlichen Führungskräfte Aufwände, die sich nur in einer voraussichtlich selten eintretenden Situation rentieren. Zum Teil deckt sich diese, auf langfristige Kontinuität ausgerichtete Strategie nicht mit der persönlichen Motivation der einzelnen Beteiligten.

Tab. 4.1   Kernfragen des IT-Krisenmanagements[225]

Kernfrage	Ausrichtung
Wie...	... kann eine Krise früh erkannt werden?
	... können die Unternehmensgegebenheiten am besten eingesetzt werden?
Was...	... muss mit welcher Priorität geschützt werden?
	... ist im Krisenfall konkret zu tun?
Warum...	... müssen wir ein IT-Krisenmanagement einführen?
	... ist die identifizierte Krisensituation für das Unternehmen relevant?
Wo(durch)...	... kann eine Krise entstehen bzw. verhindert werden?
	... können die Krisenschäden minimiert werden?
Wann...	... würde uns die jeweilige Krisensituation am stärksten betreffen?
	... liegt eine erhöhte Wahrscheinlichkeit für eine solche Krise vor?
Wer...	... arbeitet an der IT-Krisenbewältigung mit?
	... ist von einer solchen Situation alles betroffen?
Welche...	... Vorbereitungen sollten vorab für eine Krisensituation getroffen werden?
	... Auswirkungen haben diese Vorbereitungen auf das Unternehmen?

Bei der Betrachtung des IT-Krisenmanagements wird häufig allein auf die Verfügbarkeit der IT-Lösungen verwiesen. Es müssen jedoch alle Qualitätsmerkmale von IT-Leistungen (siehe 1.2.4) berücksichtigt werden. Grundsätzlich können zu allen Qualitätsmerkmalen krisenhafte Risiken auftreten, weshalb eine Priorisierung der Kriterien erfolgen muss. So kann es bei Anwendungen vorkommen, dass die Integrität der Daten höher priorisiert wird als die Verfügbarkeit. Eine Krisensituation aufgrund der Gefährdung der Integrität des Datenbestandes, kann in einem solchen Fall, beispielsweise durch das Abschalten der Anwendung, beseitigt werden. Unter Umständen stellt die Nichtverfügbarkeit ebenfalls eine Krisensituation dar, die aber eine geringere Bedeutung für das Gesamtunternehmen hat.

Für das gesamte IT-Krisenmanagement gilt, dass unabhängig von der Größe eines Unternehmens grundsätzlich Überlegungen zur Behherrschung solcher Situationen angestellt werden müssen. Wie diese Erwägungen letztlich in expliziten Strukturen, Dokumenten und

---

225 Vgl. Guthrie-Harrison, 2002, S. 85.

Prozessen niedergelegt werden, ist sicherlich eine Frage der Größe des Unternehmens und der Relevanz der krisenhaften Risiken.

4.1   Anforderungen an das IT-Krisenmanagement

Die Anforderungen an ein Krisenmanagement beinhalten die Vermeidung einer Krisensituation sowie bei vorhandener Krisensituation, die Minimierung des Schadens und die kurzfristige Wiederherstellung der gewöhnlichen Geschäftstätigkeit.[226]

Das allgemeine **IT-Risikomanagement** hat seinen Schwerpunkt in der Beeinflussung der Risikotreiber und daraus resultierend im Absenken des Risikovolumens des Gesamtrisikoportfolios. Das **IT-Krisenmanagement** fokussiert sich mehr auf die Risikoauswirkungen und dementsprechend auf nachfolgende Tätigkeiten nach Eintritt eines krisenhaften Risikos. Die mögliche Einwirkung auf relevante Risikotreiber findet, auch bei für das Krisenmanagement relevanten Risiken, durch den allgemeinen IT-Risikomanagementprozess statt.

In der Regel befindet sich nur eine überschaubare Anzahl von krisenhaften Risikoszenarien in einem Unternehmensrisiko-Portfolio. Dadurch ist es aber schwierig, eine allumfassende Risikobestandsaufnahme festzustellen. Daher kann davon ausgegangen werden, dass sich die **Krisenpräventionsmaßnahmen** zumeist auf konkrete, erkannte Risikoszenarien beziehen. Dem gegenüber sind die fachlichen (Business Continuity) und technischen **Notfallpläne** (Desaster Recovery) so generisch, dass im Notfall mit potenziell allen Risikoszenarien, auch unerkannte Risiken, möglichst effektiv umgegangen werden kann.

4.1.1   Krisenprävention

Die Krisenprävention ist die fortgesetzte Betrachtung der Risikoreduzierungsmaßnahmen. Durch sie wird – im Gegensatz zu IT-Risikoreduzierungsmaßnahmen – nicht mehr versucht, den Eintritt eines Risikos zu beeinflussen, sondern man will die entstehenden Auswirkungen auf ein für das Unternehmen verkraftbares Ausmaß reduzieren; es handelt sich zumeist um Schadensreduzierungsmaßnahmen. Die Abgrenzung der Risikoreduzierungsmaßnahmen des IT-Risikomanagements, die grundsätzlich sowohl die Einflussnahme auf Eintrittswahrscheinlichkeit als auch auf das Auswirkungsmaß beinhalten, von der Krisenprävention ist nicht immer eindeutig. Die nachfolgenden Beispiele sollen die Unterscheidung darlegen:

> Das Risikoszenario „langfristiger Ausfall des Rechenzentrums" ist sicherlich als ein krisenhaftes Risiko einzuordnen und erfordert ein IT-Risikomanagement. Mit Risikoreduzierungsmaßnahmen wird versucht, Gegenmaßnahmen für mögliche Risikoursachen zu ergreifen. Dies könnten beispielsweise sein:

---

226 Vgl. auch Naujoks, 2002, S. 101–103.

- eine geschützte Lage des Rechenzentrums gegen Angriffe von externen Dritten,
- technikschonende Löschanlagen im Rechenzentrumsbereich sowie
- eine Notstromversorgung des Rechenzentrums.

Diese Maßnahmen dienen alle dazu, einen Ausfall des Rechenzentrums, zumindest einen langfristigen, zu verhindern. Sie zielen aber nicht nur auf das o.g. Risikoszenario ab, sondern beziehen sich durchaus auch auf andere Risikoszenarien, beispielsweise „Verlust von werthaltigen Vermögensgegenständen". Maßnahmen im Rahmen der Krisenprävention gehen davon aus, dass dieses Risiko trotz Risikoreduzierungsmaßnahmen in einer krisenhaften Größenordnung eintritt. Die Krisenpräventionsmaßnahmen könnten somit wie folgt aussehen:

- Anmietung eines Notfallrechenzentrums;
- Aufbau eines unternehmensinternen Backup-Rechenzentrums.

4.1.2   Business Continuity

Die Anforderung der Geschäftsfortführung betrifft sowohl die IT, die letztlich die benötigte Infrastruktur zur Verfügung stellen muss, als auch ganz wesentlich die einzelnen Geschäftsbereiche. Für alle kritischen Geschäftsprozesse muss ein fachlicher Notfallplan vorliegen, der sicherstellt, dass die Zeitspanne des IT-Ausfalls über alternative Prozesse abgedeckt werden kann. Als alternative Prozesse können andere, bereits im Einsatz befindliche Geschäftsprozesse dienen, die, beispielsweise aus Wirtschaftlichkeits- oder unternehmenspolitischen Gründen, eigentlich nicht zur Geschäftsabwicklung für diese Art von Geschäften genutzt werden. Zahlungsströme können beispielsweise über andere Geschäftspartner umgeleitet werden. Der Grund hierfür dürfte zumeist in einer Wirtschaftlichkeitsbetrachtung oder in der Unternehmenspolitik liegen. Die andere Art der alternativen Prozesse ist die Durchführung manueller Tätigkeiten, die nur im Notfall realisiert werden. Beispielsweise wird ein Bote zur Informationsübermittlung eingesetzt.

4.1.3   Desaster Recovery

Der Wiederanlaufplan betrifft hauptsächlich die IT und ihre Infrastruktur-Lieferanten. Innerhalb eines möglichst kurzen Zeitraums muss die Wiederherstellung der für die Fachbereiche wichtigen IT-Leistungen erfolgen. Anschließend wird gemeinsam mit den Fachbereichen sichergestellt, dass die Notfallprozesse auf die übliche Geschäftstätigkeit zurückgeführt und eventuelle Nacharbeiten zu den bisherigen Geschäftsvorfällen ausgeführt werden.

4.2 Inhalte des IT-Krisenmanagements

Mit den nachfolgen beschriebenen Instrumenten des IT-Krisenmanagements können die oben ausgeführten Anforderungen erfüllt werden.

4.2.1 Kritikalitätsanalyse

Für den Aufbau eines IT-Krisenmanagements ist die Einteilung der entscheidenden Sachverhalte in Kritikalitäten relevant. Die Krititkalität bemisst sich an der existenzbedrohenden Auswirkung für das jeweilige Unternehmen.

Bei der Einstufung der Verfügbarkeitsrisiken bemisst sich die Kritikalität der einzelnen Prozesse an der Zeitdauer, die das Unternehmen ohne existenzbedrohende Auswirkungen auf die Geschäftsprozesse verzichten kann. Die Anzahl der Kritikalitätsstufen sollte eine qualifizierte, überschaubare Unterscheidung der Prozesse und Systeme ermöglichen. Eine Kritikalitätsskala von 3 bis 6 Stufen erscheint sinnvoll. Die höchste Kategorie sollte die Zeitdauer wiederspiegeln, welche die schadensintensivsten Prozesse benötigen, um ein existenzbedrohendes Ausmaß anzunehmen. Die unkritischste Klasse muss eine nicht existenzbedrohende Definition beinhalten. In **Tab. 4.2** wird eine exemplarische Kritikalitätseinteilung aufgeführt.

Tab. 4.2 Exemplarische Kritikalitätseinstufung von Verfügbarkeiten

Kritikalität	Definition der Kritikalität
A	existenzbedrohend innerhalb eines Tages
B	existenzbedrohend innerhalb von 3 Tagen
C	grundsätzlich existenzbedrohend (Referenz 7 Tage)
D	nicht existenzbedrohend

Die Benennung der Kritikalitätsstufen kann durch einen beschreibenden Text erfolgen, wird aber gerne in sich einprägsamen Kurzkategorien durchgeführt. Diese Kategorien haben einen höheren Symbolcharakter und erleichtern bei der internen Kommunikation die Darstellung der Kritikalitäten.

Im Idealfall liegt aufgrund der Zusammenarbeit von IT-Risikomanagement und den Risikomanagern der Fachbereiche eine auf der Ausfalldauer von IT-Systemen basierende, explizite Einschätzung des Auswirkungsmaßes von Geschäftsprozessausfällen vor (siehe 3.6). Dadurch kann je Geschäftsprozess und IT-System ermittelt werden, wie sich der Schadensverlauf bei einem Ausfall darstellt. Ferner kann eine ganzheitliche Betrachtung der Kritikalität von einzelnen Prozessen bzw. IT-Systemen abgeleitet werden. In den meisten Unternehmen existiert ein solch explizite Prozess- und Systembewertung allerdings nicht. Nachfolgend wird eine vereinfachte Form zur Ermittlung von Kritikalitäten dargestellt. Die Vorgehensweise orientiert sich dabei an der jeweils höchsten Kritikalität eines Prozesses bzw. eines IT-Systems. Sie ist weniger gut für Unternehmen geeignet, die eine hohe Prozess-/IT-System-verflechtung haben, bei denen also viele wichtige Prozesse von einer Vielzahl nicht direkt zuordenbarer IT-Systeme abhängt.

Prozesskritikalitäten
Bei den Prozesskritikalitäten müssen die Fachbereiche ihre kritischen Geschäftsprozesse identifizieren und diese hinsichtlich ihrer Kritikalität beurteilen. Damit die Kritikalitätskette eines Geschäftsprozesses vollständig erfasst wird, dass heißt, damit alle erforderlichen Tätigkeiten/Funktionen zur Prozesserfüllung berücksichtigt werden, sollten die Geschäftsprozesse in einer End-to-End-Betrachtung bewertet werden. Die Vorgehensweise zur Erhebung der Prozesskritikalitäten ist in **Abb. 4.1** dargestellt:

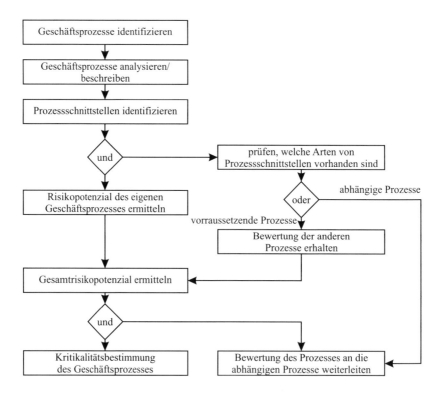

Abb. 4.1   Prozess zur Erhebung der Prozesskritikalitäten

Ein Handelsprozess startet mit einer Geschäftentscheidung und dem nachfolgenden Abschluss des Handelsgeschäfts „Kauf von 100 DaimlerChrysler Aktien". In der Handelsabwicklung wird dieses Geschäft bearbeitet. Dort wird sowohl ein Zahlungsstrom als auch eine WP-Übertragung angewiesen und schließlich durch den Zahlungsverkehrs- bzw. Orderabwicklungsprozess ausgeführt. Am nächsten Tag findet u.a. die Schlussnotenabstimmung sowie weitergehende Abstimmarbeiten bis zur Gutschrift der Stücke bei einer Verwahrstelle statt.

Wird dieser Handelsprozess als kritisch eingestuft, so muss er umfassend betrachtet werden. Insbesondere durch die in den Kreditinstituten praktizierte und aus Sicherheitsgründen von den Aufsichtsbehörden geforderte Funktionstrennung werden fachlich zusammenhängende Prozesse organisatorisch aufgeteilt. So schreiben die Mindestanforderungen für das Risikomanagement (MaRisk) vor, die zum Handelsprozess gehörenden Abläufe des Handelsabschlusses, der Handelsabwicklung/-kontrolle und des Risiko-Controllings in unterschiedliche Zuständigkeitsgebiete bis in die Geschäftsleitung hin aufzuteilen. Ähnliche Funktionstrennungen werden auch in weiteren Geschäftsgebieten, wie z.B. bei der Kreditvergabe, vorgenommen.[227]

Sofern ein Unternehmen ein funktionierendes Geschäftsprozessmanagement betreibt, sind dessen prozessuale Zusammenhänge jederzeit verfügbar. Sollten die Prozesse allerdings nur den einzelnen Zuständigkeitsgebieten vorliegen, so müssen die Teilprozesse, in unserem Beispiel der Handelsabschluss, der Handelsabwicklungsprozess am Handelstag bzw. an den Folgetagen und der erforderliche Zahlungsverkehrsprozess, noch in ihren Abhängigkeiten vernetzt werden. Eine besondere Fehlerquelle stellen komplett automatisierte Teilprozesse dar, die bei einer Analyse gerne übersehen werden. Deren Berücksichtigung vom IT-Krisenmanagement ist bei einem Ausfall der Systeme allerdings von essenzieller Bedeutung. Bei hochautomatisierten Abwicklungssystemen wird oftmals der komplette fachliche Geschäftsprozess in einem System abgebildet. Das zum System gehörende Fachkonzept muss den Geschäftsprozess insgesamt beschreiben und die weitere fachliche Analyse muss in enger Zusammenarbeit von IT und Fachbereich erfolgen. Bei dieser Analyse muss überprüft werden, ob alle über diesen Prozess abgewickelten Produkte der gleichen Kritikalität unterliegen. Sollten unterschiedliche Kritikalitäten vorliegen, so muss aufgrund von Wirtschaftlichkeitsbetrachtungen entschieden werden, ob aus Kostengesichtspunkten eine Unterscheidung und eine daraus resultierende Ungleichbehandlung der einzelnen Geschäftsvorfälle sinnvoll ist. Andernfalls wird für den Geschäftsprozess/das System die höchste der vorhandenen Kritikalitäten angesetzt.

Die ganzheitliche Betrachtung eines Geschäftsprozesses stellt sicher, dass keine wesentlichen Teilprozesse bei den anschließenden Überlegungen und Aktivitäten vergessen werden. Wurde der Geschäftsprozess in seiner Ganzheit erfasst, so wird in einem weiteren Schritt geprüft, ob alle Teilprozesse der gleichen Kritikalität entsprechen. Es gibt Teilprozesse für Statistiken oder Ähnliches, die im Falle eines Notfalls nicht unbedingt unterstützt werden müssen. Nachgelagerte Geschäftsprozesse können durch die gemeinsame Nutzung von Datenbeständen vom originären Geschäftsprozess entkoppelt sein. Sie können weiter betrieben werden, ggf. mit einem reduzierten Datenhaushalt, auch wenn einer der vorgelagerten Prozesse ausfällt.

---

[227] Vgl. BaFin MaRisk, 2005, BTO 1.1 und BTO 2.1 sowie auch AT 4.3.1.

Bei nachgelagerten, kritischen Prozessen kann eine Rückkopplung auf die datenliefernden Geschäftsprozesse erfolgen. Als Beispiel können Treasury-Prozesse zum Ausgleich von Zahlungsströmen genannt werden. Diese werden bei vielen Unternehmen als kritisch eingestuft. Sie können nur richtig durchgeführt werden, wenn zumindest alle bedeutenden Zahlungsströme[228] richtig eingemeldet sind. Somit sind die Teilprozesse der datenzuliefernden Geschäftsprozesse zum Abstimmungszeitpunkt ebenfalls kritisch, obwohl die Abwicklung des eigentlichen Geschäfts selbst zu diesem Zeitpunkt möglicherweise unkritisch ist. Die Identifikation der zuliefernden Prozesse bei solchen Datentöpfen erfolgt am besten über eine IT-technische Analyse.

In der Regel ist es für einen Prozess nicht nur relevant, wie lange dieser ausfällt, sondern insbesondere, wann dieser ausfällt. Die Beurteilung dieser Kritikalität ergibt sich durch eine Worst-Case-Betrachtung; es wird der ungünstigste Zeitpunkt angenommen. Ein Beispiel verdeutlicht dies:

> Es gibt einen Abrechnungsprozess im Zahlungsverkehr. Die Abrechnung läuft immer um 13 Uhr und kann maximal um 1 Stunde verschoben werden. Es bestehen die Kritikalitätsstufen (A < 6 h; B < 1 Tag; C < 4 Tage; D unkritisch). Die meiste Zeit des Tages entspricht der Geschäftsprozess der Kritikalität B. Da der Erfolg des Geschäftsprozesses jedoch an einen Zeitpunkt mit Karenzzeit gekoppelt ist, gilt in diesem Zeitraum Kritikalität A. Der Prozess wird mit der Kritikalität A versehen.

Systemkritikalitäten

Im nächsten Schritt werden aus den Prozesskritikalitäten die Systemkritikalitäten für die Anwendungen/Systeme, welche direkt im Geschäftsprozess verwendet werden, abgeleitet. Die Vorgehensweise wird in **Abb. 4.2** nochmals zusammenfassend grafisch dargestellt. Zu jedem Prozess müssen die benötigten Anwendungen/Systeme erhoben werden. Alle Systeme, die für die Abarbeitung der kritischen Teilprozesse notwendig sind, erhalten die gleiche Kritikalität wie der Geschäftsprozess (Teilprozess). Die anderen Systeme müssen ihrer Bedeutung nach mit einer geringeren Kritikalität bedacht werden. Kein System kann bei der Prozess-/Systemzuordnung eine höhere Kritikalität als der eigentliche Geschäftsprozess bekommen. Bei der Kritikalitätseinstufung der Systeme müssen mögliche Notfallprozesse mitbetrachtet werden. Je einfacher ein Prozess über einen fachlichen Notfallprozess abgebildet werden kann, desto geringer kann man die Kritikalität des unterstützenden Systems ansetzen.

Systeme können in mehreren Geschäftsprozessen eingesetzt werden und dabei unterschiedliche Kritikalitäten erhalten. Für die IT-technische Analyse wird dabei immer die höchste Kritikalität angesetzt. Bei einer nachfolgenden IT-technischen Detailanalyse, zum Beispiel im Rahmen des technischen Notfallkonzeptes, können die differierenden Kritikalitätseinteilungen durchaus von Bedeutung sein.

---

228 Großbeträge und große Mengen von Kleinbeträgen.

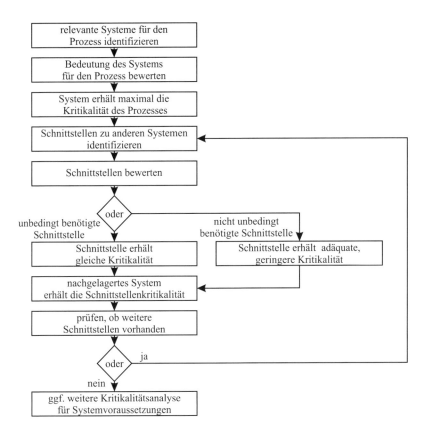

Abb. 4.2   Prozess zur Ableitung der Systemkritikalität

Die IT-technische Analyse hat eine umfassende Kritikalitätseinteilung aller IT-Komponenten zum Ziel. Unter IT-Komponenten werden in der Regel Anwendungen, Systeme und Plattformen verstanden, die Betrachtung kann aber bis auf einzelne Hardwarekomponenten oder systemnahe Software heruntergebrochen werden. Die nachfolgend geschilderte Verfahrensweise ist grundsätzlich geeignet, eine Analyse bis auf eine tiefe Detailebene abzubilden. Die benötigte Detailtiefe ist individuell festzulegen.

Zu den in den Geschäftsprozessen benötigten Anwendungen werden die Kritikalitäten zugeordnet. Sofern eine Anwendung verschiedene Kritikalitäten in den unterschiedlichen Geschäfts- oder Teilprozessen erhält, wird die höchste Kritikalität angesetzt. Der für die Anwendung zuständige Systemverantwortliche hat alle benötigten Schnittstellen seiner Anwendung aufzuführen. Es wird zwischen benötigten und zur Verfügung gestellten Schnittstellen unterschieden. Eine benötigte Schnittstelle ist für die Anwendung selbst relevant, da diese ohne sie nicht oder nicht vollumfänglich funktionieren kann. Eine zur Verfügung gestellte Schnittstelle wird von einer Anwendung angeboten, ob diese aber von anderen Anwendungen benutzt wird, ist für ihre eigene Funktionalität irrelevant. Jede benötigte Schnittstelle

wird bezüglich ihrer Kritikalität eingestuft. Funktioniert die Anwendung ohne die Schnittstelle nicht, so erhält die Schnittstelle die gleiche Kritikalität wie das Zielsystem. Kann die
Anwendung einen gewissen Zeitraum ohne die Schnittstelle auskommen, so wird ihr, je nach
Umfang des überbrückbaren Zeitraums, eine geringere Kritikalität zugeordnet. Ein Beispiel
soll dies verdeutlichen:

> Die Anwendung „Handelsabwicklung" erhält die höchste Kritikalität A. Sie hat eine
> Schnittstelle zum Kundenstamm. Greift die Anwendung nun immer online auf diesen
> Kundenstamm zu und kann ohne diesen Zugriff keine Geschäfte abwickeln, so erhält
> diese Schnittstelle die Kritikalität des Zielsystems, in diesem Falle A. Hat die An-
> wendung Handelsabwicklung einen Schattendatenbestand der relevanten Kunden und
> bezieht nur geänderte/neue Kundensätze in regelmäßigen Zeitabständen über die
> Schnittstelle, so kann der Großteil der Geschäfte also unabhängig davon abgewickelt
> werden. Die Schnittstelle kann dementsprechend auf eine geringere Kritikalität, bei-
> spielsweise C, gesetzt werden.

Im nächsten Schritt werden alle Anwendungen auf die zur Verfügung gestellten Schnittstellen hin überprüft und bei Bedarf deren Kritikalitäten angepasst. Die Anwendung erhält die
höchste Kritikalität aus der Prozesseinschätzung bzw. aus den zur Verfügung gestellten
Schnittstellen.

> Die Anwendung „Handelsabwicklung" kann eine geraume Zeit auf die Schnittstelle
> zum Kundenstamm verzichten und vergibt für diese Schnittstelle die Kritikalität C.
> Die Anwendung „Risikomanagement" greift ebenfalls auf den Kundenstamm zu. Die-
> se Anwendung hat eine Online-Schnittstelle und kann ohne diese nicht funktionieren.
> Die Anwendung „Risikomanagement" hat aus der Prozesskritikalität heraus die Kriti-
> kalität B. Die Anwendung „Kundenstamm" hat aus den bisherigen Prozesserhebun-
> gen keine direkte Kritikalität zugeteilt bekommen. Sie stellt allerdings die obigen
> zwei Schnittstellen zur Verfügung und erhält selbst die Kritikalität, welche die kri-
> tischste Schnittstelle ihr übergibt, in diesem Fall B.

Die Übertragung der Kritikalitäten hinsichtlich der Schnittstellen ist ein iterativer Prozess
und muss solange fortgesetzt werden, bis alle Schnittstellen und Anwendungen bezüglich
ihrer Kritikalität eingestuft sind.

Die bisherige Analyse bezog sich auf die Abhängigkeiten der Anwendungen/Systeme untereinander. Mit der gleichen Systematik lassen sich die Abhängigkeiten von weiteren IT-
Komponenten, die als Basis für die fachlichen Anwendungen benötigt werden, erheben. Um
dieses Abhängigkeitsverhältnis von dem der Anwendungsschnittstellen zu unterscheiden,
spricht man hier von Systemvoraussetzungen. Für jede Anwendung müssen also die benötigten Systemvoraussetzungen definiert werden und für jede Systemvoraussetzung müssen
wiederum die Kritikalitäten definiert werden. Die Kritikalität der einzelnen Systemvoraussetzung (Verweis auf eine weitere IT-Komponente) hängt abermals davon ab, wie lange die
Anwendung auf diese konkret verzichten kann bzw. ab wann die hierdurch beeinträchtigte
Funktionalität als kritisch anzusehen ist. Die einzelnen IT-Komponenten erhalten die höchste
Kritikalität, die an sie gestellt wird.

In den bisherigen Betrachtungen wurde davon ausgegangen, dass jede Anwendung eine Kritikalität erhält. Im Regelfall dürfte diese Handhabung einen ausreichenden Kompromiss zwischen Genauigkeit bezüglich der Detaillierungstiefe und Wirtschaftlichkeit im Hinblick auf den damit verbundenen Aktualisierungsaufwand darstellen. Bei Bedarf können weitergehende Charakterisierungen erfolgen. Die Detaillierungstiefe ergibt sich vielfach aus der vorhandenen IT-Systemübersicht. Jedes Unternehmen sollte eine Dokumentation der technischen und logischen IT-Strukturen besitzen. Die Detaillierung dieser Darstellung ist bereits den Anforderungen des Unternehmens angepasst und stellt somit einen guten Indikator für die Erarbeitung der Systemkritikalitäten dar.

Die erarbeiteten Ergebnisse hinsichtlich der Systemkritikalitäten dienen der Verifizierung vorhandener SLA's und Architektur-Leitlinien. Bei den SLA's wird geprüft, ob die vereinbarten Service Levels der ermittelten Kritikalität der IT-Komponente entspricht. Eine Diskrepanz entsteht häufig bei Anwendungen, die von vielen Stellen genutzt wird. Die Zuständigkeiten werden beim jeweils anderen Part gesehen, mit der Folge, dass letztlich keine adäquate Betreuung oder vielmehr kein Anforderungsmanagement stattfindet.

Es könnte beispielsweise der Fall sein, dass die Kundenstammpflege als Dienstleistung von einer zentralen Gruppe erledigt wird. Diese tritt als Auftraggeber gegenüber dem IT-Bereich auf. Da die Gruppe selbst keine weitergehenden Verfügbarkeitsanforderungen an die Anwendung Kundenstamm hat, kann diese mit einem Standard-SLA betrieben werden. Die zuvor angestellte Eruierung der Prozesskritikalitäten und abgeleiteten Systemkritikalitäten ergab jedoch eine existenzielle Bedeutung der Kundenstammfunktion für weitere fachliche Anwendungen. Das SLA muss unter dieser Berücksichtigung überarbeitet und ggf. betroffene Bereiche müssen integriert werden.

Die ermittelten Ergebnisse sollten regelmäßig zur Überprüfung der bisherigen Architektur-Leitlinien (siehe 3.3.1) verwendet werden. Dabei werden die eingesetzten Technologien auf ihr Potenzial hin untersucht, ob die Anforderungen aus dem IT-Krisenmanagement erfüllt werden können.

Vertraulichkeits-/Integritätskritikalitäten
Bislang haben sich die Kritikalitäten auf die Verfügbarkeiten von Prozessen und Anwendungen bezogen. Diese Sichtweise ist typisch im Hinblick auf das IT-Krisenmanagement. Dabei wird außer Acht gelassen, dass die IT-Security in ihren weiteren Dimensionen in Situationen geraten kann, die ebenfalls für das Unternehmen in kurzer Zeit existenzgefährdend werden können und somit in das IT-Krisenmanagements integriert werden müssen.

In einem IT-Sicherheitsnotfall verbleibt als letzte Maßnahme immer das Abschalten der Systeme. Von diesem Betrachtungspunkt ausgehend, müssen die Kritikalitäten der Vertraulichkeit und Integrität an die Kritikalitäten der Verfügbarkeit angelehnt werden. Alle Notfälle erhalten eine gemäß der in **Tab. 4.2** definierte Kritikalitätsstufe. Dabei sind die Kritikalitäten der Vertraulichkeit und Integrität maßgeblich. Sollte ein Vorfall eintreten, welcher der Kritikalitätsstufe B zugeordnet ist, so dürfen alle betroffene Systeme der Kritikalität B oder darunter abgeschaltet werden, sofern dies der Behebung der Störung oder einer Verminderung der Risiken dienlich ist. Dies stellt eine Abwägung von Kritikalitäten der Vertraulichkeit und Integrität gegenüber der Verfügbarkeit dar. In **Tab. 4.3** wird eine exemplarische, nicht abschließende Kritikalitätseinteilung aufgeführt:

Tab. 4.3   Exemplarische Einteilung der Vertraulichkeits-/Integritätskritikalität

Kritikalität	Zuordnung Vertraulichkeits-/Integritäts-Notfälle
A	Unbefugte befinden sich im eigenen Datennetz (Intrusion Detection ist positiv). Datenintegrität ist gefährdet.
B	Virenbefall durch neuen, unbekannten Virus.
C	Verdacht auf Unbefugte im eigenen Datennetz (Intrusion-Detection-Verdacht).
D	Virenbefall durch bekannte Viren (betroffen sind einzelne Geräte wegen Verletzung der IT-Security-Richtlinien).

Die Zuordnung der Kritikalitäten zu Vorfällen der Verletzung von Vertraulichkeit/Integrität kann nur indikativ sein. Es sollte kein Automatismus zur Abschaltung von Anwendungen existieren, denn die Vorgehensweise dient explizit einer ganzheitlichen IT-Security-Betrachtung. Die Entscheidung zur Abschaltung von kritischen Systemen aufgrund einer Gefährdung der Vertraulichkeit/Integrität muss deshalb individuell gefällt werden. Zugleich erreicht man durch dieses Verfahren eine Verflechtung der IT-Security mit dem IT-Krisenmanagement, so dass auch weniger versierte Entscheider die Bedeutung eines Sicherheitsvorfalles leichter in dessen Tragweite erfassen bzw. beurteilen können. Die Fachbereiche, die ihre Systeme nicht nur bezüglich der Risiken der Nichtverfügbarkeit, sondern auch hinsichtlich der Risiken von Integrität- und Vertraulichkeitsverletzungen bewerten müssen, werden durch die intensive Beschäftigung mit den Dimensionen der IT-Security risikosensibler.

4.2.2   Krisenpräventionsmaßnahmen

Durch die Erarbeitung der verschiedenen Kritikalitäten ergibt sich ein Unternehmensgesamtbild hinsichtlich der potenziellen Krisengefahren. In einem nächsten Schritt werden Maßnahmen beschrieben, die diese Krisensituationen beherrscharbar machen.

Risikokultur durch IT-Krisenmanagement
Die Ausbildung einer Risikokultur in einem Unternehmen als eine wesentliche Aufgabe des IT-Risikomanagements wird gut durch das IT-Krisenmanagement unterstützt. Die Krisenszenarien sind zumeist plastisch, weittragend und zeigen die hohe Bedeutung eines Risikomanagements auf. Es ist dadurch leichter, den Mitarbeitern zu vermitteln, dass diese Aufgaben alle etwas angehen und dass sie durch die Wahrnehmung dieser ganz maßgeblich zum Unternehmenserfolg bzw. zur Minderung eines Misserfolgs in einer Krisensituation beitragen können und müssen.

Oft fehlt in Unternehmen eine klare, einheitliche Priorisierung der Geschäftsprozesse. Mit der Einführung eines IT-Krisenmanagements wird eine Grundlage dafür geschaffen. Ferner wird durch eine offene Kommunikation über die Kritikalitäten der Geschäftsprozesse und deren Zusammenwirken ein besseres Gesamtunternehmensverständnis geschaffen. Eine hohe Transparenz der Kritikalitäten der Geschäftsprozesse stellt eine hohe Entscheidungsqualität – auch bei dezentralen Entscheidungen – in einer oder in Vorbereitung auf eine Krisensituation sicher. Dies gilt ebenso für die Führungsebenen als auch für die einzelnen Mitarbeiter. Letztere sind zumeist nur in einen Teil eines Geschäftsprozesses eingebunden und können dadurch häufig dessen Stellenwert im Hinblick auf andere Prozesse nicht objektiv abschätzen. Die gemeinsame Verständigung auf Prozesskritikalitäten ermöglicht es jedem einzelnen Mitarbeiter, die Gefährdungen der unterschiedlichen Prozesse qualitativ besser einzustufen und das eigene Verhalten diesbezüglich abzustimmen. Dadurch fällt es leichter – auch unspektakuläre – Entscheidungen in Krisensituationen akzeptieren und mittragen zu können.

Beim Kommunizieren der Prozesskritikalitäten ist es wichtig, die genaue Bedeutung der Priorisierung herauszuarbeiten. Zu leicht wird die Kritikalität eines Geschäftsprozesses mit der absoluten Wertschöpfung eines Prozesses gleichgesetzt. Dies kann zu Unstimmigkeiten unter den Mitarbeitern führen, da weniger kritische Prozesse und die darin enthaltenen Aufgaben mit geringerer Wertschätzung der Arbeit assoziiert werden. Die Einstufung der Prozesse nach Kritikalitäten hat aber primär nichts mit deren Wertschöpfung zu tun. Bei der Kritikalitätsbetrachtung geht es ausschließlich um die Zeitspanne, in der auf einen Prozess verzichtet werden kann, ohne dadurch große Schadensfälle zu generieren oder die Unternehmenssteuerbarkeit zu verlieren.

Je größer Unternehmen sind, desto wichtiger ist ein einheitliches Verständnis bezüglich des IT-Krisenmanagements. Dies gilt insbesondere für multikulturelle Unternehmen, in denen neben den kulturellen Unterschieden der Mitarbeiter zusätzlich noch die unterschiedlichen Ländervorschriften hinsichtlich des Risikomanagements und der Krisenvorkehrungen berücksichtigt werden müssen. Einfache Richtlinien für ein IT-Krisenmanagement eignen sich gut für die Schaffung einer grundlegenden, einheitlichen Risikokultur. [229]

Ableitung technische Architekturen/Grundlagen
Die Bedeutung der IT-Architektur für das Risikoportfolio der IT wurde bereits erläutert (siehe 3.3.1). Die Besonderheit des IT-Krisenmanagements ergibt sich aus der Kopplung von IT-Architekturvorgaben und den erarbeiteten Kritikalitäten.

Die IT-Architekturvorgaben müssen die Kritikalitäten von IT-Systemen bezüglich des Gesamtunternehmens berücksichtigen. Es werden somit Vorgaben gemacht, wie ein IT-System auszustatten bzw. zu gestalten ist, wenn dieses eine gewisse Kritikalität für das Unternehmen besitzt. Diese Vorgaben beziehen sich auf alle Themengebiete. Die nachfolgenden Beispiele zeigen mögliche Architekturvorgaben für hoch kritische Systeme auf.

---

229 Vgl. Mirsky, 2004.

Im Rahmen der Systemgestaltung wird die Doppelauslegung von Komponenten mit räumlicher Trennung gefordert.

Die Verwendung bestimmter Plattformen wird definiert. So können zum Beispiel Systeme der Kritikalität A auf eine Host- und/oder Unix-Plattform festgeschrieben werden.

Clusterstrukturen müssen beim Datenbank- und Applikationsdesign integriert werden.

Mindestanforderungen für Hardware werden festgelegt. Für Server von IT-Systemen der Kritikalität A werden RAID-Festplattensysteme mit einem gewissen RAID-Level verlangt.

Produktdefinitionen innerhalb der IT-Architektur können ebenfalls an die Kritikalitäten gekoppelt werden. Für hochkritische Anwendungen darf nur eine bestimmte Datenbank verwendet werden.

Für Anwendungen der Kritikalität A und B wird ein erweitertes Testverfahren vor in Produktionsnahme festgelegt.

Die Ausgestaltung der Anforderungen an die unterschiedlichen Kritikalitätsstufen muss unter einer stringenten Wirtschaftlichkeitsbetrachtung erfolgen. Ohne diese würde, zumindest bei den kritischen Systemen, immer die maximale Sicherheit gefordert. Für eine Wirtschaftlichkeitsbetrachtung muss analysiert werden, welches Risikopotenzial in den verschiedenen Kritikalitäten vorliegt und wie es sich durch die Architekturvorgaben verändert.

Aus den kritikalitätsbedingten Architekturvorgaben entsteht eine Besonderheit bei der Schnittstellenbetrachtung. Hat eine kritische Anwendung eine Schnittstelle zu einem weniger kritischen System, ohne die das kritische System nicht funktionsfähig ist, so wird diese Schnittstelle ebenfalls mit einer hohen Kritikalität versehen. Das Liefersystem erhält über diese Schnittstelle auch eine hohe Kritikalität. Hierdurch muss die Schnittstelle und das Liefersystem gemäß den höherwertigen Architekturvorgaben ausgelegt werden. Es ist zu prüfen, ob durch eine Minderung der Schnittstellenkritikalität ein optimiertes Systemdesign erlangt werden kann. Durch diese Reduzierung kann unter Umständen eine erhöhte Wirtschaftlichkeit erreicht werden. Die Fortführung des Beispiels Kundenstamm soll dies verdeutlichen.

Die Anwendung „Handelsabwicklung" hat die Kritikalität A und greift über eine Schnittstelle der Kritikalität C auf den Kundenstamm zu. Da die Anwendung „Risikomanagement" mit der Kritikalität B mit einer unbedingt benötigten Online-Schnittstelle ebenfalls auf den Kundenstamm zugreift, erhält der Kundenstamm die Kritikalität B. Kann nun die Schnittstelle der Anwendung „Risikomanagement" so umgestaltet werden, dass diese nur noch in regelmäßigen Abständen das Delta des Kundenstamms übertragen bekommt, würde die Kritikalität der Schnittstelle und somit die Kritikalität des Kundenstamms verringert. Hierdurch können Investitionen im Kundenstamm hinsichtlich der doppelten Auslegung von Komponenten eingespart werden.

Anforderungsdefinition an zuliefernde Dritte

Damit die geforderten Leistungen von der IT erbracht werden können, ist diese wiederum auf Leistungen anderer angewiesen. Das IT-Krisenmanagement muss sich deshalb mit Dritten abstimmen, damit jene es in einer Krisensituation unterstützen bzw. die Krisensituation zu bewältigen helfen. Als Beispiele können die Notstromversorgung von Rechenzentren oder die Anmietung von Backup-Rechenzentren aufgeführt werden.

Diese Anforderungen sollten bei internen/externen Partnern als Service Level Agreements auf vertraglicher Basis fixiert werden. Sämtliche Änderungen die im IT-Krisenmanagement erfolgen, müssen auf Auswirkungen hinsichtlich dieser Anforderungen überprüft und bei Bedarf angepasst werden. Die Vereinbarungen sollten aus Gründen der Qualitätssicherung in eine regelmäßige Überprüfung eingebunden sein.

Die Anforderungsdefinitionen müssen eng auf die im Fachbereich vorhandenen IT-Installationen abgestimmt sein. Für einen sinnvollen Notfallbetrieb werden nicht nur mehr oder weniger zentrale EDV-Räume benötigt, sondern zusätzliche Fachbereichsarbeitsplätze, die mit den benötigten IT-Leistungen versorgt werden müssen. Diese Arbeitsbereiche haben unter Umständen nicht nur die IT-technischen Anforderungen, sondern weitere Ansprüche, die zum Betrieb der Arbeitsplätze nötig sind. Eine ganzheitliche Betrachtung dieser Anforderungen ist für ein gut funktionierendes IT-Krisenmanagement unabdingbar.

IT-technische Kriseninfrastruktur

Die IT-technische Kriseninfrastruktur stellt sicher, dass ein erfolgreiches IT-Krisenmanagement durchgeführt werden kann. In jeder Krisensituation werden immer noch gewisse Restfunktionalitäten benötigt, damit die Geschäftsprozesse alternativ abgebildet werden können bzw. die IT-Krisenorganisation funktionsfähig ist.

Der IT-Krisenstab braucht Räumlichkeiten und entsprechende Hilfsmittel, damit er seine Funktionen wahrnehmen kann. Zu diesen Hilfsmitteln zählt unter anderem eine gewisse IT-Technik zu Analysezwecken. Des Weiteren werden Kommunikationsmittel benötigt, um mit den betroffenen Abteilungen kommunizieren zu können. Die Telekommunikationsanlagen sind Teil der IT-Infrastruktur und müssen bei einer IT-Krisensituation in einem Mindestmaß einsatzbereit sein. Bei diesen Überlegungen kommt es nicht unbedingt auf ein kostenintensives Backup-Konzept für den IT-Krisenstab an, vielmehr ist es wichtig, die erforderlichen Voraussetzungen zu identifizieren und für den Krisenfall ein praktikables Konzept zu haben.

Der IT-Krisenstab eines Unternehmens setzt sich aus 6 Ressortleitern und 2 Mitgliedern der Geschäftsführung zusammen. Damit der IT-Krisenstab im Krisenfall funktionsfähig ist, steht diesem ein Besprechungsraum zur Verfügung. In diesem Raum steht ein PC mit allen wichtigen Dokumenten inklusive Drucker und eine Anzahl von internen Telefonen. Für den Fall, dass die interne Telefonanlage vom Ausfall mit betroffen ist, steht zusätzlich ein Telefon mit Direktanschluss an das öffentliche Netz bereit. Die Mitglieder der erweiterten Geschäftsführung sind grundsätzlich mit Laptop und Mobiltelefon ausgestattet. Es besteht die Anweisung, dass sie diese Geräte bei einer Krisensituation mit in den IT-Krisenstab bringen. Im Besprechungsraum existiert eine für Schulungszwecke benötigte, lokale Verkabelung, die im Krisenfall zur Vernetzung der Laptops mit dem PC genutzt werden kann. Sollte der Besprechungsraum durch die Krisensituation ebenfalls nicht zur Verfügung stehen, so kann mit den Handys und den Laptops auch an einem anderen Ort die Arbeit aufgenommen werden. Damit auch dort ein Zugang zu den Daten gewährleistet ist, werden in regelmäßigen Zeitabständen alle benötigten Dokumente auf alle Laptops der Krisenstabsmitglieder verteilt. Die potenziell betroffenen Abteilungen im IT-Bereich verfügen aufgrund der Bereitschaftsdienste über Mobiltelefone. In einigen Fachbereichen trifft dies in Teilen zu, die restlichen Fachbereiche werden mit je einem Mobiltelefon ausgestattet.

Einen weiteren, wichtigen Aspekt für eine Mindestausstattung der IT stellen die Anforderungen aus den technischen und vor allem aus den fachlichen Notfalldokumentationen dar. Fast immer benötigen die alternativen Notfallprozesse eine Mindest-IT-Ausstattung. Dies bezieht sich insbesondere bei technischen Alternativprozessen auf ein entsprechendes Backup sowie bei manuellen Alternativprozessen auf die Kommunikationstechnik. Es muss sichergestellt werden, dass diese Mindestanforderungen auf jeden Fall erfüllt werden können, da andernfalls die fachlichen Notfallkonzepte nicht ausführbar sind. Sofern es Mindestanforderungen gibt, muss geprüft werden, inwieweit daraus Anforderungen an zuliefernde Dritte abgeleitet werden müssen.

4.2.3   Notfallkonzepte

Durch Notfallkonzepte wird sichergestellt, dass bei Eintritt einer Krisensituation diese beherrschbar und in den Auswirkungen für das Unternehmen überschaubar bleibt. Notfallkonzepte werden hinsichtlich ihrer Inhalte unterschieden. Das **fachliche Notfallkonzept** wird vom Fachbereich angewendet, um den kritischen Geschäftsprozess ohne bzw. mit einer eingeschränkten IT-Unterstützung aufrechtzuerhalten. Es entspricht dem Gedanken des Business Continuity Managements.[230] Mit dem **technischen Notfallkonzept** wird die Wiederherstellung der benötigten Systeme, was dem Desaster Recovery entspricht, erreicht. Beide Konzepte können zumeist nicht eigenständig betrachtet werden, sondern haben in Teilen, beispielsweise beim Recovery, Überschneidungen. Trotzdem sind die inhaltlichen Betrachtungsweisen differierend. Für Risiken, die prozess-/systemübergreifende Auswirkungen haben, können **übergeordnete Notfallkonzepte**, die sich situationsspezifisch an den Inhalten der technischen/fachlichen Notfallkonzepte orientieren, erstellt werden.

Eine einheitliche Betrachtungsweise kann sich in einem Ausnahmefall ergeben, nämlich dann, wenn ein System einen Geschäftsprozess komplett abbildet und dieser aufgrund des hohen Automatisierungsgrads nicht mehr manuell oder teilmanuell darstellbar ist. Technische Backup-Vorrichtungen müssen in diesem Fall in ausreichendem Maße vorhanden sein. Das fachliche Notfallkonzept geht dann annähernd vollständig im technischen Notfallkonzept auf.

---

230 Vgl. Keitsch, 2000, S. 32–34.

Das fachliche Notfallkonzept muss allgemein gehalten sein, denn der Grund, weshalb ein kritischer Geschäftsprozess nicht durchgeführt werden kann, ist nicht unbedingt nur in den IT-Systemen zu suchen. Personelle Engpässe können auftreten oder andere, wichtige Infrastrukturen nicht zur Verfügung stehen. Da die kritischen Geschäftsprozesse auch in diesen Fällen existenzbedrohend für das Unternehmen werden können, muss die Handlungsanweisung hier ebenso einsetzbar sein. Die anschließende Erarbeitung des fachlichen Notfallkonzeptes bezieht sich in erster Linie auf den Ausfall von IT-Systemen und wird durch Verallgemeinerungshinweise ergänzt.

Für im Notfall manuell abbildbare Geschäftsprozesse ist es leicht, abgrenzbare Notfallkonzepte zu erstellen. Komplexer wird es bei Geschäftsprozessen, die über ein technisches Backup abgesichert werden. Hier stellt sich die Frage, ob ein zusätzliches, manuelles Backup beschrieben werden muss? Was ist bei Geschäftsprozessen zu tun, die nicht mehr manuell abbildbar sind? Bereits über ein technisches Backup abgesicherte Geschäftsprozesse nochmals manuell abzusichern, würde einem Backup des Backups gleichkommen. Diese Verfahrensweise könnte beliebig oft fortgesetzt werden, denn was passiert, wenn die IT-Mindestanforderungen für den Notfallprozess nicht erfüllt werden? Es zeigt sich, dass ein effizientes IT-Krisenmanagement nicht allein aus Wirtschaftlichkeitsgründen heraus diese weittragenden Überlegungen realisieren kann. Bei manuell darstellbaren Geschäftsprozessen wird deswegen die Notfallplanung mit den Definitionen der IT-Mindestanforderungen abgeschlossen. Bei Geschäftsprozessen, die das nicht sind oder aus Wirtschaftlichkeitsgründen bereits über ein technisches Backup verfügen, muss diese Entscheidung im Einzelfall anhand einer detaillierten Risikoanalyse (siehe 2.4.4 bzw. 2.4.5) getroffen werden. Dabei muss die Frage beantwortet werden, ob das verbleibende Restrisiko vertretbar ist. Bei der Bewertung ist es wichtig, eine ganzheitliche Betrachtung des Systemrisikos anzustellen. Ein reines Backup der Anwendung und Daten stellt noch nicht sicher, dass bei einem Softwarefehler dieses Backup funktioniert, da bei der erreichten Konstellation dieser Fehler im Backup-Betrieb genauso auftreten kann.

Fachliches Notfallkonzept
Die Erarbeitung des fachlichen Notfallkonzeptes ist prozessorientiert, sie richtet sich an den identifizierten, kritischen Geschäftsprozessen aus. Sie kann dabei in die drei Abschnitte Prozessdefinition des gewöhnlichen Geschäftsprozesses, Definition der Ausfallszenarien und Konzeption der Notfallprozesse unterteilt werden.

Prozessdefinition des gewöhnlichen Geschäftsprozesses. Der identifizierte Geschäftsprozess wird beschrieben und die möglichen Schadensrisiken bei Nichtausführung, bezogen auf die voraussichtlichen Ausfallzeiten, werden aufgezeigt. Daraus werden die Kriterien für die Krisendefinition abgeleitet. Es müssen sich klare Anhaltspunkte für den Entscheider im Fachbereich ergeben, ab wann der kritische Geschäftsprozess in einer Krise ist und daher die manuellen Verfahren angewendet werden müssen. Vorlaufzeiten oder logistische Abhängigkeiten hinsichtlich der Aktivierung der fachlichen Notfallkonzepte müssen dargestellt werden.

Häufig werden Geschäftsprozesse für mehrere Produkte eines Unternehmens eingesetzt. Die betroffenen Produkte müssen genannt und, sofern sich unterschiedliche Krisenkriterien ergeben, diese definiert werden. Die für den Prozess relevanten Systeme werden aufgeführt und wichtigen Funktionen dargestellt. Bei den einzelnen Systemen wird auf bestehende SLA's und vorhandene, technische Notfallkonzepte verwiesen. Damit wird eine Verbindung zur technischen Notfalldokumentation hergestellt. Geschäftsprozesse sind nicht nur von IT-Systemen abhängig. Weitergehende **Abhängigkeiten** müssen identifiziert und beschrieben werden. Diese können beispielsweise sein:

- personelle Abhängigkeiten (z.B. einige, wenige Wissensträger),
- räumliche Abhängigkeiten (z.B. kann der Prozess nur an bestimmten Orten durchgeführt werden),
- Abhängigkeiten zu besonderen Einrichtungen (z.B. technische oder organisatorische),
- Prozessabhängigkeiten (andere Prozesse müssen z.B. Daten oder körperliche Gegenstände zuliefern, damit der kritische Geschäftsprozess abgearbeitet werden kann).

Prozesse bilden oftmals die wichtigsten, weitergehenden Abhängigkeiten. Dabei ist der kritische Geschäftsprozess von anderen, eventuell externen Prozessen abhängig. Diese sind aufzuführen, ihre Inhalte zu beschreiben und die Auswirkungen bei einem Ausfall darzustellen. Insbesondere die Prozessabhängigkeiten sind in die nachfolgende Analyse explizit mitaufzunehmen.

Definition der Ausfallszenarien. Alle möglichen Ausfallvarianten der beschriebenen System- und Prozessabhängigkeiten werden gemeinsam vom Fachbereich und IT-Bereich analysiert. Alle Systeme und alle abhängigen Prozesse werden dabei auf Ihre Komponenten hin untersucht und deren Ausfallwirkungen dargelegt. Ausfallvarianten, die letztlich gleiche oder ähnliche Auswirkungen haben, werden anschließend zu Ausfallszenarien zusammengefasst. Die einzelnen Szenarien werden detailliert beschrieben.

Erarbeitung der Notfallprozesse. Für jedes Ausfallszenario wird ein Notfallprozess definiert. Grundsätzlich stehen für die **Gestaltung eines Notfallprozesses** zwei Varianten zur Verfügung:

- Überführung auf einen bestehenden Geschäftsprozess;
- Erarbeitung eines manuellen Workarounds.

Bei der Nutzung eines bestehenden Prozesses werden die Geschäfte des kritischen Geschäftsprozesses ganz oder teilweise auf einen anderen verlagert. Dieser ist für das Unternehmen im Gebrauch, wird aber, beispielsweise aus Wirtschaftlichkeitsgründen, normalerweise nicht für diesen Zweck eingesetzt. Ein Beispiel soll dies verdeutlichen:

Börsenorders werden vom Berater erfasst und vollautomatisiert durch ein IT-System über die jeweiligen Börsen abgewickelt. Bei exotischen Börsen findet der Kommissionshandel für Kunden per Telefon statt. Anschließend wird ein manueller Prozess, der sich Teilfunktionen des vollautomatisierten IT-Systems bedient, durchgeführt. Dieses Verfahren findet nur bei Börsenplätzen statt, bei denen sich die Anbindung über das IT-System aus Wirtschaftlichkeitsgründen oder durch technische Restriktionen nicht lohnt/möglich ist. Der Geschäftsprozess für die alternative Abwicklung besteht allerdings überall und kann bei vollautomatisiert angebundenen Börsenplätzen ebenso durchgeführt werden. Es ist nun möglich, bei (teilweisem) Ausfall des IT-Systems, den weit weniger effizienten Alternativgeschäftsprozess zu nutzen.

Die Verwendung eines solchen Geschäftsmodells hat den Vorteil, dass kein „neuer" Prozess konzipiert werden muss. Des Weiteren wird dieser Geschäftsprozess durch dessen gewöhnliche Anwendung regelmäßig „getestet" und gerät nicht so schnell in Vergessenheit. Dieser Vorteil wird von besonderer Bedeutung, wenn Geschäftsbereiche umstrukturiert werden und vorhandene Geschäftsprozesse automatisch in die Umstrukturierung miteingebunden werden. Alternative Notfallprozesse bergen die Gefahr, versehentlich unberücksichtigt zu bleiben. Kann kein anderer Geschäftsprozess die Geschäfte mit übernehmen, so müssen manuelle Workarounds erstellt werden. Nachfolgend wird ein Beispiel beschrieben:

Zur Berechnung der tagesaktuellen Marktpreisrisiken wird das Anwendungssystem „Marktpreisrisiko" eingesetzt. Dieses hat Zugriff auf alle relevanten Bestandsdaten und berechnet den VaR für die Marktpreisrisiken. Eine alternative Berechnung findet nicht statt. Für den Ausfall des Systems Marktpreisrisiko muss ein manueller Notfallprozess definiert werden. Dieser kann beispielsweise darin bestehen, dass die letzte Berechnung zugrunde gelegt wird und große Positionsänderungen bei den zuständigen Geschäftsbereichen abgefragt und die daraus resultierenden Wertänderungen über eine Notberechnung (zum Beispiel einer stand-alone Installation) taxiert werden.

Bei beiden Varianten ist davon auszugehen, dass nicht der gesamte Geschäftsumfang über den Notfallprozess abgewickelt werden kann. Es müssen Ausführungskriterien festgelegt werden, welche die noch abzuwickelnden Geschäfte bestimmen. Diese können beispielsweise über Betragsgrößen, zu berücksichtigende Geschäftspartner oder die Produktauswahl getroffen werden. Ferner müssen die organisatorischen und technischen Voraussetzungen für die Abwicklung festgelegt werden. Organisatorische Voraussetzungen regeln die Vorgehensweisen, die einzuhalten sind, damit der Notfallprozess ausgeführt werden kann. Dies können beispielsweise vorab abzuschließende Vereinbarungen mit Lieferanten oder Kunden sein oder der kurzfristige Informationsaustausch mit Geschäftspartner, die möglicherweise den Alternativprozess genehmigen müssen. Unter den technischen Voraussetzungen können das Verlagern von Rechenressourcen auf Alternativ-Hardware oder die Inbetriebnahme von Backup-Vorkehrungen stehen. Verweise auf die technischen Dokumentationen sollten erfolgen.

Für jedes Ausfallszenario sind die durch die Verwendung des Notfallprozesses geänderten Prozessschnittstellen zu beschreiben und die betreffenden Stellen zu informieren. Sofern Umstellungszeiträume für die Verwendung des Notfallprozesses an den Prozessschnittstellen benötigt werden, müssen diese genannt werden.

Zuletzt muss für jedes Ausfallszenario das fachliche Recovery definiert werden. Darunter versteht man die Rückführung des Notfallprozesses auf den gewöhnlichen Geschäftsprozess. Hier können günstige Zeitpunkte zum Rückschwenken identifiziert und die Tätigkeiten zur

Wiederaufnahme des Geschäftsprozesses beschrieben werden. Eventuell sind Nacharbeiten für die über den Notfallprozess abgewickelten Geschäfte erforderlich.

Ist ein Geschäftsprozess über eine Anwendung bzw. ein System abgebildet und es bestehen keine alternativen Abwicklungsmöglichkeiten, ergibt sich eine Besonderheit: das fachliche Notfallkonzept geht in diesem Fall annähernd im technischen Notfallkonzept auf. Lediglich die Überlegungen des ersten Abschnitts müssen noch angestellt werden. Die Definition der Maßnahmen für die Ausfallszenarien werden vollständig im technischen Notfallkonzept beschrieben.

Technisches Notfallkonzept
Im Gegensatz zum fachlichen Notfallkonzept erfolgt die Erarbeitung eines technischen Notfallkonzeptes aus Systemsicht. Bei der Betrachtung des technischen Gesamtnotfallkonzeptes über alle einzelnen technischen Notfallkonzepte hinweg fällt auf, dass sich eine Mehrstufigkeit ergibt. Durch die Abhängigkeit der Systeme untereinander, vor allem aber durch die Abhängigkeit von der benötigten IT-Infrastruktur (Systemvoraussetzungen), entsteht ein kaskadierender **Aufbau** des Gesamtnotfallkonzeptes, der im Regelfall zumindest in die logischen drei Komponenten
- Anwendungssysteme,
- Basisanwendungsdienste und
- Infrastrukturdienste

untergliedert werden kann. Die **Anwendungssysteme** bilden dabei die fachliche Logik der IT ab. Es sind die Anwendungen, die in der Regel von den Fachbereichen während der Erhebung des IT-Krisenmanagements benannt und mit Kritikalitäten ausgezeichnet werden. Die **Basisanwendungsdienste** stellen die fachliche oder unterstützende Logik hierfür dar, sind aber vom Fachbereich nicht ohne weiteres erkennbar. Es handelt sich hier typischerweise um Back-End-Systeme und Datenbankdienste. Die **Infrastrukturdienste** sind grundlegende Funktionalitäten einer funktionierenden IT-Infrastruktur, wie Netzwerk- und Sicherheitsdienste. Letztlich müssen für jedes kritische System die Systemkritikalitäten analysiert und ein technisches Notfallkonzept erstellt werden. Die in den Notfallkonzepten abermals dargestellten Abhängigkeiten sollten zur gegenseitigen Qualitätssicherung genutzt werden.

Die **Erarbeitung** des technischen Notfallkonzeptes wird ebenfalls dreigliedrig vorgenommen, es besteht aus der Systembeschreibung, der Definition der Ausfallszenarien und der Vorgehensweise bei Systemunterbrechung.

Systembeschreibung. Das System muss mit seinen einzelnen Komponenten und Funktionen beschrieben werden. Die Funktionen für die unterstützten Geschäftsprozesse werden ebenfalls skizziert. Der grobe Datenfluss innerhalb eines Systems sowie zwischen den eigenen Anwendungen und Drittsystemen wird am besten grafisch dargestellt. Sofern für das System ein SLA vereinbart wurde, wird auf dieses verwiesen. Bei der Erarbeitung des technischen Notfallkonzeptes muss das vorhandene SLA qualitätsgesichert werden.

Kritische Punkte können erfahrungsgemäß besonders die

- vereinbarten Verfügbarkeiten,
- vereinbarten Wartungszeiten sowie
- vereinbarten Reaktionszeiten von Dritten sein.

Die Abhängigkeiten zu anderen Systemen werden beschrieben und die Auswirkungen bei einem Ausfall dieser Drittsysteme aufgeführt. Ganz wesentlich für eine spätere Gesamtsicht der Systemabhängigkeiten sind die Systemvoraussetzungen, sprich die Abhängigkeiten zur Infrastruktur. Letztlich müssen die realisierten Backup-Einrichtungen/Ersatzsysteme genannt und dargelegt werden.

Definition der Ausfallszenarien. Bei den technischen Ausfallszenarien werden die Systeme in Ihre Komponenten gegliedert und anschließend werden die darauf basierenden, gleichartigen Ausfallmöglichkeiten in Ausfallszenarien gebündelt. Bei der Definition der Ausfallszenarien darf nicht nur auf die Verfügbarkeit geachtet werden, die Integrität und Vertraulichkeit des IT-Systems müssen mitberücksichtigt werden.

Eine weitere Unterscheidung der Definition von Ausfallszenarien des technischen gegenüber dem fachlichen Notfallkonzept liegt darin, dass sich die Ausfallszenarien bei Letzterem auf die Ausfallauswirkungen bezüglich der betroffenen Geschäftsprozesse beziehen und funktional gestaltet werden. Demgegenüber werden die Ausfallszenarien beim technischen Ausfallkonzept hinsichtlich gleichartiger Problemlösungsvarianten gruppiert, sie werden technisch gestaltet. Ein Beispiel soll dies verdeutlichen:

Für das fachliche Notfallkonzept ergeben sich für das zuvor beschriebene System Risikomanagement verschiedene Ausfallszenarien. Die Anwendung Risikomanagement selbst fällt aus (dabei ist es für den Fachbereich unerheblich, ob dies aufgrund eines Hardwaredefektes oder aufgrund eines Softwarefehlers einer systemnahen Software passiert) oder alle bzw. einzelne Vorsysteme fallen aus. Bei Ausfall einzelner Vorsysteme müssen die betroffenen Fachbereiche auf relevante Betragsgrößen hin abgefragt werden und die ermittelten Zahlen in der manuellen Schnittstelle der Anwendung Risikomanagement erfasst werden. Bei Ausfall des Systems Risikomanagement müssen alle Fachbereiche auf relevante Betragsgrößen hin abgefragt werden und die in Erfahrung gebrachten Werte gemeinsam mit Vortageszahlen im stand-alone Backup-Rechner gespeichert und weiterverarbeitet werden.

Beim technischen Notfallkonzept ergeben sich vielmehr Überlegungen, ob beispielsweise die Daten aus den Vorsystemen noch übertragen werden können, ob es sich um einen Ausfall des verwaltenden Datenbanksystems handelt, ob ein Ausfall der Infrastruktur (z.B. Netzwerkdienste) besteht, ein Hardwareausfall existiert (z.B. des Anwendungsservers) oder ob es sich um einen Softwarefehler der eigentlichen Anwendung handelt. Denn diese Kriterien bedingen eine jeweils andere Vorgehensweise zur Behebung der Störung.

Vorgehensweise bei Systemunterbrechung. Zunächst wird die Durchführung einer geplanten Systemunterbrechung beschrieben. Dabei wird aufgeführt, welche Komponenten, in welcher Reihenfolge, wie herunterzufahren sind. Die Beschreibung einer ordentlichen Systemabschaltung stellt eine qualifizierte Hilfestellung für nicht berücksichtigte Ausfallsszenarien dar. Es kann auf das Betriebsführungshandbuch verwiesen werden. Ebenso wird ein normaler Restart des IT-Systems beschrieben.

Einer der wichtigsten Inhalte des gesamten technischen Notfallkonzeptes umfasst die Beschreibung der Fehleranalyse. Dieser Punkt wird gerne bei den Dokumentationen vergessen, da die Überlegungen diesbezüglich von den zuständigen Systemverantwortlichen automatisch angestellt und als eine Selbstverständlichkeit angesehen werden. Dabei ist die explizite Erörterung einer optimalen Vorgehensweise von Vorteil, da im Rahmen dessen bekannte Problemschwerpunkte an den Anfang der Analyse gesetzt werden. Die Systemabhängigkeiten werden ebenfalls mitberücksichtigt. Damit wird einem Dritten ohne detaillierten Einzelsystemkenntnissen ermöglicht, effizient den Fehler zu analysieren. Durch die Dokumentation der Fehleranalyse kann zudem eine Qualitätssicherung der erarbeiteten Ausfallsszenarien durchgeführt werden.

Für jedes Ausfallszenario werden Maßnahmen zur Behebung der Störung aufgeführt. Da im Regelfall nicht alle Ausfallmöglichkeiten erfasst werden können, sollten die Maßnahmen für die Szenarien nicht nur beschrieben, sondern erläutert werden. Hierdurch wird bei Eintritt eines nicht definierten Szenarios eine Lösungsfindung durch die Adaption bzw. Kombination von ähnlichen Problemstellungen erleichtert. Zu den Maßnahmen gehört die Beschreibung der Einleitung des Backups. Der Backup-Fall wurde bereits im ersten Abschnitt dargestellt. Häufig gibt es bei verschiedenen Ausfallvarianten im Detail unterschiedliche Vorgehensweisen für die Einleitung des Backups. Bei vollständig automatisierten Backups genügt im Regelfall eine kurze Beschreibung der Funktion der Notfallvorsorge. Sofern für die unterschiedlichen Ausfallsszenarien differenzierte Verfahren zur Fehleranalyse benötigt werden, werden diese, ggf. referenzierend auf die allgemeine, nicht Szenario-spezifische Fehleranalyse, beschrieben. Die Maßnahmen zur Behebung der einzelnen Fehler werden formuliert und dafür erforderliche Voraussetzungen genannt. Dies können Mitarbeiterressourcen (Skill) sowie technische oder fachliche Voraussetzungen sein. Letztlich wird die Durchführung des Restarts dargelegt. Dabei muss auf erforderliche Tätigkeiten im Fachbereich, z.B. auf Nacharbeiten zur Korrektur von Geschäftsvorfällen oder auf Kontrolltätigkeiten zur Qualitätssicherung des Restarts, verwiesen werden.

Übergeordnete Notfallkonzepte
Übergeordnete Notfallkonzepte sind nicht expliziter Bestandteil des IT-Krisenmanagements, müssen aber aufgrund von darin enthaltenen Mindestanforderungen an die IT bzw. den direkten Auswirkungen auf die IT, in diesem mitberücksichtigt werden. Technische/fachliche Notfallkonzepte beziehen sich auf Ausfälle von für die Durchführung des Geschäftsbetriebs erforderlichen Ressourcen. Sie basieren in der Regel auf einem zentralistischen Ansatz. Dies bedeutet, dass sie den Arbeitsablauf immer mit wenigen bzw. mit alternativen Ressourcen sicherstellen. Darüber hinaus gibt es Risiken, die nicht unbedingt den direkten Ausfall von Ressourcen bewirken, aber das Zusammenbringen der Ressourcen erschweren/behindern. Diese Risiken sind nicht prozess- bzw. IT-spezifisch und sollten daher zentral, unterneh-

mensweit gemanagt werden. Maßnahmen für die Beherrschbarkeit dieser Risikoauswirkungen mit konkreten Auswirkungen auf IT-Systeme oder Geschäftsprozesse müssen in die jeweiligen Notfallkonzepte eingearbeitet werden.

Eine mögliche Auswirkung von (regionalen) Katastrophen wie beispielsweise einem Chemieunfall, Terroranschlägen oder einer Pandemie ist, dass die Mitarbeiter in ihrer Mobilität eingeschränkt sind. Sie können ihre Arbeitsplätze nicht mehr verlassen oder diese nicht mehr aufsuchen. Der Verzicht des persönlichen Erscheinens am Arbeitsplatz kann auch als Präventivmaßnahme erfolgen, zum Beispiel bei einer drohenden Pandemie. Für solche Auswirkungen müssen unternehmensweite Vorgehen existieren. Soweit diese Alternativen eine technische Unterstützung benötigen, zum Beispiel Heimarbeitsplätze oder Remote-Wartung von IT-Systemen, müssen für diesen technischen Sondereinsatz ebenfalls technische Notfallpläne existieren. In den fachlichen Notfallkonzepten muss dann die Nutzung solcher Heimarbeitsplätze beschrieben werden. Ferner ist zu berücksichtigen, dass die IT selbst Geschäftsprozesse und somit fachliche Notfallpläne, z.B. für ihre Betriebsprozesse, zu erstellen hat. Für die oben genannten Notfälle könnten in diesen (IT-)fachlichen Notfallkonzepten Maßnahmen zum erweiterten Auslagern von Tätigkeiten, temporäre Sourcing-Alternativen bei Ausfall von Lieferanten oder ein gesonderter Prozess für die Steuerung der restlichen, einsetzbaren Mitarbeiterressourcen stehen.

4.3 Struktur des IT-Krisenmanagements

Das IT-Krisenmanagement muss in sich selbst strukturiert sein und zugleich in den Gesamtkontext des Unternehmens integriert werden. Es stellt eine ereignisorientierte, temporäre Sonderorganisationsform des Unternehmens bzw. von Teilen des Unternehmens dar.

4.3.1 Implementierung in das Unternehmenskrisenmanagement

Ein Unternehmen kann in verschiedene Krisensituationen geraten. Auf diese sollte jedes Unternehmen vorbereitet sein. Eine IT-Krise ist lediglich eine Art der Unternehmenskrise.

Letztlich wird es einen übergeordneten Krisenstab geben, in den die Geschäftsleitung eingebunden ist. Daneben ist zu empfehlen, für die einzelnen Krisenarten gesonderte, vorgelagerte Krisenstäbe zu etablieren, in denen neben entscheidungsberechtigten Fachleuten die jeweils zuständigen Mitglieder der Geschäftsleitung sitzen. Durch diese personelle Überlagerung ist ein guter Informationsaustausch zwischen den einzelnen Krisenstäben sichergestellt und ein Höchstmaß an sich gegenseitig unterstützenden Maßnahmen gegeben.

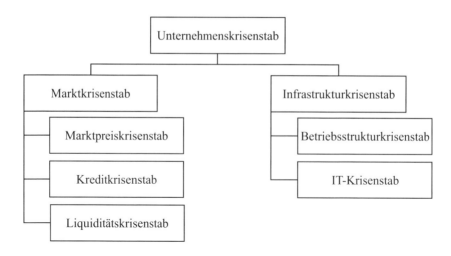

Abb. 4.3   Exemplarische Krisenstabshierarchie

Eine mögliche Anordnung von Krisenstäben ist in **Abb. 4.3** aufgezeigt. Es gibt einen übergeordneten Krisenstab (Unternehmenskrisenstab) mit den untergeordneten Krisenstäben Betriebsstrukturkrisenstab, IT-Krisenstab, Markt-, Kredit- und Liquiditätskrisenstab. Da sich Krisen schnell auf das gesamte Unternehmen auswirken, ist es wichtig, die Aufgabengebiete, Zuständigkeiten und Kompetenzen der einzelnen Krisenstäbe untereinander genau abzugrenzen.

4.3.2   IT-Krisenstab

Bei allen Krisenstäben gilt, dass die Zusammensetzung möglichst schlagkräftig sein muss. Dies beinhaltet, dass der Krisenstab möglichst wenige Mitglieder beinhalten sollte und durch die Besetzung alle wesentlichen Belange abgedeckt sein müssen. Die dem Krisenstab zur Verfügung gestellte Mitarbeiterkapazität muss der Bewältigung der direkten Aufgaben angemessen sein. Die Krisenstabsmitglieder müssen über die notwendige Entscheidungskompetenz verfügen, da im Krisenfall langwierige Entscheidungsprozeduren nicht durchgeführt werden können. Idealerweise verfügen die Krisenstabsmitglieder bereits aus dem gewöhnlichen Betriebsalltag über die erforderlichen Kompetenzen. Die Kompetenzübertragung kann aber auch speziell für den Krisenfall erfolgen.

Da der Ausfall von IT-Systemen maßgeblichen Einfluss auf Geschäftsprozesse hat, müssen in dem Krisenstab alle für die kritischen Geschäftsprozesse eines Unternehmens Verantwortlichen vertreten sein. Um die Anzahl der Krisenstabsmitglieder im überschaubaren Rahmen zu halten, können auch Vertreter eingesetzt werden. Dies bedeutet, dass sich Geschäftsbereiche mit ähnlichen Aufgabengebieten durch ein Mitglied vertreten lassen. Zusätzlich müssen dem IT-Krisenstab die Entscheider der IT angehören.

Je nach Krisensituation müssen nicht immer alle Krisenstäbe einberufen werden. Es kann auch nur ein vorgelagerter Krisenstab zur Bewältigung einer Krise anberaumt werden. Wichtig ist, dass die Kombination der einberufenen Krisenstäbe insgesamt über die Kompetenzen verfügt, die zur Behebung der Krisensituation erforderlich sind.

Die **Aufgaben des IT-Krisenstabs** müssen definiert und mit denen anderer Krisenstäbe abgestimmt werden. Grundlegende Aufgaben sollten sein:

- Kommunikationsschnittstelle zu anderen Krisenstäben, insbesondere zum übergeordneten Unternehmenskrisenstab;
- Kommunikationsschnittstelle zwischen den betroffenen Fachbereichen und der IT;
- kurzfristige Bestimmung der Intensität des Notfalls;
- nachfolgende Detailanalyse des Notfalls;
- Identifikation der direkten und indirekten Auswirkungen auf die Geschäftsabläufe;
- soweit über die bestehenden Strukturen noch nicht alle wesentlichen, tangierten Stellen eingebunden sind, diese über ad-hoc Regelungen einbinden;
- Maßnahmen zur Wiederherstellung des Geschäftsbetriebs einleiten und deren Durchführung überwachen;
- prüfen, ob weitergehende Maßnahmen notwendig/sinnvoll sind;
- Monitoring der gesamten Krisensituation im Rahmen der Zuständigkeiten;
- bei Bedarf Vertreter an die Örtlichkeit der Krise entsenden;
- Auflösung der Krise;
- Review der vorgefallenen Notfallsituationen und daraus Verbesserungsmaßnahmen ableiten.

Diese Aufgaben müssen mit den entsprechenden Kompetenzen hinterlegt sein. Des Weiteren muss bei den Krisenstäben, insbesondere bei solchen, die sich mit der Infrastruktur des Unternehmens beschäftigen, sichergestellt werden, dass diese auch in erforderlichem Rahmen zur Verfügung steht. Hier ist eine Grundversorgung von IT-Leistungen ebenso zu nennen wie die Telekommunikationsversorgung. Bei Eintritt einer Krise ist die gewöhnliche Infrastruktur mehr oder weniger in Mitleidenschaft gezogen. Da bei der Planung des IT-Krisenmanagements immer vom Worst Case ausgegangen werden muss, ist es notwendig, eine adäquate Lösung für die Notfallversorgung zu treffen.

4.3.3   IT-Krisenprozesse

Der gesamte IT-Krisenprozess kann in drei Teilprozesse, die im zeitlichen Verlauf nacheinander abfolgen, aufgeteilt werden. Dies sind die Prozesse zur Initialisierung, des Managements und der Auflösung einer Krisensituation.

IT-Kriseninitialisierungsprozess. Es müssen Kriterien gefunden werden, die den Ausruf einer Krise definieren. Empfohlen werden kann eine Koppelung der Kriterien an das fachliche Notfallkonzept (siehe 4.2.3). Beim fachlichen Notfallkonzept werden Kriterien erarbeitet, wann dieses in Kraft gesetzt wird. Die Koppelung daran ist sinnvoll, weil eine Krise nur dann eingetreten sein kann, wenn der Fachbereich sich aufgrund der definierten Kriterien entschließt, sein fachliches Notfallkonzept anzuwenden. Es muss dem Fachbereich überlassen bleiben, die Krise festzustellen und den IT-Krisenprozess auszulösen. Denn nur dieser kann qualifiziert einschätzen, ob das Benutzen des Notfallprozesses aktuell eine Krise darstellt. Nach der Definition müsste dies der Fall sein, es kann sich aber auch um einen Ausnahmefall handeln. Beispielsweise kann die Anzahl der Geschäftsvorfälle an diesem Tag nicht den üblichen Massen entsprechen und der Geschäftsbetrieb daher ohne große Schäden durch den fachlichen Notfallprozess abgedeckt werden.

Stellt der Fachbereich aus seiner Sicht eine Krisensituation fest, so müssen die Entscheidungsträger des Unternehmens über die Situation informiert werden und über die Einberufung der Krisengremien entscheiden. Wird das Krisenmanagement benötigt, so sind die Mitglieder der Krisenstäbe zu informieren und der Krisenmanagementprozess wird angestoßen.

Beim Kriseninitialisierungsprozess muss berücksichtigt werden, dass nicht alle Krisen schlagartig eintreten bzw. als solche unmittelbar erkannt werden. Eine Krise kann sich im zeitlichen Verlauf entwickeln. Sie wird dann nicht unmittelbar über den zuvor beschriebenen direkten Kriseninitialisierungsprozess ausgerufen, sondern wird über das Incident Management des gewöhnlichen Geschäftsbetriebs der IT gemeldet. Daran anschließend muss es ein Eskalationsverfahren geben, dass gewöhnliche Incident-Fälle in den Kriseninitialisierungsprozess überführt.

In den meisten Unternehmen existiert eine zentrale User-Hotline. Bei Systemproblemen kann diese Hotline benutzt werden, um Unterstützung für die Handhabung der Systeme zu erhalten bzw. um Fehlfunktionen oder Systemausfälle zu melden und deren Behebung einzuleiten. Die zentrale Hotline muss dabei in der Lage sein, gleichartige Ausfälle oder Ausfälle, die auf einer gleichen Fehlerursache beruhen, identifizieren zu können. Durch diese Funktionalität kann die IT krisenhafte Systemausfälle feststellen. Gleichzeitig müssen die Fachbereiche Systemausfälle, die zu einer krisenhaften Situation führen können, als solche melden.

Es bietet sich an, zwischen dem gewöhnlichen Incident-Management-Prozess und dem Kriseninitialisierungsprozess einen Notfallkommunikationsprozess zu etablieren. Dieser Prozess kann vom Fachbereich angestoßen werden, wenn eine Krise absehbar ist. Er enthält Eskalations-, Informations- und Kommunikationskomponenten. Die Eskalationskomponenten sorgen für eine höhere Priorisierung bei der Lösung des Problems. Über die Informationswege wird sichergestellt, dass die relevanten Entscheider über die aktuelle Situation informiert werden. Zusätzlich müssen alle, die mit der Problembehebung betraut sind, über die Bedeutung des Systemausfalls benachrichtigt werden. Mit der Kommunikationskomponente soll eine optimale Kommunikation zwischen IT und Fachbereich gewährleistet werden. Eine mögliche Eingliederung eines solchen Notfallkommunikationsprozesses wird in **Abb. 4.4** schematisch dargestellt.

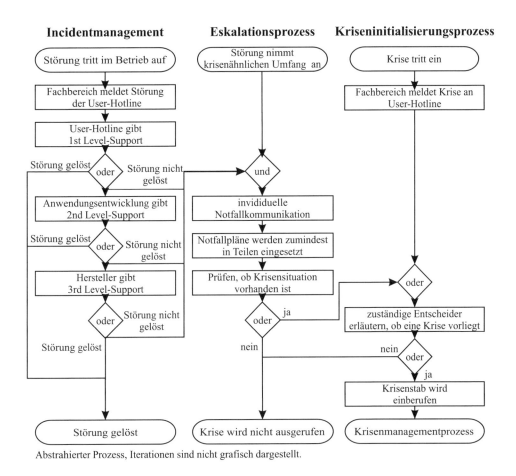

Incidentmanagement   Eskalationsprozess   Kriseninitialisierungsprozess

Abstrahierter Prozess, Iterationen sind nicht grafisch dargestellt.

Abb. 4.4   Einbindung des Kriseninitialisierungsprozesses

IT-Krisenmanagementprozess. Der IT-Krisenmanagementprozess stellt die Beherrschung und Lösung der Krisensituation dar. Nach Einberufung des IT-Krisenstabs hat dieser die Krisensituation zu analysieren. Es müssen die Auswirkungen der Systemausfälle für das Unternehmen eruiert werden. Hierzu werden zunächst alle bekannten, betroffenen Systeme dem IT-Krisenstab gemeldet. Über die Systemübersicht wird geprüft, inwieweit weitere Systeme von den Ausfällen berührt sein könnten. Alle potenziell tangierten Systeme werden mit Hilfe der System-Prozess-Übersicht auf deren Auswirkungen bezüglich der einzelnen Geschäftsprozesse überprüft. Die ermittelten Folgen werden über die Geschäftsprozessübersicht, anhand derer weitere Konsequenzen für andere Geschäftsprozesse/-teile analysiert werden können, vervollständigt. Nach dieser Erstanalyse sollte eine grobe Abschätzung des Krisenausmaßes möglich sein. In einem weiteren Verfahren kann über die Notfallkonzeptübersicht und die einzelnen IT-Krisendokumente eine detailliertere Ausmaßabschätzung erfolgen.

Daran anschließend wird der Kommunikationsprozess gestartet. Er beginnt mit dem Informieren der betroffenen Mitarbeiter über die Inhalte der fachlichen und technischen Notfalldokumentationen der betroffenen Systeme und Geschäftsprozesse. Ferner muss entschieden
werden, ob weitere Krisenstäbe zur Bewältigung der Situation benötigt werden. Sämtliche
Kommunikationsprozesse, sowohl zwischen den Krisenstäben als auch zwischen den betroffenen Einheiten und dem jeweiligen Krisenstab, setzen sich aus einer regelmäßigen Berichterstattung und einer ad-hoc Berichterstattung bei größeren Änderungen zusammen. Die regelmäßigen Berichterstattungen orientieren sich am Zeitraum, in dem Fortschritte zu erwarten sind bzw. an Zeitpunkten, an denen weitere Entscheidungen getroffen werden müssen.

Der IT-Krisenstab wird von den betroffenen Einheiten informiert über:
- eingeleitete Notfallprozesse und deren Abwicklungsstand,
- eingeleitete Backup-Maßnahmen,
- Fehleranalysen,
- Problemlösungsalternativen und
- Problemlösungsfortschritte.

Sind einzelne Problemlösungsvarianten in den Notfallkonzepten noch nicht vorgesehen und
haben diese Auswirkungen auf andere Einheiten, ist über den IT-Krisenstab die Benachrich-
tigung der betroffenen Einheiten sicherzustellen. Der IT-Krisenstab dient grundsätzlich als
Entscheidungsorgan, dies gilt insbesondere für Lösungen, die nicht in den Notfallkonzepten
festgehalten sind. Der IT-Krisenstab koordiniert die Problemlösungsschritte.

Die Prozesse innerhalb der betroffenen Einheiten sind in den jeweiligen technischen und
fachlichen Notfalldokumentationen hinterlegt.

IT-Krisenauflösungsprozess. Vom IT-Krisenstab wird die Beendigung des Krisenmanagements bestimmt. Exakte Kriterien für das Ende einer Krisensituation im Vorhinein festzulegen ist schwierig. Als Orientierungshilfe können nur grobe Richtlinien dienen. Die Krise
sollte dann für beendet erklärt werden, wenn die Notfallgeschäftsprozesse nicht mehr durchgeführt werden müssen, da auf die regulären Geschäftsprozesse zurückgeschwenkt werden
kann/wurde. Des Weiteren sollten alle Umstände, die zur Krise geführt haben, bekannt und
unter Kontrolle sein. Der Krisenstab sorgt für die Unterrichtung über das Krisenende und
legt bei Bedarf noch zu verrichtende Restarbeiten fest.

Ein wichtiger Prozess im Anschluss an die IT-Krise ist die Nachbetrachtung der Ereignisse.
Diese sollte unter drei Aspekten stattfinden. Zum Ersten: Wie ist die Krise entstanden und
was waren die Gründe hierfür? Aus diesen Überlegungen können qualitätsverbessernde
Maßnahmen für das IT-Risikomanagement und Krisenpräventionsmaßnahmen abgeleitet
werden. Zum Zweiten: Wann wurde die Krise entdeckt und hätte sie früher entdeckt werden
können? Als Drittes muss geprüft werden, wie effizient der Krisenmanagementprozess
durchgeführt wurde. Bei Bedarf müssen Änderungen im IT-Krisenmanagement vorgenommen werden.

4.3.4   Dokumentation des IT-Krisenmanagements

Nachfolgend wird die erforderliche Dokumentation des IT-Krisenmanagements beschrieben. Der Aufbau der Dokumente stellt einen Vorschlag für den sinnvollen Zuschnitt der relevanten Inhalte dar.

IT-Krisen-Policy

In der IT-Krisen-Policy werden die übergeordneten Dokumente bezüglich des IT-Krisenmanagements zusammengeführt. In ihnen werden die Strukturen und Prozesse des IT-Krisenmanagements sowie die für die Durchführung des Krisenmanagements benötigten Übersichtsdarstellungen beschrieben.

Es stellt das Grundsatzpapier für die Regelungen des IT-Krisenmanagements dar. Es beinhaltet die oben erläuterten Inhalte zum IT-Krisenstab und dessen Einbindung in das Unternehmen sowie die Prozessbeschreibungen. Das Dokument kann über das gesamte Krisenmanagement aufgesetzt werden, die Regelungen für das IT-Krisenmanagement bilden nur einen Teil davon. Die Prozessdarstellungen enthalten die Beschreibungen der Kommunikationsschnittstellen sowie die Vorgehensweisen zur kurzfristigen Bestimmung der Intensität eines Notfalls und der Durchführung einer Detailanalyse desselben. Zusätzlich werden Verfahren zur Identifikation und Einschätzung der direkten und indirekten Auswirkungen auf die Geschäftsabläufe des Unternehmens beschrieben.

Ergänzt wird das Grundsatzpapier durch folgende, wesentliche Übersichtsdokumente, die für ein erfolgreiches IT-Krisenmanagement unabdingbar sind:

Alle für das Unternehmen wichtigen Geschäftsprozesse müssen geschäftsbereichsübergreifend vorliegen und deren Verzahnungen müssen ersichtlich sein. Aus dieser **Prozessübersicht** muss auf die relevanten, fachlichen Notfallpläne geschlossen werden können. In einer **System-/Prozess-Übersicht** müssen die Abhängigkeiten zwischen den wichtigen Geschäftsprozessen und den erforderlichen IT-Systemen abgebildet sein. Aus der **Notfallkonzeptübersicht** müssen die Zusammenhänge der fachlichen Notfallkonzepte untereinander sowie zwischen den fachlichen und den technischen Notfallkonzepten abgeleitet werden können. Ebenso müssen darin die Kausalitäten der technischen Notfallpläne untereinander dokumentiert sein. Eine der wichtigsten und zumeist komplexesten Übersicht stellt die **Systemübersicht** dar. In dieser müssen alle Systeme mit ihren Kritikalitäten sowie ihre Beziehungen untereinander, ebenfalls mit ihren jeweiligen Kritikalitäten, erfasst sein. Es ist nicht zwingend erforderlich, dass für alle Aspekte eine einzelne Übersicht existiert. Sofern es die Komplexität zulässt, können alle vier in einer Übersicht angeordnet werden. Zuletzt sollten alle zur Verfügung stehenden Krisenpräventionsmaßnahmen übersichtlich aufgelistet werden, damit der IT-Krisenstab schnell die erforderlichen Maßnahmen entscheiden und deren Realisierung veranlassen kann.

Diese Übersichten sind trotz der eigentlichen IT-Krisendokumentation wichtig, damit schnell ein qualitativ hochwertiges Bild über das Ausmaß der Krise erstellt werden kann. Die tatsächlichen fachlichen und technischen Notfalldokumente sollten dem IT-Krisenstab vorliegen, dienen aber aufgrund ihrer Detailliertheit als Handlungsanweisung eher den Experten. Für die Übersichtsdokumente bietet sich eine grafische Form der Darstellung an, was sowohl der Anschaulichkeit dient als auch für Diskussionszwecke geeignet ist. Allerdings gewinnen die Übersichtsdokumente schnell eine hohe Komplexität, so dass eine Datenbankunterstützung, über die schnell aussagefähige Auswertungen erstellt werden können, empfehlenswert ist.

IT-Krisendokument

Das IT-Krisendokument bildet die Basis bei der Erarbeitung des IT-Krisenmanagements und stützt sich inhaltlich auf die Kritikalitätsanalyse, speziell auf die Prozess- und Systemkritikalität. Das Dokument ist von den einzelnen Geschäftsbereichen in einheitlicher Form zu erstellen und muss folgende Inhalte haben.

Die Mitglieder des Krisenstabs für den jeweiligen Geschäftsbereich sollten bekannt und mit allen erforderlichen Kontaktmöglichkeiten aufgeführt sein. Vertretungsregelungen müssen festgelegt werden. Verantwortliche für das Krisenmanagement innerhalb eines Bereichs, die letztlich für die Aktualität der IT-Krisenmanagement-Dokumentation verantwortlich sind, sind zu benennen und die relevanten Kontaktmöglichkeiten aufzulisten.

Anschließend müssen die fachlichen Inhalte erarbeitet werden. Hierzu werden für das Erstellen der Prozesskritikalitäten alle kritischen Prozesse des Geschäftsbereichs aufgeführt. Kritische Prozesse sind solche, die für das Unternehmen existenzgefährdend werden können. Sie werden benannt und auf ihre Dokumentation, beispielsweise innerhalb der schriftlich fixierten Ordnung (SfO), verwiesen. Für alle kritischen Prozesse ist eine fachliche Notfalldokumentation auszuarbeiten. Auf diese wird ebenfalls hingewiesen. Für jeden Prozess wird die entsprechende Kritikalität festgelegt und deren Auswirkungen bei einem Ausfall beschrieben. Sollte die Kritikalität einer Besonderheit unterliegen, zum Beispiel zeitpunktbezogen sein, so wird dies vermerkt. Schnittstellen zu anderen Prozessen, insbesondere zu Prozessen mit anderen Geschäftsbereichen oder zu externen Prozessen, müssen definiert werden.

Die den jeweiligen Geschäftsprozess unterstützenden Systeme werden genannt und werden gemäß ihrer Bedeutung für den Geschäftsprozess ebenfalls mit einer Kritikalität versehen (siehe 4.2.1).

Das IT-Krisendokument muss den aktuellen Ist-Zustand des jeweiligen Fachbereichs erfassen und sollte, soweit möglich, zukünftige Entwicklungen mit beinhalten. Beispielsweise sollten Geschäftsprozesse, die aktuell noch mit einer hohen Kritikalität ausgewiesen sind, aber wegen Prozessumstellungen diese Kritikalität bald verlieren werden, entsprechend gekennzeichnet sein. Ebenso sollte auf eine mögliche Hochstufung der Kritikalitäten verwiesen werden. Diese zusätzlichen Informationen helfen, Fehlinvestitionen zu verhindern. Sollte die Kritikalität des Prozesses durch gesetzliche oder gesetzesähnliche Vorschriften begründet sein, wie z.B. aufsichtsrechtliche Vorschriften, so ist dies zu notieren.

Es empfiehlt sich, diese Dokumente von sämtlichen Geschäftsbereichen erstellen zu lassen. Sonst können kritische Prozesse oder Prozessteile übersehen werden. Die Mitarbeiter, die für die Prüfung der Geschäftsprozesse verantwortlich sind, sollten geschult und für das Thema sensibilisiert sein.

Fachliche Notfalldokumentation

In der fachlichen Notfalldokumentation wird das fachliche Notfallkonzept (siehe 4.2.3) schriftlich fixiert. Dieses wird ergänzt um die Benennung eines Notfallteams, dass zur Ausführung des fachlichen Notfallkonzeptes erforderlich ist. Die Mitarbeiter müssen namentlich genannt und deren Kontaktmöglichkeiten aufgeführt sein. Diese Angaben sind um die Skills zu ergänzen, die für das Umsetzen des fachlichen Notfallkonzeptes notwendig sind. Die tägliche Personalplanung, zum Beispiel die Urlaubsplanung, muss die Abhängigkeiten aus diesem Notfallteam heraus berücksichtigen.

Des Weiteren müssen die Eskalations- und Informationswege festgelegt werden. Bei den Informationswegen ist insbesondere darauf zu achten, dass Externe wie Kunden oder andere Geschäftspartner ebenfalls zu benachrichtigen sind. Das fachliche Notfalldokument muss zusätzlich noch die Sicherstellungsmaßnahmen, sprich die Nachhaltigkeit, umfassen. Diese setzen sich aus den erforderlichen Schulungen und den Testverfahren für den/die Notfallprozess(e) zusammen.

Das fachliche Notfallkonzept formuliert einen alternativen Arbeitsablauf und ist damit Teil der schriftlich fixierten Ordnung (SfO) eines Unternehmens. Die fachliche Notfalldokumentation kann im Rahmen dieser SfO definiert und verwaltet werden. Aus Transparenzgründen bietet sich jedoch ein separater Ausweis dieser Notfallbeschreibungen an, wodurch auch eine höhere Sensibilisierung der Mitarbeiter erreicht wird.

Technische Notfalldokumentation

Die technische Notfalldokumentation beinhaltet das technische Notfallkonzept (siehe 4.2.3), ergänzt um weitere Sachverhalte. Die für das technische Notfallkonzept benötigten Mitarbeiter werden mit ihren Kontaktmöglichkeiten benannt. Ein Skillprofil für das Abarbeiten des Notfallkonzeptes wird erarbeitet. Die Personalplanung im täglichen Geschäftsablauf muss die Verfügbarkeit der benötigten Ressourcen bei einem Notfall sicherstellen.

Die Dokumentation wird ebenfalls um Eskalations- und Informationswege gegenüber externen Dritten erweitert. In diesen Reportingstrukturen sind andere tangierte, technische Notfalldokumentationen zu berücksichtigen, da diese für eine Fehlerbehebung benötigt werden. Die technische Notfalldokumentation wird zudem um die bekannten Sicherstellungsmaßnahmen, Schulungen und Testverfahren des technischen Notfallkonzeptes ergänzt.

Die technische Notfalldokumentation stellt die Bedienung eines Systems im Ausnahmezustand dar und kann Teil einer Betriebsführungsdokumentation sein. Es wird aber aus Transparenzgründen ein separater Ausweis der technischen Notfalldokumentation empfohlen.

4.4 Nachhaltigkeit

Abschließend wird auf einen Haupterfolgsfaktor des IT-Krisenmanagements eingegangen. Dabei handelt es sich um die Nachhaltigkeit aller bisher beschriebenen Vorgehensweisen,

Ergebnisse und Handlungsarten. Oftmals wird ein Krisenmanagement aus aktuellem Grund, sei es eine aufsichtsrechtliche Vorgabe oder ein frisch eingetretenes Schadensereignis, aufgesetzt und anschließend gut verwahrt. Ein Krisenmanagement an und für sich – dies gilt im Besonderen für das IT-Krisenmanagement – ist für ein Unternehmen jedoch nur sinnvoll, wenn es jederzeit abrufbar ist.

4.4.1   Aktualisierung

Um die Effektivität eines IT-Krisenmanagements zu gewährleisten, muss dieses immer aktualisiert werden. Dies wird unter anderem durch die Zuordnung exakter Verantwortlichkeiten erreicht. So sind für das IT-Krisendokument der einzelnen Geschäftsbereiche die jeweiligen Fachbereiche bzw. Geschäftsprozessverantwortlichen zuständig, wobei namentlich ein Verantwortlicher zu benennen ist. Der Fachbereich ist ebenfalls für die Aktualität der fachlichen Notfallprozesse verantwortlich. Diese Kompetenz sollte beim zuvor benannten Verantwortlichen angesiedelt sein, der sich bei Bedarf mit einer zentralen Notfallplanungsstelle, beispielsweise dem IT-Krisenmanagement, abzustimmen hat. Unterjährige Änderungen sind von jenen einzuarbeiten, abzustimmen und der zuständigen zentralen Stelle für das IT-Krisenmanagement zu melden. Die Verantwortung für die Aktualität des technischen Notfallkonzeptes obliegt dem jeweiligen Systemverantwortlichen.

Des Weiteren wird die Aktualität des IT-Krisenmanagements durch die Einbindung in das Change Management des Unternehmens gewährleistet. Die Erstellung bzw. Anpassung der IT-Krisenmanagement-Dokumente muss Teil der Durchführung von Projekten bzw. anderweitigen Änderungsaufträgen sein. Wichtig ist die frühzeitige Identifikation dieser Aufgaben, damit entstehende Aufwände bereits bei der Planung berücksichtigt werden können. Diese Überlegungen müssen ebenfalls rechtzeitig in die technische Realisierung, z.B. im Rahmen von Architekturentscheidungen, miteinfließen.

Die genannten Maßnahmen müssten der Theorie nach eine vollständige Aktualität garantieren. In der Praxis ergeben sich trotzdem Defizite, die eine regelmäßige Überprüfung, initiiert von der zentralen, verantwortlichen Stelle für das IT-Krisenmanagement, sinnvoll erscheinen lassen. Für diese Kontrollen werden die bei der Ersterfassung oder bei späteren Aktualisierungen erarbeiteten Dokumente zur Verfügung gestellt und der Generierungsprozess wird erneut, in einer durch die Vorarbeiten reduzierten Form, durchlaufen.

4.4.2   Qualitätssicherung

Die höchste Qualitätssicherung wird durch einen systematischen Abgleich der Krisen-/Notfalldokumente gewährleistet. Die grundlegenden Abgleichvarianten sind in **Tab. 4.4** aufgeführt.

Spontane Überprüfungen bieten sich bei aktuellen Ereignissen an. Bekannt gewordene oder offensichtliche Krisensituationen anderer Unternehmen, gerne mit hoher Öffentlichkeitsaufmerksamkeit verfolgt, werden anhand der aktuellen Krisendokumentation durchgespielt. Diese Simulationen können Nacharbeiten im Sinne von Aktualisierungen oder Vervollständigungen, beispielsweise hinsichtlich der Ausfallszenarien, fällig werden lassen.

Tab. 4.4 Abgleichvarianten der Krisendokumentation zur Qualitätssicherung

Abzugleichende Dokumente	Prüfungen zur Qualitätssteigerung
IT-Krisendokumente untereinander	Sind die Prozessverkettungen vollständig? Sind keine leeren Verweise auf Prozessschnittstellen vorhanden?
IT-Krisendokument mit fachlichen Notfalldokumentationen	Bestehen für alle kritischen Geschäftsprozesse fachliche Notfalldokumentationen?
IT-Krisendokument mit technischen Notfalldokumentationen	Sind für alle kritischen Systeme technische Notfalldokumentationen verfügbar?
fachliche Notfalldokumentationen untereinander	Sind alle Prozessverkettungen vollständig? Sind geänderte Prozessschnittstellen bei Umstellung auf den fachlichen Notfallprozess beschrieben und sind die Änderungen bei den tangierten Prozessen eingepflegt/berücksichtigt?
technische Notfalldokumentationen untereinander	Sind für alle Systeme mit kritischen Schnittstellen ebenfalls technische Notfalldokumentationen erstellt? Sind für alle Systemvoraussetzungen technische Notfalldokumentationen existent?
fachliche Notfalldokumentationen mit technischen Notfalldokumentationen	Sind für alle Querverweise von technischen und fachlichen Notfallpläne die erwarteten Dokumentationen vorhanden?
Prozessübersicht	Sind alle wichtigen/typischen Geschäftsprozesse aus der Übersicht erkennbar? Sind für alle Prozesse, die nicht selbst Start- oder Endprozesse sind, die vor- bzw. nachgelagerten Prozesse ersichtlich?
Systemübersicht	Sind alle Systeme mit einer Kritikalität versehen? Sind alle Systeme existent?
fachliche und technische Notfalldokumentationen mit IT-Krisenmanagement-Dokumenten	Sind alle Systemmindestvoraussetzungen durch die Notfalldokumentationen abgedeckt und ist deren Funktionalität gewährleistet?

Ein wichtiger Punkt für die Qualitätssicherung des eigenen IT-Krisenmanagements ist die Nachschau bei eingetretenen IT-Krisen sowie bei Notfällen. Hier muss selbstkritisch geprüft werden, ob die beschriebenen Prozesse eingehalten wurden und ob diese die erwarteten Resultate erbracht haben. Wurden die Prozesse nicht befolgt, muss analysiert werden, ob diese den Anforderungen nicht gerecht werden konnten oder, ob sie lediglich aus Unwissenheit nicht beachtet wurden, und, ob deren Entsprechung dem Unternehmen einen Vorteil eingebracht hätte. Waren alle erforderlichen Dokumentationen aktuell und haben diese die richtigen, notwendigen Informationen enthalten? Werden künftig zusätzliche Informationen benötigt oder kann auf erhobene, aber in Krisensituationen nicht relevante Informationen verzichtet werden? Letztlich muss auch die Besetzung des Krisenstabs betrachtet werden. War sie in dieser Form schlagkräftig oder standen bestimmte Strukturen der optimalen Abwicklung der Krisensituation entgegen?

4.4.3   Schulung der Mitarbeiter

Die Schulung der Mitarbeiter begrenzt sich auf die für das IT-Krisenmanagement erforderlichen Themengebiete. Sie beinhaltet nicht den gewöhnlichen, betrieblichen Skillaufbau. Die Schulungsthemen bilden zwei Schwerpunkte: die Schulung zur Erarbeitung des IT-

Krisenmanagements und die Schulung, welche die Mitarbeiter auf das Ausführen der Not-fallkonzepte vorbereitet und sie in die Lage versetzt, Krisensituationen bewältigen zu kön-nen.

Die Schulungen zur Erarbeitung des IT-Krisenmanagements sollen die Mitarbeiter zunächst für das Themengebiet sensibilisieren. Den Mitarbeitern muss plausibel dargestellt werden, dass die Bewältigung von Krisensituationen nicht regelmäßig benötigt wird, es aber im Ernstfall für den Fortbestand des Unternehmens und deshalb für sie persönlich wichtig ist, darauf vorbereitet zu sein. Durch die Schulungsmaßnahmen muss den Mitarbeitern der ganz-heitliche Aspekt bei der Betrachtung von Krisensituationen vermittelt werden. Letztlich müssen sie in die Vorgehensweise zur Erarbeitung des IT-Krisenmanagements eingewiesen werden und ihnen die erforderlichen Handlungsweisen aufgezeigt werden.

Schulungen zur Bewältigung der eigentlichen Krisensituation können zweigeteilt betrachtet werden. Zum einen müssen die Mitarbeiter auf die Besonderheiten von Krisensituationen hingewiesen werden, zum anderen müssen sie von ihrem Skillprofil her auf die neuen Auf-gaben vorbereitet werden. Diese Vorbereitung umfasst gegebenenfalls einen Neuaufbau von Fähigkeiten. Dies ist der Fall, wenn, wie beispielsweise beim fachlichen Notfallkonzept, Ressourcenverschiebungen vorgesehen sind. Mitarbeiter von anderen Geschäftsprozessen müssen den kritischen Geschäftsprozess unterstützen oder in der IT Beschäftigte müssen in technischen Notsituationen weitergehende Tätigkeiten ausführen. Dies soll an je einem fach-lichen und einem technischen Beispiel verdeutlicht werden.

Das fachliche Notfallkonzept sieht vor, dass bei Ausfall des Zahlungsverkehrsprozes-ses die wichtigsten Transaktionen manuell über Telekommunikationsmittel mit den Korrespondenzbanken abgewickelt werden. Dieser Notfallprozess ist ressourceninten-siv. Um im Notfall eine möglichst hohe Ressourcenverfügbarkeit sicherzustellen, wird auf weniger kritische Prozesse, wie beispielsweise die Kontenabstimmung, ganz oder teilweise verzichtet und die Mitarbeiter werden beim SWIFT-Notfallprozess mit eingesetzt. Die Angestellten benötigen deshalb eine fachliche Schulung für die Tätig-keiten in dem für sie neuen Geschäftsprozess.

Ein IT-Systemverantwortlicher eines hoch kritischen Systems erhält eine weiterge-hende Einweisung in die Netzwerktechnik oder die Datenbankadministration. Da-durch kann er die erforderliche, im technischen Notfallkonzept beschriebene Fehler-analyse zeiteffizient durchführen. Nach dieser ersten, groben Fehleranalyse kann er die jeweiligen Experten zur Problemlösung mit hinzuzunehmen.

Sofern ein Geschäftsprozess auf eine manuelle Bearbeitung umgestellt wird, müssen keine grundsätzlichen Fähigkeiten geschult werden, sondern vielmehr der im Notfall geänderte Prozessverlauf. Beinhaltet das fachliche Notfallkonzept die Verwendung eines bereits exi-stenten, anderen Prozesses, so sollten die Schulungsmaßnahmen durch organisatorische Maßnahmen wie Job-Rotation zusätzlich unterstützt werden.

4.4.4   Notfallübungen

Alle Schulungen und Qualitätsmaßnahmen können Notfallübungen nicht ersetzen. Nur mit Hilfe dieser Übungen kann definitiv festgestellt werden, ob alle Überlegungen bezüglich einer Krisensituation letztlich wie geplant ineinander greifen. Anhand dieser Notfallübungen können die bereits erwähnten Nachbetrachtungen durchgeführt und ein wichtiger Lerneffekt erzielt werden. Die Abbildung einer hohen Realitätsnähe ist eine große Herausforderung und trägt maßgeblich zu einer hohen Effektivität des IT-Krisenmanagements bei.

Aus Trainingsgesichtspunkten sollten diese Übungen in der Realität durchgeführt werden. Dadurch steigt aber auch die Gefahr, tatsächlich Schadensfälle oder zumindest nennenswerte Ineffizienzen zu produzieren. Deshalb muss vorab geprüft werden, welche Methoden bei der Durchführung von Notfallübungen angewendet werden können, so dass sowohl eine hohe Realitätsnähe erreicht wird und zugleich die dadurch möglicherweise verursachten Risiken gering sind.

Grundsätzlich gibt es die Möglichkeit, die Notfallübungen in der Realität oder in einer simulierten Welt, einer Testumgebung durchzuführen. Sollten die Notfallübungen in der Realität durchgespielt werden, so muss berücksichtigt werden, ob das Notfallkonzept eine vollständige Abarbeitung aller Geschäftsvorfälle vorsieht. Ist dies nicht der Fall, so muss der eigentliche Geschäftsprozess zusätzlich aufrecht erhalten werden und über diesen, die im Notfallprozess nicht durchführbaren Geschäfte abgewickelt werden. Darüber hinaus können bei einer solchen Übung die Kriterien für die auszuführenden Geschäfte geändert werden. Während im Krisenfall die Geschäfte mit dem größten potenziellen Schadensvolumen bevorzugt bearbeitet werden, werden bei Notfallübungen die kleineren, unkritischen Geschäfte über den alternativen Geschäftsprozess abgewickelt. Eine andere Möglichkeit stellen Notfallübungen in einer Testumgebung dar. Eine der Realität möglichst ähnliche Welt wird kreiert und Geschäftsverläufe simuliert. Gerade bei größeren Unternehmen mit eigenem IT-Betrieb existieren für die Einführung neuer Hard- und Software ausgeprägte Testumgebungen, die auch für solche Notfalltests genutzt werden können. Sie bergen keine Gefahren für den laufenden Geschäftsbetrieb. Alle Tests, die ohne große Risiken in der Realität durchgeführt werden können, sollten jedoch auch in dieser ausgeführt werden. Hierfür eignet sich beispielsweise der Initiierungsprozess des IT-Krisenstabs sowie die Anfangsprozesse des IT-Krisenmanagementprozess zur Identifikation und Bewertung einer Krisensituation. Eingriffe in den Geschäftsablauf werden erst bei Inkrafttreten von fachlichen und/oder technischen Notfallkonzepte bewirkt.

Notfallübungen für technische Backup-Einrichtungen können ebenfalls in einer Testumgebung durchgeführt werden. Insbesondere die Überprüfung der erarbeiteten Fehleranalyse kann dort gut getestet werden. Fehler können von neutralen Personen bewusst eingebaut werden, die es dann mittels der festgelegten Vorgehensweise zu finden gilt. Es bieten sich immer wieder Gelegenheiten an, die ohne viel Aufwand zu Testzwecken genutzt werden können. So werden bei allen Systemen von Zeit zu Zeit Wartungsarbeiten fällig. Ist kein technisches Backup vorhanden, werden diese in der Regel außerhalb der Geschäftszeiten durchgeführt. Ist ein technisches Backup existent, so können Wartungsarbeiten, abgestimmt mit dem Fachbereich, auf Geschäftsrandzeiten gelegt werden und nach Einleiten des Back-ups werden zurückgelegte, unkritische Geschäfte über die dann aktiven Backup-Vorrichtung abgewickelt.

Es ist zu überlegen, inwieweit die technischen und die fachlichen Notfallkonzepte gleichzei-tig getestet werden sollen. Eine zeitgleiche Überprüfung empfiehlt sich vor allem dann, wenn die Notfallübung in einer Testumgebung abgewickelt wird. In diesem Fall kann die Zusam-menarbeit der zwei Konzepte überprüft werden. Bei Tests im ordentlichen Geschäftsbetrieb bieten sich gesonderte Übungen an, damit bei einem Zwischenfall immer auf funktionierende Systeme zurückgegriffen werden kann.

Abgrenzend zu den echten, können simulierte Übungen unterschieden werden. Bei echten Übungen werden, wie oben erläutert, die Geschäfte gemäß den Notfalldokumentationen in der realen Welt oder einer Testumgebung abgewickelt. Bei simulierten Übungen wird eine Krisensituation beschrieben und anschließend werden die erforderlichen Prozessschritte mit allen Beteiligten durchgegangen und die Auswirkungen diskutiert. Diese Vorgehensweise entspricht einem Schreibtischtest zur Prüfung der Konzeptionen.

Unabhängig von eventuell unerwarteten Auswirkungen einer solchen Notfallübung muss klar sein, dass alle Tests einen Mehraufwand bedeuten. Daher müssen die Übungsaufwände in einem wirtschaftlich gesunden Verhältnis zu deren positiven Wirkungen stehen.

Insbesondere bei Unternehmen mit einem umfangreichen IT-Krisenmanagement müssen einheitliche Überlegungen zur Erarbeitung eines Testkonzeptes für die Teile des IT-Krisenmanagements angestellt werden. Sinnvoll kombinierbare Tests müssen identifiziert und analysiert werden. So ist es beispielsweise zweckmäßig, Systeme, welche die gleichen Systemvoraussetzungen oder kritische Schnittstellen aufweisen, in einer gemeinsamen Not-fallübung zu erproben. Dadurch können Testaufwände reduziert und die Realitätsnähe ge-steigert werden.

4.4.5   Kommunikation

Informieren ist dabei das erste Stichwort, dass zu diesem Thema genannt wird. Über Sinn und Zweck des IT-Krisenmanagements muss informiert werden, ebenso wie über die Aus-wirkungen, die es für den Mitarbeiter haben kann. Für diese Informationen bieten sich die üblichen Informationswege in einem Unternehmen an. Dies können Mitarbeiterzeitschriften, Intranet-Auftritte, Rundschreiben oder Informationsveranstaltungen sein. Die vielen Facetten des IT-Krisenmanagements bieten sich für eine Vielzahl von Abhandlungen an.

Bei dieser Kommunikation ist es vor allem wichtig herauszustellen, dass diese Aufgaben zwar bei bestimmten Personen angesiedelt sind, aber letztlich jeder Mitarbeiter bei der Be-wältigung von Krisen gefordert ist, und dass dies bereits im Vorfeld beginnt. Der Informati-onsfluss soll möglichst zu einer bilateralen Kommunikation führen. Eine weitgehende Unter-stützung durch die Geschäftsführung ist bei der Implementierung eines funktionierenden IT-Krisenmanagements notwendig.

Information und Kommunikation sollten über alle Kommunikationskanäle des Unternehmens integriert werden. So können bereits erste Informationen bei Einführungsveranstaltungen für Mitarbeiter fließen. Die Kommunikation muss regelmäßig über sämtliche Hierarchieebenen eines Unternehmens hinweg stattfinden. Hier ist ebenfalls die Nachhaltigkeit wichtig. Eine einmalige „Informationsoffensive" genügt nicht, um die Belegschaft mit dem Gedanken des IT-Krisenmanagements zu durchdringen. Vielmehr wird Stetigkeit in der Information/Kommunikation benötigt. Als gute Aufhänger für eine betriebliche Kommunikation bieten sich aktuelle Beispiele von Krisensituationen anderer Unternehmen an, die auf das eigene Unternehmen übertragen und kritisch hinterfragt werden. Diese können beispielsweise auch als Basis für Ausführungen im Rahmen eines Story Tellings dienen (siehe 2.1.3).

Es ist wichtig, die mit Aufgaben im IT-Krisenmanagement betrauten Mitarbeiter in einen kontinuierlichen Informationsfluss einzubinden. So können die Mitglieder des IT-Krisenstabs beispielsweise mit aktuellen sicherheits- oder verfügbarkeitsrelevanten Informationen, die nicht unbedingt direkten Einfluss auf die täglichen Arbeiten haben, versorgt werden. Dabei könnte es sich zum Beispiel um Benachrichtigungen über große Wartungsarbeiten oder relevante Updates von Sicherheitssystemen handeln. Hierbei ist es von Bedeutung, ihnen ihre Aufgabe als IT-Krisenstab immer wieder in Erinnerung zu rufen und ein Vertrauensverhältnis aufzubauen; – ein Bewusstsein, dass auf ihre Mitarbeit gesetzt wird.

Abbildungsverzeichnis

Tabellenverzeichnis

Literaturverzeichnis

[Aichholz/Küderli/Schmidt, 2005] Aichholz, Steffen & Küderli, Urs & Schmidt, Petra: Konzeption einer Datenbasis zur Analyse operationeller Risiken. In: Becker, Axel & Gaulke, Markus & Wolf, Martin (Hrsg.) (2005): Praktiker-Handbuch Basel II: Kreditrisiko, operationelles Risiko, Überwachung, Offenlegung, Stuttgart

[BaFin, 2001] Bundesaufsichtsamt für das Finanzwesen (2001): Rundschreiben 11/2001 – Auslagerung von Bereichen auf ein anderes Unternehmen gem. § 25a Abs. 2 KWG, Bonn

[BaFin MaRisk, 2005] Bundesaufsichtsamt für das Finanzwesen (2005): Rundschreiben 18/2005 Mindestanforderungen an das Risikomanagement, Berlin (Internet www.bafin.de am 20. Dezember 2005)

[Balduin/Junginger/Krcmar, 2002] Balduin, Alexander von & Junginger, Markus & Krcmar, Helmut: Risikomanagement von Informations- und Kommunikationstechnologien mit dem Value-at-Risk-Ansatz. In: Erasim, Erwin & Karagiannis, Dimitris (Hrsg.) (2002): Sicherheit in Informationssystemen SIS 2002, Wien (Internet www.winfobase.de am 20. April 2005)

[Baschin, 2001] Baschin, Anja (2001): Die Balanced Scorecard für Ihren Informationstechnologie-Bereich: Ein Leitfaden für Aufbau und Einführung, Frankfurt/Main, New York

[Basel Committee, 2003] Basel Committee on Banking Supervision (2003): Sound Practices for the Management and Supervision of Operational Risk, Basel

[Basel Committee, 2004] Basel Committee on Banking Supervision (2004): International Convergence of Capital Measurement and Capital Standards, Basel

[BCG, 2001] Boston Consulting Group (2001): Tightening the Reins of IT Spending, Boston, Köln, Chicago

[Bernhard, 2003] Bernhard, Martin G.: Wie man ein Balanced Scorecard-Tableau entwickelt und in die Managementprozesse integriert. In: Blomer, Roland & Bernhard, Martin G. (Hrsg.) (2003): Spezialreport Balanced Scorecard in der IT: Praxisbeispiele – Methoden – Umsetzung, Düsseldorf, S. 167–208

[Blomer, 2003] Blomer, Roland: Der ganzheitliche IT-Management-Prozess. In: Blomer, Roland & Bernhard, Martin G. (Hrsg.) (2003): Spezialreport Balanced Scorecard in der IT: Praxisbeispiele – Methoden – Umsetzung, Düsseldorf, S. 21–35

[BMW, 2004] BMW AG: Geschäftsbericht 2004 – Kurzfassung, München

[Brabänder/Exeler et al., 2003] Brabänder, Eric & Exeler, Steffen & Ochs, Heike & Scholz, Torsten: Gestaltung prozessorientierter Risikomanagement-Systeme. In: Romeike, Frank & Finke, Robert B. (Hrsg.) (2003): Erfolgsfaktor Risiko-Management, Wiesbaden, S. 329–353

[Brink, 2001] Brink, Gerrit van den (2001): Operational Risk: wie Banken das Betriebsrisiko beherrschen, Stuttgart

[BSI1, 1992] Bundesamt für Sicherheit in der Informationstechnik (1992): Handbuch für die sichere Anwendung der Informationstechnik (IT) IT-Sicherheitshandbuch, Bonn

[BSI, 2004a] Bundesamt für Sicherheit in der Informationstechnik (2004): Ein IT-Grundschutzprofil für eine kleine Institution (Stand: November 2004), Bonn

[BSI, 2004b] Bundesamt für Sicherheit in der Informationstechnik (2004): IT-Grundschutzhandbuch (Stand: Oktober 2003), Bonn

[BSI, 2004c] Bundesamt für Sicherheit in der Informationstechnik (2004): Risikoanalyse auf der Basis von IT-Grundschutz, Bonn

[BSI, 2005] Bundesamt für Sicherheit in der Informationstechnik: Common Criteria (ISO/IEC 15408), Bonn (im Internet www.bsi.de am 12. Januar 2005)

[BSI – GB, 1999,1] British Standards Institution (1999): BS 7799-1 1999 Management von Informationssicherheit – Teil 1: Leitfaden zum Management von Informationssicherheit, London

[BSI – GB, 1999,2] British Standards Institution (1999): BS 7799-2 1999 Management von Informationssicherheit – Teil 2: Informationssicherheits-Managementsysteme, London

[Busch, 2004] Busch, Michael (2004): Briten entwickeln Standard für Servicequalität. In: Computerwoche online, Nr. 26 vom 25.06.2004 (im Internet www.computerwoche.de am 18. Juli 2004)

[Dierlamm, 2004] Dierlamm, Jürgen: Seminarunterlagen des Management Circle Seminars: MaIT und IT-Risikomanagement am 25./26. Oktober 2004 in München

[Dörnemann/Meyer, 2003] Dörnemann, Holger & Meyer, René (2003): Anforderungsmanagement kompakt, Heidelberg, Berlin

[Dreger, 2000] Dreger, Wolfgang (2000): Erfolgreiches Risiko-Management bei Projekten, Wien, Linde

[Engstler/Dold, 2003] Engstler, Martin & Dold, Claudia: Einsatz der Balanced Scorecard im Projektmanagement. In: Kerber, Gerrit & Marré, Roland & Frick, Andreas (Hrsg.) (2003): Zukunft im Projektmanagement - Beiträge zur gemeinsamen Konferenz „Management und Controlling von IT-Projekten" und „interPM", Heidelberg, S. 127–141

[Erben/Romeike, 2003a] Erben, Roland Franz & Romeike, Frank: Komplexität als Ursache steigender Risiken in Industrie und Handel. In: Romeike, Frank & Finke, Robert B. (Hrsg.) (2003): Erfolgsfaktor Risiko-Management, Wiesbaden, S. 43–61

[Erben/Romeike, 2003b] Erben, Roland Franz & Romeike, Frank: Risikoreporting mit Unterstützung von Risk Management-Informationssystemen (RMIS). In: Romeike, Frank & Finke, Robert B. (Hrsg.) (2003): Erfolgsfaktor Risiko-Management, Wiesbaden, S. 275–297

[Foit, 2003] Foit, Michael: IT-Infrastruktur – Wichtiger Erfolgsfaktor im Bank-Business. In: Bartmann, Dieter (Hrsg.) (2003): Bankinformatik 2004 – Strategien, Konzepte und Technologien für das Retail-Banking, S. 195–202

[Freimut/Hartkopf/Kaiser, 2001] Freimut, Bernd & Hartkopf, Susanne & Kaiser, Peter: Integration von Expertenmeinungen, Messdaten und Erfahrungen in das Risikomanagement. In: Richter, Reinhard (Hrsg.) (2001): Management und Controlling von IT-Projekten, Heidelberg, S. 153–161

[Frick, 2001] Frick, Andreas: Mit Organisationsentwicklung zum IT-Projektmanagement. In: Richter, Reinhard (Hrsg.) (2001): Management und Controlling von IT-Projekten, Heidelberg, S. 59–69

[Gaulke, 2004] Gaulke, Markus (2004): Risikomanagement in IT-Projekten, München

[Gerlach, 2002] Gerlach, Klaus-Peter: The Role of States and of International and National Organisations as Super-Risk Managers. In: Wieczorek, Martin & Naujoks, Uwe & Bartlett, Bob (Eds.) (2002): Business continuity – it risk management for international corporations, Berlin, New York, S. 32–63

[Gernert/Ahrend, 2002] Gernert, Christiane & Ahrend, Norbert (2002): IT-Management: System statt Chaos – ein praxisorientiertes Vorgehensmodell, München

[GoBS, 1995] Arbeitsgemeinschaft für wirtschaftliche Verwaltung e.V. & Bundesministerium der Finanzen (Hrsg.) (1995): Grundsätze ordnungsmäßiger dv-gestützter Buchführungssysteme, Eschborn (im Internet www.bundesfinanzministerium.de am 21. April 2004)

[Groening/Toschläger, 2003] Groening, Yvonne und Toschläger, Markus: Die Project Balanced Scorecard als Controllinginstrument in IT-Projekten. In: Kerber, Gerrit & Marré, Roland & Frick, Andreas (Hrsg.) (2003): Zukunft im Projektmanagement – Beiträge zur gemeinsamen Konferenz „Management und Controlling von IT-Projekten" und „interPM", Heidelberg, S. 183–197

[Guthrie-Harrison, 2002] Guthrie-Harrison, Tim: Crisis Management for a New Century. In: Wieczorek, Martin & Naujoks, Uwe & Bartlett, Bob (Eds.) (2002): Business continuity – it risk management for international corporations, Berlin, New York, S. 80–95

[Hatton, 2004] Hatton, Les (2004): Krisenfest statt fehlerfrei. In: IT Week Ausgabe vom 17. Juni 2004 (im Internet www.vnunet.de am 18. Juni 2004)

[Hoffmann, 2003] Hoffmann, Karsten: IT-Projektmanagement in der modernen Software-Entwicklung. In: Kerber, Gerrit & Marré, Roland & Frick, Andreas (Hrsg.) (2003): Zukunft im Projektmanagement – Beiträge zur gemeinsamen Konferenz „Management und Controlling von IT-Projekten" und „interPM", Heidelberg, S. 19–30

[HP, 2004] Hewlett-Packard Development Company (2004): HP and the IT Infrastructure Library (ITIL) (Whitepaper) (im Internet www.managementsoftware.hp.com am 6. Mai 2005)

[IBM, 2000] IBM Cooperation (2000): Managing information technology in a new age (Whitepaper), Somers (USA) (im Internet www.ibm.com am 6. Mai 2005)

[IDW PS 300] Institut der Wirtschaftsprüfer in Deutschland e.V. (2002): IDW Prüfungsstandard: Abschlussprüfung bei Einsatz von Informationstechnologie (IDW PS 300), Düsseldorf

[InitiativeD21, 2001] Initiative D21 e.V. (2001): IT-Sicherheitskriterien im Vergleich, Berlin (im Internet www.initiativeD21.de am 4. Dezember 2004)

[ISACA, 2001] Information Systems Audit and Control Association Switzerland Chapter (2001): CobiT 3rd edition – Der international anerkannte Standard für IT-Governance, Zürich (im Internet www.isaca.ch am 13. Mai 2005)

[ITGI, 2004] IT Governance Institute (ITGI) (2004): CobiT Mapping – Overview of International IT Guidance, Rolling Meadows IL (USA)

[ITServiceCMM, 2004] Niessink, Frank & Clerk, Victor & Vliet, Hans van (2004): The IT Service Capability Maturity Model Version 0.4, Amsterdam (im Internet www.itservicecmm.org am 4. Januar 2005)

[Junginger/Krcmar, 2004] Junginger, Markus & Krcmar, Helmut (2004): Wahrnehmung und Steuerung von Risiken im Informationsmanagement – Eine Befragung deutscher IT-Führungskräfte. In: Krcmar, Helmut (Hrsg.) (2004): Studien Lehrstuhl für Wirtschaftsinformatik Technische Universität München, München (im Internet www.winfobase.de am 9. April 2005)

[Keitsch, 2000] Keitsch, Detlef (2000): Risikomanagement, Stuttgart

[Kleiner/Roth, 1997] Kleiner, Art & Roth, George (1997): Learning Histories: A New Tool For Turning Organizational Experience Into Action (im Internet ccs.mit.edu am 15. Oktober 2005)

[Kosko, 1999] Kosko, Bart (1999): Die Zukunft ist fuzzy – Unscharfe Logik verändert die Welt, München, Zürich

[KPMG, 1998] KPMG (1998): Integriertes Risikomanagement, Berlin

[Krämer/Dorn, 2003] Krämer, Markus & Dorn, Dietrich-W.: Planungssicherheit und Risikomanagment bei IT-Projekten mit unscharfen Anforderungen – „Moving Target". In: Kerber, Gerrit & Marré, Roland & Frick, Andreas (Hrsg.) (2003): Zukunft im Projektmanagement - Beiträge zur gemeinsamen Konferenz „Management und Controlling von IT-Projekten" und „interPM", Heidelberg, S. 71–95

[Krcmar, 2003] Krcmar, Helmut (2003): Informationsmanagement, Berlin, Heidelberg, New York

[Krüger, 2004] Krüger, Ingo (2004): Wissensmanagement: Ein Praxisleitfaden zur Einführung, Stuttgart

[Küchle/Müller, 2003] Küchle, Oliver & Müller, Christoph: Wege zur Umsetzung eines Managements operationeller Risiken. In: Bartmann, Dieter (Hrsg.) (2003): Bankinformatik 2004 – Strategien, Konzepte und Technologien für das Retail-Banking, S. 147–160

[Kütz, 2003a] Kütz, Martin: Balanced Scorecard im IT-Controlling. In: Blomer, Roland & Bernhard, Martin G. (Hrsg.) (2003): Spezialreport Balanced Scorecard in der IT: Praxisbeispiele – Methoden – Umsetzung, Düsseldorf, S. 49–95

[Kütz, 2003b] Kütz, Martin (Hrsg.) (2003): Kennzahlen in der IT – Werkzeuge für Controlling und Management, Heidelberg

[Locher/Mehlau, 2003] Locher, Christian & Melau, Jens Ingo: Der ibi Kubus – Ein multi-kausales Entscheidungsmodell für das Outsourcing unter Berücksichtigung spezifischer Rahmenbedingungen in der Finanzdienstleistungsbranche. In: Bartmann, Dieter (Hrsg.) (2003): Bankinformatik 2004 – Strategien, Konzepte und Technologien für das Retail-Banking, S. 285–292

[Martinez/Sorrentino, 2003] Martinez, Marcello & Sorrentino, Maddalena: Outsourcing von IT-Dienstleistungen im Bankgewerbe: Die Grenzen des Transaktionskosten-Konzepts. In: Bartmann, Dieter (Hrsg.): Bankinformatik 2004 – Strategien, Konzepte und Technologien für das Retail-Banking, S. 261–273

[Mehlau, 2003a] Mehlau, Jens Ingo: IT-Architekturen von Finanzdienstleistern. In: Bartmann, Dieter (Hrsg.) (2003): Bankinformatik 2004 – Strategien, Konzepte und Technologien für das Retail-Banking, S. 203–220

[Mehlau, 2003b] Mehlau, Jens Ingo: Die Bedeutung des IT-Sicherheitsmanagements für Finanzdienstleister. In: Bartmann, Dieter (Hrsg.) (2003): Bankinformatik 2004 – Strategien, Konzepte und Technologien für das Retail-Banking, S. 293–300

[Meier, 2004] Meier, Peter: Risiko und Qualität: Die zwei Seiten einer Medaille? In: Risknews 02/2004, Weinheim

[Metzler, 2003] Metzler, Dominik (2002): Abschätzung von Operationellen Risiken durch Informationssysteme in der Finanzindustrie. Diplomarbeit am Institut für Informatik an der Universität Zürich (im Internet www.ifi.unizh.ch am 12. April 2005)

[Microsoft, 2002] Microsoft Corporation (2002): MOF-Überblick für Entscheider (Whitepaper) (im Internet www.microsoft.com am 6. Mai 2005)

[Mirsky, 2004] Mirsky, Gregory N. (2004): Five Simple Rules for Business Continuity, (im Internet www.continuitycentral.com am 05. Juli 2004)

[Müller-Hedrich, 1992] Müller-Hedrich, Bernd W. (1992): Betriebliche Investitionswirtschaft: systematische Planung, Entscheidung und Kontrolle von Investitionen, Ehningen

[Naujoks, 2002] Naujoks, Uwe: Business Continuity Planning (BCP) in a Globalised Bank. In: Wieczorek, Martin & Naujoks, Uwe & Bartlett, Bob (Eds.) (2002): Business continuity – it risk management for international corporations, Berlin, New York, S. 99–117

[Pausenberger, 2000] Pausenberger, Ehrenfried & Nassauer, Frank: Governing the Corporate Risk Management Function: Regulatory Issues. In: Frenkel, Michael & Hommel, Ulrich & Rudolf, Markus (Hrsg.) (2000): Risk Management – Challenge and Opportunity, Berlin, Heidelberg, New York, S. 263–276

[Picot/Reichwald, 1991] Picot, Arnold & Reichwald, Ralf: Informationswirtschaft. In: Heinen, Edmund (Hrsg.) (1991): Industriebetriebslehre – Entscheidungen im Industriebetrieb, Wiesbaden

[PMBoK, 2000] Project Management Institute (2000): A Guide to the Project Management Body of Knowledge (PMBoK Guide) (2000), Pennsylvania

[Reimann, 2002] Reimann, Konrad M.: Position of the „Internal Audit Department" in a BCP Projekt. In: Wieczorek, Martin & Naujoks, Uwe & Bartlett, Bob (Eds.) (2002): Business continuity – it risk management for international corporations, Berlin, New York, S. 64–79

[Reinmann-Rothmeier/Erlach et al., 2003a] Reinmann-Rothmaier, Gabi & Erlach, Christine & Neubauer, Andrea & Thier, Karin (2003): Story Telling in Unternehmen: Vom Reden zum Handeln – nur wie? (Teil 1), Augsburg (im Internet www.wissensmanagement.net am 15. Oktober 2005)

[Reinmann-Rothmeier/Erlach et al., 2003b] Reinmann-Rothmaier, Gabi & Erlach, Christine & Neubauer, Andrea & Thier, Karin (2003): Story Telling in Unternehmen: Vom Reden zum Handeln – nur wie? (Teil 2), Augsburg (im Internet www.wissensmanagement.net am 15. Oktober 2005)

[Romeike, 2003a] Romeike, Frank: Gesetzliche Grundlagen, Einordnung und Trends. In: Romeike, Frank & Finke, Robert B. (Hrsg.) (2003): Erfolgsfaktor Risiko-Management, Wiesbaden, S. 65–80

[Romeike, 2003b] Romeike, Frank: Der Prozess des strategischen und operativen Risikomanagements. In: Romeike, Frank & Finke, Robert B. (Hrsg.) (2003): Erfolgsfaktor Risiko-Management, Wiesbaden, S. 147–161

[Romeike, 2003c] Romeike, Frank: Risikoidentifikation und Risikokategorien. In: Romeike, Frank & Finke, Robert B. (Hrsg.) (2003): Erfolgsfaktor Risiko-Management, Wiesbaden, S. 165–180

[Romeike, 2003d] Romeike, Frank: Bewertung und Aggregation von Risiken. In: Romeike, Frank & Finke, Robert B. (Hrsg.) (2003): Erfolgsfaktor Risiko-Management, Wiesbaden, S. 183–198

[Röckle, 2002] Röckle, Sven A. (2002): Schadensdatenbanken als Instrument zur Quantifizierung von Operational Risk in Kreditinstituten. In: Stein, Johann Heinrich von (Hrsg.): Studienreihe der Stiftung Kreditwirtschaft, Stuttgart

[Sarbanes/Oxley, 2002] Congress of the United States (2002): An Act to protect investors by improving the accuracy and reliability of corporate disclosures made pursuant to the securities laws, and for other purposes, Washington (im Internet www.findlaw.com am 2. Februar 2005).

[Schelle, 2001] Schelle, Heinz: Projektbenchmarking: Das Bewertungsmodell "Project Excellence". In: Richter, Reinhard (Hrsg.) (2001): Management und Controlling von IT-Projekten, Heidelberg, S. 59–69

[Schmid, 2003] Schmid, Daniel M. (2003): Integration von finanziellem und operativem IT Controlling mit dem IT-Risikomanagement: Konzepte und praktische Umsetzung. Diplomarbeit am Institut für Informatik an der Universität Zürich (im Internet www.ifi.unizh.ch am 12. April 2005)

[Schmidt, 2003] Schmidt, Karsten: Stand und Trend des Projektmanagements in Deutschland. In: Kerber, Gerrit & Marré, Roland & Frick, Andreas (Hrsg.) (2003): Zukunft im Projektmanagement – Beiträge zur gemeinsamen Konferenz „Management und Controlling von IT-Projekten" und „interPM", Heidelberg, S. 203–210

[Scholz, 2003] Scholz, Peter: Vermeidung und Auflösung von Abhängigkeitsverhältnissen beim IT Outsourcing. In: Bartmann, Dieter (Hrsg.) (2003): Bankinformatik 2004 – Strategien, Konzepte und Technologien für das Retail-Banking, S. 275–284.

[Scholz/Vrohlings, 1994] Scholz, Rainer & Vrohlings, Alwin: Prozeß-Leistungs-Transparenz. In: Gaitanides, Miachael & Scholz, Rainer & Vrohlings, Alwin (Hrsg.) (1994): Prozessmanagement – Grundlagen und Zielsetzungen, München/Wien, S. 57–98

[Schott/Campana et al., 2003] Schott, Eric & Campana, Christophe & Steinbüchel, Alexander von & Dammer, Henning: Ressourcenmanagement – Ergebnisse einer qualitativen Fallstudienauswertung. In: Kerber, Gerrit & Marré, Roland & Frick, Andreas (Hrsg.) (2003): Zukunft im Projektmanagement - Beiträge zur gemeinsamen Konferenz „Management und Controlling von IT-Projekten" und „interPM", Heidelberg, S. 47–61

[Sneed, 2003] Sneed, Harry M.: Dein Vorgehensmodell für EAI-Projekte. In: Kerber, Gerrit (Hrsg.) und Marré, Roland (Hrsg.) und Frick, Andreas (Hrsg.) (2003): Zukunft im Projektmanagement – Beiträge zur gemeinsamen Konferenz „Management und Controlling von IT-Projekten" und „interPM", Heidelberg, S. 31–46

[SPICE, 1995] Spice Project (1995): Software Process Assessment (im Internet www.sqi.gu.edu.au am 24. Januar 2005)

[Stahl/Wimmer, 2003] Stahl, Ernst & Wimmer, Andreas: Informationsverarbeitung in Banken – Innovative Technologien und Konzepte. In: Bartmann, Dieter (Hrsg.) (2003): Bankinformatik 2004 – Strategien, Konzepte und Technologien für das Retail-Banking, S. 173–182

[Stähle, 1996] Stähle, Wolfgang H. (1996): Management: eine verhaltenswissenschaftliche Perspektive, 7., überarbeitete Auflage von Conrad, Peter & Sydow, Jörg – München

[Sturm/Tchinitchian/Zeller, 2001] Sturm, Thomas & Tchinitchian, Jan C. & Zeller, Andrew J.: Von der Prozessanalyse zur Applikation – Projektmanagement in einem dynamischen Start-Up-Umfeld. In: Richter, Reinhard (Hrsg.) (2001): Management und Controlling von IT-Projekten, Heidelberg, S. 197–211

[Tabbert/Plank, 2003] Tabbert, Caroline & Plank, Kilian: Relevanz von Komponententechnologien in Electronic Business-Architekturen von Banken. In: Bartmann, Dieter (Hrsg.) (2003): Bankinformatik 2004 – Strategien, Konzepte und Technologien für das Retail-Banking, S. 231–241

[Versteegen/Dietrich et al., 2003] Versteegen, Gerhard & Dietrich, M. & Reckert, H. & Salomon, G. (2003): Risikomanagement in IT-Projekten – Gefahren rechtzeitig erkennen und meistern, Berlin, Heidelberg, New York

[VÖB, 2001] Bundesverband öffentlicher Banken Deutschlands (2001): Verbandsbericht 2000/2001, Berlin

[Wagemann, 2004] Wagemann, Bernard: Blick durch das Schicksalsfenster: Sonne oder Sturm? Strategieentwicklung mit der SWOT-Matrix, n: RISKNEWS 03/04 Jahrgang 2004, Weinheim, S. 25–29.

[Wallmüller, 2002] Wallmüller, E.: Risk Management for IT and Software Projects. In: Wieczorek, Martin & Naujoks, Uwe & Bartlett, Bob (Eds.) (2002): Business continuity – it risk management for international corporations, Berlin, New York, S.165–178

[Weber/Liekweg, 2000] Weber, Jürgen & Liekweg, Arnim: Statutory Regulation of the Risk-Management Funktion in Germany: Implementation Issues for the Non-Financial Sector. In: Frenkel, Michael & Hommel, Ulrich & Rudolf, Markus (Hrsg.) (2000): Risk Management – Challenge and Opportunity, Berlin, Heidelberg, New York, S. 277–294

[Wideman, 2002] Wideman, R. Max (2002): Comparing PRINCE2 with PMBoK, Vancouver (im Internet www.pmforum.org am 23. Februar 2005)

[Wild, 2003] Wild, Oliver: Strategische Bedeutung neuer Technologien im Bankgeschäft – Wettbewerbsvorteile durch Technikeinsatz? In: Bartmann, Dieter (Hrsg.) (2003): Bankinformatik 2004 – Strategien, Konzepte und Technologien für das Retail-Banking, S. 19–24

[Zorbach, 2003] Zorbach, Reiner: Financial Application Service Providing – Technologien und strategische Positionierung. In: Bartmann, Dieter (Hrsg.) (2003): Bankinformatik 2004 – Strategien, Konzepte und Technologien für das Retail-Banking, S. 317–325

Stichwortverzeichnis